Bernd Schröder / Harry Harun Behr / Katja Boel
Buchstabe und Ge

gehende
(neben dir/ia
sich) auf der Welt
meine liebe

( )

Frühling 2018

Harry Harun Behr / Katja Boehme / Daniel Krochmalnik / Bernd Schröder (Hg.)
Religionspädagogische Gespräche zwischen Juden,
Christen und Muslimen, Band 6

Bernd Schröder / Harry Harun Behr / Katja Boehme /
Daniel Krochmalnik (Hg.)

Buchstabe und Geist

Vom Umgang mit Tora, Bibel und Koran
im Religionsunterricht

Frank & Timme

Verlag für wissenschaftliche Literatur

ISBN 978-3-7329-0338-2
ISSN 1868-7237

© Frank & Timme GmbH Verlag für wissenschaftliche Literatur
Berlin 2017. Alle Rechte vorbehalten.

Das Werk einschließlich aller Teile ist urheberrechtlich geschützt.
Jede Verwertung außerhalb der engen Grenzen des Urheberrechts-
gesetzes ist ohne Zustimmung des Verlags unzulässig und strafbar.
Das gilt insbesondere für Vervielfältigungen, Übersetzungen,
Mikroverfilmungen und die Einspeicherung und Verarbeitung in
elektronischen Systemen.

Herstellung durch Frank & Timme GmbH,
Wittelsbacherstraße 27a, 10707 Berlin.
Printed in Germany.
Gedruckt auf säurefreiem, alterungsbeständigem Papier.

www.frank-timme.de

Inhaltsverzeichnis

BERND SCHRÖDER
Einleitung 7

HERMENEUTIK DER „SCHRIFTEN"

DANIEL KROCHMALNIK
Ez Chajim – Rabbinische Auslegungsmethoden der Heiligen Schrift 13

MANFRED OEMING
Das Alte Testament – Hermeneutische Ansätze aus der christlichen
Tradition, moderne Standards und ihre Probleme, ökumenische und
interreligiöse Perspektiven 39

PETER MÜLLER
Neutestamentliche Zugänge zum interreligiösen Gespräch 69

SERDAR KURNAZ
Hermeneutische Modelle der islamischen Tradition – Moderne Lesarten –
Tore zum interreligiösen Gespräch 99

DIDAKTIK DER „SCHRIFTEN"

DANIEL KROCHMALNIK
Intra- und interreligiöse Kompetenzen im Jüdischen Religionsunterricht 127

HERBERT STETTBERGER
Die Bibel im Katholischen Religionsunterricht von heute –
Kompetenzen, Konzeptionen, Methoden und interreligiöse Perspektiven 141

KATJA BOEHME
„Kinder brauchen biblische Erzählungen" – Entwicklungspsychologische
Impulse für eine Bibeldidaktik in der Grundschule 155

BERND SCHRÖDER
Die Bibel im Evangelischen Religionsunterricht – Überlegungen zu ihrem
Stellenwert und zu didaktisch-methodischen Arrangements ihrer
Behandlung 161

HARRY HARUN BEHR
Streitfall Koran – Die Heilige Schrift des Islams als Gegenstand des
pädagogischen Diskurses 187

VOM UMGANG MIT DER EIGENEN ‚HEILIGEN SCHRIFT' UND MIT DERJENIGEN DER ‚ANDEREN' – RELIGIONSUNTERRICHTLICHE ERFAHRUNGEN UND PERSPEKTIVEN MIT TENACH, BIBEL UND KORAN

MARKUS STERNECKER
Umgang mit der Heiligen Schrift – Praxiserfahrungen aus dem Jüdischen
Religionsunterricht 227

CORNELIA WEBER
„Verstehst du auch, was du da liest?" – die Bibel im Evangelischen
Religionsunterricht 243

JÖRG IMRAN SCHRÖTER
Über den Umgang mit dem Koran und andere Heilige Schriften im
Islamischen Religionsunterricht 255

ZU DEN AUTORINNEN UND AUTOREN 267

BERND SCHRÖDER

Einleitung

Die Tagungsreihe „*Religionspädagogische Gespräche zwischen Juden, Christen und Muslimen*" wurde im Jahr 2008 eröffnet. In diesem Band wird die fünfte Tagung dokumentiert, die 2014 in den Räumlichkeiten der Hochschule für jüdische Studien in Heidelberg stattfand. Sie stand unter derselben Überschrift, die jetzt auch zum Titel dieses Buches wurde: „*Buchstabe und Geist – vom Umgang mit Tora, Bibel und Koran im Religionsunterricht*".

Dieses Thema drängt sich von Beginn unserer Tagungsreihe an auf: Ganz gleich, zu welcher Fragestellung wir als Religionspädagogen und Religionslehrerinnen aus verscheidenen Religionstraditionen zusammenkamen, ob es die konzeptionelle Frage nach dem Leitbild des guten Religionslehrers bzw. der Lehrerin war oder die didaktische nach dem Umgang mit Bildmedien und Bilderverbot, die theologische nach der Rolle Abrahams im Gespräch zwischen Judentum, Christentum oder Islam oder die „liturgisch"-didaktische Frage nach dem Gebet als Thema und Praxis im Religionsunterricht – in jedem Fall kamen die teilnehmenden Religionslehrer/innen, die Referent/inn/en oder die Gastgebenden früher oder später auf Tora, Bibel oder Koran und ihre Hermeneutik zu sprechen.

Alle drei Religionen sind als sog. Schriftreligionen eben so verfasst, dass die Rückfrage nach dem, was Tora, Bibel und Koran zum jeweiligen Thema festhalten, in jedem Fall Auskunft zu geben verheißt über das, was jeweils als zeitlich wie sachlich ursprüngliche Auffassungen und in diesem Sinne als grundlegende Impulse für Judentum, Christentum und Islam gelten kann – das gilt erst recht, wenn, was im Rahmen der Tagungen durchaus auch geschieht, der weitere Kranz normativer Überlieferungen einbezogen wird: die sog. mündliche Tora im Judentum, die Kirchenväter und Lehrbildungen der Alten Kirche sowie die reformatorische Rückbesinnung auf die Bibel im Christentum, die Sunna im Islam.

In allen drei Religionen dienen Schriftworte nicht – oder nur in eher minoritären Strömungen – als eindeutige *dicta probantia*. Vielmehr weisen sie eine Richtung und eröffnen auf dieser Spur allererst Auslegungsgeschichte und Deutungsräume: die Suche nach den wesentlichen Begriffen im Hebräischen, Griechischen, Arabischen und deren Bedeutungen, das Wahrnehmen begrifflicher und narrativer Netze innerhalb der Schriften sowie durch Verweise in die Schrift(en) der Anderen, der Blick auf Auslegungstraditionen, auf Rezeption und Wirkung in der jeweiligen Religionsgemeinschaft, nicht zuletzt die Frage nach Resonanzen, die ein Text in eigenen Erfahrungsraum ausgelöst hat.

Schließlich macht die Frage nach den Schriften stets auch zugleich auf die eigentümliche Dichte wie Asymmetrie der Beziehungen zwischen den drei Religionen aufmerksam: Die Hebräische Bibel ist fraglos die älteste unter den drei Corpora, v.a. in Gestalt der Septuaginta wurde sie im Neuen Testament rezipiert, und der Koran greift auf beide; Hebräische Bibel wie Neues Testament, verschiedentlich zurück. Doch während Christentum und Islam um ihrer selbst willen (d.h. um sich selbst zu verstehen) auf die Hebräische Bibel bzw. Septuaginta zurückgreifen müssen, ist das für das Judentum fakultativ: Es wird in Neuem Testament und Koran Facetten zweier Nachgeschichten der Hebräischen Bibel ansichtig.

Aus allen drei Gründen ist sowohl für die Angehörigen der jeweiligen Religionsgemeinschaft als auch für die Vertreter/innen der beiden jeweils anderen von hohem Interesse, mehr darüber zu erfahren, was die Schriften mitteilen bzw. sich entlocken lassen – und zwar selbst dann (oder gerade dann), wenn die Lesung der Texte im Hebräischen, Griechischen, Arabischen zumindest den Hörer/innen aus den jeweils anderen Religionsgemeinschaften zugleich die Fremdheit sinnenhaft bewusst hält bzw. zu Wort kommen lässt.

Diese Erfahrung der Fremdheit in Klang und Sprache, darüber hinaus aber auch in der äußeren Beschaffenheit der Texte (Struktur, Gattung, Stil, Satzbau, Wortwahl), in Argumentation und Logik der Auslegung, in Themen und Personen, die durch die Texte ‚gesetzt' werden, ließ und lässt es überfällig werden, Fragen der Auslegung und der Hermeneutik explizit zum Thema zu machen.

Dies geschieht in diesem Band auf drei Ebenen: In Teil 1 kommen unterschiedliche hermeneutische Muster von Tora, Neuem Testament und Koran zur Sprache. In Teil 2 werden die damit zusammenhängenden tora-, bibel- und korandidaktischen Horizonte behandelt. Und in Teil 3 kommen religionsunterrichtliche Erfahrungen hinzu.

Den Autorinnen und Autoren gebührt Dank für Ihre Ausarbeitungen, die vom seinerzeitigen Tagungsbeitrag z.T. erheblich abweichen, und auch für Ihre Geduld mit dem bedauerlich langen Weg bis zur Drucklegung.

Nicht zuletzt danke ich herzlich Frau Inge Höhl, Göttingen, und auch Herrn Norbert Scheer, ebenfalls Göttingen, für die mühevolle und sorgfältige Formatierung der Texte.

Hermeneutik der „Schriften"

DANIEL KROCHMALNIK

Ez Chajim – Rabbinische Auslegungsmethoden der Heiligen Schrift

1 Hermeneutik

Glaubenssätze und Gesetze sind die Totenmaske einer Religion. Um eine Religion *in vivo* zu erfassen, muss man die Gesetze ihres Wandels berücksichtigen: nicht die historischen Entwicklungsgesetze, die sich meistens in ihrem Rücken und gegen ihren Willen durchsetzen, sondern die Transformationsregeln, die sie sich selber gibt, um *up to date* zu bleiben. Solche Regeln bilden einen Katechismus höherer Art. Jedenfalls ist ein solcher Hyperkatechismus dem Judentum, das sich als veränderlich begreift, angemessener, als ein Satz unveränderlicher Sätze und Gesetze. Wir können das Problem in traditionellen Begriffen und Bildern beschreiben. Im jüdischen Gottesdienst wird die Tora mit den folgenden Sprüchen gepriesen: „Eine gute Lehre habe ich euch gegeben, verlasst meine Tora nicht. Ein Baum des Lebens *(Ez Chajim)* ist sie denen, die an ihr festhalten, wer sich auf sie stützt wird selig" (Spr 4,2; 3,18, mAw 6,7). Der Baum des Lebens erinnert an den Baum im Paradies, dessen Früchte das ewige Leben schenken (Gen 2,9; 3,22.24). Die Tradition stellte sich diesen Baum als schattigen Lernort im himmlischen Paradies vor, wo die Gerechten und Gelehrten für immer und ewig das Lehrgespräch pflegen (HldR 6,9,3). Umgekehrt heißen auch die irdischen Lehrhäuser häufig *Ez Chajim*. In unserem Zusammenhang ist aber nicht so wichtig, dass der Baum ewiges Leben schenkt, sondern dass der Baum selber ewig lebt, dass also die Tora, die übrigens auf *Ez Chajim* genannten Stäben aufgerollt wird, kein totes Holz ist, sondern ein ewig wachsender, sich immer weiter verzweigender Baum der Erkenntnis. Dieses Bild verträgt sich allerdings nicht gut mit der Kanonformel: „Fügt nichts hinzu, zu dem Wortlaut, den ich euch gebiete, und nehmt nichts davon weg" (Deut 4,2; 13,1). Wie soll etwas wachsen, dem nichts hinzuzufügen ist? Ist das nicht das sprichwörtliche hölzerne Eisen? Es sei denn, man versteht unter Wachstum eine Entwicklung, die aus der Schrift nur entfaltet, was zuvor schon in ihr enthalten war. Die Auslegung dieses ungeschriebenen Gesetzes erfolgt nach Regeln *(Middot)*, die nach der Tradition mit der Tora mitgeliefert wurden. Die Liste der 13 *Middot* des Rabbi Jischmael *(Schlosch Essre Middot HaTora Nidreschet BaHen)* hat geradezu kanonischen Rang erlangt. Das zeigt sich daran, dass sie im Gebetbuch steht und täglich im Gottesdienst aufgesagt wird. „Die Tora des Herrn ist vollkommen" (Ps 19,8), aber nur weil sie mit Hilfe solcher Regeln allen Herausforderungen jederzeit gewachsen bleibt und auf alle Fragen und für alle Probleme Antworten und Lösungen parat hält. Im göttlichen Text ist für alle Fälle vorgesorgt, das Kunststück besteht darin, ihn dazu zu bringen, jederzeit seinen unerschöpflichen Vorrat preiszugeben. Dieses anspruchsvolle Auslegungsgeschäft heißt auf Hebräisch: *Limmud*, auf Jiddisch: „Lernen" und bildet das Kerngeschäft des rabbinischen Judentums. Wer darin eine Überanspruchung der Texte sieht, sollte sich klar machen, dass auch profane Rechtskulturen und Literaturwissenschaften mit grundlegenden Texten nicht anders verfahren.[1] Die Transformationsregeln bewirken jedenfalls, was sie sich vom Text versprechen, sie verwandeln eine Erzählung und Aufzählung in ein System, eine Sammlung von diversen Einzelfällen in eine Hierarchie von logisch genau differenzierten, qualifizierten, quantifizierten und ponderierten Begriffen.[2] Wir geben im folgenden Kasten die 13 Regeln Rabbi Jischmaels wieder (Siphra Leviticus, Einl.) und illustrieren sie jeweils mit Beispielen, die größtenteils aus der *Mechilta DeRabbi Jischmael* (MekhJ)[3] stammen, einer alten Sammlung von halachischen *Midraschim* zum Buch Exodus.[4]

---

1 Siehe dazu das Standardwerk von Elliot N. Dorff / Arthur Rosett: A Living Tree. The Roots and Growth of Jewish Law (A Centennial Publication of the Jewish Theological Seminary of America), New York 1988, S. 368.

2 Vgl. Azzan Yadin: Scripture as Logos. Rabbi Ishmael and the Origins of Midrash, Philadelphia 2004.

3 Bei der Zitierung der biblischen Bücher und der rabbinischen Literatur folgen wir dem Abkürzungsverzeichnis des Lexikons für Theologie und Kirche, hg. von Walter Kasper, 3. A. Freiburg 1993–2001, das in der Hauptsache mit dem in der deutschsprachigen Judaistik üblichen Abkürzungsverzeichnis der Frankfurter Judaistischen Beiträge, Heft 1 übereinstimmt.

4 Die Liste findet sich in Siphra Leviticus, Einleitung, vgl. Hermann L. Strack: Einleitung in Talmud und Midrasch, München ⁵1920, S. 99 f.

1. Deduktion (terminus technicus: *Kal WaChomer*, übertragene Bedeutung: **Leichteres und Schwereres**, lateinischer Begriff: *argumentum a fortiori*)

Beispiel: Was an einem normalen Feiertag (*Jom Tow*) verboten ist, ist erst recht an einem strengeren Feiertag verboten, was an einem strengeren Feiertag erlaubt ist, ist erst recht an gewöhnlichen Feiertagen erlaubt. Im gewählten Beispiel ist der Schabbat an sich der strengere Feiertag (*Chamur*) und Pessach der leichtere Feiertag (*Kal*). Was, wenn der Anfang des Pessachfestes auf einen Schabbat fällt? Bricht das strenge Arbeitsverbot (Ex 31,14) das Pessachgebot, sprich: das Pessachopfer (Ex 12,6)? Die Pflichtenkollision wird durch einen Vergleich mit einem dritten Opfer, dem täglichen Opfer (*Tamid*) und der 1. Auslegungsregel gelöst. Das *argumentum a fortiori* lautet in diesem Fall: „wenn schon das tägliche Opfer, dessen Unterlassung mit keinem himmlischen Bann (*Karet*) bedroht wird, den Schabbat verdrängt, dann verdrängt das Pessachopfer, auf dessen Unterlassung ein himmlischer Bann steht, **erst recht** den Schabbat"(jPes 6, 1, 35b //bPes 66a).

2. Analogie (t. t.: *Gesera Schawa*, übtr.: Gleicher Wortlaut, gr. Begr.: *Isorhemie*)

Beispiel: Der Schluss im vorigen Beispiel wird durch eine auffällige Formulierung bestätigt: „Vom täglichen Opfer heißt es in der Schrift: ‚*zur festgesetzten Zeit*' (*BeMoado*, Num 28,2) und vom Pessachopfer heißt es ebenfalls ‚*zur festgesetzten Zeit*' (*BeMoado*, Num 9,2). Wie das tägliche Opfer, von dem *es* heißt ‚*zur festgesetzten Zeit*', so verdrängt auch das Pessachopfer, von dem es ebenfalls heißt ‚**zur festgesetzten Zeit**', den Schabbat" (ebd.). Weil das tägliche Opfer am Schabbat anderwärts ausdrücklich geboten wird (Num 28,9), ist die Formulierung ‚festgesetzte Zeit' eigentlich überflüssig (*Jitur*), sie steht berufenen Interpreten für einen Vergleich zur Verfügung (*Mufne*). So wie nun die Formel ‚zur festgesetzten Zeit' hier die Unaufschiebbarkeit des täglichen Opfers zum Ausdruck bringt, so auch dort die des Pessachopfers, man darf folglich das Pessachopfer am Schabbat darbringen (jPes 6,1,35b // bPes 66a u. MekhJ zu Ex 12,6).

3. Induktion (t. t.: *Binjan Aw*, übtr.: Begriffskonstruktion)

Beispiel: Zum gleichen Ergebnis wie in 1. und 2. führt schließlich eine Verallgemeinerung. Aus den gegebenen Beispielen wird ein Oberbegriff konstruiert. Das tägliche Opfer wie das Pessachopfer sind „Opfer der Allgemeinheit" (*Qorban Zibbur*). Daraus wird dann induziert: „Wie das tägliche Opfer als Opfer der Allgemeinheit den Schabbat verdrängt, so verdrängt auch das Pessachopfer als Opfer der Allgemeinheit den Schabbat" (jPes 6, 1,35a // bPes 66a). Eine echte Induktion liegt in dem folgenden Fall vor: Wenn jemand am 14. Nissan das Pessachopfer nicht darbringen konnte, sei es, dass er mit einem Toten in Berührung kam und unrein wurde, sei es, dass er auf Reisen war, dann soll er *Pessach* einen Monat später nachholen (*Pessach Scheni*, Num 9,10 f.). Aus der Anführung zufällig heraus gegriffener Hinderungsgründe, wird induziert, dass jeder Hinderungsgrund vom Typ: „er will es halten und kann es nicht" eingeschlossen ist (SiphNum § 69).

4. Restriktion (t. t.: *Klal UFrat*, übtr.: Allgemein- und Einzelfall)

Die folgenden kasuistischen Bestimmungsregeln Nr. 4 – 7 leiten den Umfang des Gesetzes vom Verlauf der Beispielreihe ab: läuft die Reihe auf einen Einzelfall zu, so wird die Geltung Gesetzes eingeschränkt, im umgekehrten Fall wird sie ausgeweitet.
Beispiel: In Ex 12,43 steht: „Dies ist die Satzung des Pessachopfers (*Klal*, Allgemeinfall*)*: Kein Fremder soll davon essen (Einzelfall)" – aus der Einschränkung im Schlusssatz auf den Einzelfall des Fremden, kann man schließen, dass auch die zuvor allgemein formulierte Satzung nur diesen Einzelfall betrifft, also den Ausschluss des Fremden aus der Kommunion der Opfergemeinschaft (MekhJ z. St.).

5. Ampliation (t. t.: *Prat UKlal*, übtr.: Einzel- und Allgemeinfall)

Diese Umkehrung der Regel 4 sowie die folgenden Regeln 6 und 7 illustrieren wir an Beispielen aus den Haftungsgesetzen *(Nesikin)* des Bundesbuches (Ex 21 ff.), das zu den bevorzugten Feldern der rabbinischen Kasuistik gehört.

Beispiel: „Wenn ein Ochse (*Schor*) einen Mann oder eine Frau stößt, so dass sie sterben, dann (…)" (Ex 21,28f). Trifft das nur für einen Ochsen zu (mBKa 5,7 u. bBKa 54b)? Diese Frage wird durch die Anwendung der Regel 5 auf das 4. Gebot des Dekalogs beantwortet. Dort heißt es: „Du sollst kein Werk verrichten, du und dein Sohn und deine Tochter, und dein Knecht, und deine Magd, und dein Ochse (*Prat*, Einzelfall), und dein Esel (Einzelfall) und all dein Vieh (*Klal*, Allgemeinfall)" (Deut 5,14). In dieser Reihe schließt der zuletzt genannte Allgemeinbegriff alle zuvor genannten Arten ein. Aus dieser Verallgemeinerung in der Beispielreihe des 5. Gebotes schließen die Rabbinen in unserem Fall: „wie sie (die Schrift) hinsichtlich des am Sinai genannten Ochsen jedes Vieh wie einen Ochsen gemacht hat, so ist es logische Folgerung *(Din Hu)*, dass wir auch hinsichtlich des Ochsen, der hier genannt ist, jedes Vieh wie den Ochsen machen (*Na'asse*)" (MekhJ zu Ex 21,28). Desgleichen heißt es im Gesetz über den Hüter (Ex 22,9): „Wenn jemand seinem Nächsten einen Esel, einen Ochsen, ein Schaf oder irgendein Vieh zum Hüten gibt, und es stirbt (…)" – daraus folgt nach der gleichen Regel, dass die Bestimmung für jedes Vieh gilt (MekhJ z. St.).

6. Spezifikation (t. t.: *Klal UFrat UKlal*, übtr.: **Allgemein- und Einzel- und Allgemeinfall**)

Was aber, wenn die Beispielreihe zunächst zu einem Einzelfall konvergiert und von dort wieder in Richtung Allgemeinfälle divergiert? In einem solchen „Mischfall" gilt das betreffende Gesetz für den durch den Einzelfall spezifizierten Allgemeinfall, also für die Fälle, die die typischen Merkmale des Sonderfalls aufweisen.

Beispiel: Bei Verlust fremden Eigentums wird der Hüter zur doppelten Erstattung verurteilt. Der Wortlaut des Gesetzes (Ex 22,8): „Bei einer jeden Sache von Veruntreuung (*Klal*, Allgemeinfall), sei es Ochse, Esel, Schaf, Kleid (*Prat*, Einzelfall), bei irgendetwas Verlorenem (*Klal*, Allgemeinfall) (…)". Haben wir es mit einer Restriktion oder mit einer Ampliation zu tun? Antwort: mit einer restringierten Ampliation, mit einer Spezifikation. Das gemeinsame Merkmal der aufgezählten Sonderfälle: Es sind bewegliche Wertgegenstände. Nach diesem aus den Einzelfällen abstrahierten Begriff ist auch das Gesetz des veruntreuten Gutes zu verallgemeinern, d. h. aus der Erstattungspflicht ausgeschlossen sind demnach Immobilien, Wertpapiere usw. (MekhJ z. St.).

7. **Interdependenz** (t. t.: *MiKlal ScheHu Zarich LiFrat*, übtr.: Sonder- und Allgemeinfall, Allgemein- und Sonderfall)

Die Regeln 4 – 6 gelten freilich nur, wenn Allgemein- und Einzelfall nicht voneinander abhängig sind und in Wirklichkeit ein und denselben Begriff bilden. In einem solchen Fall folgt aus dem Vergleich der Fälle nichts. Diese Hyperregel legt der Kasuistik Zügel an.
Beispiel: Nach Ex 13,2 ist „alle Erstgeburt" Gott geweiht, „der Bruch allen Mutterschoßes" Demnach wären alle erstgeborenen Tiere, Männchen wie Weibchen, zu opfern. Deut 15,19 präzisiert jedoch, dass sich das Erstgeburtsopfer auf die männlichen Jungen beschränkt. Daraus könnte man umgekehrt schließen, dass das erste männliche Junge in jedem Fall zu opfern ist, auch wenn das erstgeborene Tier ein Weibchen war, darum ist auch der Zusatz nötig: „der Bruch allen Mutterschoßes". Nur zusammen beschreiben der Allgemein- und der Sonderfall adäquat das Gesetz: „Aller Bruch eines Scs ist mein, alles Männliche deiner Herde" usw. (Ex 34,19, /MekhJ Bo 16 zu Ex 13,2).

8. **Exzeption und Subsumption** (t. t.: *Kol Dawar ScheJaza Min HaKlal... LeLamed Al HaKlal Kulo Jaza*, übtr.: Die Ausnahme bereichert die Regel)

Welche Bedeutung hat die Ausnahme für die Regel? Bereichert die Ausnahme die Regel? Erleichtert die Ausnahme die Regel? Die folgenden Ausnahmeregeln 8 – 11 kommen deshalb oft zur Anwendung, weil das Gesetz im Pentateuch insgesamt dreimal wiederholt wird: am Sinai (Ex), in der Stiftshütte (Lev) und in der Steppe Moabs (Num-Deut, bChag 6a). Dabei erscheinen manche Gesetze in der einen Gesetzgebung als allgemeine Regel und in der anderen als Einzelfälle, d. h. wie Ausnahmen von der Regel. Im Grunde genommen stellt sich die gleiche Frage wie bei den Bestimmungsregeln: Wie verhalten sich unterschiedliche Begriffe des gleichen Gesetzes zueinander? Nur dass es bei diesem Regelsatz um weit auseinander liegende Reiheglieder geht.
Beispiel: Das Feueranzünden gehört zu den am Schabbat verbotenen 39 Arbeiten (mSchab 7,1). Diese Arbeit wird aber an anderer Stelle noch einmal eigens als solche herausgestellt (Ex 35,3). Daraus wird nach Regel 8 für das Arbeitsverbot (*Issur Melacha*) insgesamt geschlossen, dass jede Übertretung des Arbeitsverbots gesondert in Rechnung gestellt wird (MekhJ z. St.). Der Ausnahmefall hat also eine paradigmatische Bedeutung für den Allgemeinfall und bereichert ihn.

9. **Exzeption und Relevation** (t. t.: *Kol Dawar ScheJaza Min HaKlal ... KeInjano... Jaza LeHakel ...*, übtr.: Die Ausnahme erleichtert unter gleichen Bedingungen die Regel)

Beispiel: In Ex 21,12 heißt es ohne Unterschied: „Wer einen Menschen schlägt und er stirbt, soll des Todes sterben". Im nächsten Vers wird der Fall des Totschlägers noch einmal besonders behandelt – um, wie man nach dieser Regel schließen kann, das Strafmaß zu mindern. Man kann diese Regel auch so formulieren: Unter gleichen Bedingungen werden Ausnahmen gemacht, um die Härte des Gesetzes abzumildern (Kulanz). Andernfalls würde aus Regel 8 eine zunehmende Rigorisierung und Drakonisierung des Gesetzes folgen.

10. **Exzeption und Relevation bzw. Aggravation** (t. t.: *Kol Dawar ScheJaza Min HaKlal ..., Lo KeInjano, ... LeHakel ULeHachmir*, übtr.: Die Ausnahme erleichtert oder erschwert unter veränderten Bedingungen die Regel)

Diese Regel kann man auch so formulieren: Unter veränderten Bedingungen ist *a priori* nicht abzusehen, ob das Strafmaß höher oder niedriger ausfallen wird. Die quantitative Verhältnismäßigkeit der Sanktion setzt die qualitative Gleichmäßigkeit der Gesetze voraus.
Beispiel: In Ex 21,15 heißt es: „Wer seinen Vater oder seine Mutter schlägt, soll des Todes sterben". Dieser Fall wird nach Ex 21,12 eigens hervorgehoben, weil der Täter nicht nur nach dem Talionsgesetz geschlagen (Ex 21,24), sondern wie der Mörder erschlagen werden soll. Bei asymmetrischer Gewalt gilt das Talionsgesetz, d. h. die Proportion von Schuld und Sühne, nicht mehr (MekhJ z. St.).

11. **Exzeption und Innovation** (t. t.: *Kol Dawar ScheJaza LiDon BeDawar HeChadasch ... Ata Jachol Le Hachasiro*, übtr.: Die Ausnahme aus der Regel erlaubt keinen Rückschluss auf die Regel – es sei denn die Schrift vollzieht ihn)

Beispiel: Nach der schon bei Regel 6 erwähnten Vorschrift haftet der Tierhalter für die von seinem Vieh angerichteten fatalen Schäden (Ex 21,28), sein Tier wird gesteinigt. Im Fall eines bereits verwarnten Halters eines gemeingefährlichen Tieres, haftet auch der Halter mit seinem Leben und, wie die Schrift wiederholt, mit dem Leben seines Tieres (Ex 21,29). Letzteres versteht

sich eigentlich *a fortiori* von selbst (Regel 1). Wozu wird es also noch einmal wiederholt? Der Sonderfall des verwarnten Tieres wurde aus dem Regelfall der Tierschäden besonders herausgestellt und stellt nunmehr eine eigene Kategorie dar, eine Übertragung aus dem Rechtsgebiet der Geldstrafen (*Dine Mamonot*) in das Rechtsgebiet der Todesstrafen (*Dine Nefaschot*). Darum kann die Sanktion vom Fall des unverwarnten Tieres (*Schor Tam*) nicht ohne weiteres auf das des verwarnten Tieres (*Schor Mu'ad*) übertragen werden, es wird von der Schrift noch einmal eigens erwähnt werden. (MekhJ z. St.).
Auch diese Regel schränkt die Übertragung bzw. die Rückübertragung von einem Rechtsgebiet ins andere ein und macht sie von einem expliziten Schriftbeweis abhängig, daher legt auch sie der Kasuistik Zügel an.

12. Intention (t. t.: *Dawar HaLamed MeInjano WeDawar HaLamed MiSofo*, übtr.: **Schluss aus dem Zusammenhang und Ziel**)

Beispiel: Der Sinn des 8. Gebotes des Dekalogs („Du sollst nicht stehlen") wird aus dem Kontext erschlossen. Da es sich bei den vorigen Verboten der zweiten Tafel um Kapitalverbrechen handelt, kann es sich nach dem Kontext auch nur um ein Kapitalverbrechen handeln, also nicht etwa um Ladendiebstahl, sondern um Menschenraub (MekhJ zu Ex 20,15).

13. Dezision (t. t.: *Schne Ktuwim HaMach'chischim Se EtSe Ad ScheJawo ...*, übtr.: **Aufhebung des Widerspruchs durch Versmehrheit**)

Beispiel: In Bezug auf die Materie für das Pessach-Opfer gibt es widersprüchliche Vorschriften: Soll es nur Kleinvieh oder kann es auch Großvieh sein? Nach Ex 12,5f. soll es ein Lamm von Schafen oder Ziegen sein, nach Deut 16,2 kann es ein Schaf oder Rind sein. Ex 12,21, wo Mose nur von Schafen spricht, entscheidet: es muss Kleinvieh sein (MekhJ zu Ex 12,5–6).

Streng genommen sind 16, nicht 13 Regeln aufgelistet,[5] die rabbinische Rundzahl 13 soll offenbar die Einheit und Vollständigkeit des Regelkanons zum

---

5   Die Regel 3, 4 und 12 enthalten im vollen Text jeweils zwei Unterfälle.

Ausdruck bringen.⁶ Die Aufzählung darf ferner nicht darüber hinwegtäuschen, dass die Regeln nicht gleichartig sind. Bei einigen handelt es sich darum, aus dem Text neue Erkenntnisse zu gewinnen (*Midrasch HaMekisch*), bei anderen, den Text zu erklären (*Midrasch HaMewaer*), einige sind rechtspraktischer Natur. Sie dienen etwa der Bestimmung des Strafmaßes, andere rechtslogischer Natur, sie schränken den Geltungsbereich von Regeln ein. Die 16 *Middot* lassen sich jedoch der Reihe nach in 4 Sachgruppen einteilen:

- Erstens (Nr. 1 – 3): Schlussregeln (Deduktion, Analogie, Induktion) von einem Fall auf den anderen
- Zweitens (Nr. 4 – 7): Bestimmungsregeln zur Einschränkung oder Ausweitung des Geltungsbereichs von Fällen
- Drittens (Nr. 8 – 11): Ausnahmeregeln zur Feststellung der Tragweite von Sonderfällen
- Viertens (Nr. 12 – 13): Auslegungsregeln zur Erschließung und Entscheidung von Gesetzesbestimmungen aus dem Kontext

Insgesamt versetzt dieses Regelwerk den Text in eine kontrollierte Bewegung von einem Fall zum andern, von einem Gesetzeskorpus und Rechtsgebiet zu anderen. Diese Selbstauslegung der Schrift (*sacra scriptura sui interpres*) kommt im Lernverb Lamad zum Ausdruck, dass sich in den Regeln auf das Textsubjekt bezieht: demnach lernt der Text aus sich selbst! Der so verstandene *Limmud* sorgt jedenfalls dafür, dass das „Alte" Testament ewig jung und frisch bleibt. Wie viel Wachstum gestatten diese Regeln? Die Zahlen sprechen für sich! Der halachische *Midrasch Mechilta* zu den insgesamt 85 Bibelversen des Bundesbuches (Ex 21,1 – 23,20) hat einen Umfang von 20 Kapiteln (*Nesikin* und *Massechta de Kaspa*), die entsprechenden *Mischna*-Traktate (*Bawot*) haben einen Umfang von 30 Kapiteln und die entsprechenden Erklärungen der *Gemara* in den Standardausgaben des Babylonischen Talmuds einen Umfang von 411 Blättern in Folio. Die Superkommentare dazu füllen unzählige Blätter. Wenn dieses explosionsartige Wachstum im Text vorprogrammiert gewesen wäre, dann müssten wir mit einem Programmierer von unendlicher Intelligenz rechnen.

---

6 Die gleiche Bemerkung gilt für die Rundzahl 7 im Regelkanon Hillels. Die 13 kommt dadurch zustande, dass die 8 Bestimmungs- und Ausnahmeregeln im Kanon Rabbi Jischmaels bei Hillel jeweils in einer Regel zusammengefasst sind.

2 Kasuistik

Wir wollen an einem Beispiel illustrieren, wie das Regelwerk der 13 *Middot* zum Einsatz kommt:[7] die erste *Mischna* der Ersten Pforte (*Baba Kama*) der talmudischen Ordnung über die Schäden (*Nesikin*) (mBKa I,1). Diese Mischna geht auf die folgenden Fälle aus dem Buch Exodus zurück:

„Wenn ein Ochse *(Schor)* einen Mann oder ein Frau stößt, dass der betreffende stirbt (...) und wenn es ein stößiger Ochse von jeher war (...)" (Ex 21,28f). „Wenn jemandes Ochse den Ochsen eines anderen stößt (...)" (Ex 21,35). „Wenn jemand einen Brunnen (*Bor*) offen lässt oder eine Grube gräbt und sie nicht zudeckt, und es fällt ein Ochse oder ein Esel hinein (...)" (Ex 21,33). „Wenn jemand ein Feld oder einen Weinberg abweiden lässt, indem er sein Vieh hineinlässt" (...) (Ex 22,4). „Wenn Feuer ausbricht und Dornen ergreift, und es wird ein Garbenhaufen verzehrt oder stehendes Getreide oder das Feld (...) zahlen, bezahlen soll der Anzünder (*Mawir*) des Brandes" (Ex 22,5).

Was die Tora nur aufzählt, bringt die *Mischna* in eine systematische Ordnung. In der ersten Mischna heißt es:

„Vier Hauptschädigungen gibt es: die durch den Ochsen *(Schor),* durch die Grube *(Bor)*, durch den Abweider *(Mawe)* und durch Brandstiftung *(Hew'er)*. Die Eigentümlichkeit des Ochsen ist nicht wie die des Abweiders, und die Eigentümlichkeit des Abweiders ist nicht wie die des Ochsen, und die Eigentümlichkeit dieser beiden, dass nämlich in ihnen ein Lebensgeist ist, ist nicht wie die des Feuers, in dem kein Lebensgeist ist, und die Eigentümlichkeit dieser drei, dass es nämlich ihre Weise ist, fortzuschreiten und zu beschädigen, ist nicht wie die der Grube, deren Weise es nicht ist, fortzuschreiten und zu beschädigen. Das ihnen gemeinsame ist, zu beschädigen, dass deren Bewachung dir obliegt und wenn eines von ihnen beschädigt hat, der Schädiger schuldig ist, vom Besten seines Landes Schadensersatz zu leisten" (mBKa I,1).

Anstelle des Haufens von Fällen aus dem Bundesbuch haben wir eine glasklare Klassifikation aller möglichen Fälle in der Mischna. Dazu wird zunächst die biblische Reihenfolge der Schadensarten (*Schor, Bor, Mawe, Hew'er*) nach begrifflichen Bedürfnissen umgestellt (*Schor, Mawe, Hew'er, Bor*). Das Unterscheidungsmerkmal ist der Grad der Eigeninitiative der Schadensursache. Die Tiere bewegen sich selbst, das Feuer wird durch den Wind bewegt, die Grube

---

7 Vgl. Louis Jacobs: Studies in Talmudic Logic and Methodology, London et al. 1961, S. 132–151.

ist unbeweglich. Die Verantwortung des Schadensurhebers müsste sich auf den ersten Blick entsprechend verringern, denn er kann sein Vieh im Zaum halten, er kann aber nicht den Wind still stellen, und was in den Schlaglöchern geschieht, die er im öffentlichen Raum hinterlassenen hat, entzieht sich sogar seiner Kenntnis – gleichwohl, so belehrt uns die *Mischna*, haftet er in allen Fällen in gleicher Höhe.

Sehen wir uns nun die Arbeit des *Midraschs* genauer an – wie macht er aus einer Aufzählung von Einzelfällen in der Tora eine systematische Lehre? Wir haben oben im Beispiel zur 5. Regel gesehen, wie der Begriff „Ochse" in den Oberbegriff Tier verwandelt wird. Der „Ochse" (*Schor*) hat in der *Mischna* keinen Stallgeruch mehr, es ist eine neutrale Rechtskategorie und bezieht jeden Tierschaden mit ein. Der Midrasch fragt nun, weshalb die Tora neben dem Ochsen einen weiteren Fall, den der Grube (*Bor*) anführt? Hätte man nicht durch logischen Schluss (*BeDin*) den Fall des Ochsen auf jeglichen Besitz des Schadensurhebers ausdehnen und somit nach dem rabbinischen Null-Redundanzprinzip eine überflüssige Wiederholung im Gesetzestext vermeiden können? Eine solche Verallgemeinerung würde jedoch über das Ziel hinausschießen und die Besonderheit dieser Schadensart verwischen: „denn die Weise (des Ochsen) ist zu gehen und zu schädigen, kannst du das auch von der Grube behaupten, deren Weise es nicht ist, zu gehen und zu schädigen?" (MekhJ zu Ex 21,33). Durch diesen Fall „lernt" der *Midrasch* aus der Schrift das Unterscheidungsmerkmal der Eigeninitiative, den die *Mischna* dann als Unterscheidungsmerkmal aller vier Schadensursachen verwendet. Als weiteres Unterscheidungsmerkmal käme eventuell noch die Art des Eigentums in Betracht, denn die Grube im öffentlichen Bereich ist im Gegensatz zu den Tieren kein Privatbesitz. Hingegen scheint es zwischen dem gemeingefährlichen Rind (*Schor Muad*) und der weidenden Herde (*Mawe*) weder hinsichtlich der Eigeninitiative noch hinsichtlich des Eigentums irgendeinen Unterschied zu geben. Wozu also, so fragt der Midrasch ferner, führt diese Schrift den letzteren Fall noch einmal gesondert an (MekhJ zu Ex 22,4)? Hätte die Kategorie gemeingefährliches Tier nicht ausgereicht? Nein, die „Schrift kommt dich zu lehren", den Unterschied zwischen den mutwilligen Schäden, die ein verwarntes Rind (*Mu'ad*) anrichtet, und den zwangsläufigen und beiläufigen Schäden, die eine Herde durch Zerbeißen und Zertreten auf der Weide verursacht. Schließlich fragt der *Midrasch*, wozu die Schrift noch den Fall des Brandstifters (*Hewer*) erwähnt. Wenn schon der Schadensurheber für sein Vieh verantwortlich ist, dann nach der 1. Regel (*Kal WaChomer*) umso mehr für sich selber, „allein die

Schrift kommt", so sagt der *Midrasch*, „um unfreiwilliges Handeln (*BeOnes*) vom freiwilligen (*BeRazon*), unwillkürliche Bewegung (*ScheLo BeMitkawen*) vom vorsätzlichen Tun (*BeMitkawen*) zu unterscheiden, obschon letztendlich beide Formen hinsichtlich der Haftpflicht gleichgestellt sind" (MekhJ zu Ex 22,5). „Lernen" bedeutet hier nach dem Omnisignifikanz-Prinzip aus scheinbar überflüssiger Wiederholung (*Jatir Kafil*) unverzichtbare Distinktionen herauslernen.

Wie setzt die *Gemara* des Babylonischen Talmuds zu unserer Mischna diesen Lernprozess fort? Sie differenziert die Hauptarten (*Awot*) und Unterarten (*Toladot*) der Schadenursachen weiter (bBKa 2a–b). Wir zitieren nur eine der dort angeführten rabbinischen Lehren:

„Beim Ochsen gibt es drei Hauptarten von Schädigungen: durch das Horn *(Keren)*, durch den Zahn *(Schen)* und durch den Fuß *(Regel)* (…). Welches ist die Unterart der Hornschädigung? Das Drängen *(Negifa)*, Beißen *(Neschicha)*, sich Niederlegen *(Rewiza)* und Ausschlagen *(Beʻita)*. Das Beißen ist ja eine Unterart der Zahnschädigung!? – Nein, bei der Zahnschädigung hat das Tier durch die Schädigung einen Genuss, beim Beißen hat es durch die Schädigung keinen Genuss. Das sich Niederlegen und das Ausschlagen sind ja Unterarten der Fußschädigung!? – Nein, die Fußschädigung ist eine Fahrlässigkeit; diese aber sind keine Fahrlässigkeit" (bBKa 2a–3b).

In dieser in der *Mischna* „ausgelassenen Lehre" (*Baraita*) wird der Gattungsbegriff der Schadensursache „Ochse" in drei Begriffe zerlegt. Das Tier kann entweder durch Zustoßen, Zerbeißen oder Zertreten Schäden anrichten. Dabei ist aber nicht ausschlaggebend, welche Glieder des Tieres bei der Beschädigung zum Einsatz kommen, sonst müsste Zerbeißen zu den Zahn- und Ausschlagen zu den Fußschädigungen zählen, sondern welche Beweggründe dahinter stecken. Wenn das Tier mutwillig zerstört, dann handelt es sich immer um einen Hornschaden, wenn gierig, immer um einen Zahnschaden und wenn fahrlässig, immer um einen Fußschaden. „Horn", „Zahn" und „Fuß" sind hier allgemeine Verhaltensbegriffe: „Zahn" ist der sinnige Begriff für solche Schäden, die zwangsläufig bei der Befriedigung des Nahrungstriebes und „Fuß" der Begriff für solche, die beiläufig beim Gehen entstehen. Aus den angeführten konkreten Paradigmen: „Horn", „Zahn" und „Fuß" lassen sich also die Kategorien „mutwillig", „beiläufig" und „fahrlässig" abstrahieren und Zweifelsfälle, wie z. B. das „Beißen" und „Ausschlagen" eindeutig identifizieren.[8] Im weiteren Verlauf der talmudischen Diskussion wird die Distinktion der vier Hauptschadensarten auf dreizehn erweitert (*Schloscha Assar Awot Nesikin*, bBK 4b), wobei nicht nur die vier Arten von Schadensursachen, sondern auch die vier Arten von Schadensurhebern (Hüter) und die fünf Arten von Schadensersatz berücksichtigt werden und so eine vollständige Erfassung aller möglichen Schadensfälle erzielt wird.

---

13 Prinzipien der Schädigungen

1. Grube (*Bor*)
2. Ochse (*Schor*)
3. Abweider (*Mawe*)
4. Brandstiftung (*Hew'er*)
5. Unbezahlter Hüter (*Schomer Chinam*)
6. Entleiher (*Scho'el*)
7. Bezahlter Hüter (*Nosse Sachar*)
8. Mieter (*Socher*)
9. Arztrechnung (*Nesek*)
10. Schmerzensgeld (*Za'ar*)
11. Kuraufenthalt (*Ripui*)
12. Arbeitslosengeld (*Schewet*)
13. Entschädigung für den Ansehensverlust (*Boschet*)

Was haben solche subtilen juristischen Erörterungen in einem heiligen Buch zu suchen? Gehören diese Sachen nicht ins Strafgesetzbuch? Diese Frage ist anachronistisch und setzt die Säkularisierung des Rechts schon voraus. Natürlich leben auch die Juden nicht mehr nach biblischen und talmudischen Recht, sondern nach dem BGB und StGB der Nationalstaaten, in denen sie sich aufhalten und überdurchschnittlich viele sind sogar erfolgreiche Rechtsanwälte. Die frommen Juden haben aber nicht aufgehört ihre alten Gesetze zu „lernen". Dabei bewegt sie nicht antiquarisches Interesse oder fromme Pietät, im Gesetz ist der Geist der Gesetze, also der Heilige Geist eingeschlossen, „lernen" heißt nichts weniger, als den Heiligen Geist erschließen und den göttlichen Willen erkennen.

---

8 Vgl. zum Begriff des konkreten Paradigmas Georges Hansel: Du réel au concept, in: Ders.: Explorations talmudiques, Paris 1998, S. 245–257.

Welchen Geist offenbart z. B. das soeben angeführte Gesetz? Ganz einfach: Gott sorgt sich scheinbar um Leib und Leben und Besitz meines Nächsten und wie er sie vor meiner gemeingefährlichen Fahrlässigkeit und Gleichgültigkeit schützen kann. Wie weit der Radius meiner eigenen Verantwortung reicht, zeigt der Einschluss der unwillkürlichen und unfreiwilligen Schäden. Nicht einmal der Schlaf entschuldigt, denn, sagt die *Gemara* z. St., der Mensch gelte stets als verwarnt. Darauf, dass es sich bloß um unbeabsichtigte „Nebenwirkungen" und „Kollateralschäden" handelt, kann sich ausdrücklich niemand herausreden. In der ganzen nachfolgenden Diskussion der *Gemara* wird nur bei einer einzigen Unterkategorie der Fußschäden, dem Geröllschaden, eine Halbierung der Geldstrafe zugestanden. Moses Maimonides begründet diese Gebote daher so, dass die empfindlichen Vermögensstrafen das Verantwortungsbewusstsein des Menschen schärfen sollen (Führer der Verirrten III, 40). Von einer noch höheren theologischen Warte könnte man sagen, dass die Bändigung der Schäden und Zerstörungen in den Begriffskäfigen der Halacha zu einem Gott passt, der als Ordner des Tohuwabohu zum ersten Mal in Erscheinung tritt und den Menschen für die Flut, die Rückkehr des Tohuwabohu, verantwortlich macht. Bei der Gesetzespflege ist der Mensch Partner des Schöpfers.[9]

3   Kritik

Dennoch haben die akrobatischen Auslegungskünste der Rabbinen in der jüdischen Tradition auch Kritik hervorgerufen. Könnte man mit so einem Regelapparat nicht jegliche Neuerung als Tradition ausgeben? Diese Skepsis kommt gerade in einer Version der Urszene der rabbinischen Hermeneutik auf:

„Einmal fiel der Anfang des Pessachfestes auf einen Sabbat und die Ältesten von Batyra wussten nicht, ob das vorgeschriebene Pessachopfer den Sabbat verdrängt oder nicht. Man sagte: Es gibt hier einen gewissen Babylonier, Hillel ist sein Name; er hat bei den rabbinischen Autoritäten Schemaja und Abtalion gehört und weiß gewiss, ob Pessach den Schabbat verdrängt oder nicht. Vielleicht weiß er eine Lösung. Sie ließen ihn kommen und fragten ihn: Hast du je

---

9   Vgl. mein Beitrag: Der Mensch als Partner des Schöpfers. Zum 1. Jahrestag des Todes von Raw Josef Soloveitschik, in: Judaica 50 (1994), S. 113–121.

gehört, ob der Anfang des Pessachfestes, der auf den Schabbat fällt, diesen verdrängt oder nicht? Er antwortete ihnen: Verdrängt denn nur ein einziges Opfer im Jahr den Schabbat (...). Er begann ihnen aus einer Sachanalogie *(MeHekesch)*, aus einem Schluss vom Leichteren auf das Schwerere *(Kal WaChomer)* und aus einer Wortanalogie *(Gezera Schawa)* auszulegen. Aus einer Sachanalogie *(Hekesch)*: Das tägliche Opfer und das Pessachopfer sind Opfer der Allgemeinheit. Wie das tägliche Opfer als Opfer der Allgemeinheit den Schabbat verdrängt, so verdrängt auch das Pessachopfer als Opfer der Allgemeinheit den Schabbat (3. Regel, *Binjan Aw*). Aus dem Schluss vom Leichteren auf das Schwerere (1. Regel, *Kal WaChomer*): Wenn schon das tägliche Opfer, dessen Unterlassung nicht unter dem himmlischen Bann steht, den Schabbat verdrängt, dann verdrängt das Pessachopfer, auf dessen Unterlassung der himmlische Bann steht, um so mehr den Schabbat. Aus der Wortanalogie (2. Regel, *Gesera Schawa*): Vom täglichen Opfer heißt es in der Schrift ‚zur festgesetzten Zeit' (Num 28,2) und vom Pessachopfer heißt es ‚zur festgesetzten Zeit' (Num 9,2). Wie das tägliche Opfer, von dem es heißt ‚zur festgesetzten Zeit' den Schabbat verdrängt, so verdrängt auch das Pessachopfer, von dem es ebenfalls heißt ‚zur festgesetzten Zeit', den Schabbat. Sie antworteten: Sagten wir nicht schon – ‚ob wohl von dem Babylonier irgendetwas zu erwarten ist?' Gegen die Sachanalogie, die du vorgetragen hast, gibt es einen Einwand. Was du vom täglichen Opfer gesagt hast, das genau festgelegt ist, willst du vom Pessachopfer sagen, das nicht genau festgelegt ist? Auch gegen deinen Schluss vom Leichteren auf das Schwerere gibt es einen Einwand. Das tägliche Opfer ist Hochheiliges, und du kannst davon nicht auf das Pessachopfer übertragen, das nur leicht heilig ist. Und zur Wortanalogie, die du gezogen hast: Niemand darf selbständig eine Folgerung aus einen Analogieschluss ziehen *(Ejn Adam Dan Gesera Schawa BeAzmo)*. Und er saß da und legte ihnen den ganzen Tag aus, doch sie nahmen es von ihm nicht an, bis er ihnen sagte: Es komme (Unheil) über mich (wenn es nicht stimmt): So habe ich von Awtaljon und Schemaja gehört. Als sie dies von ihm gehört hatten, standen sie auf und setzten ihn zum Fürsten über sich ein" (jPes 6, 1,35b).

Die Leute von Batyra erweisen sich als ebenso scharfsinnig und schlagfertig wie Hillel und zeigen jedes Mal, dass die Übertragung vom bekannten auf den unbekannten Fall wichtige Unterschiede außer Acht lässt. Wo Hillel Vergleichbarkeit unterstellt, da weisen die Leute von Batyra auf die Unvergleichlichkeit der Fälle hin, seine Schlussfolgerungen sind also nicht über jeden Zweifel erhaben und daher auch nicht ausreichend, um die Traditionslücke zu überbrücken. Dieses Beispiel zeigt, dass rabbinische Tradition und rabbinische Spekulation in Widerstreit geraten können (jPea 17a). Die Leute von Batyra, wie die Tradenten dieser Geschichte, trauen dem brillanten Auslegungskünstler der *lex scripta* weniger als dem treuen Empfänger der *lex tradita*. Die Bekräftigung, dass ja die Regeln selber aus der Tora stammten, d. h. lediglich im Text der Tora implizierte Eigenschaft explizieren (*Midda BaTora*), dient wahrscheinlich dazu, den nie verstummenden Willkürvorwurf zum Schweigen zu bringen.

In der späteren hermeneutischen Diskussion war umstritten, ob die Auslegungsregeln neue Gesetze hervorbringen (*Midrasch Jozer*) oder nur längst bekannte und geübte Gesetze nachträglich bestätigen (*Midrasch Mekajem*). Maimonides meinte, dass die gesuchte rabbinische Auslegung, geltendes mündliches Gesetz nur an die Schrift anlehne (*Asmachta*) und bloß Gedächtnisstütze (*Secher*) ohne exegetischen Aussagewert sei (Führer der Verirrten III, 43). Das hieße den *Midrasch* auf eine Memotechnik zu reduzieren. So billig wollte der Hohe Rabbi Löw von Prag den *Midrasch* nicht verkaufen und er versuchte noch die abenteuerlichsten rabbinischen Ableitungen als „tieferen Sinn des Buchstabens der Schrift" (*Omek HaPschat*) zu rechtfertigen (*Be'er HaGola III*). Angesichts des Frontalangriffs auf die rabbinische Schriftauslegung im Reformzeitalter sind ihm orthodoxe Apologeten auf dieser Linie gefolgt. Etwa der geniale R. Meir Leibusch Malbim (1809–1879), der den *Midrasch Halacha* als sachgemäße Exegese zu erweisen versucht, die die Implikationen der Schrift nach den Regeln der hebräischen Sprache exakt entfaltet. In der Einleitung zu seinem Leviticus-Kommentar, *Ajelet HaSchachar*, zählt er nicht weniger als 613 (sic!) solcher Regeln auf (*Sefer HaTora WeHaMizwa*, Tel Aviv 1978, Bd 2, S. 228a – 246b). Schon auf dem Titelblatt nennt er seine drei Prinzipien (*Jessodot*):

1. Im Gotteswort wird nicht zweimal die gleiche Sache mit verschiedenen Worten beschrieben (Null-Redundanz-Prinzip),
2. jedes Wort ist gemäß den Sprachregeln notwendig (Null-Kontingenz-Prinzip),
3. kein Detail an der Aussage ist nicht von höchster Bedeutung (Omnisignifikanz-Prinzip).

Diese Auslegungsprinzipien und -regeln verwandeln den biblischen Mythos systematisch in den talmudischen Logos: Der Vers wird zum Argument (*Ka-Katuw, kata tas graphas*), der Einzelfall zum Begriff (*Klal*), die Nachbarschaft oder sachliche Ähnlichkeit von Fällen zur Analogie (*Hekesch*), der Unterschied zur begrifflichen Distinktion (*Chilluk*), die Aufzählung zur Klassifikation. In unserer Zeit haben vor allem die litauischen Jeschiwot von Woloschin, Brisk, Ponewiesch das *Lernen* als Logische Untersuchung (*Chakira*) betrieben. Diese auf Jiddisch als *Lomdus* oder *Brisker Derech* bezeichnete Form des „*Lernens*" hat sich nach dem Untergang der osteuropäischen Jeschiwot im Holocaust weltweit durchgesetzt.[10]

4   Close Reading

Die 13 Auslegungsregeln des R. Jischmael verbleiben größtenteils im Rahmen einer natürlichen Text- und Sprachauffassung. Über den Eingang seiner Schule steht der Spruch: „Die Tora spricht in der Sprache der Menschen" (*Dibra Tora KiLschon Bne Adam*, SifreNum §112 zu Num 15,31). Seine Methoden ähneln denjenigen, mit denen die zeitgenössischen römischen Juristen aus der Rechtsschule der Prokulianer die römischen Rechtsquellen auslegten und anpassten – im Gegensatz zu traditionalistischen Sabinianern. Ganz anders steht es mit den 32 oder 33 Auslegungsregeln (*Middot*) der konkurrierenden Schule Rabbi Akiwas, deren Aufzählung seinem Schüler, Rabbi Elieser ben Rabbi Jose Ha-Gelili (2. Jh.), zugeschrieben werden.[11] Über dem Eingang dieser Schule hängt eine Tafel mit dem Vers: „Denn es ist nicht ein leeres Wort an euch" (*Ki Lo Dawar Rek Hu*, Deut 32,47). Der Auslegungskunst sind bei aller Buchstabentreue kaum Grenzen gesetzt, manche Regeln gehören zur Kryptologie (Nr. 29 – 31). Diese Regeln werden allerdings weniger im hochverbindlichen Religionsgesetz (*Halacha*) als in der unverbindlichen Homilie (*Aggada*) angewandt. Es gibt freilich auch Überschneidungen zwischen den Regeln der beiden Auslegungsschulen, wir beschränken uns hier auf die Aufzählung von 13 besonders charakteristischen Regeln aus der Akiwa-Schule.

---

10 Vgl. Norman Solomon: The Analytic Movement. Hayyim Solovetchik and his Circle, Atlanta 1993.

11 bBer, Anhang 48b–49a. Wir benutzen außerdem die Mischnat Rabbi Elieser bzw. Midrasch Schloschim USchtajim Middot, ed. by H. G. H. Enelow, New York 1934 (www.hebrewbooks.org), Hermann Leberecht Strack: Einleitung in Talmud und Midrasch, München 1920, S. 100–108, dem wir zahlreiche Beispiele entnommen haben und Wilhelm Bacher: Die exegetische Terminologie der jüdischen Traditionsliteratur, Tl. I: Die bibelexegetische Terminologie der Tannaiten, Leipzig 1899, Tl. II: Die bibel- und traditionsexegetische Literatur der Amoräer, Leipzig 1905.

1. **Nr. 1: Inklusion** (t. t.: *Ribbui*, übtr.: **Vermehrung**)

Beispiel: Die hebräische Partikel *Et* (את), die lediglich auf das Akkusativobjekt hinweist (*nota accusativi*) und sonst keine eigene Bedeutung und Übersetzung hat, wird von der soziativen Präposition *Et* (את = mit, zusammen mit, bei) her verstanden und die Aussage auf alles im Begriff mit Eingeschlossene ausgelegt. Das berühmteste Beispiel sind die beiden *Etim* im ersten Vers der Bibel: „*Bereschit Bara Et HaSchamajim WeEt HaArez*" besagt nach dieser Regel: „‚Gott schuf *(Et)* den Himmel': das schließt Sonne, Mond, Sterne und Sternbilder ein; ‚und *(Et)* die Erde': das schließt Bäume, Gräser und den Garten Eden ein" (GenR 1,14 und Raschi z. St.).

2. **Nr. 2: Exklusion** (t. t.: *Miut* , übtr.: **Verminderung**)

Beispiel: Dem adversativen Konjunktionaladverb *Ach* (*nur*) wird hingegen eine einschränkende Bedeutung zugesprochen. Demnach gilt die Aussage nicht für das vom Begriff Ausgeschlossene. Das berühmteste halachische Beispiel ist das Werkverbot am Schabbat. Aus der Wendung: „Nur *(Ach)* meine Schabbate sollt ihr beobachten" (Ex 31,13) unmittelbar nach dem Auftrag zum Zeltbau, wird geschlossen, dass der Schabbat bei der Ausführung des Auftrags auszunehmen ist, d. h., dass am Schabbat genau die 39 Arbeiten ruhen sollen, die beim Bau des Heiligtums nötig waren (MekhJ, Massechta DeSchabbta u. Raschi z. St.).

3. **Nr. 9: Ellipse** (t. t.: ***Derech Kezara***, übtr.: **Abkürzung**)

Beispiel: Deut 21,11: „Und wenn Du unter den Gefangenen eine Frau siehst, die schön an Gestalt ist *(Eschet ... Jefat Toar)*". Aus der Genitivkonstruktion „*Eschet ...*" folgert der Midrasch: „auch wenn sie eine verheiratete Frau *(Eschet Isch)* ist, darfst Du sie heiraten" (SiphDeut 211; bKid 21b; Raschi). ‚Überall', sagt der *Midrasch Lekach Tow*, „wo ‚*Eschet*' steht, muss eine Ergänzung folgen". Nach der gleichen Regel sucht Raschi zu Gen 1, 1 nach dem Genitivobjekt zu ‚*Bereschit*'. Das wäre in diesem Fall ‚*Bero*', Erschaffen, so dass der erste Vers der Bibel als Nebensatz von Vers 3 zu lesen wäre: „Am Anfang der Erschaffung von Himmel und Erde, ..., sprach Gott es werde Licht".

4. Nr. 10: Redundanz (t. t.: *Dawar ScheHu Schanui* , übtr.: Wiederholung)

Beispiel: Num 15,30–31: Die Person, die den Herrn mit erhobener Hand lästert, „die werde ausgetilgt aus ihrem Volk. (…) ausgetilgt, ja ausgetilgt *(Hikaret Tikaret)* soll werden diese Person". Rabbi Akiba legt die Verdoppelung Hikaret Tikaret auf zwei Austilgungen aus: „‚Ausgetilgt' *(Hikaret)*: in dieser Welt, ‚Ja, ausgetilgt soll werden': in der zukünftigen Welt." (vgl. NT Mt 12,32). Rabbi Jischmael erwidert mit einer *reductio ad absurdum*: nach diesem Nullredundanz-Prinzip müsste auch das dritte ‚ausgetilgt' im vorangehenden Vers auf eine – dritte – Welt bezogen werden. Er weist die ganze Methode mit dem berühmten Ausspruch zurück: „die Tora spricht in der Sprache der Menschen *(Dibra Tora KiLschon Bne Adam)*", will sagen, die *figura etymologica* aus absolutem Infinitiv und finiter Verbform ist ein biblisches Stilmittel und darf nicht überinterpretiert werden (SiphNum §112 zu Num 15,31, dagegen bSan 90b). Ein berühmtes religionsgesetzliches Beispiel ist die dreimalige Wiederholung der gleichen Bestimmung in Ex 23,19; 34,26 und Deut 14,21: „Du sollst das Böcklein nicht in der Milch seiner Mutter kochen". Diese Stellen werden nach Regel Nr. 10 auf drei verschiedene diesbezügliche Verbote bezogen (mChul 8): Fleisch mit Milch *(Bassar BeChalaw)* zu kochen (1), eine solche Mischung zu genießen (2) oder sonstigen Nutzen daraus zu ziehen (3). Auf diesem Verbot beruht ein Großteil der *Kaschrut*-Kasuistik, namentlich über die verbotenen und erlaubten Mischungen *(Ta'arowot)*, die den Prüfungsstoff für den niedrigsten rabbinischen Ordinationsgrad bilden.[12]

5. Nr. 11: Ambiguität (t. t.: *Siddur ScheNechelak*, übtr.: Getrenntes zusammenfügen)

Beispiel: „Du sollst ehren das Ansehen des Greises/ Und du sollst deinen Gott fürchten" (Lev 19,32) wird nach dieser Regel gegen die Hemistichos-Trennung (Akzent: *Atnach*): „Greis, du sollst deinen Gott fürchten" gelesen und als Quelle der Forderung verstanden, dass der Greis das Ansehen seiner Mitmenschen achten und sie nicht belästigen soll (SiphLev z. St.). Daraus wird ersichtlich, dass die Akzente *(Teamim)* für die rabbinische Auslegung nicht immer bindend sind. So liest Raschi die drei Verse Gen 1,1–3 gegen die

---

12 Vgl. z. B. das Lehrbuch von R. Binyomin Forst: The Laws of Kashrus. A comprehensive exposition of their underlying concepts and applications, 11. Aufl., New York 2008.

masoretische Phrasierung als einen einzigen Satz: „Am Anfang der Erschaffung Gottes von Himmel und Erde, als die Erde noch wüst und leer und finster war, da sprach Gott, es werde Licht" (s. o.). Im Allgemeinen hält sich die jüdische Schriftauslegung aber an die Forderung von Abraham ibn Esra (1089–1164): „Es ist ein Grundprinzip die Akzentuierung zu beachten" (*Ikkar Gadol Hu LiSchmor Derech HaTeamim ad* Jes 1, 9).

6. Nr. 26 Allegorese (t. t.: *Maschal*, übtr.: Gleichnis)

Beispiel: „‚So Feuer ausbricht und Dornen ergreift und es wird verzehrt *(WeNechal)* ein Garbenhaufen (…)' (Ex 22,5). Dazu heißt es im Talmud: „Ein Strafgericht kommt nur wenn Frevler in der Welt sind – jedoch beginnt es bei den Gerechten. Es heißt nämlich: ‚Wenn Feuer ausbricht und Dornen ergreift'. Das Feuer bricht nur dann aus, wenn Dornen (= Frevler) vorhanden sind; es fängt aber bei den Gerechten an. Es heißt nämlich: ‚und ein Garbenhaufen verzehrt wird' (= Gerechte). Es heißt nicht: ‚und ein Garbenhaufen verzehrt', sondern: ‚und ein Garbenhaufen verzehrt wird', der der Verzehrung schon anheimgefallen war" (BKa 60a). Normalerweise allegorisieren Rabbinen Gesetzestexte nicht, um den Buchstaben des Gesetzes vor Aufhebung zu schützen „Kein Schriftvers verliert die einfache Bedeutung seines Wortlautes", bSchab 63a. Bei manchen biblischen Texten, vor allem beim Hohelied, ist Allegorese hingegen Pflicht (tSan 12,5; bSan 101a). Vereinzelt findet man im Talmud allegorische Auslegungen zu Texten, die von den Rabbinen gemeinhin wörtlich verstanden werden, so z. B. zur Auferstehung der Toten (Ez 37, bSan 92b: *BeEmet Maschal*). Allegorese ist hingegen das Mittel der Wahl der jüdischen Philosophen des Altertums und des Mittelalters (*Derech HaSechel*), sie legen die Erzählungen der Tora in der Regel als metaphysische, physische, ethische und politische Allegorien aus (Adam und Eva etwa symbolisieren bei Maimonides und vielen anderen aristotelischen jüdischen Philosophen Form und Materie) – nicht aber das Gesetz.

7. Nr. 27: Symmetrie (t. t.: *Neged Mida KeNeged Mida*, übtr.: Maß-für-Maß-Gegenüberstellung)

Die Regel betrifft in erster Linie die Bemessung der retributiven Gerechtigkeit. Das klassische biblische Beispiel sind die 40 Tage der Auskundschaftung des

Gelobten Landes in Num 13,25 und die für die Verleumdung des gelobten Landes durch die Kundschafter als Strafe verhängten 40 Jahren der Wüstenwanderung in Num 14,34. In der kabbalistischen Exegese bezeichnet die hermeneutische Vokabel ‚Neged' allgemein numerologische Entsprechungen. Diese exegetische Regel erfreut sich auch bei modernen jüdischen Bibelwissenschaftlern wie Benno Jacob, Martin Buber und Thomas Jehuda Radday großer Beliebtheit, zeigen diese „Abzählungen" (Jacob) doch gegen die Bibelkritik, dass die Bibel kein Ruinenhügel ist, sondern eine von Anfang bis Ende planvolle, exakt berechnete Konstruktion. Buber führt folgendes Beispiel einer durchgehenden Vergehen-Ergehen-Symmetrie an. In den 7 Versen des Schabbatjahregesetzes (Lev 25,1–7) fällt 7 Mal das Wort *Schawat*, in der Strafandrohung für die Übertretung dieses Gebotes (Lev 26,34–35) fällt es demgegenüber (*Neged*) sechsmal und einmal in Gestalt des ‚paraonomastische(n) Scheinersatzes' *Schewet* (Wohnsitz, Lev 26,34–35). Falls das Volk, so lautet die Drohung, das Land nicht einmal in sieben Jahren die Brache feiern lässt, dann wird das Volk solange von seinem Wohnsitz vertrieben, bis das Land alle seine Brachen nachgefeiert hat. Von hier führt eine Linie über Jeremias' Ankündigung des Exils wegen der Übertretung des Sabbaticals (Jer 34,14.17.22; 25,11) bis zur Rückkehr des Volkes Israel nach 70 Jahren Exil am Schluss der Hebräischen Bibel: „Dass erfüllt werde das Wort des Herrn im Mund des Jeremias: bis das Land befriedigt seine Feierjahre, all die Zeit seiner Verödung feierte es, bis siebzig Jahre um waren" (IIChr 36, 21, Buber, Werke II 1008 f. u. 1101 ff.).

8. Nr. 28. Paronomasie (t. t.: *Ma'al Laschon Nofel Al Laschon*, auch *Remes*, übtr.: **Wortspiel**)

Die Bibel arbeitet mit allen Arten von Wortspielen wie Assonanz, Alliteration, Figura Etymologica usw. Ein typisches Beispiel für Parechese ist Num 21,9 *Nechasch Nechoschet* (eherne Schlange) oder der Schalom-Reim auf Jerusalem in Ps 122,6 *Scha'alu Schlom Jeruschalajim Jischalju Ohawajich* (Erbittet den Frieden Jerusalems, Wohlergehen deinen Liebhabern). Buber spricht in diesem Zusammenhang vom biblischen ‚Leitwortstil'.[13] Eine wichtige Unterabteilung dieser Auslegungsnorm sind die biblischen Namensetymologien (*Midrasche Schemot*) nach dem *nomen-omen*-Prinzip, z. B das bekannte Wort-

---

13 Vgl. mein Beitrag: Die Bibel als Partitur. Martin Bubers und Franz Rosenzweigs Verdeutschung der Schrift, in: Danielle Cohen-Levinas (Hg.): La Pensée Juive, Paris 2014, S. 191–222.

spiel *Adam/Adama* (*Erde*, Gen 2,5.7; 3,19. 23), in Adam spielen aber noch andere Homophonien hinein: *Adam/Dama* (Ähnlichkeit, Gen 5,1; 1,26; 14,14), *Adam/Dam* (Blut, Gen 9,4.6; 4,10.11).[14]

9. Nr. 29: Numerologie (t. t.: *Gematria von γράμμα, γραμμάτεια*, **Zahlenalphabet**)

Die Wörter werden nach dem Zahlenalphabet entziffert und verglichen. Die Methode ist, wie der Namen schon verrät, hellenistischen Ursprungs. Das klassische Beispiel aus der Schrift ist der Name des Knechtes Abrahams, Elieser (אליעזר, Gen 15,2), der nach dem hebräischen Zahlenalphabet den Zahlenwert א 1 + ל 30 + י 10 + ע 70 + ז 7 + ר 200 = 318 besitzt, was der in Gen 14,14 angegebenen Zahl der Knechte Abrahams entspricht und eine von der Bibel womöglich gewollte arithmetische Äquivalenz ist. Ein Beispiel für nachträgliche Isopsephie ist der Wortwertvergleich von סלם (Leiter) und סיני (Sinai), die beide den Zahlenwert 130 ergeben. Diese Entsprechung ist ein willkommener Anlass, die beiden Offenbarungen, die des Erzvaters Israel und die des Volkes Israel zu vergleichen. Die Gematrie ist die bekannteste arithmologische Auslegungsmethode in der jüdischen Esoterik und blüht auch in der allgemeinen Esoterik unvermindert bis heute. Im Mittelalter wird Regel 29 wiederum in 13 Regeln zerlegt.[15]

10. Nr. 30: Kryptographie (t. t.: *Tmura*, auch: *Chiluf HaOttijot*, übtr.: **Buchstabenpermutation**)

Hierher gehören alle dem Bibeltext unterstellten anagrammatischen Buchstabenpermutationen und kryptographischen Buchstabensubstitutionen nach Geheimalphabeten. Das bekannteste Geheimalphabet ist das *A'TBa'SCH*-Alphabet, das den ersten durch den letzen, den zweiten durch den vorletzten Buchstaben ersetzt. Weitere Schlüssel sind das *A'L Ba'M* - Alphabet, das die erste Hälfte des Alphabets durch die zweite, der *A'Cha'S* - Schlüssel, der je-

---

14 Vgl. meinen Beitrag: Babèl. Die Buber Bibel im Renouveau juif, in: Daniel Krochmalnik, Hans-Joachim Werner (Hg.): 50 Jahre Martin Buber Bibel. Beiträge des Internationalen Symposiums der Hochschule für Jüdische Studien Heidelberg und der Martin Buber Gesellschaft, ATM 25, Berlin 2014, S. 275–316, insbesondere die Wurzelwabe, S. 283.
15 Moses Cordowero: Pardes Rimonim 30 (Scha'ar HaZeruf) 8, Nachdruck der Ausgabe von Munkacs, Jerusalem 1962, Bd. 2, 71b1-2.

den Buchstaben durch den 7. Nachfolger im Alphabet, der *AJe'K, BaCha'R*-Schlüssel, der die Einer- durch die, Zehner- oder Hunderter ersetzt. Für das *A'TBa'SCH*- Alphabet ist das klassische Beispiel in Jer 25,26; 51,41: „Und zuletzt muss der König von Scheschach *(ששך)* trinken". Der Targum löst die Chiffre nach dem *A'T B'Sch* auf und schreibt Klartext: „der König von Babel *(בבל)*".

11. Nr. 31: Stenographie (t. t.: *Notarikon* **von νοταρικόν, übtr.: Schnellschrift)**
Hierher gehören alle dem Bibeltext unterstellten Akronyme, Akrosticha, Mesosticha, Telesticha usw. Ein einfaches biblisches Beispiel für Tachygraphie ist die Etymologie des Namens *Awraham = Aw Hamon Gojim* (Gen 17,5), was R. Jose ben Simra als Notarikon aufschlüsselt: *Aw* (Vater), *Bachur* (Erwählter), *Hamon Chawiw* (Vielgeliebter), *Melech* (König), *Watik* (Ausgezeichneter), *Ne'eman* (Treuer) – unter den Völkern (bSchab 105a). Der Kabbalist Josef Gikatilla hat in seinem Werk *Ginat Egos* den ominösen Vers Hld 6,11: „In den Nußgarten *(Ginat Egos)* stieg ich hinab" als Allegorie des mystischen Abstiegs in den Tiefsinn der Schrift interpretiert und das Wort ‚GiNaT (גנ״ת)' als Akronym der Wörter Gematria, Notarikon, Temura entziffert, d. s. die Bezeichnungen der soeben angeführten kryptographischen Methoden Nr. 29, 31 u. 30.

12. Nr. 32: Sachanachronismus (t. t.: *Mukdam ScheHu Me'uchar BaInjan*, **Umkehrung der Zeitordnung)**

13. Nr. 33: Textanachronismus (t. t.: *Mukdam UMe'uchar ScheHu WeFarashiot*, **Umkehrung der Textordnung)**

Beispiel: „Und es geschah am Tag, da Mosche fertig war mit der Aufrichtung der Wohnung" (Num 7,1) also an jenem Tag von dem in Ex 40,17 die Rede war, während Num 1,1 schon das fertige Stiftszelt voraussetzt. Die Vermischung der Bibelabschnitte *(Eruw Paraschijot)* wird im Prinzip der Schule R. Jischmaels verallgemeinert: „Es gibt kein Vorher und Nachher in der Tora" (*Ejn Mukdam UMe'uchar BaTora*, SiphNum §64, Pes 6b)

Nach diesen Auslegungsregeln der Akiwa-Schule enthält die Heilige Schrift nicht nur exoterische, sondern auch esoterische Offenbarungen, die nur mit Hilfe einer investigativen Hermeneutik entschlüsselt werden können. Wie schon die griechischen Begriffe anzeigen, sind diese Auslegungsregeln nicht nur den Rabbinern eigen. Saul Liebermann hat in seinem Buch *Hellenism in Jewish Palestine* ihre Provenienz aus der Homerphilologie und, was die extravaganteren unter ihnen angeht, aus der hellenistischen Mantik und Oneirologie nachgewiesen.[16] Der Zeitgenosse von R. Akiwa, Artemidor von Ephesus, bedient sich in seinem Lehrbuch der Traumdeutung *Oneirokritika* der Symbolik, der Gematrie, des Notarikons, der Anagramme und der Geheimalphabete, um geträumte Botschaften zu dechiffrieren, so wie umgekehrt die Rabbinen, speziell Rabbi Akiwa, diese Methoden nicht nur in der Schriftauslegung, sondern auch in der Oneiromantik einsetzten.[17] Das Verwandtschaftsverhältnis von Schrift und Traumdeutung wird in einem anonymen Zusatz zu den 32 Regeln des Rabbi Elieser im jemenitischen *MidraschHaGadol* zu Bereschit offen angesprochen (Ed. Magulies S. 39): Wenn schon jeder nutzlose „Traum gehaltvoll daherkommt" (*Ki Ba HaChalom BeRow Injan*, Koh 5,2) und eine Vielzahl von Deutungen hervorbringt, um wie viel mehr jeder Vers der viel bedeutsameren Tora. Andererseits ist einem bei den Auslegungskünsten Rabbi Akiwas nicht immer wohl. Oft setzt er mit seinen Regeln bei sprachlichen Elementen an, die an sich keine Bedeutung haben, wie Laute, Buchstaben, Zahlen, Partikel, Satzzeichen. Eine berühmte Parabel oder Hyperbel aus dem Babylonischen Talmud ironisiert diese Auslegung der Tora, darin wird Moses selbst gefragt, was er davon hält. „Als Mose in die Höhe stieg, traf er den Heiligen, gepriesen sei er, dasitzen und Krönchen für die Buchstaben winden. Da sprach er zu ihm: Herr der Welt, wer hält deine Hand zurück? Er erwiderte: Es ist ein Mann, der nach vielen Generationen sein wird, namens R. Akiwa ben Josef; er wird aus Häkchen Haufen von Halachot *(Tillin Tillin Schel Halachot)* auslegen. Da sprach er zu ihm: Herr der Welt, zeige ihn mir. Er erwiderte: Wende dich um. Da wandte er sich um und setzte sich an den Schluss der achten Reihe (im Lehrhaus des Rabbi Akiwa), doch er verstand nicht, was sie sagten und hatte einen Schwächeanfall. Als jener zu einer Sache gelangte, sprachen seine Schüler zu ihm: Rabbi, woher hast du das? Er sprach zu ihnen: eine Halacha an Mose vom Sinai. Da beruhigte sich Mose. Hierauf kehrte er um, trat vor den Heiligen, gepriesen sei er, und sprach vor ihm: Herr der Welt, du

---

16 Saul Liebermann: Hellenism in Jewish Palestine. Studies in the Literary Transmission Beliefs and Manners of Palestine in the I Century B. C. E – IV C. E., New York 1962, S. 68–82.
17 Alexander Kristianpoller: Traum und Traumdeutung im Talmud (1923 für die Monumenta Talmudica), mit einem Vorwort von Michael Tilly, Wiesbaden 2006, Kap. XIV. Die Technik des Traumdeutens, 2. Traumdeutung aus Worten, Buchstaben und Vokalen, S. 161–171.

hast einen solchen Mann, und verleihst die Tora durch mich! Er sagte: Schweig, so habe ich es beschlossen!" (bMen 29b). Im Kontext dieser *Aggada* geht es darum, dass die Gebetskapseln (*Mesusot*), die an den Türpfosten befestigt werden und in denen handgeschriebene Abschnitte aus der Tora stecken, ungültig sind, wenn auch nur ein Häkchen (*Koz*) des Jud, das berühmte i-Tüpfelchen beschädigt ist. Die *Aggada* bezieht sich genau genommen auf die dreizackigen Krönchen (*Tagim*), die den Buchstaben: ש ע ט נ ז־ג ץ in der Torarolle aufgesetzt werden und die scheinbar nur eine dekorative Rolle spielen. Die Frage von Moses lässt sich so verstehen: warum so geheimnisvoll, warum nicht gleich alles offen offenbaren? Antwort: Die scheinbar überflüssigen Häkchen werden einem subtilen Doktor als Aufhänger für unzählige Lehren dienen. Die Ironie der Geschichte: Der inspirierte Autor versteht nicht was der Kommentator mit seinem Werk im Seminar anstellt, wie gewöhnlich versteht also der Kommentator den Autor besser als dieser sich selbst versteht. Das macht den Autor krank, aber er fühlt sich seltsamerweise wieder besser, nachdem der Kommentator die ihm unverständliche Auslegung seines Werkes in seinem Namen des Autors verkündet. Gleichwohl äußert der Autor gegenüber seinem Auftraggeber den Wunsch abzutreten und dem besseren Kommentator seinen Platz zu räumen. Doch dieser lehnt brüsk ab, er scheint die Sinnflut der Interpretationen keineswegs als Verfälschung und Vergewaltigung des Textes zu betrachten. In jedem Fall, sagt uns diese Legende, ist nicht die *intentio auctoris*, noch nicht einmal die *intentio operis*, sondern die *intentio lectoris* ausschlaggebend. Das Judentum ist in diesem Sinn nicht mosaische Religion, sondern akiwische. In der mittelalterlichen jüdischen Esoterik hat sich seine Linie jedenfalls voll durchgesetzt. Eleasar von Worms (um 1176 – 1238) listet in seinem Buch der Weisheit (*Sefer HaChochma*) 73 Auslegungsmethoden auf, entsprechend dem Zahlenwert des Wortes hebräischen Wortes Weisheit, *Chochma* (73 = ה 5+ מ 40 +כ 20 +ח 8), und demonstriert 44 davon am ersten Vers der Bibel, die meisten von ihnen arbeiten mit Gematrie.[18]

---

18 Vgl. dazu meinen demnächst erscheinenden Aufsatz: Bibelcodes. Zahlenexegese in der Jüdischen Tradition, in: Michaela Bauks / Ulrich Berges / Daniel Krochmalnik / Manfred Oeming (Hg.): Schriftauslegung in der Moderne (ATM Bd. 24), Berlin 2017.

MANFRED OEMING

Das Alte Testament – Hermeneutische Ansätze aus der christlichen Tradition, moderne Standards und ihre Probleme, ökumenische und interreligiöse Perspektiven

1   Hermeneutische Ansätze aus der christlichen Tradition

Noch bevor er mit ihnen das Abendmahl feiert, erweist sich der auferstandene Christus seinen jüdischen Jüngern als Ausleger der Heiligen Schrift: „Und er fing an von Mose und allen Propheten und erklärte ihnen in allen Schriften, was von ihm gesagt war" (Lk 24,27). Im Lichte seiner Exegesen erschließt sich ihnen der Sinn des Lebens, Leidens und der Auferstehung Jesu sowie die Tiefendimension ihres eigenen Geschicks.

Ähnlich stellt das tiefsinnige Wortspiel γινώσκεις ἃ ἀναγινώσκεις (Apg 8,30) die Hermeneutik des Alten Testaments als Kernaufgabe des entstehenden Christentums heraus. Für den heidnischen äthiopischen Hofbeamten führte (wie für jeden Menschen) der Weg zum christlichen Glauben über ein spezielles Verstehen der Bibel Israels. „Verstehst du auch, was du liest?" fragt Philippus den, der sich als erster Afrikaner erst taufen lässt, nachdem er begriffen hat, was die Schrift bedeutet – speziell auch für ihn selbst. Durch Jesus und Philippus vermittelt geht das vermeintlich jüdische Alte Testament alle Welt etwas an. Man muss sich nicht beschneiden lassen, um Christ zu werden, aber man muss das Alte Testament lesen und verstehen! Die Predigt über alttestamentliche Texte (vgl. schon Neh 8) und das Beten und Singen der Psalmen (1 Kor 14,26; Eph 5,19; Kol 3,16) gehören sowohl zum gemeindlichen Aufbau nach innen auch zur Mission nach außen.

Der applikative Sinn des Textes der hebräischen Bibel erschließt sich aber nicht wie von selbst; er bedarf vielmehr vom Geist inspirierter Auslegung, sorgfältiger Anstrengungen und ausführlicher Debatten. Dieser Sachverhalt bewahrheitet sich durch die gesamte Geschichte des Christentums von fast 2000 Jahren hindurch. Etwas plakativ zugespitzt kann man sagen, dass es dabei mehrfach radikale hermeneutische Umbrüche gegeben hat: Nach den vielfältigen Ansätzen im Neuen Testament selbst dominiert in der Alten Kirche die christologische und moralische Allegorie, mit der Reformation bricht das Zeitalter des „Literalsinns" an, wie die Kampfparole „Sola Scriptura!" erkennen lässt. Mit Aufklärung und Historismus vollzieht sich ein Siegeszug des historisch-kritischen Auslegens, das zum modernen Standard avancierte, der in der Gegenwart aber wiederum Infragestellungen, permanente Erweiterungen und Umakzentuierungen erfährt.

1.1 Die große hermeneutische Vielfalt im Neuen Testament

Zunächst muss man einige Fakten festhalten: **Den** hermeneutischen Umgang *des* Neuen Testaments mit dem Alten gibt es nicht.[1] Das Alte Testament umfasst in jüdischer Zählung 39 Bücher, die durch Zusammenfassungen (z.B. das Dodekapropheton als ein Buch) zu 24 = 2x12 Büchern (4 Esra 14,45–47) oder (durch Zusammenfassung von Richter und Ruth sowie Jeremia und Threni) zu 22 Büchern reduziert erscheinen, was der Anzahl der hebräischen Buchstaben entspricht (Josephus, Contra Apionem 1,37–41). Der reformierte und lutherische Kanon umfasst ebenfalls 39 Schriften, allerdings in ganz anderer Reihenfolge; nach katholischer Zählung kommen sieben Apokryphen hinzu, also 46 Bücher insgesamt. Diese umfangreichen Schriften von ca. 1400 (kath. ca. 1700 Druckseiten) werden in den 27 Schriften des Neuen Testaments (mit ca. 450 Druckseiten) keineswegs gleichmäßig benutzt. Sie werden durchaus nicht flächig und in toto zitiert, sondern ganz unterschiedlich häufig und aufs Ganze gesehen sehr selektiv.[2] In der Ausgabe des Griechischen NT von W. Nestlé und K. Aland werden alle Zitate und Anspielungen auf das AT im griechischen Text fett gedruckt; ebenso findet sich hier im Anhang ein Register, das einen schnellen Überblick über die Häufigkeit und über die Streuung alttestamentlicher Texte im NT gewinnen lässt. Dabei zeigt sich, dass die Ur- und Vätergeschichte der Genesis, die Moseerzählung samt Sinaiperikope, die Erzählungen um David sowie die Prophetie, insbesondere Jesaja bzw. Deuterojesaja, sowie die Psalmen einen deutlichen Schwerpunkt bilden. Diese Verdichtungen finden sich völlig analog in den

---

1   Vgl. Stanley E. Porter: The Use of the Old Testament in the New: A Brief Comment on Method and Terminology, in: Craig A. Evans / James A. Sanders (Hg.): Early Christian Interpretation of the Scriptures of Israel (JSNT.S 148), Sheffield 1997, 79–96; Steve Moyise: The Old Testament in the New (T & T Clark Approaches to Biblical Studies), London/New York 2004.
2   Einen rezenten Überblick am Beispiel der Psalmen bietet Jean-Luc Vesco: Le Psautier de Jésus. Les citations des Psaumes dans le Nouveau Testament (Lectio Devina), Band 1+2, Paris 2012, Band 1, S. 41–78.

Zusammenstellungen der alttestamentlichen Predigttexte[3], wie sie den christlichen Kirchbesuchern vertraut sind. Andererseits werden die Stellen, die zitiert werden, keineswegs nach einem gleichförmigen Verstehensmodell in Anspruch genommen – etwa als prophetische Vorhersage auf Jesus Christus –, sondern auch dabei gibt es eine große Variationsbreite. In hiesigen Rahmen kann ich nur eine sehr knappe Skizze von den vielgestaltigen Leseweisen bieten:

Jesus: Wie der Nazarener selbst die Schrift gedeutet hat, ist nicht einfach zu beantworten, weil es methodisch sehr schwierig ist, zwischen den eigenen Worten Jesu, der sogenannten *ipsissima vox*, und dem, was ihm später von anderen Autoren in den Mund gelegt wurde, sicher zu unterscheiden. Während man in den letzten 100 Jahren in der Wissenschaft zunehmend skeptisch war und sich m.E. völlig zu Recht das kritisch gesicherte Minimum reduzierte,[4] gibt es in der neueren Jesus-Forschung seit ca. 25 Jahren eine Trendwende und einen wachsenden Optimismus. Nach dem „Kriterium der Wahrscheinlichkeit" müsse man davon ausgehen, dass der Bestand dessen, was wirklich von Jesus stammt, viel größer ist als das, was die totale Unähnlichkeit übrig lässt. Es ist nicht unwahrscheinlich, dass Jesus auch etwas gesagt hat, was christlich wurde. Gerd Theißen und Annette Merz[5] z.B. sind repräsentativ für diese neue Sicht: Sie sehen im historischen Jesus einen Charismatiker. Jesus predigte das Evangelium „mit Vollmacht". Er konzentrierte sich auf das Wesentliche des jüdischen Erbes. Einerseits vereinfachte er dadurch die Thora, andererseits verinnerlichte er sie, vertiefte sie, verschaffte ihr einen stärkeren Geltungsanspruch, ja radikalisierte sie umfassend. Er verkündete den Anbruch der Königsherrschaft Gottes in seiner Person! Quellen der Predigt Jesu waren neben der direkten und persönlichen Gotteserfahrung v.a. die Weisheit und die Menschenkenntnis, die auf die innere Evidenz der Argumente und der Bilder vertrauen. Wo er „auf die Schrift Bezug nimmt, geschieht das in sehr freier Weise. In Mk 10,2ff werden z.B. zwei Bibelstellen gegeneinander ausgespielt: Die Aussagen über Mann und Frau im Schöpfungsbe-

---

3   Eine Statistik zu den alttestamentlichen Predigttexten findet man in: Manfred Oeming, Exegetische Forschung und keine kirchliche Praxis? Gedanken zur Krise der Predigt alttestamentlicher Texte, in: Manfred Oeming / Walter Boës (Hg.): Alttestamentliche Wissenschaft und Kirchliche Praxis. Festschrift Jürgen Kegler (BVB 19), Münster 2009, S. 85–98.

4   Am radikalsten war das Unähnlichkeitskriterium, das nur das als jesuanisch gelten ließ, was weder jüdisch noch christlich war, z.B. die Anrede Gottes mit „Papi" (aramäisch Abba) oder die Integration von Frauen in den Kreis der Schüler.

5   Gerd Theißen/Annette Merz: Der historische Jesus. Ein Lehrbuch, 4. Auf. Göttingen 2010, § 12: Jesus als Lehrer, S. 311–358, darin bes. der Abschnitt 3.2: Die Heiligen Schriften in Jesu Lehre, S. 317–321.

richt gegen die Institution der Ehescheidung nach Dtn 24,1ff. In den Antithesen (Mt 5,21ff) wird die Mosethora durch ein selbstbewusstes ‚Ich aber sage euch' neu interpretiert bzw. originär neu formuliert. In rabbinischen Diskussionen dient die Formel ‚Ich aber sage euch' wohl dazu, die Lehre eines Schriftgelehrten von der eines anderen abzugrenzen, nie aber die Lehre eines Schriftgelehrten gegenüber der Thora des Mose".[6] Allerdings rekurrierte Jesus gerne auf die großen Gestalten der Bibel: Mose, David, Salomo, Jona und andere mehr. Er verfügte über das Wissen eines Schriftgelehrten, der eine Vertrautheit mit den hermeneutischen Regeln aufweist, die in seiner Zeit von allen jüdischen Schriftgelehrten quer über die unterschiedlichen Gruppen hinweg angewendet wurden, den sogenannten *Middot*.

Name	Wörtliche Übersetzung	Grundgedanke	Beispiele aus der Verkündigung Jesu
1. Qal wachomer	„Leicht und schwer"	Schluss von einer leichteren auf eine schwerere, bedeutendere Sache	Mt 6,26: Seht die Vögel unter dem Himmel an: sie säen nicht, sie ernten nicht, sie sammeln nicht in die Scheunen; und euer himmlischer Vater ernährt sie doch. Seid ihr denn nicht viel mehr als sie?
2. Gezera schawa	„Eine gleichwertige Regelung"	Erklärung einer Bibelstelle durch Verweis auf eine andere	Mk 11,27: Und er lehrte und sprach zu ihnen: Steht nicht geschrieben: „Mein Haus wird ein Bethaus genannt werden für alle Nationen?" Ihr aber habt es zu einer „Räuberhöhle" gemacht. als Kombination aus Jes 56,7: „Die werde ich zu meinem heiligen Berg bringen und sie erfreuen in meinem Bethaus. […] Denn mein Haus wird ein Bethaus genannt werden für alle Völker." und Jer 7,11: „Ist denn dieses Haus, über dem mein Name ausgerufen ist, eine Räuberhöhle geworden in euren Augen?"
3. Binjan ab mi-katub echad	„Gründung eines Vaters" (= einer Familie *ab* kurz für *bet ab*) „von einer einzigen Bibelstelle aus"	Aus einer einzelnen Bibelstelle auf eine allgemeine Regel schließen	Mk 12,26f.: „Was aber die Toten betrifft, dass sie auferweckt werden: Habt ihr nicht im Buch Moses gelesen, wie Gott beim Dornbusch zu ihm redete und sprach: ‚Ich bin der Gott Abrahams und der Gott Isaaks und der Gott Jakobs'? Er ist nicht der Gott von Toten, sondern ein Gott der Lebendigen. Ihr irrt sehr."

....

6   Theißen / Merz, Jesus, S. 209 f.

4. *Binjan ab mi-schne ketubim*	„Ableitung eines Vaters aus zwei Schriftstellen"	Aus zwei Bibelstellen wird eine lex generalis, ein allgemeines Gesetz, abgeleitet	1 Kor 9,14 (Mt 10,10): „So hat auch der Herr (= Jesus) denen, die das Evangelium verkündigen, verordnet, vom Evangelium zu leben." ist Folgerung einerseits aus Dtn 25,4: „Du sollst dem Ochsen, der da drischt, nicht das Maul verbinden" und Dtn 18,1–8 andererseits, wo die Abgaben für den Priester beim Opfer geregelt sind.
5. *Kelal u-ferat u-ferat u-kelal*	„Allgemein und Besonders, Besonders und Allgemein"	Eine allgemeine Regel aus einem besonderem Einzelfall ableiten	Mt 22,40: „An diesen beiden Geboten (Gottesliebe und Nächstenliebe) hängt das ganze Gesetz samt den Propheten."
6. *Ke-otse bo be-maqom acher*	„Wie etwa aus ihm an einer anderen Stelle hervorgeht"	Analogieschluss	Mk 14,42: „Jesus sagte: Ich bin es. Und ihr werdet den Menschensohn zur Rechten der Macht sitzen und mit den Wolken des Himmels kommen sehen." ist ein Analogieschluss aus Dan 7,9: „Ich schaute, bis Throne aufgestellt wurden und einer, der alt war an Tagen, sich setzte. Sein Gewand war weiß wie Schnee und das Haar seines Hauptes wie reine Wolle, sein Thron Feuerflammen, dessen Räder ein loderndes Feuer." und Ps 110,1: „So spricht der Herr zu meinem Herrn: / Setze dich mir zur Rechten, und ich lege dir deine Feinde als Schemel unter die Füße."
7. *Dabar ha-lamed me-injano*	„Die Sache, die von ihrem Kontext her gelehrt wird"	Auslegung durch weit entfernt stehende Stellen	Mk 10,2–9: Moses hat zwar die Scheidung erlaubt (Dtn 24,1–3), aber Gott hat eigentlich nicht intendiert, dass die Ehe geschieden wird (Gen 1,27: „er schuf sie als Mann und Frau" und Gen 2,24: „ein Mann wird an seiner Frau kleben und die beiden werden ein Fleisch" (Futur = Imperativ).

Tab. 1: Die sieben Middot des Rabbi Hillel und ihre (mögliche) Bedeutung für die Verkündigung Jesu[7]

Jesus war in hermeneutischer Hinsicht ein um die rechte Auslegung der Schrift ringender Jude innerhalb des Judentums seiner Zeit! Er klärt darüber auf, was der eigentliche Wille Gottes ist; dabei nimmt er je nach Kontext eine Zwi-

---

7 Vgl. Bruce Chilton / Craig Alan Evans: Jesus and Israel's Scriptures, in: Dies.: Studying the Historical Jesus, Leiden 1994, S. 281–335.

schenstellung zwischen sehr strenger, geradezu radikaler, und sehr liberaler Torauslegung ein.

Es gibt wohl keine neutestamentliche Schrift, die nicht zutiefst alttestamentlich-jüdisch durchtränkt wäre. Bei aller Unterschiedlichkeit der gegenwärtigen Deutungen kann man in der gebotenen Vorsicht sagen:

Matthäus: Jesus erscheint bei Matthäus als einer, der mit Pharisäern und Schriftgelehrten um das richtige Verständnis der Tora streitet. Jesus erscheint hier als vollendeter *Erfüller* des überaus hoch geschätzten Mosaischen Gesetzes (Mt 5,17f.) und als ein radikalisierender Vollender der Tora (bes. in den matthäischen Reden Mt 5–7; 10; 19). Er tritt auf wie ein charismatischer Ausleger des Gesetzes, wie ein Rabbi ist er darum bemüht, die Bedeutung der Offenbarung an Israel für die Christen (aus Juden und Heiden) zu verdeutlichen und zu sichern.[8] „Die mt Jesusgeschichte erklingt im Resonanzraum der Schrift, und sie gewinnt an Klangfarbe, wenn man sie in diesem Resonanzraum hört. [...] Über die dichten Rekurse auf die Schrift sollen die Adressaten vergewissert werden, dass die christusgläubige Gemeinde die wahre Sachwalterin der theologischen Traditionen Israels ist."[9] In der matthäischen Christologie spielen alttestamentliche Traditionen eine zentrale Rolle: Jesus erscheint als Sohn Abrahams, als Sohn Davids, als wahrer Moses, als wiedergekommener Elias, als einer, der das gewaltsame Geschick der Propheten teilt. In den zahlreichen Erfüllungszitaten wird vermittelt, dass sich in Jesus der Sinn der alttestamentlichen Texte enthüllt.

Markus: Dagegen erscheint Jesus im Markusevangelium stärker in kritischer Distanz zur Tora, etwa zu den Reinheitsgesetzen oder zur Sabbatobservanz. Als wahrer Sohn Gottes, spätestens seit der Taufe adoptiert, wahrscheinlich aber schon von Anfang an (Mk 1,1) steht er nahe beim gesetzesfreien Christentum eines Paulus und trägt deutlich weniger judenchristliche Farben als bei Matthäus. Gleichwohl ist die Schrift für ihn unzweifelhaft das Wort Gottes.[10]

---

8   Krister Stendahl: The School of St. Matthew and its Use of the Old Testament, Uppsala 1954; Wilhelm Rothfuchs: Die Erfüllungszitate des Matthäusevangeliums. Eine biblisch-theologische Untersuchung (BWANT 88), Stuttgart 1969; Maarten J.J. Menken: Matthew's Bible. The Old Testament Text of the Evangelist (BEThL 173), Leuven 2004.
9   Matthias Konradt: Das Evangelium nach Matthäus (NTD 1), Göttingen 2015, S. 1 f.
10 Alfred Suhl: Die Funktion der alttestamentlichen Zitate und Anspielungen im Markusevangelium, Gütersloh 1965; Joel Marcus: The Way of the Lord: Christological Exegesis of the Old Testament in the Gospel of Mark, Louisville 1992.

Lukas und Apostelgeschichte: Lukas zeichnet Jesus einerseits als gesetzestreuen Juden, der am achten Tage beschnitten wurde, der die Feste feierte und das Gesetz befolgte und mit den Schriftgelehrten von früh an debattierte, andererseits auch als Begründer einer neuen heilsgeschichtlichen Epoche: Jesus ist für ihn der in der Mitte der Zeit erschienene Enthüller des wahren und eigentlichen Sinnes der Schrift, die als Ganze eben auf ihn selbst verweist (bes. Lk 24,25–32, wo Lukas Jesus auf dem Weg nach Emmaus als christologischen Interpreten des als Prophezeiung gedeuteten ATs auftreten lässt). Nach Apg wurde auf dem sog. Apostelkonzil nur ein sehr reduzierter Bestand des Gesetzes für Christen verbindlich angesehen (Apg 15).[11]

Johannes: Im Johannesevangelium und im johanneischen Kreis wird Jesus ebenfalls als der Kern der alttestamentlichen Verheißungen gedeutet (Joh 5,46f.), aber er erscheint mit einer Art christologischer Totalinanspruchnahme als der mit dem Vater von Anfang an identische Logos, der bereits durch die gesamte Geschichte Israels hindurch wirkte (Joh 1,1–14), bevor er schließlich „Fleisch" wurde. „Ich und der Vater sind eins" bedeutet eine ontologische Einheit von Israel und Kirche (Joh 10,30; vgl. 17,21). Das empirische Israel hat sich aber vom Christentum abgelöst, die Juden sind so von Abrahamskindern zu Teufelssöhnen geworden (Joh 8,43f.) und schließen die Christen aus der Synagoge aus[12].

Paulus: Das Verhältnis des Paulus zum AT ist besonders umstritten,[13] denn der Heidenapostel kämpft theologisch für die Freiheit vom Gesetz (insbesondere ist die Beschneidung nicht mehr heilsnotwendig, aber auch die *Kaschrut*

---

11 Mogens Müller: The Reception of the Old Testament in Matthew and Luke-Acts: From Interpretation to Proof from Scripture, in: NT 43 (2001), S. 315–330; Kerstin Schiffner: Lukas liest Exodus. Eine Untersuchung zur Aufnahme ersttestamentlicher Befreiungsgeschichte im lukanischen Werk als Schrift-Lektüre (BWANT 172), Stuttgart 2008.

12 Zum Synagogenbann vgl. Klaus Wengst: Bedrängte Gemeinde und verherrlichter Christus. Ein Versuch über das Johannesevangelium, 3. Aufl. München 1990. Andreas Obermann: Die christologische Erfüllung der Schrift im Johannesevangelium. Eine Untersuchung der johanneischen Hermeneutik anhand der Schriftzitate (WUNT 2, 83), Tübingen 1996; Wolfgang Kraus: Johannes und das Alte Testament, in: ZNW 88 (1997), S. 1–23; Claus Westermann: Das Johannesevangelium aus der Sicht des Alten Testaments, Stuttgart 2001.

13 Edward Earle Ellis: Paul's Use of the Old Testament, Edinburgh 1957 (u.ö., z.B. Eugene 2003); Christian Dietzfelbinger: Paulus und das Alte Testament (TEH 95), München 1961; Florian Wilk: „Zu unserer Belehrung geschrieben..." (Römer 15,4): Die Septuaginta als Lehrbuch für Paulus, in: Wolfgang Kraus/ Siegfried Kreuzer u.a. (Hg.): Die Septuaginta – Text, Wirkung, Rezeption (WUNT 325), Tübingen 2014, S. 559–578.

nicht).¹⁴ Die heftige Kontroverse um die paulinische Bewertung der Tora kann daran liegen, dass die entscheidenden Aussagen wegen ihrer dialektischen Weite deutungsfähig und -bedürftig sind. Wenn Paulus Christus z.B. als „*telos tou nomou*" (Röm 10,4) bezeichnet, dann kann man das als „Ende des Gesetzes", aber auch als „Erfüllung des Gesetzes" lesen. Einerseits ist die Tora als Gottes gute Gabe zum Leben gegeben, andererseits aber muss sie auch erfüllt werden, und zwar vollständig erfüllt werden, sonst wird sie zum todbringenden Fluch.¹⁵ In sehr polemischen Auseinandersetzungen mit Irrlehrern (Anhängern des Petrus?) kann das Gesetz als „Kot" bezeichnet werden (Phil 3,8). Seine explizit positiven Rückgriffe auf das AT haben argumentative Funktionen, v.a. um das Wesen Christi und des Christlichen zu entfalten. Dazu bedient er sich reichlich freier Typologien (z.B. Gal 4,21–31, der Magd und der Freien – Sara und Hagar – als Bilder für Israel und die Kirche) und Allegoresen (z.B. haben nach 1 Kor 10,1–4 die Israeliten „alle denselben geistlichen Trank getrunken; sie tranken nämlich von dem geistlichen Felsen, der ihnen folgte; der Fels aber war Christus").

Hebräer: In einem aufwendigen kulttheologischen Konzept wird Christus hier als der wahre himmlische Hohepriester dargestellt, der einerseits das alles entscheidende Opfer darbringt, andererseits selbst das Opfer ist. Indem er so ein für alle Mal ein unüberbietbares Opfer vollzogen hat, wird der Opfer-Kult im Alten Bund zum Ende gebracht und de facto abgeschafft. Die Großen des AT sind Zeugen des christlichen Glaubens (Hebr 11).¹⁶

Übrige Briefe und Johannesapokalypse: Es zeigen sich einerseits antijüdische Tendenzen, zugleich aber wird breit auf alttestamentlich-jüdisches Erbe zurückgegriffen.¹⁷ Besonders im Jakobusbrief ist – ganz im Sinne des Deutero-

---

14 Michael Wolter: Paulus. Ein Grundriss seiner Theologie, Neukirchen-Vluyn 2011, bes. § 39–47: Die Rechtfertigung aus Glauben, sowie § 53: Paulus, der Apostel Jesu Christi, und sein jüdisches Erbe.
15 Diese radikale Position dürfte damals kein einziger Jude geteilt haben; für die jüdische Frömmigkeit ist die Möglichkeit der Umkehr und der Vergebung von Gesetzesübertretungen wesenhaft (z. B. Ez 18 oder Ps 103).
16 Friedrich Schröger: Der Verfasser des Hebräerbriefes als Schriftausleger, Regensburg 1968; Sascha Flüchter: Gen 15,6 im Hebräerbrief aus der Perspektive einer sozialhistorisch orientierten Rezeptionsgeschichte, in: Ders.: Die Anrechnung des Glaubens zur Gerechtigkeit. Auf dem Weg zu einer sozialhistorisch orientierten Rezeptionsgeschichte von Gen 15,6 in der neutestamentlichen Literatur (TANZ 51), Tübingen 2010, S. 209–269.
17 Adolf Schlatter: Das Alte Testament in der johanneischen Apokalypse (BFChTh 16/6), Gütersloh 1912.

nomiums – das Tun Abrahams für sein Heil entscheidend. Vor allem aber lassen die späten Schriften im NT doch keinen Zweifel daran, dass das AT als (ursprünglich) inspiriertes Wort Gottes betrachtet wird: „Alle Schrift (= AT!) ist von Gott eingegeben und nützlich zur Lehre, zur Überführung, zur Zurechtweisung, zur Unterweisung in der Gerechtigkeit" (2 Tim 3,16f.).

1.2 Die Auslegung des Alten Testaments in der Alten Kirche und im Mittelalter

Wenn man die Fülle der hermeneutischen Zugriffe auf das AT schon innerhalb des NT überblickt, so ist deutlich, in wie hohem Maße die innerbiblische Schriftauslegung an den jeweiligen hermeneutischen Praktiken der Zeit partizipierte. Auch die patristische Hermeneutik ist notwendig vielgestaltig.[18] Vereinfachend kann man sagen, dass es eine mehr philologisch orientierte Hermeneutik in Antiochien gab und eine stärker an philosophisch-metaphysischen Aspekten interessierte Schriftauslegung in Alexandrien.

Für das frühe Christentum ist herauszustellen, dass die Rezeption und Beibehaltung des Alten Testaments als Ganzem gegen Stimmen wie Markion zu einer platonisierenden Annahme eines mehrfachen Schriftsinnes von vornherein nötigte (vgl. z.B. 1 Kor 10,1–13; 2 Kor 3,13–18). Die Annahme eines mehrfachen Schriftsinnes wurde unumgänglich, als man im Zuge eines systematisierenden dogmatischen Zugriffs in der Bibel nach Belegen für sehr komplexe philosophische Spekulationen suchte. Wenn man substanzontologische Fragestellungen nach dem Sein Jesu Christi im Verhältnis zum Sein Gottes diskutierte (War Christus Gott gleich? oder Gott ähnlich? oder zeichnen ihn Zwei-Naturen aus, so dass er wahrer Mensch und wahrer Gott zugleich war?), so kommt man nicht umhin, das Alte Testament auf Fragen hin abzuhorchen, die es selbst nicht kannte und auf die es von sich aus niemals eine Antwort sein wollte. So steht die gesamte Alte Kirche unter dem Zeichen der Annahme mehrerer Sinne. Auf Seiten der christlichen Denker ist besonders Augustinus (354–430) einflussreich geworden. In den letzten Büchern der *Confessiones*

---

18 Basil Studer: Die patristische Exegese, eine Aktualisierung der Heiligen Schrift (Zur hermeneutischen Problematik der frühchristlichen Bibelauslegung), in: Revue des Études Augustiniennes, 42 (1996), S. 71–95; Agnell Rickenmann: Väterexegese: Die Bibelauslegung der Alten Kirche in neuer Sicht, in: SKZ 27–28/2009, S. 486–490; Thomas Prügl: Die Bibel als Lehrbuch: zum ‚Plan' der Theologie nach mittelalterlichen Kanon-Auslegungen, in: Archa verbi 1 (2004), S. 42–66.

finden sich sehr erhellende Ausführungen zur Problematik: Nachdem Augustinus die großen Wahrheiten des Schöpfungsberichts ausgelegt hat, bittet er Gott darum, dass Mose selbst schon das erkannt und gewünscht haben möge, was er, Augustinus, an Wahrheiten aus den Schriften des Mose herausgelesen hat (12. Buch, 24.–31. Kapitel): „Siehe, wie zuversichtlich ich sage, du hast durch dein unwandelbares Wort alles geschaffen, Unsichtbares und Sichtbares; kann ich mit derselben Zuversicht sagen, daß Moses nichts anderes als dieses gemeint habe, als er die Worte schrieb: ‚Im Anfang schuf Gott Himmel und Erde'? Nicht so wie ich jenes in der Wahrheit als gewiß erkenne, erkenne ich in seinem Geiste, er habe jenes gedacht, als er dieses schrieb … Niemand sei mir noch lästig dadurch, daß er zu mir sagt: ‚Mose hat das nicht gemeint, was du sagst, sondern er hat gemeint, was ich sage'. … Warum wollen wir über den Gedanken des Nächsten streiten, der unserem Geiste nicht zugänglich ist wie die unwandelbare Wahrheit? … Siehe endlich, wie töricht es ist, unter so vielen völlig aufrichtigen Ansichten, die man in jenen Worten finden kann, verwegen behaupten zu wollen, welche von ihnen Moses vorzugsweise gemeint habe, und in verderblichen Streitereien die Liebe selbst zu verletzen, um deren willen er, dessen Worte wir zu erklären wagen, alles gesagt hat? … Wenn daher jemand sagte: ‚Moses hat gemeint, was ich meine', und ein anderer, ‚nein, das, was ich meine', so glaube ich, würde ich der Furcht Gottes gemäßer sagen: ‚Warum nicht vielmehr beides, wenn beides wahr ist?' Und wenn noch ein dritter und noch ein vierter in diesen Worten überhaupt etwas anderes als alles dieses erkannt habe, durch den Gott die heiligen Schriften dem Fassungsvermögen so vieler anpaßte, die darin einen so verschiedenen und doch wahren Sinn finden sollten? … Konnte es deshalb deinem Geiste der Güte verborgen bleiben, was du selbst in späterer Zeit denen, die deine Worte lesen, offenbaren wolltest, obgleich jener, durch den sie gesprochen, vielleicht nur eine der vielen Meinungen gedacht hat?"[19]

Allerdings ist klar, dass auch der sogenannte *sensus literalis* mit dem, was wir heute unter Literalsinn verstehen, relativ wenig gemeinsam hatte: „Patristische Exegese war sich ihrer Auslegungsabsicht sehr bewusst: Es ging um Unterweisung, Stärkung, Tröstung, ‚Erbauung' im Glauben. Die Hörer, in der Regel eine liturgisch versammelte Gemeinde, sollte je neu auf die Mitte ihres Glaubens hin ausgerichtet werden und einen ‚Nutzen' (*utilitas*) mitnehmen. Mit diesem ‚Nutzen' kommen wir bereits zu den Hauptthemen jener litur-

---

19 Übersetzung nach O. Bachmann, Köln o.J.

gisch-katechetischen Schriftauslegung: Es war das Christusgeheimnis und die Abfolgen der Heilsgeschichte, die es in variantenreichen Anläufen immer neu zu erklären galt; dazu kamen sakramentale und liturgische Vorstellungen als wiederkehrende Motive, und nicht zuletzt ethische Ansprüche, die sich aus der Annahme des Heils in Glaube und Taufe nahe legten. Patristische Exegese war also zu einem sehr großen Teil paränetisch, moralisch ermahnend, Aufruf zu Bekehrung und zum guten Werk. Schwierige Fragen des Textverständnisses hingegen, seien sie textkritischer, etymologischer oder anderer philologischer Art, wurden in den pastoral akzentuierten homiletischen Kommentaren kaum zur Sprache gebracht."[20] Alle Lehren der christlichen Dogmatik und Ethik wurden mittels Allegorese im Alten Testament ‚gefunden'.

1.3 Christliche Schrifthermeneutik von der Reformation bis zum Historismus des 19. Jahrhunderts

Die Reformation: Während die altkirchliche Exegese in den Ostkirchen weithin beibehalten wurde, vollzog sich mit der Reformation zu Beginn des 16. Jh. in den Westkirchen ein tiefer Wandel im Selbstverständnis der Exegese. Es sollte jetzt darum gehen, das Wort und die Botschaft der Bibel nach ihrem eigenen Selbstverständnis zu erkennen, geradezu im Gegensatz zur kirchlichen Tradition und Lehre, welche die eigentliche göttliche Botschaft verschüttet habe. Paradigmatisch lässt sich der tiefe Wandel im Umgang mit der Heiligen Schrift am sogenannten „Turmerlebnis" Martin Luthers verdeutlichen[21]: In der Vorrede zur Ausgabe seiner *Opera Latina* von 1545 schrieb der Reformator rückblickend:

„Ich konnte den gerechten, die Sünder strafenden Gott nicht lieben, im Gegenteil, ich hasste ihn sogar. Wenn ich auch als Mönch untadelig lebte, fühlte ich mich vor Gott doch als Sünder und mein Gewissen quälte mich sehr. Ich wagte nicht zu hoffen, dass ich Gott durch meine Genugtuung versöhnen könnte. Und wenn ich mich auch nicht in Lästerung gegen Gott empörte, so

---

20 Thomas Prögl: Zwischen Textkritik und geistlichem Schriftsinn: Facetten der Schriftauslegung bei den Kirchenvätern, geplant für Stiftung Pro Oriente, Jahrbuch 2012 (bislang leider nicht erschienen).

21 Umstritten ist in der Forschung, wann genau sich dieser reformatorische Durchbruch vollzog (ca. 1515–1518) und/oder ob der Bericht eine nachträgliche Stilisierung darstellt, vgl. Volker Leppin: Martin Luther, Darmstadt 2006, der aufzuzeigen sucht, dass sich hier kein plötzliches Erlebnis, sondern ein allmähliches Herauswachsen aus mittelalterlichen Traditionen vollzogen hat.

murrte ich doch heimlich gewaltig gegen ihn. Als ob es noch nicht genug wäre, dass die elenden und durch die Erbsünde ewig verlorenen Sünder durch das Gesetz ... mit jeder Art Unglück beladen sind, musste denn Gott auch noch durch das Evangelium Jammer auf Jammer häufen uns durch das Evangelium seine Gerechtigkeit und seinen Zorn androhen? So wütete ich wild und mit verwirrtem Gewissen, jedoch klopfte ich rücksichtslos bei Paulus an. Da erbarmte sich Gott meiner. Tag und Nacht war ich in tiefe Gedanken versunken, bis ich endlich den Zusammenhang der Worte beachtete: »Die Gerechtigkeit Gottes wird in ihm (im Evangelium) offenbart, wie geschrieben steht: Der Gerechte lebt aus dem Glauben.« Da fing ich an, die Gerechtigkeit Gottes als eine solche zu verstehen, durch welche der Gerechte als durch Gottes Gabe lebt, nämlich aus dem Glauben. Ich fing an zu begreifen, daß dies der Sinn sei: durch das Evangelium wird die Gerechtigkeit Gottes offenbart, nämlich die passive, durch welche uns der barmherzige Gott durch den Glauben rechtfertigt, wie geschrieben steht: »Der Gerechte lebt aus dem Glauben.« Da fühlte ich mich wie ganz und gar neu geboren, und durch offene Tore trat ich in das Paradies selbst ein. Da zeigte mir die ganze Schrift ein völlig anderes Gesicht. Ich ging die Schrift durch, soweit ich sie im Gedächtnis hatte, und fand auch bei anderen Worten das gleiche, z. B.: »Werk Gottes« bedeutet das Werk, welches Gott in uns wirkt; »Kraft Gottes« – durch welche er uns kräftig macht; »Weisheit Gottes« – durch welche er uns weise macht. Das gleiche gilt für »Stärke Gottes«, »Heil Gottes«, »Ehre Gottes«. Mit so großem Hass, wie ich zuvor das Wort »Gerechtigkeit Gottes« gehasst hatte, mit so großer Liebe hielt ich jetzt dies Wort als das allerliebste hoch. So ist mir diese Stelle des Paulus in der Tat die Pforte des Paradieses gewesen. Später las ich Augustins Schrift »Vom Geist und vom Buchstaben«, wo ich wider Erwarten darauf stieß, dass auch er »Gerechtigkeit Gottes« in ähnlicher Weise auslegt als eine Gerechtigkeit, mit der Gott uns bekleidet, indem er uns gerecht macht. Und obwohl dies noch unvollkommen geredet ist und nicht alles deutlich ausdrückt, was die Zurechnung betrifft, so gefiel es mir doch, dass (hier) eine Gerechtigkeit Gottes gelehrt werde, durch welche wir gerecht gemacht werden. Durch diese Überlegungen besser gerüstet, fing ich an, den Psalter zum zweiten Male auszulegen. Das wäre ein großer Kommentar geworden, hätte ich das angefangene Werk nicht liegenlassen müssen".[22]

---

22 Nach Heiko Augustinus Oberman: Die Kirche im Zeitalter der Reformation. Kirchen- und Theologiegeschichte in Quellen 3, Neukirchen-Vluyn 1981, S. 209–210.

Was Luther hier beschreibt, ist die Geburtsstunde von historisch-kritischer Exegese. So wie Menschen neue Kontinente entdecken können, so ist der Bibelwissenschaft die Entdeckung von bislang verschüttetem Textsinn möglich, eben des Evangeliums von der rettenden Gerechtigkeit Gottes. Wenn man in freier, von der Überlieferung nicht ‚vorgespurter', nicht kontrollierter und nicht tabuisierter Begegnung mit dem biblischen Text dessen wahren Sinn herausfindet, dann führt dies zur Erkenntnis der erlösenden Wahrheit („durch offene Tore trat ich in das Paradies selbst ein"). Solche Auslegung führt aber mit Notwendigkeit auch zu theologischer Sachkritik. Bekannt sind Luthers polemische Kampfparolen gegen die Tora des Mose als „der Juden Sachsenspiegel" oder vom Jakobusbrief als einer „strohernen Epistel" der Werkgerechtigkeit, welche zeigen, wie sehr Luther von der Sache, vom Zentrum her an der Schrift selbst auch Kritik üben konnte. Unter dem Leitmotto *„Sola scriptura!"* (wobei nicht die ganze Schrift, sondern der Kanon im Kanon gemeint war) wurde die im Urtext studierte Bibel zum alleinigen Kriterium der theologischen Wahrheit. Dabei konnte es gleichzeitig zu einer kritischen Prüfung, Herabstufung und in manchen Fällen sogar Verwerfung von kirchlicher Dogmatik kommen. So hat Luther weder den Zölibat anerkannt noch die Siebenzahl der Sakramente akzeptiert, weil sie von der Heiligen Schrift nicht bezeugt sind. In der katholischen Gegenreformation führten diese dogmenkritischen Effekte zu einer über 400 Jahre durchgehaltenen Abwehr des Studiums des Urtextes; erst im II. Vatikanischen Konzil wurde dies zurückgenommen und gegen Widerstände das Wagnis der Orientierung an den Originalsprachen und dem historischen Sinn zugelassen.

Humanismus und Renaissance: Mit der theologischen Wende und Umwertung trat im 16. Jahrhundert vor allem an den westlichen Universitäten eine neue Auffassung davon, was Geisteswissenschaft überhaupt zu sein hat, auf die Bühne: Wer wissenschaftlich historisch arbeiten will, muss zurück *ad fontes!* d.h. zurück zum Original, zu den Ursprachen. Der Humanismus und die Renaissance haben hier Außerordentliches geleistet, indem sie Texteditionen hervorbrachten, zum einen von den antiken Klassikern wie Platon und Aristoteles, zum anderen aber auch durch Editionen der biblischen Urtexte wie etwa Erasmus' von Rotterdams griechisches Neues Testament (Basel 1516). Das Studium der Ursprachen Hebräisch und Griechisch wurde für Theologen verpflichtend, die Philologie wurde zur Leitwissenschaft, der exakte Vergleich der überlieferten Handschriften zum Forschungsauftrag. Man wollte herausbekommen, was genau die biblischen Autoren zu sagen hatten und sich nicht mehr auf die *Vulgata* des Hieronymus verlassen müssen, zumal sich dieser auf unklare Textvorlagen stützt und selbst manche persönlichen Tendenzen erkennen lässt.

Aufklärung: Das 18. Jh. brachte eine weitere kopernikanische Wende des Denkens zumindest in den Westkirchen hervor. Die von Kant so benannte Aufklärung war daran interessiert herauszufinden, was der Vernunft entspricht, die sich nunmehr als alleiniges Wahrheitskriterium durchsetzte. Um herauszufinden, was an der Bibel dem Maßstab der Rationalität standhalten konnte bzw. um die Bibel vor dem völligen Wertverlust zu bewahren, kam man zur Unterscheidung von ewigen Vernunftwahrheiten und bloßen historischen Zufallstatsachen. Der Ewigkeitswert der Bibel lag vor allem im Bereich des Moralischen, etwa in der Idee der Gerechtigkeit, der Gleichheit oder der Menschenliebe. Allerdings wurde gerade nach dem Kriterium der hohen Moral (bzw. dessen, was man im 18. Jh. als solche verstand) scharfe Kritik an der Bibel geübt, ganz besonders am Alten Testament. Als ein Beispiel skizziere ich Hermann Samuel Reimarus (1694–1768) und seine moralisierende Betrachtung Abrahams. In seiner „Apologie"[23] greift Reimarus die ethische Qualität Abrahams entschieden an und empört sich über die Moral der Erzväterzeit. Für ihn ist Abraham primär daran interessiert, reich zu werden;[24] nur deswegen ist er aus Ur weggezogen, nur deswegen hat er im Lande Kanaan und Ägypten geschickt operiert. Besonders vier Erzählungen bilden den Stein des Anstoßes: das Schicksal der Hagar (Gen 16 und 21), die Gefährdung der Ahnfrau (Gen 12 und 20), die Geschichte von Lot und seinen Töchtern (Gen 19) sowie die Opferung Isaaks (Gen 22). Zum einen ist Abraham für Reimarus eine Memme, die ganz unter dem Pantoffel Saras steht: „Soll er eine Magd zur Beyschläferin nehmen: gut, er legt sich zu ihr. Soll er sie wegjagen, wohl, er läßt sie, ungeachtet ihrer Schwangerschaft, in die dürre Einöde lauffen, wenn sie auch verschmachten sollte. Soll er sie wieder aufnehmen und bey ihr schlafen: wie sie befehlen, Madame." (230) Aber es kommt noch viel schlimmer. Die Sexualmoral Abrahams und besonders Saras, ist für Reimarus äußerst problematisch. Er rekonstruiert aus den Texten, dass Abraham sich von Sara zu einem

---

23 Hamburg 1978 (!) erstmals vollständig publiziert, nachdem Lessing nur „Fragmente eines Ungenannten" zugänglich gemacht hatte.

24 „Alle seine Handlungen gehen ja dahin, sich einen besseren Wohnsitz und Reichtümer zu erwerben, und dazu allerwerts Gelegenheit zu suchen." (S. 226).

Partnertausch überreden lässt, der nicht nur Sara das ersehnte Kind verschaffen soll, weil ein anderer Mann zumal aus adeligem Geblüt ihre Fruchtbarkeit befördern könne, sondern Abraham solle davon auch finanziell gut profitieren[25]. Die so von Sara initiierten „niederträchtigen Schandthaten" (230) laufen für Abraham auf Zuhälterei hinaus. Sara muss sich jeweils für mehrere Monate im Harem des Pharao bzw. Abimelechs befunden haben, weil sonst die göttlichen Plagen gar nicht als solche erkannt werden können. Dass die Frauen im Hause Abimelechs mit anhaltender Unfruchtbarkeit geschlagen sind (Gen 20,17f.), das kann erst nach einigen Monaten auffallen. Die vielen Geschenke und die tausend Silberstücke (Gen 12,16; 20,14–16), die Abraham von den Liebhabern der Sara bekommt, sind nach Reimarus klarer Beweis, dass Sara sehr wohl mit diesen Männern geschlafen hatte und zwar nicht, weil sie genötigt worden wäre, sondern weil sie es auch selbst intensiv wollte. Der aufklärerischen Gipfel der ‚Detektivarbeit' des Reimarus ist seine Berechnung, dass Sara nicht von Abraham, sondern von Abimelech geschwängert wurde (vgl. 234–236). Da die drei Männer Abraham verheißen hatten, seine Frau werde in einem Jahr einen Sohn gebären, Sara aber sogleich nach den Ereignissen um Sodom und Gomorra im Harem Abimelechs weilte (Gen 20), und zwar für mehrere Monate, kann es nur der König von Gerar gewesen sein, der Isaak gezeugt hat. Dieses fremde Kind – so lässt Reimarus durchblicken – hat Abraham dann auch loswerden wollen und es – angeblich auf göttlichen Befehl – beinahe umgebracht; in letzter Minute hätte er aber Gewissensbisse bekommen (238f.). Was für ein Geschlecht die Erzväter darstellen, wird sodann an Lot und seinen Töchtern deutlich. Wenn sich Lot schon in so einem Lasterpfuhl wie Sodom freiwillig angesiedelt hat, kann er selbst auch nicht viel besser gewesen sein. Die „unnatürliche Geilheit" (243) der Stadtbewohner Sodoms und Gomorras findet sich auch bei Lots Töchtern. Auch sie konnten „ihre Geilheit so wenig bändigen, dass sie auch ihren eigenen Vater durch Völlerey zur Blutschande zu reizen verabredeten; gleich als ob sonst kein Mensch mehr in der Welt wäre, mit welchem sie eine ehrliche Ehe hätten eingehen können, wenn sie nur etwas gewartet hätten. Die frischen Strafgerichte über Sodom hatten ihnen folglich keinen Eindruck gemacht, dergleichen viehische Laster zu verabscheuen." (244). Vor dem kritischen moralischen Urteil des Reimarus erweist sich Abraham cum suis als ein schwächlicher, schändlicher Lügner,

---

25 „Was hat die kinderbegierige hysterische Sara nun noch für Auswege übrig? Keinen, als dass sie es einmal mit anderen Männern versuche." (S. 230).

Zuhälter und raffgieriger Geschäftsmann, der mit seiner Triebhaftigkeit und der seiner Frau stark überfordert ist. Daher „können wir Abraham nicht für einen Boten der Offenbarung Neuen Testaments oder einer seligmachenden Religion halten" (226), er ist „ein schlechtes Exempel" (236). Mit diesen Ausführungen hat Reimarus einen latent schwelenden Krisenherd zu einem offenen Feuer auflodern lassen.[26] So sehr man die Aufklärung auch heftig kritisieren muss, Reimarus hat die Texte durchaus sehr genau gelesen und sich nicht durch dogmatische Skrupel von unangenehmen Konsequenzen abschrecken lassen. Freilich wird von diesem frühen Beispiel her auch deutlich, dass und warum die historisch-kritische Betrachtung in den Kirchen von Anfang an auf Ängste, Misstrauen und Ablehnung stieß, bis heute.

Romantik: Die Romantik des frühen 19. Jh. mit ihrer Verehrung des Ursprünglichen, Einfachen und Volkstümlichen hat teils in Reaktion zur Aufklärung mit ihrem dürrem Begriffsidealismus, teils aber auch in Fortführung von deren Frageintentionen der rein historischen Betrachtung der Tradition und damit auch der Bibel, Bahn gebrochen. Es entstand ein differenziertes ideographisches Wahrnehmungsvermögen, z.B. bei Johann Gottfried Herder in seinem Wissen um den Unterschied der je besonderen Zeiten und Völker[27]. Diese Individualisierung der „Volksseelen" verband sich einerseits mit einer großen Verehrung des Ursprünglichen, noch Unverdorbenen, von aller Kultur und Zivilisation Unberührtem, Natürlichem und Menschlichem; andererseits schwelgte man im Gefühl geistlichen Fortschritts und glaubte, Gottes Pädagogik in der Weltgeschichte erkennen zu können. Mit diesem sich anbahnenden ‚rein' historischen Denken war die Entdeckung und Auslotung der Kategorie des individuellen Autors verknüpft. Man erkannte, dass jede Schrift durch das geistige Erleben eines Individuums einen bestimmten Aussagewillen hat und in einer singulären Gedankenwelt abgefasst ist. Die großen Individuen wurden als Genies verehrt. Alles Dogmatische, alles verstiegen Philosophische sollte abgestreift und das wahre Leben dieser reinen Seelen freigelegt werden. Der wichtigste Theoretiker der neuen „Autor-Hermeneutik" ist Daniel Ernst Fried-

---

26 Von der „Apologie" des Reimarus bis zur Berliner Sportpalastrede vom November 1933 von Reinhold Krause, wo die Abrahamerzählungen als „Viehtreiber- und Zuhältergeschichten" angeprangert werden, war es eine logische Entwicklung, deren grausame Folgen uns allen vor Augen stehen.
27 Vgl. besonders die Frühromantik bei Herder, der die „Stimmen der Völker" (1778/79) einfühlsam voneinander abgehoben hatte.

rich Schleiermacher.[28] Schleiermacher unterscheidet zwischen zwei verschiedenen Grundformen des Verstehens: Das grammatische Verstehen versucht Unklarheiten durch komperativisches Verstehen zu beseitigen, d.h. sprachliche Äußerungen durch philologische Analyse objektiv und intersubjektiv nachvollziehbar auf ihre Struktur hin zu beleuchten. Von ganz anderer Natur ist das psychologische Verstehen; es erfordert ein Sich-Hineinversetzen in den Autor. Ein Genie kann nur von einem kongenialen Geist verstanden werden. Deswegen ist nach Schleiermacher nicht jedem jedwedes Verstehen möglich; zwar gibt es verwandte Seelen, die einander ohne weiteres verstehen; in anderen Fällen ist es aber auch möglich, dass einem Leser ein bestimmter Autor verschlossen bleiben muss. Mit dieser Konzeption von kongenialem Verstehen als Hineindenken und Hineinleben in die individuelle Persönlichkeit des Autors entdeckt Schleiermacher, dass es ein Moment des methodisch nicht Berechenbaren im Verstehen gibt. Er gesteht zu, dass nicht allein durch grammatische Erschließung oder durch „Zusammenstellung und Abwägung minutiöser geschichtlicher Momente", sondern durch „das Erraten der individuellen Kombinationsweise eines Autors" psychologisches Verstehen ermöglicht wird. Diese sich im unsicheren Bereich bloßen Erahnens und Erratens bewegende Interpretation ist „mehr divinatorisch" und entsteht dadurch, „daß der Ausleger sich in die ganze Verfassung des Schriftstellers möglichst hineinversetzt".[29] Weil jedes tiefere Verstehen auf das Wagnis angewiesen bleibt, Intentionen und Motive des Autors erahnen und auch erraten zu können, muss man von vornherein davon ausgehen, „daß sich das Mißverstehen von selbst ergibt und das Verstehen auf jedem Punkt muß gewollt und gesucht werden"[30]. Dazu bedarf es eines individuellen Erkenntnisorgans, des „Sinns und Geschmacks", die allein bestimmte Wirklichkeitsbereiche erfassen können. Nach dieser Sicht ist eine Spezialisierung auch in der Bibelwissenschaft unvermeidlich; auch für den Laien, der wenig von der Seele des Autors weiß, ist die Bibel – wie jede wertvollere Literatur – nicht leicht erschließbar. Es genügt nicht, Objektives zu rekonstruieren, man muss auch Subjektives psychologisch nacherleben.

---

28 Vgl. von Manfred Frank herausgegeben und eingeleitet: Schleiermacher, Hermeneutik und Kritik. Mit einem Anhang sprachphilosophischer Texte Schleiermachers (STV 211), Frankfurt 1977.
29 Alle Zitate Schleiermacher, Hermeneutik und Kritik, S. 318 f. (Hervorhebungen Manfred Oeming).
30 Schleiermacher, Hermeneutik und Kritik, S. 92.

Historismus: In die nahezu entgegengesetzte Richtung verlief die Entwicklung der Hermeneutik an den Universitäten. In Konkurrenz zur aufkommenden Naturwissenschaft suchten auch die geistesgeschichtlichen Disziplinen, ihr Daseinsrecht im Konzert der Fakultäten zu rechtfertigen. Der Historismus des 19. Jh. stellte die Einsicht in die jeweils historisch sehr unterschiedlichen Vorstellungswelten vergangener Zeiten ins Zentrum der Forschung. Historiker wie Leopold von Ranke und Johann Gustav Droysen entwickelten aus ihrer Forschungspraxis heraus die folgenden theoretischen Postulate: Historische Forschung muss grundsätzlich unparteiisch sein, der Ausleger muss seine eigenen Wertüberzeugungen vollständig hintansetzen und sich ganz und gar auf den Standpunkt seiner Quellen begeben. Er muss auf jedwede persönliche Stellungnahme verzichten und einzig objektiv rekonstruieren, „wie es eigentlich gewesen ist". Im Gegensatz zum erklärenden Vorgehen der Naturwissenschaften gilt: Nachdem die Heuristik das historische Material gesichtet und die Kritik die Echtheit untersucht und das Material in eine zeitliche Ordnung gebracht hat, geht es der Interpretation darum, die je einmalige Vergangenheit „nach ihrem eigenen Maße zu messen"[31]. Die Interpretation der Bedingungen soll die Gegebenheiten von Raum und Zeit sowie von technischer Leistungsfähigkeit untersuchen; die psychologische Interpretation soll die großen historischen Persönlichkeiten in ihren Eigenarten darstellen; die Interpretation der Ideen soll die übergreifenden ethischen und politischen Systeme, Ideale und Ideen der verschiedenen Zeiten erfassen. Das Ziel all dieser Interpretationsbemühungen ist es nicht, „Gesetze" aufzustellen, sondern sich gleichsam dem jeweiligen historischen Phänomen ideographisch anzuschmiegen, es das sein zu lassen, was es von sich aus ist. Historisch denken heißt aus der Gegenwart herauszugehen und ganz in die Welt der Autoren einzutauchen.

2   Moderne Standards und ihre Probleme

Die moderne westliche Bibelwissenschaft entstand seit dem 16. Jh. über mehrere Jahrhunderte durch Verbindung von Motiven aus Reformation, Humanismus, Aufklärung, Romantik sowie Historismus und erreichte ihren Höhepunkt im 19. und 20. Jh., nicht zuletzt an deutschsprachigen Universitäten in Gestalt von Forschern wie Julius Wellhausen, Herrmann Gunkel oder Martin

---

31 Schleiermacher, Hermeneutik und Kritik, S. 156.

Noth, Albert Schweitzer, Rudolf Bultmann oder Gerd Theißen. Ihre Methoden wurden im gegenwärtig gültigen Kanon der historisch-kritischen Exegese vereint, deren Ziele man kurz folgendermaßen umreißen kann:
- die Erhebung des einen, wahren, d.h. des ursprünglichen Sinnes des Textes zu seiner Entstehungszeit (Textkritik, Literarkritik, Redaktionsgeschichte);
- der Vergleich mit anderen Texten aus der Zeit ohne Rücksicht auf Kanongrenzen;
- der religionsgeschichtliche Vergleich mit den Kulturen der Umwelt;
- die freie, kritische Beurteilung des Wertes der Texte.

Diese historisch-kritische Exegese wird in jedem exegetischen Proseminar gelehrt und in jedem theologischen Examen geprüft; sie gilt mit Recht als Kennzeichen und Maßstab von Bibelwissenschaft überhaupt.[32]

Allerdings wird um den Geltungsanspruch dieser Methoden ein heftiger Streit geführt und in Auseinandersetzung mit den Schwächen der rein bzw. lediglich historischen Betrachtung entwickelt sich Zug um Zug eine Art „Gegenstandard". Z.B. werden gegenüber den am Autor orientierten Methoden sehr viele stärker werkimmanente Auslegungen gefordert, etwa in Gestalt des sog. Canonical approach oder des New Literary Criticism. Unter dem Einfluss von Hans-Georg Gadamers Hermeneutik soll die Wirkungsgeschichte stärker in den Prozess des Verstehens eingebunden werden. Dann wiederum soll unter Berufung auf Umberto Eco die Orientierung an den jeweiligen Rezipienten (etwa Frauen in den Genderstudies, Unterschichtsangehörige in sozialgeschichtlicher Exegese oder Menschen mit Behinderung in den Disability stu-

---

32 Die folgenden Lehrbücher stellen jeweils die klassischen Methodenschritte dar (und bieten z.T. Ergänzungen): Georg Fohrer u.a.: Exegese des Alten Testaments. Einführung in die Methodik (UTB 267), [6]1973; Odil H. Steck: Exegese des Alten Testaments. Leitfaden der Methodik. Ein Arbeitsbuch für Proseminare, Seminare und Vorlesungen, 14. durchges. A., Neukirchen-Vluyn 1999; Gottfried Adam / Otto Kaiser u.a.: Einführung in die exegetischen Methoden, Gütersloh 2000; Siegfried Kreuzer / Dieter Vieweger / Friedhelm Hartenstein / Jutta Hausmann / Wilhelm Pratscher: Proseminar I. Altes Testament. Ein Arbeitsbuch, Stuttgart [2]2005; Helmut Utzschneider/Stefan A. Nitsche: Arbeitsbuch literaturwissenschaftliche Bibelauslegung. Eine Methodenlehre zur Exegese des Alten Testaments, Gütersloh 2001; Manfred Dreytza, Walter Hilbrands, Hartmut Schmid: Das Studium des Alten Testaments. Eine Einführung in die Methoden der Exegese (Bibelwissenschaftliche Monographien 10), Wuppertal [2]2007; Christof Hardmeier: Textwelten der Bibel entdecken. Grundlagen und Verfahren einer textpragmatischen Literaturwissenschaft der Bibel. Band 1/1. Gütersloh 2003; Uwe Becker: Exegese des Alten Testaments. Ein Methoden- und Arbeitsbuch (UTB 2664), Tübingen [3]2011. Georg Fischer u.a.: Wege in die Bibel. Leitfaden zur Auslegung, Stuttgart 2008.

dies) neue Zugänge zum Sinn der Schrift öffnen.[33] Die altkirchliche Lehr vom vierfachen Schriftsinn keht in Gestalt der (post)modernen Theorien vom vielfachen schriftsinn wieder. In bewusstem Gegenschlag gegen sich selbst verabsolutierende Zugangsweisen (sei es nun eine fundamentalistisch historisch-kritische oder eine fundamentalistisch fundamentalistische Auslegung) wird die Pluralität der berücksichtigten Aspekte zu einem Qualitätskriterium für gute Schriftauslegung.

Aus der reichen Debatte um die Probleme einer adäquaten Auslegung des AT will ich hier exemplarisch nur fünf Felder herausgreifen:

2.1 Welches AT?

Hebräische Bibel versus griechische, Biblia Hebraica contra Septuaginta: Wenn man die alttestamentlichen Zitate im NT präzise analysiert, so stellt man rasch fest, dass sich die Autoren nicht am hebräischen, sondern am griechischen AT orientieren, eben an der Septuaginta, einer Übersetzung, die vom 3. bis 2./1. Jahrhundert vor Chr. durch zahlreiche Übersetzer sukzessive entstand und zur Zeit des NTs in hohem theologischen Ansehen stand. Um nur zwei berühmte Beispiele dafür zu nennen: In Jes 7,9 heißt es nach LXX: „Eine Jungfrau wird schwanger werden und einen Sohn gebären", nach der Biblia Hebraica aber: „Eine junge Frau (= eine im heiratsfähigen Alter) wird schwanger werden". Der Gedanke der Jungfrauengeburt Jesu ist erst durch die Übersetzung vom hebräischen ins Griechische geboren worden. Nach Gen 15,6 heißt es im Hebräischen „Abraham glaubte an Jahwe, und er rechnete es ihm zur Barmherzigkeit", nach der Septuaginta aber: „Und Abraham glaubte an Jahwe und das wurde ihm zur Gerechtigkeit gerechnet". Die Idee der Rechtfertigung des Gottlosen allein durch Glauben ist ebenfalls sehr nachhaltig von der griechischen Übersetzung stimuliert. Nachdem das große Übersetzungsprojekt im Jahre 2009 mit der von Wolfgang Kraus und Martin Karrer herausgegebenen „Septuaginta Deutsch" abgeschlossen und durch zwei voluminöse Kommentarbände 2011 eindrucksvoll ergänzt wurde, wodurch der Septuaginta-Text für den deutschen Leser nunmehr wesentlich leichter nachvollziehbar ist, wird die

---

33 Übersichten über moderne Hermeneutiken geben u.a. Horst K. Berg: Ein Wort wie Feuer. Wege lebendiger Bibelauslegung, Stuttgart [4]2001;Manfred Oeming: Biblische Hermeneutik (Einführungen), Darmstadt [4]2013 oder Gerd Theißen: Polyphones Verstehen. Entwürfe zur Bibelhermeneutik (BVB 23), Münster [2]2014; speziell zur Hermeneutik des Alten Testaments vgl. Achim Behrens: Das Alte Testament verstehen. Die Hermeneutik des ersten Teils der christlichen Bibel (Einleitungen in das Alte Testament), Göttingen 2012.

Erforschung der theologischen Bedeutung der griechischen Übersetzung weiter stark zunehmen.[34] In jedem Falle stellt sich die Frage nachdrücklich, auf welcher Textbasis (und auf welchem Umfang von Büchern) eine christliche Auseinandersetzung mit „dem" AT eigentlich steht.

2.2 Historisch-kritisches Verstehen versus christologische „(Um)deutung"

Es ist eine allgemein anerkannte Forderung der historisch-kritischen Wissenschaft, dass man eine Schrift in ihrer vom Autor selbst ursprünglich intendierten Bedeutung zu erforschen hat; auch das AT muss daher für sich betrachtet werden; in seiner Originalbedeutung und in seinem ursprünglichen Entstehungszusammenhang. Wie soll man den neutestamentlichen Umgang mit dem AT aus heutiger Perspektive bewerten? Der Umgang des NT mit dem AT ist nach den Maßstäben moderner Exegese nicht historisch-wissenschaftlich! Dem AT wird ein Sinn unterstellt, den es von sich aus gar nicht hat. Das AT ist ein vorchristliches Buch, insofern ein nicht-christliches. Allerdings rezipieren die ersten Christen das AT unter den hermeneutischen Bedingungen des damaligen Judentums und Heidentums, d.h. gerade nicht im modernen Sinne in dem weit zurückliegenden, mutmaßlichen Ursprungssinn, sondern sie wenden die Schriften frei auf die eigene Situation damals an. So wie etwa die Qumrangemeinde mit Hilfe der Pescher-Methode die Schrift als verborgene Weissagung ihrer eigenen Geschichte deutet,[35] so verstehen auch die Christen das AT „rabbinisch" als Hinweis auf ihren Christus. Aus diesen Gründen ist auch die Kenntnis der frühjüdischen Literatur für das historische Verstehen des NTs unabdingbar. Christologische Typologie und Allegorese sind im NT verbreitete Deutungen. Dennoch war eine solche aus heutiger Sicht anachronistische, ja fast gewaltsame Vereinnahmung von Texten für die eigene Gegenwart nichts

---

34 Vgl. Martin Rösel: Der griechische Bibelkanon und seine Theologie, in: Kanon. Bibel en stilblivelse og normative status (FS Mogens Müller) (Forum for Bibelsk Eksegese 15), Kopenhagen 2006, S. 60–80; Anneli Aejmelaeus: Von Sprache zur Theologie. Methodologische Überlegungen zur Theologie der Septuaginta, in: The Septuagint and Messianism (BEThL 195), ed. by Michal A. Knibb, Leuven u.a. 2006, S. 21–48; Wolfgang Kraus / Martin Karrer unter Mitarb. v. Martin Meiser (Hg.), Die Septuaginta – Texte, Theologien, Einflüsse. 2. Internationale Fachtagung veranstaltet von Septuaginta Deutsch (LXX.D), Wuppertal 23.–27. Juli 2008 (WUNT I, 252), Tübingen 2010.

35 Heinz-Josef Fabry: Schriftverständnis und Schriftauslegung der Qumran-Essener. Bibel in jüdischer und christlicher Tradition, in: Helmut Merklein, Karlheinz Müller, Günther Stemberger (Hg.): Bibel in jüdischer und christlicher Tradition (FS Johann Maier), Frankfurt 1993, S. 87–96.

Singuläres (vgl. Qumran!), sondern es gehörte in die frühe innerjüdische Rezeptionsgeschichte der Bibel. Man darf hier nicht anachronistisch aburteilen. Im NT wird die schlechthin fundamentale Überzeugung artikuliert, dass der Gott der Juden und der Gott, der Jesus von den Toten auferweckt hat, der gleiche ist: Der Gott, den die Christen als „unseren Vater" bekennen und zu dem sie beten, ist kein anderer Gott als der Gott Israels. Insofern Jesus Christus selbst Gott ist, war er schon von Anfang an bei allem dabei, was im AT von Gott ausgesagt wird, von der Schöpfung bis zum jüngsten Tag. In biblisch-theologischer Perspektive kann die Botschaft des NT nur unter der Bedingung angemessen verstanden werden, dass sie das AT voraussetzt und impliziert. Wenn es darum geht, diese trinitarische Christologie zu bewerten, gehen die Meinungen in der Forschung extrem weit auseinander.[36]

2.3 Der Vorwurf des Antijudaismus

In der traditionellen christlichen Theologie war man der Meinung, dass durch den Umgang des Neuen Testamentes mit dem Alten folgende vier Einsichten definitiv „nachgewiesen" sind:

1. dass Jesus Christus der eigentliche Inhalt des AT sei. Paradigmatisch sei auf die Geschichte mit den Emmausjüngern in Lk 24 verwiesen, wonach sich alle Verheißungen des ATs auf ihn beziehen (vgl. Joh 5,39).
2. dass das NT eine Heilsgeschichte zeichnet, innerhalb derer Israel früher einmal eine Funktion hatte, die jetzt aber durch die Kirche übernommen wird. Symbolfiguren für diese „Ablösung" sind der alte Simeon in Lk 2 (*Nunc demitis*) oder auch Stephanus in Apg 7.
3. dass vom NT her die Überfülle der drückenden Regelungen des ATs kritisch zu bewerten und auf das Wesentliche hin zu verdichten sei, z.B. im Doppelgebot der Liebe.
4. dass mit dem NT für das Judentum wichtige kultische Verhaltensformen beendet seien (keine Beschneidung, Apg 15,1ff., keine Reinheitsgebote Mk 7,15, nicht einmal strenge Sabbatobservanz Mk 2,25ff.). „Christus ist des Gesetzes Ende!" (Röm 10,4).

---

36 Gregory K. Beale (Hg.): The Right Doctrine from the Wrong Texts? Essays on the Use of the Old Testament in the New, Grand Rapids 1994.

Insgesamt läuft es auf eine prinzipielle Entgegensetzung von Judentum und Christentum zu und auf eine Abwertung des Jüdischen hinaus. Sensibilisiert durch die Shoa ist immer stärker ins Bewusstsein der Forschung getreten, dass im NT selbst der Antijudaismus grundgelegt ist.[37] Es gibt wohl kaum einen neutestamentlichen Autor, der nicht von irgendeinem modernen Exegeten mit dem heftigen Vorwurf des Antijudaismus überzogen würde.[38] H. Räisänen zum Beispiel deutet die lukanische Geschichtskonzeption, nach welcher das AT Israel wegen seines Nicht-Glaubens an Jesus Christus verworfen worden sei und an seine Stelle das neue Gottesvolk der Kirche als legitime Erbin der alttestamentlichen Verheißungen eingesetzt worden sei, als „eschatological genozide"[39]. Ein Argument für diese negative Bewertung ist eine Analyse der Wirkungsgeschichte des NTs in der frühen Christenheit. In der Alten Kirche gab es schon im zweiten Jahrhundert einen Generalangriff auf das Alte Testament und eine prinzipielle Ablehnung des Judentums. Marcion kämpfte einflussreich dafür, das AT insgesamt abzuschaffen. Denn seiner Meinung nach zeugt das AT von einem ganz anderen Gott als das NT. Der Schöpfergott, der im AT verkündet wird, sei ein bloßer Demiurg, der gescheitert sei, denn seine Welt sei voller missglückter Fehlleistungen wie etwa Krankheiten, Kriege oder Katastrophen bezeugten. Der Gott, von dem Jesus kündete, sei ein bislang unbekannter „fremder Gott" der Liebe und der Vollkommenheit. Um durch einen Kanon eine eindeutige christliche Selbstfindung zu sichern, müsse man folgerichtig nicht nur das Alte Testament abstoßen, sondern auch die „judaisierenden" Teile des NT aus der Sammlung der Heiligen Schriften verbannen. Bezeichnenderweise restringierte Marcion seinen Kanon aber nicht nach dem Maßstab des angeblich echt Jesuanischen, sondern nach dem Maßstab des Paulinischen und behielt nur die seiner Meinung nach 10 echten Paulus-Briefe und das Lukas-Evangelium bei, nicht ohne sie von „verfälschenden" Redaktionen zu reinigen. Gegen Markion hat sich die spätere Großkirche ganz bewusst

---

37 Dagmar Henze / Claudia Janssen (Hg.): Antijudaismus im Neuen Testament? Grundlagen für die Arbeit mit biblischen Texten (KT 149), Gütersloh 1997; Rainer Kampling (Hg.): „Nun steht aber diese Sache im Evangelium ...". Zur Frage nach den Anfängen des christlichen Antijudaismus, Paderborn 2. Aufl. 2003.

38 Samuel Sandmel: Anti-Semitism in the New Testament? Philadelphia 1978; Helmut Merkel: Israel im Lukanischen Werk, in: NTS 40 (1994), S. 371–398; Berndt Schaller: Art. Antisemitismus/Antijudaismus III: NT, in: RGG[4] 1 (1998), Sp. 558f.; Terence L. Donaldson: Jews and Anti-Judaism in the New Testament, London 2010.

39 Heikki Räisänen: The Redemption of Israel: a Salvation-Historical Problem in Luke-Acts, in: Petri Luomanen (Hg.): Luke-Acts. Scandinavian Perspectives, Helsinki/ Göttingen 1991, S. 94–114, S. 104.

entschieden, an der Selbigkeit Gottes in beiden Testamenten festgehalten und den kompletten Kanon der Septuaginta als Heilige Schrift beibehalten.

2.4 Ist das NT als Ganzes jüdisch?

Egal, welche Textfassung man als normativ ansieht, es bleibt festzuhalten: Sowohl der hebräische Text als auch die griechische Übersetzung sind jüdisch (allerdings nicht im Sinne der rabbinisch-pharisäischen Orthodoxie, die selbst erst nach 70 n.Chr. allmählich entstand und sich durchgesetzte). Beide Textversionen sind vorchristlich und vorrabbinisch. „Für mich ist es im Blick auf das ganze Neue Testament eine wesentliche Lernerfahrung der letzten gut zwanzig Jahre, dass dieses Buch zwar als Ganzes seit seiner Zusammenstellung ein christliches Buch ist, dass aber die meisten seiner Schriften – wenn nicht alle – bei ihrer Entstehung jüdische Schriften waren. Ich habe es mir deshalb abgewöhnt, zur Kennzeichnung von Phänomenen des ersten Jahrhunderts, die die auf Jesus bezogene Gemeinschaft betreffen, die Begriffe ‚christlich', ‚Christ(en)' und ‚Christentum' zu gebrauchen. Mit dieser Terminologie trägt man die spätere Trennungsgeschichte mit ihrem Gegenüber und ihren Gegensätzen von Judentum und Christentum hinterrücks mit ein. Daher möchte ich mit meiner Auslegung von Jesu Lehre auf dem Berg nach Matthäus 5–7 vor allem deutlich machen, wie stark sie in ihrem jüdischen Kontext verwurzelt ist."[40] Den wohl entschiedensten Versuch, die grundlegende Bedeutung des alttestamentlichen jüdischen Erbes für das NT deutlich zu machen, hat Frank Crüsemann unternommen. In seiner Streitschrift „Das Alte Testament als Wahrheitsraum des Neuen: Die neue Sicht der christlichen Bibel", Gütersloh 2011 führt er ein Plädoyer dafür, endlich in der Kirche zu erkennen, dass die hartnäckige Behauptung von der Überlegenheit des NTs über das AT für Christen keine Bedeutung mehr haben darf. Die Thora und die Propheten werden von allen Verfassern des neuen Testaments als „die Schrift", d.h. als unbedingt gültig vorausgesetzt. Nach Crüsemann stellt sich vor allem die Frage, was überhaupt das Neue am NT sei? Er kommt zu der überraschenden Antwort: inhaltlich gebe es nichts Neues! Gott hat sich im AT vollständig und vollgültig offenbart. Das NT stelle gegenüber dem AT keine Weiterentwicklung oder Steigerung dar; das AT habe es überhaupt nicht nötig, durch das NT

---

40 Klaus Wengst: Das Regierungsprogramm des Himmelreichs. Eine Auslegung der Bergpredigt in ihrem jüdischen Kontext, Stuttgart 2010, S. 7f.

erst legitimiert zu werden. Vielmehr müsse die Denkbewegung genau umgekehrt werden! Der einzige wirkliche theologische Unterschied besteht nach Crüsemann darin, dass das NT den Glauben Israels auf die Welt aller Völker hin öffne und ihn universalisiere, was allerdings schon in den Schriften des ATs selbst angelegt und grundgelegt sei. Auch wenn Crüsemann in Vielem recht hat und ich seine engagierte Anwaltsrede für das AT im Prinzip unterstützen möchte, die letzte Zuspitzung wirkt doch ideologisch; es kann nicht verwundern, wenn der Vorwurf des „Judaizein", d.h. eine Dekonstruktion des exklusiv Christlichen ins vermeintlich allgemein Jüdische hinein, erhoben werden wird.

Es ist gut, dass das AT in seiner grundlegenden Bedeutung stärker in den Blick genommen wird. Hier tut sich seit etwa 25 Jahren etwas in der Theologie, sowohl auf evangelischer als auch auf katholischer Seite. Durch die allmählich einsetzende Aufarbeitung der Shoa hat man nach 1945 neu gelernt, intensiver und sensibler auf das AT zu blicken.

Allerdings darf man nicht verhehlen, dass sich die Kirche in der Praxis der Gemeinden weiterhin auf bestimmte Lesarten des AT festgelegt hat: Das AT ist hier nur insofern von Belang, als es als Weissagung auf Christus erscheint oder zum Gehorsam gegenüber Gottes Willen ruft. Christologie und Ethik wurden zu den Hauptkategorien, nach welchen das AT aufgegriffen wurde und wird. Es diente zur Unterweisung, Stärkung und Tröstung im christlichen Glauben – und das ist heute nicht anders. Man sollte die Stärkung des Christlichen durch das AT nicht als Antijudaismus angreifen;[41] den jüdischen Blick auf das AT durch die Brille von Talmud, Midrasch und Responsen prangert ja auch niemand als Antichristianismus an.

2.5 Der Eigenwert des AT

Die eigene theologische Bedeutung des ATs kam auf diese Weise nicht in den Blick. In dieser Richtung bleibt für die Zukunft noch Einiges über das NT hinaus zu tun! Es ist wichtig, dass das alttestamentliche Erbe in seiner grundlegenden Funktion für den christlichen Glauben entfaltet wird. Dadurch wird die systematische Reflexion auf das Gottes- Welt- und Menschenbild des Christentums bereichert. Das AT umfasst ein Plus, das nur und exklusiv im

---

41 Zur Dialektik von Wertschätzung und Abwertung des Judentums vgl. die glänzende Studie von Helmut Merkel: Israel im lukanischen Doppelwerk, in: NTS 40 (1994), S. 371–398.

AT zu finden ist und das dem Christentum ansonsten verloren ginge. Gegenüber allem Teufels- und Dämonenglauben im NT ist das AT das monotheistische Gewissen, es enthält das Gebetbuch der Christen (Psalmen), es ist die Quelle der Weisheit, d.h. einer ausgebauten Schöpfungs- und Gesellschaftstheologie (Sprüche, Psalmen) und der fast philosophischen theologischen Skepsis (Hiob, Kohelet). Es eröffnet einen theologisch positiven Zugang zur Erotik oder zur Wertschätzung der religiösen Erfahrungen der anderen.[42]

Die Zerstrittenheit der Forschung über die Bewertung der Hermeneutiken des AT verweist aber auf eine sachliche Schwierigkeit. Das Paradox von Hochschätzung und Abwertung, von normativer Orientierung und deutlicher Abgrenzung muss erfasst und ausgehalten werden. Wer so radikal und einseitig wie jüngst Frank Crüsemann ein christliches Proprium des NT bestreitet, wird vermutlich das Gegenteil von dem bewirken, was er anstrebt. Durch die Leugnung der besonderen Profilierung wird die Suche nach dem Eigenständigen, d.h. die Betonung der Unterschiede von Juden und Christen, auf beiden Seiten gestärkt und gefördert. Um drei Beispiele zu nennen, die meines Erachtens exklusiv christlich und nicht innerjüdisch erklärbar sind: 1. dass Gott Mensch geworden ist, wirklich Mensch (das vere homo et vere deus der Zwei-Naturen-Lehre), ist für jüdisches Empfinden unannehmbar. Dass 2. Gott in Christus am Kreuz gestorben ist, wirklich gestorben, bleibt den Juden ein Ärgernis. Dass Gott 3. nur in der trinitarischen Einheit von Vater, Sohn und Heiligem Geist angemessen gedacht werden kann, ist Juden nicht einsichtig. Oder um es mit Shalom Ben Chorin zu sagen: „Der Glaube Jesu einigt uns ..., aber der Glaube an Jesus trennt uns."[43]

---

42 Zum Eigenwert des ATs vgl. Herbert Haag: Vom Eigenwert des Alten Testaments (ThQ 160), Freiburg 1980, S. 2–16; Manfred Oeming: Das Alte Testament als Teil des christlichen Kanons, Zürich, 3. Auflage 2001, S. 240–245; Gerd Theißen: Der Eigenwert des Alten Testaments. Überlegungen eines Neutestamentlers aus reformierter Tradition, in: Manfred Oeming / Walter Böes (Hg.): Alttestamentlichen Wissenschaft und kirchliche Praxis (FS Jürgen Kegler) (BVB 18), Münster 2009, S. 15–27; ders.: Vom Eigenwert des Alten Testaments als Wort Gottes, in: Karl Lehmann/ Ralf Rothenbusch (Hg.): Gottes Wort im Menschenwort. Die eine Bibel als Fundament der Theologie (QD 266), Freiburg, 2014, S. 305–335.

43 Schalom Ben-Chorin: Bruder Jesus. Der Nazarener in jüdischer Sicht. München 1967, neu hg. von Verena Lenzen, Schalom Ben-Chorin Werke, Band 4, Gütersloh 2005, S.5.

3 Ökumenische und interreligiöse Perspektiven – Streitfragen der Gegenwart

Es ist gegenwärtig innerhalb der Kirchen sehr umstritten, wie Christen mit ihrem AT angemessen umgehen sollen.[44]

In der katholischen Kirche gibt es angestoßen durch das II. Vatikanische Konzil eine intensive hermeneutische Debatte, die in sich vielstimmig ist. Auf der einen Seite wird das Recht historisch-kritischer Exegese nachdrücklich eingefordert und zugespitzt verteidigt.[45] Auf der anderen Seite wir die Endtextexegese stark gemacht.[46] Es gibt eine regelrechte Erneuerung der altkirchlichen Exegese des AT, der geistlichen Schriftlesung, die sogar Verbindungen zur Mystik[47] wiederentdeckt. Besonders Ludger Schwienhorst-Schönberger hat in dieser Richtung starken Einfluss, etwa in der Auslegung des Hohenliedes[48] oder der Tempelmetaphorik[49].

Auch in der Evangelischen Kirche gibt es eine anhaltende Debatte über die angemessene Form der Auslegung des AT, die momentan besonders aufgeheizt ist, weil manche Lutheraner für seine Herausnahme aus dem normativen christlichen Kanon plädieren.[50] Denn nach den Maßstäben historisch-

---

44 Vgl. die vorzügliche Übersicht bei Christoph Böttigheimer: Die eine Bibel und die vielen Kirchen: Die Heilige Schrift im ökumenischen Verständnis, Freiburg 2016.

45 Vgl. z.B. Christian Frevel: Vom bleibenden Recht des Textes vergangen zu sein. Wie tief gehen die Anfragen an die historisch-kritische Exegese? in: Lehmann / Rothenbusch, Gottes Wort 2014 (s.o. Anm. 42), S. 130–176.

46 Päpstliche Bibelkommission: Die Interpretation der Bibel in der Kirche (Verlautbarungen des Apostolischen Stuhls 115), Bonn 1996; Päpstliche Bibelkommission: Das jüdische Volk und seine Heilige Schrift in der christlichen Bibel (Verlautbarungen des Apostolischen Stuhls 152), Bonn 2001. Päpstliche Bibelkommission: Inspiration und Wahrheit der Heiligen Schrift Das Wort, das von Gott kommt und von Gott spricht, um die Welt zu retten (Verlautbarungen des Apostolischen Stuhls 196), Bonn 2014.

47 Ludger Schwienhorst-Schönberger: Wiederentdeckung des geistigen Schriftverständnisses. Zur Bedeutung der Kirchenväterhermeneutik, in: ThGl 101 (2011), S. 402–425; Ders.: Johannes Tauler (1300–1361): Mystik und Schriftauslegung, in: Karl Baier u.a. (Hg.): Text und Mystik: Zum Verständnis von Schriftauslegung und kontemplativer Praxis (Wiener Forum für Theologie und Religionswissenschaft 6), Göttingen 2013, S. 83–116; Ders.: Damit die Bibel nicht ein Wort der Vergangenheit bleibt. Historische Kritik und geistige Schriftauslegung, in: Lehmann /Rothenbusch, Gottes Wort (s.o. Anm. 42), S. 177–201.

48 Ludger Schwienhorst-Schönberger: Das Hohe Lied der Liebe, Freiburg 2016.

49 Ludger Schwienhorst-Schönberger: Tempelmetaphorik in ausgewählten Antiphonen, in: Alexander Zerfass/Ansgar Franz (Hg.): Wort des lebendigen Gottes. Liturgie und Bibel (Pietas Liturgica 16), Tübingen 2016, S. 357–375.

50 Vgl. Überblicksdarstellungen Oeming, Das Alte Testament ³2001 (s.o. Anm. 42); unter den Kritikern der letzten 10 Jahre sind besonders scharf Gerd Lüdemann: Altes Testament und christliche Kirche. Versuch der Aufklärung, Springe 2006; Notger Slenczka: Die Kirche und das Alte Testament, MThZ 25 (2013), S. 83–119, vgl. die aktualisierte Bibliographie auf der Fakultäts-Homepage von Notger Slenczka.

kritischer Auslegung ist die Ursprungsintention der Texte deutlich anders, als es ihre Rezeption in der Kirche erscheinen lässt. Die Kirche dürfe keine hermeneutischen „Taschenspielertricks" anwenden, um „die Schrift" den Juden wegzunehmen und sie gewaltsam auf das Leben und die Lehre Jesu Christi und der Kirche anzuwenden. Es sei an der Zeit, den Juden ihr AT „zurückzugeben". Aufs Ganze gesehen gibt es aber eine breite Front der Befürworter und Verteidiger des AT, was schon aus der in der Erprobungsphase befindlichen Reform der Perikopenordnung ersichtlich ist; „Fast 40 Jahre nach der letzten Überarbeitung haben die Evangelische Kirche in Deutschland (EKD), die Union Evangelischer Kirchen (UEK) und die VELKD beschlossen, die Perikopenordnung behutsam weiterzuentwickeln. So soll der Anteil alttestamentlicher Texte etwa verdoppelt werden", so kann man es auf der Homepage der EKD lesen.[51]

Im zeitgenössischen Judentum gibt es eher eine Zurückhaltung gegenüber hermeneutischen Fragen.[52] Hatte sich mit Benno Jakob eine Öffnung zur historisch-kritischen Bibelwissenschaft und alttestamentlicher Hermeneutik angebahnt,[53] zeigen z.B. die Professoren der Hochschule für jüdische Studien in Heidelberg eher eine Tendenz, die Kraft der Tradition zu erweisen: z.B. Daniel Krochmalnik[54] oder Hanna Liss.[55]

Auch im Islam vollzieht sich eine hermeneutische Besinnung, wenn auch nur sehr verhalten. Es gibt Ansätze zu einem historischen Verstehen des Korans.[56] Man würde sich eine Koranausgabe wünschen, in der analog zur NT-Ausgabe von Nestle/Aland alle Anspielungen und Zitate aus Altem und Neu-

---

51 www.ekd.de/EKD-Texte/84112.html (zuletzt aufgerufen am 15.6.2016).
52 Eveline Goddman-Thau, Aufstand der Wasser. Jüdische Hermeneutik zwischen Tradition und Moderne, Berlin 2002.
53 Vgl. Rüdiger Liwak: Exegese zwischen Apologie und Kontroverse. Benno Jacob als jüdischer Bibelwissenschaftler, in: ders.: Israel in der altorientalischen Welt. Gesammelte Studien zur Kultur- und Religionsgeschichte des antiken Israel (hg. von Dagmar Pruin/Markus Witte) (Beihefte zur Zeitschrift für die alttestamentliche Wissenschaft 444), Berlin 2013, S. 301–321.
54 Daniel Krochmalnik: Im Garten der Schrift. Wie Juden die Bibel lesen, Augsburg 2006.
55 Hanna Liss: Hebraica Veritas? Jüdische Bibelauslegung, wissenschaftliche Bibelforschung und die alt-neue Frage nach ihrer Kommunikation, in: Lehmann / Rothenbusch, Gottes Wort (s. Anm. 42), S. 337–356; Dies.: An der Sache vorbei. Eine jüdische Sichtweise zum Streit um Notger Slenczka und das Alte Testament, in: Zeitzeichen 16 (2015), S. 42–44.
56 Ömer Öszoy: Darf der Koran historisch-hermeneutisch gelesen werden?, in: Der Islam in Europa. Zwischen Weltpolitik und Alltag. Stuttgart 2006, S. 154–159; ders.: Zur Hermeneutik der Koranauslegung, in: Michael von Brück (Hg.): Religion – Segen oder Fluch der Menschen, Berlin 2008, S. 267–283; Ders.; Das Unbehagen der Koranexegese: Den Koran in anderen Zeiten zum Sprechen bringen, in: Frankfurter Zeitschrift für islamisch-theologische Studien, Band 1 (2014), S. 29–68; Ders./ Daniel Birnstiel: Genese und Exegese der schriftlichen Quellen des Islams, 2 Bd. (im Druck).

em Testament gekennzeichnet und mit einem Register erschlossen wären. Dann würde man leichter erkennen, in wie vielfältiger Weise das AT im Koran nachwirkt und gedeutet wird.[57] Folgende alttestamentliche Traditionen spielen im im Koran eine prominente Rolle: die Erschaffung des Menschen, die Paradies-und Sündenfallerzählung, Kain und Abel, Noah und die Sintflut, weitere bibelähnliche Straferzählungen (hier ist insbesondere Sure 7,11–162 umfänglich einschlägig), Abraham einschließlich der Erzählung von der Opferung Isaaks (Sure 11,25–99; 19,1–57; 21,76–105), Josef, Mose mit Exodus Wüstenwanderung, Dekalog und der Erzählung vom Aufstand der Rotte Korach, die drei ersten Könige Israels Saul, David und Salomon sowie die alttestamentlichen Propheten. Die Namen der alttestamentlichen Schriftpropheten scheinen Muhammed unbekannt gewesen zu sein – mit Ausnahme von Jonas (Yunus 21,87f.; 37,139–148), obgleich häufiger auf Passagen aus Schriftpropheten angespielt bzw. sie zitiert werden, besonders die Geschichte von den toten Gebeinen aus Ezechiel 37 (Sure 2,259). Knapp mit Namen werden Elia und Elisa (Sure 6,86; 38,48) und Hiob (Sure 4,163; 6,84; 21,83f.; 38,41–44), Zacharias und Johannes der Täufer, Maria und Jesus genannt (Sure 21,89–94 u.ö.). Der Titel „Prophet" wird 25 Personen verliehen: Adam, Henoch, Noah, (Eber), Schilo, Abraham, Lot, Ismael, Isaak, Jakob. Josef, Hiob, Jitro, Mose, David, Salomo, Elija, Elischa, Jona, Zacharias, Johannes der Täufer, Jesus von Nazaret. In den Fällen, in denen mehrere Geschichten miteinander verbunden erscheinen, weicht die Reihenfolge häufig massiv von der biblischen ab (z.B. Sure 19,1–57).

Die Auslegung des AT, ihre Methode, ihre Intentionen, ihre Grenzen, bilden eine aktuelle und bleibende Herausforderung. Moderne Exegeten der Hebräischen Bibel/ des AT / des Koran stehen im offenen Austausch mit anderen Konfessionen und Religionen, wofür die anderen Beiträge dieses Bandes ja ein beredtes Zeugnis ablegen. Das offene Hören aufeinander kann bisweilen ein „Ungläubiges Staunen"[58] erzeugen.

---

57 Einen guten Überblick bietet Heribert Busse: Die theologischen Beziehungen des Islams zu Judentum und Christentum. Grundlagen des Dialogs im Koran und die gegenwärtige Situation, Darmstadt 1988, S.66–115.
58 Navid Kermani: Ungläubiges Staunen. Über das Christentum, München ⁵2001.

PETER MÜLLER

Neutestamentliche Zugänge zum interreligiösen Gespräch

Die Bibel und darin besonders das Neue Testament ist das Grunddokument des christlichen Glaubens. Alle seine Schriften sind in der Überzeugung verfasst, dass Gott sich in Jesus Christus offenbart hat und dass sich im Glauben an Christus das Heil für die Menschen erschließt. Exemplarisch formuliert das Apg 4,12: „In keinem andern ist das Heil, auch ist kein andrer Name unter dem Himmel den Menschen gegeben, durch den wir selig werden sollen." Diese Grundüberzeugung wird in der kleinen Bibliothek, die wir Neues Testament nennen, unterschiedlich zum Ausdruck gebracht, sowohl inhaltlich mit differierenden christologischen Konzeptionen als auch mit verschiedenen Aussageabsichten, einladend, argumentativ, manchmal auch kämpferisch. Die Grundüberzeugung aber ist überall die gleiche: Gott hat sich in Jesus Christus endgültig und für alle Menschen offenbart. Von hier aus ist der missionarische Impuls des frühen Christentums (Mt 28,16–20) ebenso erklärbar wie der Sachverhalt, dass dabei schon früh ethnische, kulturelle und religiöse Grenzen überschritten wurden. An drei Texten soll dies exemplarisch verdeutlicht werden.

1 Kulturelle und religiöse Grenzüberschreitungen

1.1 Ein Paradetext: Die syrophönizische Frau

Ein Paradetext für die Öffnung des frühen Christentums seiner anders religiösen Umwelt gegenüber ist die Erzählung von der „syrophönizischen Frau". Sie ist in zwei Fassungen in Mk 7,24–30 und Mt 15,21–28 überliefert, hier zunächst die Fassung des Markusevangeliums: „[24] Und er stand auf und ging von dort in das Gebiet von Tyrus. Und er ging in ein Haus und wollte es niemanden wissen lassen und konnte doch nicht verborgen bleiben, [25] sondern alsbald hörte eine Frau von ihm, deren Töchterlein einen unreinen Geist hatte. Und sie kam und fiel nieder zu seinen Füßen [26]– die Frau war aber eine Griechin aus Syrophönizien – und bat ihn, dass er den bösen Geist von ihrer Tochter austreibe. ²⁷ Jesus aber sprach zu ihr: Lass zuvor die Kinder satt werden; es ist nicht recht, dass man den Kindern das Brot wegnehme und werfe es vor die Hunde. ²⁸ Sie antwortete aber und sprach zu ihm: Ja, Herr; aber doch fressen die Hunde unter dem Tisch von den Brosamen der Kinder. ²⁹ Und er sprach zu ihr: Um dieses Wortes willen geh hin, der böse Geist ist von deiner Tochter ausgefahren. ³⁰ Und sie ging hin in ihr Haus und fand das Kind auf dem Bett liegen, und der böse Geist war ausgefahren."

Die Erzählung ist im Rahmen des hier zu behandelnden Themas in mehreren Hinsichten interessant. Sie spielt in der Gegend von Tyrus.

Tyrus, im heutigen Libanon gelegen, war in der Antike die südlichste der phönizischen Städte. Mit Phönizien wird der schmale Küstenstreifen Syriens bezeichnet, der durch Gebirgszüge und Flüsse stark gegliedert ist; deshalb gab es in der Antike dort kein zusammenhängendes Staatsgebiet, sondern mehrere Stadtstaaten mit einem je eigenen Einzugsgebiet. Tyrus war aufgrund seiner besonderen Lage (die alte Stadt befand sich auf einer der Küste vorgelagerten Insel, die erst im Zuge der Eroberungen Alexanders d.G. durch einen Damm mit dem Festland verbunden wurde) eine bedeutende Hafenstadt (vgl. Hes 27,12). Im NT wird die Stadt mehrfach zusammen mit dem nördlich davon gelegenen Sidon genannt (Mt 11,21f. / Lk 10,13f.; Mk 3,8; Lk 6,17; Apg 12,20). In religiöser Hinsicht spielten der Wettergott Baal und seine Partnerin Astarte in verschiedenen Formen eine besondere Rolle. Als Gott Melqart wurde er in Tyros als Hauptgott verehrt (und in hellenistischer Zeit mit Herakles gleichgesetzt).[1]

Die Frau, die Jesus begegnet, wird als Griechin und genauer mit dem seltenen Begriff Syrophönizierin bezeichnet. Damit kommt zum Ausdruck, dass Phönizien in römischer Zeit politisch zur Provinz Syrien gehörte.[2] In Mt 15,21f. ist die Gegend von Tyrus und Sidon genannt und die Frau wird als Kanaanäerin bezeichnet. Bei Matthäus ist damit der klassische religiöse Gegensatz zwischen Israel und Kanaan betont.[3]

---

1 Vgl. zu Phönizien und Tyrus Wolfgang Radt: Phönizier, Punier I–III, in: DNP 9 (2000), S. 911–917; Hans-Peter Müller: Phönizier, Punier VI, in: DNP 9 (2000), S. 931–933.

2 Vgl. die Reisebeschreibung in Apg 21,2f. Vgl. Gerd Theißen: Lokal- und Sozialkolorit in der Geschichte von der syrophönikischen Frau (Mk 7:24–30), in: ZNW 75 (1984), S. 202–225. Die Seltenheit der Bezeichnung zeigt sich auch an der schwankenden Textüberlieferung.

3 Matthias Konradt: Israel, Kirche und die Völker im Matthäusevangelium, Tübingen 2007, S. 65: „Durch die Eintragung biblischen Kolorits in 15,21f. beleuchtet und unterstreicht Matthäus indirekt die biblische Veränderung der Beschränkung der Sendung Jesu auf das von Gott auserwählte Volk."

Obwohl die Küstenebene um Tyrus überwiegend heidnisches Gebiet war, hat es dort auch einige jüdische Siedlungen gegeben (vgl. Josephus, bell 2,588 sowie 2,459; 4,105). In diesem Grenzgebiet begegneten sich also drei religiös-kulturelle Welten: Die phönizische und die jüdische Kultur, die ihrerseits beide in neutestamentlicher Zeit von der griechischen Kultur mit geprägt waren.[4] Die Frau, die Jesus um Hilfe bittet, zeigt das exemplarisch an: Sie wird unmissverständlich als Nichtjüdin bezeichnet. „Wenn nun eine solche Frau an Jesus herantritt, ist die Frage nicht, ob er helfen kann, sondern ob er es will."[5]

Die Erzählung ist dadurch besonders bemerkenswert, dass die Frau im Verlauf des Gesprächs einen Sinneswandel bei Jesus bewirkt. Zunächst lehnt Jesus ihre Bitte um Hilfe für ihre Tochter mit dem Bild von den Kindern und den Hunden schroff ab (7,27).[6] Die Frau aber greift das Bild auf und biegt es kreativ um: Auch die Hunde fressen von dem, was vom Tisch herunterfällt (7,28). Die Pointe wird hier von der Frau formuliert, nicht, wie sonst im NT üblich, von Jesus. Und ebenso erstaunlich ist, dass Jesus sich umstimmen lässt. In Mt 15,21–28 ist die Dramatik noch gesteigert:

„²¹ Und Jesus ging weg von dort und zog sich zurück in die Gegend von Tyrus und Sidon. ²² Und siehe, eine kanaanäische Frau kam aus diesem Gebiet und schrie: Ach Herr, du Sohn Davids, erbarme dich meiner! Meine Tochter wird von einem bösen Geist übel geplagt. ²³ Und er antwortete ihr kein Wort. Da traten seine Jünger zu ihm, baten ihn und sprachen: Lass sie doch gehen, denn sie schreit uns nach. ²⁴ Er antwortete aber und sprach: Ich bin nur gesandt zu den verlorenen Schafen des Hauses Israel. ²⁵ Sie aber kam und fiel vor ihm nieder und sprach: Herr, hilf mir! ²⁶ Aber er antwortete und sprach: Es ist nicht recht, dass man den Kindern ihr Brot nehme und werfe es vor die Hunde. ²⁷ Sie sprach: Ja, Herr; aber doch fressen die Hunde von den Brosamen, die vom Tisch ihrer Herren fallen. ²⁸ Da antwortete Jesus und sprach zu ihr: Frau, dein Glaube ist groß. Dir geschehe, wie du willst! Und ihre Tochter wurde gesund zu derselben Stunde."

Zunächst antwortet Jesus bei Matthäus der Frau überhaupt nicht; erst auf die Intervention der Jünger hin würdigt er sie einer, wenn auch ablehnenden, Antwort: „Ich bin nur zu den verlorenen Schafen des Hauses Israel gesandt"

---

4 Gerd Theißen, Lokal- und Sozialkolorit (s.o. Anm. 2), S. 209.
5 Dieter Lührmann: Das Markusevangelium, Tübingen 1987, S. 130.
6 Anders als in Röm 1,16, wo das Evangelium als Kraft Gottes bezeichnet wird, u.z. zuerst für die Juden und dann auch für die Heiden, hat das „zuerst" hier einen exklusiven Klang (Dieter Lührmann, Markusevangelium [s.o. Anm. 5], S. 130f.)

(15,24). Daraufhin fällt die Frau vor Jesus nieder und wiederholt ihre Bitte; jetzt antwortet Jesus mit dem bereits aus Markus bekannten Wort. Und während Markus Jesus schließlich sagen lässt: „Um dieses Wortes willen geh hin ..." (Mk 7,29), formuliert Matthäus: „Dein Glaube ist groß, dir geschehe, wie du willst" (Mk 15,28).[7] Die Matthäusfassung weist noch andere Eigenheiten auf: Die Frau spricht Jesus in 15,22.25.27 mit „Herr" *(Kyrios)* und in 15,22 auch mit „Davidsohn" an. Bei Matthäus findet sich die *Kyrios*-Anrede nur im Mund von Jüngern und Hilfe Suchenden.[8] Und mit der Anrede „Davidsohn" wendet sie sich – als Kanaanäerin – an den erwarteten Retter Israels (vgl. bei Mt noch 9,27; 20,30f.). Die Frau traut Jesus als Davidsohn zu, dass er helfen kann, und in diesem Vertrauen überwindet sie religiöse Grenzen.[9]

Obwohl in dieser Erzählung die ursprüngliche Position Jesu von einer nichtjüdischen Frau argumentativ überwunden wird, hat das frühe Christentum diese Erzählung weiter tradiert und ihr geradezu exemplarische Bedeutung zugeschrieben. Auch dies wird in der Matthäusfassung besonders deutlich. Denn weil Jesus „zu den verlorenen Schafen des Hauses Israel" gesandt ist, hat er bereits in Mt 10,5 seinen Jüngern mit denselben Worten aufgetragen, nicht zu den Heiden zu gehen. Was er dort grundsätzlich sagte, wiederholt er hier in der konkreten Situation. Es liegt aber auf der Hand, dass von dem Glauben der „kanaanäischen Frau" eine Anfrage an 10,5 zurückgespielt wird: Kann die grundsätzliche Aufforderung, nicht zu den Heiden zu gehen, aufrechterhalten werden? Man kann auch an Mt 8,5–13 denken, wo Jesus bereit war in das Haus des heidnischen Hauptmanns zu gehen; dass er es nicht tut, liegt an dem Hauptmann, der ihm eine Fernheilung zutraut. Die Weigerung, zu den Heiden zu gehen, so klar sie in 10,5 und so schroff sie in 15,26 formuliert ist, wird somit bereits an anderen Stellen des Evangeliums in Frage gestellt. Vollends aufgehoben wird sie am Ende des Gesamtwerkes, in 28,16–20. Dort werden die Jünger ausdrücklich dazu aufgefordert zu den Völkern zu gehen. Dabei muss man bedenken, dass es in Mt 28 nicht mehr der irdische, sondern der auferstandene Jesus ist, der diesen Auftrag gibt. Offensichtlich hat sich durch die Auferstehung die Situation grundlegend geändert. Die voröster-

---

[7] Vgl. Matthias Konradt, Israel (s.o. Anm. 3), S. 68: „Indem die Frau sich trotzdem an Jesus wendet, zeigt sie einen Glauben, der schon jetzt in Jesus nicht nur den Messias Israels erkennt, sondern den, der als Messias Israels der Heilsbringer auch für die Völker ist."

[8] Vgl. Ulrich Luz: Das Evangelium nach Matthäus, Neukirchen-Vluyn u.a. 1990, S. 9.434.

[9] Uta Poplutz: Das Heil an den Rändern Israels (Die kanaanäische Frau). Mt 15,21–28, in: Ruben Zimmermann u.a. (Hg.): Kompendium der frühchristlichen Wundererzählungen, Band 1: Die Wunder Jesu, Gütersloh 2013, S. 465–473.

liche Verkündigung des Reiches Gottes, die auf Israel beschränkt war, wird nach Ostern ausgeweitet und von den frühen Christen universal verstanden. Bei Matthäus werden deshalb schon in die Erzählungen vom irdischen Jesus Hinweise auf die kommende Universalisierung eingewoben. Bereits im Stammbaum Jesu sind heidnische Frauen genannt (1,1–17), und die Ersten, die in Jesus den verheißenen „König der Juden" erkennen, sind Sterndeuter aus dem Osten, während sich die Jerusalemer Elite dieser Erkenntnis verschließt (2,1–12). Dagegen sind die kanaanäische Frau und der römische Hauptmann Beispiele für die Menschen aus den Völkern, die sich glaubend und vertrauensvoll an Jesus wenden und damit den universalen Anspruch des Evangeliums in 28,19 bereits andeuten. So hält das Matthäusevangelium beides fest: Israel als Adressat der Verkündigung Jesus und seiner Jünger vor Ostern und die universale Ausbreitung der Verkündigung nach Ostern.[10]

Die Botschaft von Jesus wurde von den frühen Christen offenbar als über nationale und religiöse Grenzen hinausdrängend empfunden. Problemlos war dies natürlich nicht, wie wiederum das Mattäusevangelium erkennen lässt. Klar erkennen kann man eine Opposition gegen den Glauben an Jesus als den davidischen Messias (vgl. 21,15f.); damit verbunden sind Kontroversen im Blick auf das Verständnis der Tora und der prophetischen Überlieferung (vgl. z.B. 12,1–8).[11] Aus der Sicht des Matthäus gelten dabei vor allem die Autoritäten Israels als Gegner Jesu, die sich um die Notleidenden nicht gekümmert und die Verlorenen nicht gesucht haben (9,11.36).[12]

1.2 Aufhebung von Unterschieden

Bereits vor der Entstehung der Evangelien zeigen die paulinischen Briefe deutlich, dass die Grenzüberschreitung der Verkündigung Jesu vom Judentum hin zu den Völkern nicht ohne Schwierigkeiten verlief.

Während Paulus seinem Selbstzeugnis in 1Kor 9,21 nach „wie einer ohne Gesetz" geworden ist (d.h. ohne die Tora als Heilsweg anzusehen), um Nicht-

---

10 Vgl. Matthias Konradt, Israel (s.o. Anm. 3), S. 398: Die Hinwendung zu den Völkern wird dabei nicht als Bruch in der matthäischen Jesusgeschichte verstanden, sondern als deren Zielpunkt.
11 Vgl. Matthias Konradt, Israel (s.o. Anm. 3), S. 146f.
12 Matthias Konradt, Israel (s.o. Anm. 3), S. 180. „Es wird nicht Israel kollektiv das Gericht angesagt, sondern den Autoritäten Israels (283). Die Parabeltrilogie 21,28–22,14 stellt keineswegs die heilsgeschichtliche Ablösung Israels durch die ‚Heiden'-Kirche dar, sondern ist Teil der finalen Auseinandersetzung Jesu mit den ihm feindselig gesonnenen Autoritäten (vgl. auch S. 11, S. 16–19; S. 12, S. 38–45; S. 23, S. 34–36)."

juden für den Glauben an Christus zu gewinnen, hat es nicht nur in Jerusalem, sondern z.B. auch in Kleinasien „judenchristliche" Gemeinden gegeben[13], d.h. Gemeinden, für die neben dem Bekenntnis zu Christus auch die Beachtung des jüdischen Gesetzes und die Zugehörigkeit zu Israel zentral wichtig war. Dies zeigte sich an den grundlegenden Merkmalen jüdischer Identität, am Sabbat, den Speisegeboten und besonders der Beschneidung, die zwischen Paulus und seinen judenchristlichen Gegnern strittig war. Aus judenchristlicher Sicht ging es dabei nicht lediglich um die Befolgung bestimmter Gebote, sondern um die Zugehörigkeit zu dem Volk, das Gott sich erwählt und mit der Gabe der Tora gewürdigt hatte. Paulus hebt demgegenüber in Röm 4 hervor, dass gerade Abraham, der Stammvater Israels, von Gott nicht aufgrund seiner Werke (d.h. der Beachtung der Gebote) als gerecht angesehen wurde, sondern aufgrund seines Glaubens (4,9). Wenn dies aber für den Repräsentanten des Judentums gilt, dann – so seine Folgerung – kann die Tora nicht heilsbestimmend sein. Und umgekehrt: Wenn Abraham zum Vater aller Glaubenden wird, dann können auch die Glaubenden aus den Völkern auf Gottes Zuwendung hoffen (vgl. Gal 3,14).

Diese Überzeugung des Paulus wird in den Gemeinden Galatiens auf eine Probe gestellt. Missionare judenchristlicher Prägung ziehen dort die „gesetzesfreie" Verkündigung des Paulus in Zweifel. Für sie gehören der Glaube an Christus und die volle Zugehörigkeit zum Heilsvolk untrennbar zusammen, und dies muss sich in der Beschneidung dokumentieren. Und da „die Beschneidung eine grundsätzliche Forderung des Gesetzes ist, steht somit auch die Frage nach der Gesetzesobservanz überhaupt zur Debatte."[14] Für Paulus steht dagegen fest, dass diejenigen, die an Christus glauben, durch den Glauben zu Gottes Kindern geworden sind, unabhängig davon, ob sie vom jüdischen Glauben oder von anderen Glaubensüberzeugungen herkommen. Im Spitzensatz Gal 3,27f. bringt er dies auf den Punkt: „Denn ihr alle, die ihr auf Christus getauft seid, habt Christus angezogen. Hier ist nicht Jude noch Grieche, hier ist nicht Sklave noch Freier, hier ist nicht Mann noch Frau; denn ihr seid allesamt einer in Christus Jesus." Abgrenzungskriterien herkömmlicher Art, seien sie ethnischer, religiöser, ökonomischer oder geschlechtlicher Art, haben für die, die an Christus glauben, keine trennende Funktion mehr. Dabei

---

13 Vgl. zur Terminologie Dietrich-Alex Koch: Geschichte des Urchristentums. Ein Lehrbuch, Göttingen 2013, S. 377.
14 Dietrich-Alex Koch, Geschichte (s.o. Anm. 13), S. 306 f.

haben die Aussagen im Indikativ performative Funktion[15]: Innerhalb der Gemeinde soll die geglaubte Zusammengehörigkeit gelebt und wirksam werden.

1.3 Anknüpfungspunkte

Die Hinwendung der christlichen Botschaft zu Nichtjuden spielt auch in der Apostelgeschichte eine wichtige Rolle. In Apg 17 spiegelt sich die Öffnung in Richtung auf pagane Religiosität und Philosophie.

Apg 17,22–31: „Paulus aber stand mitten auf dem Areopag und sprach: Ihr Männer von Athen, ich sehe, dass ihr die Götter in allen Stücken sehr verehrt. [23] Ich bin umhergegangen und habe eure Heiligtümer angesehen und fand einen Altar, auf dem stand geschrieben: Dem unbekannten Gott. Nun verkündige ich euch, was ihr unwissend verehrt. [24] Gott, der die Welt gemacht hat und alles, was darin ist, er, der Herr des Himmels und der Erde, wohnt nicht in Tempeln, die mit Händen gemacht sind. [25] Auch lässt er sich nicht von Menschenhänden dienen, wie einer, der etwas nötig hätte, da er doch selber jedermann Leben und Odem und alles gibt. [26] Und er hat aus einem Menschen das ganze Menschengeschlecht gemacht, damit sie auf dem ganzen Erdboden wohnen, und er hat festgesetzt, wie lange sie bestehen und in welchen Grenzen sie wohnen sollen, [27] damit sie Gott suchen sollen, ob sie ihn wohl fühlen und finden könnten; und fürwahr, er ist nicht ferne von einem jeden unter uns. [28] Denn in ihm leben, weben und sind wir; wie auch einige Dichter bei euch gesagt haben: Wir sind seines Geschlechts. [29] Da wir nun göttlichen Geschlechts sind, sollen wir nicht meinen, die Gottheit sei gleich den goldenen, silbernen und steinernen Bildern, durch menschliche Kunst und Gedanken gemacht. [30] Zwar hat Gott über die Zeit der Unwissenheit hinweggesehen; nun aber gebietet er den Menschen, dass alle an allen Enden Buße tun. [31] Denn er hat einen Tag festgesetzt, an dem er den Erdkreis richten will mit Gerechtigkeit durch einen Mann, den er dazu bestimmt hat, und hat jedermann den Glauben angeboten, indem er ihn von den Toten auferweckt hat."

Der „unbekannte Gott" dient als Anknüpfungspunkt für die Verkündigung des Paulus, und umgekehrt werden gerade diejenigen Aspekte des biblischen Gottesbildes vorgestellt, die auch dem paganen Verständnis nicht fremd sind[16]: Der Schöpfergott, der nach Jes 45,18 allein Herr ist, hat (in biblischer Diktion)

---

15 François Vouga: An die Galater, Tübingen 1998, S. 92.
16 Rudolf Pesch: Die Apostelgeschichte (Apg 13–28), Neukirchen-Vluyn u.a. 1986, S. 136–140.

Himmel und Erde gemacht (Gen 2,1) und (in philosophischer Sprache) den Kosmos geschaffen mit allem, was darin ist (vgl. Epictet, Diss IV 7,6); er ist der Schöpfer der Menschen (vgl. biblisch Gen 1,28 sowie die Geschlechter- und Völkertafel in Gen 5 und 10; stoisch: das ganze Menschengeschlecht[17]). Dass dieser Gott nicht in mit Händen gemachten Tempeln wohnt (V.24), ist biblisch begründet (1Kön 8,27; 2Makk 14,35) und auch stoischem Denken nicht fremd (vgl. Plutarch, Mor 1034b und ähnliche Äußerungen bei anderen Autoren); dies gilt auch für die Bedürfnislosigkeit Gottes (vgl. Platon, Tim 33d–34b; Plutarch, Mor 1052a und biblisch z.B. in Ps 50,8–13); und dass die Menschen Gott suchen sollen (V.26f.), findet sich vielfach in der Bibel (z.B. Jes 45,19; 55,6; Weish 1,1) und auch in der Philosophie (vgl. Cicero, De natura deorum 2,4; Seneca, Ep 41,1f.). Schließlich findet sich der deutlichste Hinweis auf die stoische Philosophie in V.28, wo eine Dreierformel („in ihm leben, weben und sind wir") mit einem Zitat aus dem Lehrgedicht *Phainomena* des griechischen Dichters Aratos (ca. 310–250 v. Chr.) verbunden ist: „Denn wir sind seines Geschlechts" (im Zusammenhang des Lehrgedichts bezieht sich diese Aussage auf Zeus). Der Verfasser der Apostelgeschichte hat das „in ihm" aber nicht pantheistisch verstanden, sondern in der Linie der vorangehenden Schöpfungsaussage in V.25. Klar ist aber, dass er Paulus biblische Gottesprädikate vortragen lässt, die vom griechisch-römisch geprägten Auditorium verstanden werden können. So schafft er Anknüpfungspunkte für die Hörer in der gedachten Szene und darüber hinaus – ohne allerdings mit deren philosophischen Denkhorizont übereinzustimmen. In der Rede wird eine biblische Schöpfungstheologie vorgetragen, die auf die Auferweckung Jesu zielt, an der sich dann die Geister scheiden (V.32). Und vor dem alttestamentlichen Hintergrund geht es bei der Gottessuche nicht lediglich um Erkenntnis, sondern um existenzielle Anerkenntnis.[18] Gleichwohl gilt: „Das Neue Testament kennt Versuche, das jüdisch-christliche Gottesbild interkulturell aussagbar zu machen."[19]

---

17 Vgl. den Zeus-Hymnus bei Kleanthes; Text bei Max Pohlenz: Stoa und Stoiker, Zürich 1950, S. 103–105.
18 Alfons Weiser: Die Apostelgeschichte. Kapitel 13–28, Gütersloh 1985, S. 480.
19 Knut Backhaus: ΘΕΟΣ [Theos] im Neuen Testament. Zehn Thesen zum christologischen Monotheismus, in: R. Heinzmann / M. Selcuk (Hg.): Monotheismus in Christentum und Islam, Stuttgart 2011, S. 42–49, hier S. 43,47.

1.4 Grenzüberschreitende Aspekte

- Das Neue Testament steht, wie die drei Texte exemplarisch zeigen, in der Glaubenstradition des Alten Testaments und des Judentums – und öffnet sich zugleich für die Völkerwelt. Die Texte lassen dabei verschiedene Aspekte des damit verbundenen Übergangsprozesses erkennen.
- Die synoptischen Evangelien führen die Öffnung zur nichtjüdischen Welt im Ansatz bereits auf die Wirksamkeit Jesu selbst zurück. In der matthäischen Erzählkonzeption wird die Auferweckung Jesu dezidiert zum Wendepunkt; es ist der auferweckte Jesus, der seine Jünger ausdrücklich zu allen Völkern schickt.
- In der Auseinandersetzung mit judenchristlichen Gegnern formuliert Paulus in Gal 3,27f. einen Spitzensatz, der seine Vorstellung von Jesus Christus und von der Gemeinde bündelt: Bisherige ethnische, religiöse, soziale und Geschlechterdifferenzen haben in der christlichen Gemeinde keine trennende Bedeutung mehr. Im Glauben an Jesus Christus sind diese bisherigen Unterschiede aufgehoben.
- Die Areopagrede zeigt, dass beim Übergang zur nichtjüdischen Welt Anknüpfungspunkte gesucht wurden, die für Außenstehende nachvollziehbar waren.[20]

Unabhängig von diesen Grenzüberschreitungen gilt gleichwohl, was Apg 4,12 Petrus sagen lässt: „In keinem andern ist das Heil, auch ist kein andrer Name unter dem Himmel den Menschen gegeben, durch den wir selig werden sollen." Vor diesem Hintergrund haben herkömmliche religiöse Bindungen für die nun an Christus Glaubenden keine trennende Bedeutung mehr. Umgekehrt kommen der nun geltenden Orientierung an Christus Universalität und Exklusivität zu, die nun ihrerseits abgrenzenden Charakter gewinnen: In diesem Namen ist das Heil und in keinem anderen. Schon das vorpaulinische Christuslied in Phil 2,6–11 konnte ganz ähnlich sagen: „Gott hat ihn erhöht und hat ihm den Namen gegeben, der über alle Namen ist, dass in dem Namen Jesu sich beugen sollen aller derer Knie, die im Himmel und auf Erden und unter der Erde sind."(V.9f.). Der in der Paulustradition stehende Kolosserbrief

---

20 Man kann hier auch auf das Pfingstereignis hinweisen, wo die Jünger Jesu nach Apg 2,8.11 die Botschaft von Jesus Christus in verschiedenen Sprachen verkündigen.

nennt Jesus Christus das „Ebenbild des unsichtbaren Gottes", vom dem alles im Himmel und auf Erden herkommt (Kol 1,15f.). Und nach dem Johannesevangelium sagt Jesus in 14,6: „Ich bin der Weg und die Wahrheit und das Leben; niemand kommt zum Vater denn durch mich." Deshalb ist es für den interreligiösen Dialog wichtig, neben den kulturelle und religiöse Grenzen überschreitenden Impulsen im Neuen Testament nun auch dessen christologische Konzentration in den Blick zu nehmen.

2   Christologische Perspektiven

2.1   Jesus als Prophet

Etliche Zeitgenossen haben Jesus offenbar als Prophet verstanden (Mt 21,11; vgl. Mk 8,27-30; Mt 16,14; 21,46; Lk 7,17). In Mk 6,14f. wird eine kleine Szene festgehalten:

„Und es kam dem König Herodes zu Ohren; denn der Name Jesu war nun bekannt. Und die Leute sprachen: Johannes der Täufer ist von den Toten auferstanden; darum tut er solche Taten. 15 Einige aber sprachen: Er ist Elia; andere aber: Er ist ein Prophet wie einer der Propheten."

Herodes verweist für seine Auffassung, Jesus sei der auferstandene Johannes, auf die Machttaten Jesu (V.14), V.15 nennt Jesus den wiedergekommenen Elia; es könnte sich bei Jesus aber auch um eine prophetische Gestalt im allgemeinen Sinn handeln, die in einer bestimmten Situation Gottes Willen ansagt.[21] Offenbar wurde Jesus im Rahmen solcher Prophetenerwartungen verstanden. Wie wichtig sie waren, zeigt sich z.B. daran, dass sie in Mk 8,28 erneut aufgenommen werden. Von Markus abgelehnt wird zwar die Identifikation Jesu mit dem wiedergekommenen Elia (vgl. 6,17ff. mit 9,11-13); die Vorstellung Jesu als Prophet nimmt der Evangelist dagegen auf und integriert sie in seine Jesusdarstellung. Dabei geht er jedoch davon aus, dass der Prophetentitel die Bedeutung Jesu noch nicht hinreichend erfasst. Das zeigt schon die Formulierung „Herodes ... sagte, andere aber ..., andere aber ..." V.14. Die

---

21 Im Hintergrund steht zum einen Dtn 18,15-20, wo ein Prophet wie Mose verheißen wird (diese Erwartung wird im Neuen Testament aufgegriffen, u.a. in Mt 17,5; Mk 9,4.7; Lk 7,39; 9,35; 24,25; Apg 7,22.37; Joh 6,14; 7,40), zum anderen Mal 3,23, wo der endzeitliche Bote ausdrücklich mit Elia identifiziert wird (im Neuen Testament wird vor allem Johannes der Täufer mit den Zügen des wiedergekommenen Eila ausgestattet, z.B. in Mk 9,13).

Frage, wer Jesus ist[22], lässt sich jedoch nicht durch eine Mehrheitsentscheidung klären. Dass Jesus mehr ist als ein Prophet, steht für Markus von Anfang an fest (vgl. Mk 1,1); gleichwohl verzichtet er nicht auf diese Auffassung, sondern fügt sie in sein Verständnis von Jesus ein.

Eine interessante Aussage über Jesus als Propheten findet sich auch in der Emmauserzählung in Lk 24,13–35 (wie überhaupt die prophetischen Züge im Wirken Jesu bei Lukas besonders hervortreten). Zu den beiden Jüngern, die sich nach dem Tod Jesu auf dem Rückweg von Jerusalem nach Emmaus befinden, gesellt sich der auferstandene Jesus, den sie aber zunächst nicht erkennen; erst später, beim gemeinsamen Mahl, gibt Jesus sich ihnen zu erkennen, entzieht sich aber sogleich wieder. Das Gespräch auf dem Weg nimmt folgenden Verlauf:

Lk 24,17–21: „Er sprach aber zu ihnen: Was sind das für Dinge, die ihr miteinander verhandelt unterwegs? Da blieben sie traurig stehen. [18] Und der eine, mit Namen Kleopas, antwortete und sprach zu ihm: Bist du der einzige unter den Fremden in Jerusalem, der nicht weiß, was in diesen Tagen dort geschehen ist? [19] Und er sprach zu ihnen: Was denn? Sie aber sprachen zu ihm: Das mit Jesus von Nazareth, der ein Prophet war, mächtig in Taten und Worten vor Gott und allem Volk; [20] wie ihn unsre Hohenpriester und Oberen zur Todesstrafe überantwortet und gekreuzigt haben. [21] Wir aber hofften, er sei es, der Israel erlösen werde. Und über das alles ist heute der dritte Tag, dass dies geschehen ist."

Die beiden Jünger beschreiben Jesus hier als einen in Wort und Tat herausragenden Propheten. Sie erinnern damit an seine Verkündigung, aber auch an seine Wunder, wie der Rückgriff auf Lk 7,16 deutlich macht (dort heißt es nach der Auferweckung des jungen Mannes in Nain: „Es ist ein großer Prophet unter uns aufgestanden, und: Gott hat sein Volk besucht".) Vor Gott und allem Volk hat Jesus sich als machtvoll erwiesen. Mit den Propheten teilt er allerdings auch das Schicksal des gewaltsamen Todes. Hier greift Lukas auf die Verkündigung Jesu in Nazareth Lk 4,16–30 zurück, in der Jesus ein Prophetenwort (Jes 61,1f.) auf sich selbst bezieht und deswegen und wegen weiterer Äußerungen von den Synagogenbesuchern getötet werden soll; offenbar gilt der Prophet nichts in seinem Vaterland (4,24; vgl. auch Lk 13,32f.). In Lk 24

---

22 Vgl. hierzu Peter Müller: „Wer ist dieser?" Jesus im Markusevangelium. Markus als Erzähler, Verkündiger und Lehrer, Neukirchen-Vluyn 1995, S. 79.

wird nun zwar deutlich, dass sich die messianische Hoffnung Israels ohne Leid, Tod und Auferweckung nicht erfüllt (vgl. V.26f: „Musste nicht Christus dies erleiden und in seine Herrlichkeit eingehen? Und er fing an bei Mose und allen Propheten und legte ihnen aus, was in der ganzen Schrift von ihm gesagt war"). Streicht man die Auferweckung, so bleibt übrig, dass Jesus ein machtvoller Prophet „mit einer eindrucksvollen Lebensbilanz" war[23], der eines gewaltsamen Todes gestorben ist.[24] Im folgenden Verlauf des Gesprächs wird diese Vorstellung allerdings überboten durch die Erkenntnis, dass dieser mächtige Prophet auferweckt und von Gott ins Recht gesetzt wurde.

Auch wenn die Bezeichnung Jesu als Prophet in den neutestamentlichen Schriften gegenüber anderen Hoheitsbezeichnungen eher in den Hintergrund tritt und allein als nicht hinreichend empfunden wurde, ist doch deutlich, dass diese Vorstellung in die Zeit Jesu selbst zurückreicht. Mk 8,27–30 belegt, dass Jesus von seinen Zeitgenossen als Prophet verstanden werden konnte, und zwar vor dem Hintergrund der alttestamentlichen Propheten und ihrem Geschick. Auch unterliegt es keinem Zweifel, dass die Ankündigung der kommenden Herrschaft Gottes ein zentrales Element der Verkündigung Jesu darstellt.[25] Auch hier steht eine vielgestaltige alttestamentlich-jüdische Tradition im Hintergrund, die Jesus dahingehend zuspitzt, das Leben in Gegenwart und Zukunft unter der Perspektive Gottes zu betrachten und sich jetzt schon auf das nahende Gottesreich hin auszurichten.

2.2 Einzigartigkeit und Christologie

Zu den unhinterfragten Grundlagen, die das Neue Testament aus der alttestamentlich-jüdischen Tradition übernimmt, gehört an erster Stelle die Einzigkeit Gottes. Weil sie grundsätzlich gilt, wird sie nur selten ausdrücklich thematisiert.

Als grundlegender Text des monotheistischen Gottesglaubens Israels kann Dtn 6,4f. gelten: „Höre, Israel, der HERR ist unser Gott, der HERR allein. ⁵ Und du sollst den HERRN, deinen Gott, liebhaben von ganzem Herzen, von ganzer Seele und mit all deiner Kraft." Im Neuen Testament ist dieser Hinter-

---

23 Michael Wolter: Das Lukasevangelium, Tübingen 2008, S. 780 f.
24 In der Stephanusrede in Apg 7 läuft die Argumentation ebenfalls auf den gewaltsamen Tod der Propheten und Jesu hinaus (vgl. 7,51–53).
25 Vgl. zu Jesus als Prophet Gerd Theißen / Annette Merz: Der historische Jesus. Ein Lehrbuch, Göttingen 1996, S. 221–255.

grund überall vorausgesetzt. Eine zentrale Stelle ist das sogenannte „Doppelgebot der Liebe" in Mk 12,29–31; (hier ist Dtn 6,4f. aufgenommen) : „Jesus aber antwortete ihm: Das höchste Gebot ist das: ,Höre, Israel, der Herr, unser Gott, ist der Herr allein, [30] und du sollst den Herrn, deinen Gott, lieben von ganzem Herzen, von ganzer Seele, von ganzem Gemüt und von allen deinen Kräften.' [31] Das andre ist dies: ,Du sollst deinen Nächsten lieben wie dich selbst.' Es ist kein anderes Gebot größer als diese."[26]

Auch wenn dies oft nicht ausdrücklich erwähnt wird, ist es doch überall der Gott Israels, von dem im Neuen Testament die Rede ist – vor dem Hintergrund der Christuserfahrung aber in einer spezifischen Akzentuierung. Gott hat auf vielfache Weise durch die Propheten zu Israel gesprochen, wie Hebr 1,1f. festhält, „in diesen letzten Tagen" aber „zu uns geredet durch den Sohn", durch Jesus Christus. Er gilt nun als derjenige, der authentisch von Gott, den doch noch nie jemand gesehen hat (Joh 1,18), reden kann. Diese Sonderstellung Jesu Christi kommt gegenüber dem Alten Testament neu hinzu. Der Monotheismus bleibt prinzipiell und selbstverständlich gewahrt, wird nun aber verstanden als ein christologisch akzentuierter Monotheismus: Gott hat in Jesus Christus endgültig gehandelt, und deshalb ist Jesus der Einzige, der den Zugang zu Gott verlässlich öffnet. Gerade weil der Monotheismus in allen Schichten des Neuen Testaments selbstverständlich gewahrt bleibt, wird die „hohe Christologie" (also z.B. das Prädikat Gottessohn Röm 1,4; Gal 1,16 u. ö.; die Bezeichnung Kyrios Röm 10,9; 1Kor 12,3 u.ö.; die Vorstellung Präexistenz und Schöpfungsmittlerschaft Phil 2,6; Kol 1,15–20) im Neuen Testament aber nicht als Infragestellung der Einzigkeit Gottes verstanden. Allerdings musste man versuchen, „die Wahrheit von Jesu Gottesbewusstsein und seinen Vollmachtsanspruch zusammenzudenken mit dem schlechterdings unaufgebbaren Bekenntnis zur Einheit und Einzigkeit Gottes."[27] Die Christologie ist deshalb für den Dialog mit dem Judentum ein wichtiger Punkt, wobei das Problem aus jüdischer Perspektive nicht der Messiasanspruch Jesu als solcher ist, sondern die Überzeugung, dass das Ausbleiben des Gottesreiches diesen Anspruch klar desavouiert.

---

26 Vgl. zu den Einzelheiten der beiden hier miteinander verbundenen Zitate aus Dtn 6,4f. und Lev 19,18 Joachim Gnilka: Das Evangelium nach Markus, Neukirchen-Vluyn u.a.1979, S. 164–167.
27 Christoph Markschies: Monotheismus, in: CBL 2, S. 925–926, hier S. 926.

2.3 Aspekte ‚hoher' Christologie

Im Rahmen seiner Ausführungen über das Essen von „Götzenopferfleisch" greift Paulus in 1Kor 8,6 ein frühchristliches Bekenntnis auf, in dem von einem Gott und einem Herrn Jesus Christus die Rede ist. Der gesamte Abschnitt lautet:

1Kor 8,1–9: „Was aber das Götzenopfer betrifft, so wissen wir, dass wir alle die Erkenntnis haben. Die Erkenntnis bläht auf, aber die Liebe baut auf. ² Wenn jemand meint, er habe etwas erkannt, der hat noch nicht erkannt, wie man erkennen soll. ³ Wenn aber jemand Gott liebt, der ist von ihm erkannt. ⁴ Was nun das Essen von Götzenopferfleisch angeht, so wissen wir, dass es keinen Götzen gibt in der Welt und keinen Gott als den einen. ⁵ Und obwohl es solche gibt, die Götter genannt werden, sei es im Himmel oder auf Erden – wie es ja viele Götter und viele Herren gibt –, ⁶ so haben wir doch nur einen Gott, den Vater, von dem alle Dinge sind und wir zu ihm; und einen Herrn, Jesus Christus, durch den alle Dinge sind und wir durch ihn. ⁷ Aber nicht jeder hat die Erkenntnis. Denn einige, weil sie bisher an die Götzen gewöhnt waren, essen es als Götzenopfer; dadurch wird ihr Gewissen, weil es schwach ist, befleckt. ⁸ Aber Speise wird uns nicht vor Gottes Gericht bringen. Essen wir nicht, so werden wir darum nicht weniger gelten; essen wir, so werden wir darum nicht besser sein. ⁹ Seht aber zu, dass diese eure Freiheit für die Schwachen nicht zum Anstoß wird!"

In diesen Versen ist die Rede von Götzen *(eidolon, Idol)*, Herren, sogenannten Göttern und dem einen Gott. Die ersten drei werden mit bestimmten Attributen versehen: Es ist die Rede von den Götzen „in der Welt", von Größen also, die zur geschaffenen Welt gehören; auch der Hinweis auf Himmel und Erde (V.5) verweist auf die Schöpfung, und die sogenannten Götter gehören auf dieselbe Ebene. Dass von Gott als „Vater" die Rede ist, weist umgekehrt darauf hin, dass er allein der Schöpfer des Himmels und der Erde ist. Offenbar gibt es aber Menschen, die von Göttern sprechen – und für die sie eine Realität darstellen, auch wenn das „für uns" (V.6) falsch ist. Damit kommt eine „nichtchristliche Außenperspektive" ins Spiel, derzufolge andere Götter und Herren bekannt und benannt sind.[28] In Gal 4,8f. beschreibt Paulus diese Außenperspektive im Blick auf die eigene Vergangenheit der Glaubenden: „Zu der Zeit,

---

28 Eve-Marie Becker: HEIS THEOS und 1Kor 8. Zur frühchristlichen Entwicklung und Funktion des Monotheismus, in: Wiard Popkes / Ralph Brucker (Hg.): Ein Gott und ein Herr. Zum Kontext des Monotheismus im Neuen Testament, Neukirchen-Vluyn 2004, S. 65–99, hier S. 85.

als ihr Gott nicht kanntet, dientet ihr denen, die in Wirklichkeit keine Götter sind", sondern nur „schwache und dürftige Elemente". Wer ihnen aber Einfluss zugesteht, über den bekommen sie tatsächlich Macht. Ein bloßes „Wissen" über die sogenannten Götter im Sinne einer objektivierenden Aussage hilft daraus nicht.[29]

Der Anlass zu den Ausführungen in 1Kor 8 ist die Frage des „Götzenopferfleisches". Bei Tieropfern werden den Göttern in der Regel nur wenige Teile des getöteten Tieres dargebracht (z.B. Innereien), das Fleisch aber wird auf dem Fleischmarkt verkauft. Darf nun ein Christ Fleisch essen, von dem er annehmen muss, dass es aus einer Opferhandlung für andere Götter stammt? Die „Starken" in Korinth argumentieren „ontologisch": Da es keine anderen Götter außer dem einen Gott gibt, hat eine Opferhandlung für sie keinen realen Hintergrund; wer diese Einsicht hat, kann das Fleisch bedenkenlos essen. Obwohl Paulus dieser Auffassung im Prinzip zustimmt, argumentiert er in V.7 anders: Für diejenigen, die den Göttern Opfer bringen, und für die, die sich scheuen Fleisch aus Opferhandlungen zu essen, existieren die Götter. Wenn man trotz dieser Überzeugung Fleisch isst und sein eigenes Gewissen damit belastet oder wenn man bedenkenlos Fleisch isst und das Gewissen anderer nicht ernst nimmt, kann die Freiheit in dieser Frage, obwohl sie für Paulus grundlegend richtig ist, zur Belastung werden.

Die nach Paulus an sich richtige „Erkenntnis" der Korinther, dass es nur einen Gott gibt, kann in zweifacher Hinsicht zum Problem werden: Ein bloßes Wissen von Gott im Sinne weltanschaulicher Überzeugung oder philosophischer Reflexion ist nach Paulus noch keine adäquate Weise der Gottesbeziehung[30], in der es vielmehr um das wechselseitige Erkennen und Erkanntwerden geht. Außerdem neigt die an sich richtige Erkenntnis zur Durchsetzung eigener Interessen; ihr setzt Paulus die Liebe entgegen, die sich nicht aufbläht, sondern die Gemeinschaft der Glaubenden aufbaut, indem sie den „schwachen Bruder" als Maßstab nimmt (8,10–13).

In 8,6 geht es nun um das Verhältnis zwischen Jesus Christus und Gott: „So haben wir doch nur einen Gott, den Vater, von dem alle Dinge sind und wir zu ihm; und einen Herrn, Jesus Christus, durch den alle Dinge sind und wir durch ihn." Verschiedene Beobachtungen zeigen, dass hier wahrscheinlich ein

---

29 Vgl. Reinhard Feldmeier: Monotheismus und Christologie, in: Friedrich W. Horn (Hg.): Paulus Handbuch, Tübingen 2013, S. 309–314, hier S. 311f.
30 Vgl. Paul-Gerhard Klumbies: Die Rede von Gott bei Paulus in ihrem zeitgeschichtlichen Kontext, Göttingen 1992, S. 153.

frühes Traditionsstück vorliegt, das Paulus übernommen hat: Der Vers setzt mit „aber für uns" einen neuen Anfang, die gebundene Form weicht vom diskursiven Stil des ganzen Abschnitts ab und inhaltlich geht der Vers mit der kosmologisch verstandenen Vaterschaft Gottes und der Schöpfungsmittlerschaft Jesu über die Argumentation in diesem Abschnitt hinaus.[31]

Im ersten Teil des Traditionsstücks geht es um den einen und einzigen Gott, der als „Vater aller Dinge" bezeichnet wird: Alle Dinge sind „aus" ihm und wir sind „auf ihn hin". Die beiden Präpositionen beschreiben Herkunft und Ziel alles Geschaffenen, zu dem „wir" gehören; indem die Sprecher sich selbst von diesem Gott her und auf ihn hin begreifen, formulieren sie nicht nur eine theoretische Erkenntnis, sondern eine für sie relevante Beziehungsaussage: Gott ist „Gott in Beziehung zu uns".[32]

Im zweiten Teil des Traditionsstücks geht es um Jesus Christus. In paralleler Formulierung wird gesagt, dass er „der eine Herr ist, durch den alle Dinge sind und wir durch ihn." Der Wechsel der Präpositionen ist aufschlussreich: Alles, was ist, kommt aus Gott und zielt auf ihn hin. Diese Aussagen bleiben Gott vorbehalten. Bei Christus steht beide Male die Präposition „durch"; damit ist Christus als Schöpfungsmittler charakterisiert. Das hellenistische Judentum hat von der Weisheit und dem Wort Gottes bereits ähnliche Aussagen gemacht. Die Weisheit kann personifiziert werden (vgl. Spr 8,22–31; Sir 24; Weish 6,22–11,1), ohne dass dies der Einzigkeit Gottes Abbruch tut. Und die Aussage, dass Gott die Erde durch Weisheit gegründet hat (Spr 3,19), führt zu der Überlegung, das die Weisheit schon bei der Schöpfung gegenwärtig war (Hi 28). Hellenistisch geprägte Judenchristen greifen diese Vorstellungen auf und übertragen sie auf Jesus, wobei weder hier noch in der zugrundeliegenden Tradition eine Gleichsetzung mit Gott vorgenommen wäre. Der eine Herr[33] wird nah an Gott herangerückt, aber nicht mit ihm identifiziert.

---

31 Wolfgang Schrage: Der erste Brief an die Korinther, Neukirchen-Vluyn u.a.1995, S. 222.

32 Vermutlich stammt die Bekenntnisformel aus dem hellenistischen Judentum. Die Grundaussage aus Dtn 6,4 wird hier mit dem Vatergedanken kombiniert, der sich mehrfach auch im griechisch-römischen Denken findet (vgl. Platon, Tim 28c, nennt Gott „jenen göttlichen Urheber, Vater, Schöpfer und Baumeister der Welt"; Diogenes Laertius 7,147: Gott ist „der Schöpfer der Welt und gleichsam der Vater von allem"; vgl. Epictet, Diss 1,31; Marc Aurel 4,23). Im hellenistischen Judentum findet sich der Vatergedanke ebenfalls, ist dort aber mit dem Glauben an den einen Gott verknüpft (vgl. Philo, LegGai 115; Decal 64; Aet 15). Bei Paulus ist diese Tradition neben 1Kor 8,6 auch in Röm 11,36 zu finden.

33 Die christologische Zuspitzung im neuen Testament zeigt sich u.a. auch daran, dass der Kyrios-Titel, in der griechischen Septuaginta Übersetzung des hebräischen Gottesnamens JHWH, hier und an vielen anderen Stellen im Neuen Testament auf Jesus Christus übertragen wird.

Diese enge Beziehung die Auferweckung und Erhöhung Jesu als Voraussetzung. Dem erhöhten Jesus Christus wird nach Phil 2,9.11 der *Kyrios*-Name verliehen, „der über allen Namen ist".[34] Darin schwingt zugleich eine Kritik an anderen Herren mit: Der römische Kaiser trägt diesen Titel (Apg 25,26), ebenso der römische Prokurator (Mt 27,63) und andere weltliche Herrscher (1Kor 8,5; Offb 17,14; 19,16). Titulaturen wie *kyrios theos* – Herr und Gott sind zwar im Osten verbreiteter als in Rom, werden aber auch von einzelnen römischen Kaisern verwendet (so vor allem von Domitian, vor ihm ähnlich auch schon von Nero). Gegenüber dem Titel „Herr der ganzen Welt", den Nero sich beilegte, stellt die *Kyrios*-Bezeichnung Jesu heraus, dass er als der wahre Herr der Welt geglaubt wird. Ähnliches gilt für den Titel „Retter" in Lk 2,11.

Der Abschnitt Hebr 1,1–4 hat „mit seinen zentralen theologischen Aussagen über die Offenbarung, die Schöpfung, die Heilsgeschichte stets dazu gereizt, ihn systematisch auszubeuten. … Weil sich mit Hebr 1,1–4 dem Grundsatz gut entsprechen ließ, von Christus ‚wie von Gott' zu denken (2Clem 1,1), bestimmt dieser Abschnitt wie kaum ein christologischer Text des Neuen Testaments sonst die christologischen Streitigkeiten der Alten Kirche."[35] Der Abschnitt lautet:

„Nachdem Gott vorzeiten vielfach und auf vielerlei Weise geredet hat zu den Vätern durch die Propheten, 2 hat er in diesen letzten Tagen zu uns geredet durch den Sohn, den er eingesetzt hat zum Erben über alles, durch den er auch die Welt gemacht hat. 3 Er ist der Abglanz seiner Herrlichkeit und das Ebenbild seines Wesens und trägt alle Dinge mit seinem kräftigen Wort und hat vollbracht die Reinigung von den Sünden und hat sich gesetzt zur Rechten

---

34 Eine besondere Rolle spielt dabei Ps 110,1 „Der HERR sagte zu meinem Herrn: Setze dich zu meiner Rechten, bis ich dir deine Feinde als Schemel zu Füßen lege." Im hebräischen Texte steht für HERR der Gottesname, das zweite Herr adon bezieht sich auf den König; hier ist also zwischen dem redenden HERRN (Gott) und dem angesprochenen Herrn (dem König) klar unterschieden, und der angesprochene Vorgang ist die Inthronisation des Königs. In der griechischen Übersetzung werden beide Worte, sowohl das Tetragramm als auch adon, mit kyrios übersetzt. Für die frühen Christen, die das AT überwiegend in der Septuaginta-Fassung lesen, wird diese Stelle zum Beleg dafür, dass Jesus Christus gegenwärtig bei Gott ist (zur Rechten Gottes sitzt); sie beziehen „Herr" auf Gott und „mein Herr" auf den erhöhten Christus, der nun im Auftrag Gottes die Herrschaft ausübt. Die Aussage, dass Jesus Christus der Herr ist, prägt hiervon ausgehend das ganze NT (vgl. z.B. Joh 13,13; Apg 2,26; Röm 1,3; 1Kor 12,3; Eph 6,9).
35 Erich Grässer: An die Hebräer (Hebr 1–6), Neukirchen-Vluyn u.a. 1990, S. 68. Dies gilt vor allem für den Begriff hypostasis, der in der Folgezeit zum entscheidenden Begriff im Streit um die Trinitätslehre wird. „Jedoch ist unser Text so fest mit dem ganzen Hebr verkoppelt und harrt also noch so sehr einer sachgemäßen Exegese von dort her, dass es nicht gut getan wäre, auf die naheliegende Versuchung einer Systematisierung einzugehen" (ebd., S. 70).

der Majestät in der Höhe 4 und ist so viel höher geworden als die Engel, wie der Name, den er ererbt hat, höher ist als ihr Name."

Gott ist das handelnde / sprechende Subjekt (vgl. 4,12; 6,5). Er hat auf vielerlei Weise durch die Propheten gesprochen und in „den letzten Tagen" durch den Sohn, den er zum Erben über alles und durch den er auch die Welt gemacht hat. Die außerordentliche Stellung Jesu wird in V.3f. durch weitere Prädikate näher beleuchtet; zugleich ist hier der Sohn selbst Subjekt. Er wird bezeichnet als Abglanz der Herrlichkeit Gottes und Ebenbild seines Wesens, er trägt alle Dinge mit seinem Wort, hat die Reinigung von Sünden gebracht, sitzt zur Rechten Gottes und hat eine Stellung über den Engeln; sein Name ist höher als der ihre. Gleichwohl wird der Glaube nicht als Glaube an Christus, sondern als Glaube an Gott bezeichnet (6,1; 11,6), der bereits in den Propheten und abschließend durch Jesus Christus gesprochen hat. Die Christen stehen in der Tradition der alttestamentlichen Glaubenszeugen (11,1–40; 12,1), die auf Christus als Anfänger und Vollender des Glaubens hinführt (12,2). Jesus Christus ist so gesehen der Garant des Glaubens (10,22), der „Anfänger des Heils", der als Sohn viele Söhne zur Herrlichkeit geführt hat (2,10).[36] Dass Christus als Hohepriester angesehen wird (vgl. 2,17; 3,1; 5,10 u.ö.), ist eine Besonderheit des Hebräerbriefs, die das Schreiben insgesamt prägt und die auf das gemeinschaftliche Gottesverhältnis hin ausgelegt wird. Der Tempelkult und die Funktion des Hohepriesters werden zum Bildhintergrund, der für den Verfasser des Hebräerbriefs die Bedeutung Jesu erschließen kann. Dabei hat die kultische Sprache metaphorischen Charakter, und das „Opfer des Hohenpriesters" (9,11f.) ist in sich paradox (der Hohepriester im Tempelkult des ersten Bundes opfert sich nicht selbst): Mit seinem Opfer werden alle Opfer aufgehoben (10,18). Sprache und Gedankenwelt des Schreibens erweisen sich somit als durchgängig geprägt von kultischen Kategorien, die in Christus aufgenommen und zugleich überboten sind. Sowohl im Reden der Propheten als auch in Christus ist es Gott, der zu Wort kommt. Dies zeigt aber, dass die Christologie des Hebräerbriefes insgesamt und dass auch die außerordentlich „hohen" Bezeichnungen Jesu Christi in 1,1–4 in der Gesamtkonzeption des Schreibens zu interpretieren sind, die Jesus Christus als wirksames Wort Gottes versteht, ohne ihn vorschnell mit Gott zu identifizieren. Dass seine Aussa-

---

36 Vgl. zur Theologie und Christologie des Hebräerbriefs die Übersicht bei Gerd Schunack: Der Hebräerbrief, Zürich 2002, S. 16–20.

gen in den späteren christologischen Festlegungen zur systematischen Ausbeutung gereizt haben, bleibt allerdings bestehen.

2.4 Christologische Grundlinien

- Die hier exemplarisch ausgewählten Stellen greifen einige Aspekte der Rede von Jesu Christus heraus, die für das Neue Testament wichtig sind:
- Die Bezeichnung als Prophet verbindet Jesus mit dem Alten Testament und macht auf die kommende Gottesherrschaft als zentrales Element seiner Verkündigung aufmerksam. Dieser frühe Titel wird beibehalten und in die Christologie integriert (z.B. bei Markus und im Hebräerbrief), rückt insgesamt aber im Vergleich mit anderen Hoheitstiteln tendenziell in den Hintergrund.
- Diese anderen Titel beschreiben eine enge Beziehung zwischen Jesus und Gott. Das Gottesprädikat Kyrios kann auf Jesus Christus übertragen werden; er wird als Sohn und als Ebenbild Gottes bezeichnet. Dieser Vorgang ist nicht analogielos; im alttestamentlich-jüdischen Denken konnten die Weisheit und das Wort Gottes personifiziert werden, ohne dass dabei die Einzigkeit Gottes in Frage gestellt worden wäre. Dies ist auch der Fall, wenn Hoheitsprädikate auf Jesus angewandt werden; sie stellen Jesus in außerordentlich große Nähe zu Gott, ohne die Grenze zwischen beiden aufzuheben.

Im interreligiösen Dialog mit dem Judentum und dem Islam ist es nun aber gerade und besonders die Christologie, die die Verständigung schwierig macht. Dabei spielen nicht zuletzt einige Stellen im Neuen Testament eine wichtige Rolle, an denen Jesus Christus als Gott bezeichnet wird, so in den johanneischen Spitzenaussagen in Joh 10,30 („ich und der Vater sind eins") und 20,20 („mein Herr und mein Gott"), in Röm 9,5 („Christus, der da Gott ist über alles") und in den Pastoralbriefen (Tit 2,13 „die Herrlichkeit unseres großen Gottes und Heilandes, Jesus Christus"; vgl. Tit 3,4). Angesichts der ca. 1300 Belege für Gott, *theos*, im Neuen Testament, sind diese Stellen aber nicht nur randständig, sondern beeinträchtigen nach der Ansicht der jeweiligen Autoren den Monotheismus auch nicht. Selbst in 1Joh 5,20, wo von Christus als dem „wahrhaftigen Gott" die Rede ist, geht es in erster Linie um die enge Beziehung Christi zu Gott und nicht um ein eigenständiges und unabhängiges

Gottsein Christi. Für die Folgezeit ergibt sich allerdings die Frage, wie das Verhältnis Gottes zu Jesus und das Bekenntnis „Herr ist Jesus" sich selbst und Außenstehenden so erklärt werden kann, dass die Einzigkeit Gottes nicht berührt wird.

3 Jüdische und islamische Perspektiven

Die neutestamentlichen Schriften vertreten durchgängig die Auffassung, dass die alttestamentlichen Schriften auf Jesus Christus hinweisen und dass sich umgekehrt diese Schriften erst vom Glauben an Jesus Christus her wirklich erschließen. Genau darin sind nun aber Konfliktlinien eingewoben, u.z. zunächst gegenüber dem jüdischen Verständnis von Jesus.

3.1 Jüdische Perspektiven

Das Bekenntnis zu Jesus als Messias Israels, in das die kanaanäische Frau einstimmt, wird von der Mehrheit der Zeitgenossen aus dem Judentum abgelehnt: Mit dem Auftreten des Messias müsste sich die Welt sichtbar verändert haben, was aber nicht der Fall ist. Bis heute ist dies ein zentrales Argument des Judentums gegen die Messianität Jesu.[37]

Die Herkunft Jesu aus Israel und das Erwählungsbewusstsein Israels werden von den Christen „aus den Völkern" als Voraussetzung angenommen, die aber durch die Wirksamkeit Jesu, seinen Tod und seine Auferweckung entgrenzt sind. Die einzigartige und besondere Beziehung zu Gott ist für Israel aber unaufgebbar.

Auch der Glaube an die Auferstehung Jesu ist aus jüdischer Sicht problematisch. Zwar erwartet die Mehrheit des zeitgenössischen Judentums eine allge-

---

[37] Der Messias wird nach Jes 2,4 eine Zeit des weltweiten Friedens einleiten, alle Juden im Land Israel versammeln (Jes 43,5f.) und die ganze Menschheit wird im Glauben an den Gott Israels vereint sein (Sach 14,9). Da diese Erwartung noch keine Realität ist, kann Jesus nicht der Messias sein. Vgl. auch Martin Buber: Pfade in Utopia, Heidelberg 1985, S. 378: „Ich glaube fest daran, dass die jüdische Gemeinschaft im Zuge ihrer Wiedergeburt Jesus rezipieren wird, und zwar nicht bloß als eine große Figur ihrer Religionsgeschichte, sondern auch im lebendigen Zusammenhange eines sich über Jahrtausende erstreckenden messianischen Geschehens, das in der Erlösung Israels und der Welt münden wird. Aber ich glaube ebenso fest daran, dass wir Jesus nie als gekommenen Messias anerkennen werden, weil dies dem innersten Sinn unserer messianischen Leidenschaft ... widersprechen würde ... Für uns gibt es keine Sache Jesu, nur eine Sache Gottes gibt es für uns."

meine eschatologische Totenauferweckung[38], kennt aber keine innergeschichtliche Auferweckung eines Einzelnen, und auch die im Judentum bekannte Vorstellung einer Entrückung ist nicht deckungsgleich mit der Rede von Jesu Auferstehung.

Vollends problematisch ist aus jüdischer Sicht die Rede von Jesus als Sohn Gottes, in der eine Herausforderung für den Monotheismus, mindestens aber eine unzulässige Anmaßung und ein Eingriff in Gottes Privileg gesehen werden. Auch die Vorstellung der Inkarnation (vgl. z.B. Joh 1,14) ist dem Judentum fremd.

Wichtig ist zum Verstehen dieser Konfliktlinien, dass zwar das Neue Testament nur in Zusammenhang mit dem Alten Testament verstanden werden kann, dass dies umgekehrt aber nicht in gleicher Weise der Fall ist. Was die Christen Altes Testament nennen, hat aus jüdischer Perspektive als Tanach[39], unabhängig vom Neuen Testament, den Status der heiligen Schrift. Der christlichen Deutung des Tanach als Altes Testament (im Sinne der unaufgebbaren Grundlage) und als Weissagung auf Christus hin haben sich die Juden zu keiner Zeit angeschlossen. In der späteren jüdischen Geistesgeschichte kann Jesus, einmal abgesehen von vereinzelter Polemik gegen ihn in der rabbinischen Tradition[40], in die Glaubenstradition Israels eingeordnet[41], keinesfalls aber als der verheißene Messias verstanden werden, als den ihn die Christen glauben. Die Christologie ist deshalb für den Dialog mit dem Judentum ein zentraler Punkt, und gerade die „hohe Christologie" des Neuen Testaments ist aus jüdischer Sicht hoch problematisch. Zwar ist die „Hand Jesu", wie Ben-Chorin schreibt, „die Hand eines großen Glaubenszeugen in Israel"; aber es ist „nicht die Hand des Messias … Es ist bestimmt keine göttliche, sondern eine menschliche Hand."[42] Deshalb kann Ben-Chorin im Neuen Testament eine

---

38 Vgl. die zweite Benediktion des Achtzehnbittengebets, wo davon die Rede ist, dass Gott die Toten belebt. Erst im Mischnatraktat Sanhedrin (X 1b) wird dies als Glaubenssatz festgelegt: „Derjenige, der sagt, es gibt keine Auferstehung der Toten" hat keinen Anteil an der kommenden Welt; zitiert nach Michael Krupp (Hg.): Die Mischna, Traktat Sanhedrin, Jerusalem 2006.

39 Der Begriff Tanach setzt sich zusammen aus den Anfangsbuchstaben von Tora, Nebiim (Propheten) und Ketubim (übrige Schriften), die zusammen die Heilige Schrift des Judentums bilden. Die christliche Bezeichnung Altes Testament ist im Sinne von „ursprünglich" und „grundlegend" zu verstehen.

40 Vgl. hierzu Beate Ego: Jesus und Maria im Judentum, in: Christfried Böttrich / Beate Ego / Friedemann Eißler: Jesus und Maria in Judentum, Christentum und Islam, Göttingen 2009, S. 11–59.

41 So exemplarisch Schalom Ben-Chorin: Bruder Jesus. Der Nazarener in jüdischer Sicht, München 1965, S. 15.

42 Ebd., S. 11, im Original hervorgehoben.

„Urkunde der jüdischen Glaubensgeschichte" sehen, aber eben: der jüdischen. Auch ob Jesus als Prophet anzusehen sei, wird unterschiedlich bewertet. Ben-Chorin lehnt dies ab, stellt Jesus in eine Reihe mit den Schriftgelehrten seiner Zeit und versteht ihn als Juden, der fest in der Tradition Israels verankert war[43]; Vermes sieht in Jesus dagegen einen Propheten; die Prophetenbezeichnung sei aber von den frühen Christen als unzureichend empfunden und deswegen zurückgedrängt worden.[44]

3.2 Islamische Perspektive

Als die neutestamentlichen Schriften entstanden, war der Islam noch nicht in Sicht. Umgekehrt ist im Blick auf den Koran nicht zu übersehen, dass er in bestimmter Akzentuierung sowohl alt- als auch neutestamentliche Traditionen und darüber hinaus weitere jüdische und frühchristliche Schriften aufgreift.[45] Vor allem von den Lebensgeschichten und dem Auftrag bestimmter biblischer Personen ist wiederholt die Rede. Als Gesandte Gottes werden sie in eine geschichtliche Reihe eingeordnet, die auf Muhammad hinausläuft (vgl. zu Abraham 3,67[46], zu Mose 20,13f.[47], zu David 4,163[48], zu Jesus 19,29–39[49]). Bei allen

---

43 Ben-Chorin, Bruder Jesus (s.o. Anm. 41), S. 13–15. Schon Joseph Gedalja Klausner hatte Jesus als einen „Lehrer von hoher Sittlichkeit" und als „Gleichnisredner ersten Ranges" bezeichnet (Jesus von Nazareth, Berlin ³1952, S. 572f.).

44 Geza Vermes: Jesus der Jude. Ein Historiker liest die Evangelien, Neukirchen-Vluyn 1993, S. 73–88; Vgl. neuerdings auch Shmuley Boteach: Kosher Jesus, Jerusalem / Springfield, Il. 2012, der dafür plädiert, in Jesus den frommen Juden zu sehen, dessen Anliegen die Erlösung des jüdischen Volkes gewesen sei.

45 Vgl. hierzu Joachim Gnilka: Bibel und Koran. Was sie verbindet, was sie trennt, Freiburg / Basel / Wien ⁶2004, S. 54–62.

46 „Ibrāhīm war weder ein Jude noch ein Christ, sondern er war Anhänger des rechten Glaubens, einer, der sich Allah ergeben hat, und er gehörte nicht zu den Götzendienern."

47 Mose wird im Koran öfter als jede andere Figur erwähnt. Besonders hervorgehoben wird Auseinandersetzung mit dem Pharao und dessen Magiern.

48 David wurde ein „Buch der Weisheit" gegeben.

49 Sure 19,29 „Da wies sie auf ihn (d.h. den Jesusknaben). Sie sagten: Wie sollen wir mit einem sprechen, der als kleiner Junge (noch) in der Wiege liegt? 30 Er sagte: Ich bin der Diener Gottes. Er hat mir die Schrift gegeben und mich zu einem Propheten gemacht. 31 Und er hat gemacht, dass mir, wo immer ich bin, (die Gabe des) Segen(s) verliehen ist, und mir das Gebet (zu verrichten) und die Almosensteuer (zu geben) anbefohlen, solange ich lebe, 32 und (dass ich) gegen meine Mutter pietätvoll (ein soll). Und er hat mich nicht gewalttätig und unselig gemacht. 33 Heil sei über mir am Tag, da ich geboren wurde, am Tag, da ich sterbe, und am Tag, da ich (wieder) zum Leben auferweckt werde! 34 Solcher Art (w. Dies) ist Jesus, der Sohn der Maria um die Wahrheit zu sagen über die sie (d.h. die Ungläubigen (unter den Christen?) (immer noch) im Zweifel sind. 35 Es steht Gott nicht an, sich ein Kind zuzulegen. Gepriesen sei er! (Darüber ist er erhaben.) Wenn er eine Sache beschlossen hat, sagt er zu ihr nur: sei! Dann ist sie" (Übersetzungen nach Rudi Paret: Der Koran. Deutsche Übersetzung, Stuttgart ²1979). Vgl. zur Jesustradition im Koran insgesamt Gnilka, Bibel und Koran (s.o. Anm. 45), S. 117–120.

fällt der streng monotheistische Grundzug auf; jeweils für ihre Zeit verkündigen sie den einen und einzigen Gott und stoßen damit auf Zustimmung wie auf Ablehnung; auch damit sind die Erfahrungen angedeutet, die alle Gesandten des einen Gottes machen.

Von hier aus wird verständlich, dass die Juden und Christen als „Leute des Buches bzw. der Schrift" in koranischer Perspektive besondere Rechte und besonderen Schutz genießen. Zugleich ist von hier aus die koranische Polemik gegenüber dem christlichen Verständnis Jesu als Gottessohn zu verstehen. Da die Entstehungsgeschichte des Islams stark von Auseinandersetzungen mit dem Polytheismus der Umwelt geprägt ist[50], ist der Islam für polytheistische Tendenzen besonders aufmerksam. In dem Verhältnis zum Christentum steht deshalb vor allem der Anspruch einer hohen Christologie in Frage. Wird dagegen, wie im Koran und der islamischen Glaubensgeschichte, das Menschsein Jesu gewahrt und bleibt Gottes Einzigkeit unangetastet, kann von Jesus in außerordentlich hohen Tönen gesprochen werden: Weil Gott es so beschlossen hat, wird er von einer Jungfrau geboren[51]; er hat die Gabe Wunder zu tun (Sure 23,49); er ist Knecht Gottes (19,30; 43,59 u.ö.), Messias (3,45 u.ö.) und sogar Wort Gottes (3,45; 4,171).[52] Bestritten wird allerdings die Kreuzigung Jesu (4,157f.) und dementsprechend fehlt im Koran auch die Auferstehung Jesu. Als einer der großen Propheten gehört er aber in die Reihe der Gesandten Gottes (33,7), die auf Muhammad zielt.[53] Wer allerdings, wie die Christen, behauptet, er sei Gottes Sohn, versündigt sich an Gott und zieht Polemik auf sich. Diese Polemik trifft zwar nicht Jesus selbst, wohl aber diejenigen, die ihn nach islamischer Auffassung fälschlich

---

50 Der Koran grenzt sich apodiktisch gegen den arabischen Polytheismus ab, von dem allgemein (vgl. Sure 2,165; 41,9 u.ö.) oder auch in spezifischerem Sinn die Rede sein kann (21,21 – aus dem Bereich der Erde; 37,158 – Djinn; 37,150; 17,40 – Engel). Die Polytheisten behaupten, das Gott Kinder, Söhne und Töchter habe (6,100); weibliche Engel als Töchter Göttes (37,150). Dies sind nah dem Koran aber nur falsche Aussagen (37,151).

51 Sure 19,16–34; allerdings werden daraus keine christologischen Folgerungen gezogen.

52 Die christlichen Apologeten haben immer wieder aus dieser Stelle geschlossen der Koran habe die Gottheit Jesu, des ewigen Logos, wenn auch indirekt, anerkannt.

53 Vgl. Sure 61,6: „Und (damals) als Jesus, der Sohn der Maria, sagte: Ihr Kinder Israels! Ich bin von Gott zu euch gesandt, um zu bestätigen, was von der Tora vor mir war (oder: was vor mir da war, nämlich die Tora) und einen Gesandten mit einem hochlöblichen Namen (oder Aḥmad) zu verkünden, der nach mir kommen wird." Die Variante Aḥmad wird dann als Eigenname auf Muhammad gedeutet und auf Joh 14,26 bezogen, wo Jesus einen kommenden Parakleten verheißt, der die Jünger alles lehren wird. Diese Deutung geht aber auf eine Verwechslung des griechischen parakletos (Beistand, Tröster) mit periklytos (hoch berühmt) zurück und berücksichtigt nicht, dass im Koran Erinnerungen an das Johannesevangelium fehlen.

zum Gottessohn stilisieren.[54] So ist es auch hier in erster Linie die Christologie, an der der Islam Kritik übt, wenn auch in anderer Akzentuierung.

3.3 Differenzen

Von der Christologie aus sind im Neuen Testament Rückwirkungen auf die Vorstellung von Gott festzustellen. Nach christlichem Verständnis zeigt sich die Nähe Gottes zu Jesus nicht zuletzt darin, dass Gott sich gerade im Leiden und Sterben auf die Seite Jesu stellt. Das „Mitgehen Gottes" findet sich bereits im Alten Testament: Gott ist mit Abraham „unterwegs" (vgl. Gen 14,2ff.; 15,1ff.), er nimmt das Leiden des Volkes in Ägypten wahr (vgl. die Grundstelle Ex 3,7.9), er klagt über die Abwendung der Menschen (vgl. Gen 6,6) und besonders Israels (Jes 5,7; Jer 6,8 u.ö.) und lässt sich von Bitten beeinflussen (Gen 18,16–33; Ex 32,7–14). Der Gott des Alten Testaments ist kein weltabgewandter, sondern ein mitgehender Gott. Darin stimmen auch die neutestamentlichen Autoren mit den Schriften des Alten Testaments überein. Die Konzentration auf das Leiden Jesu, die im Neuen Testament vorgenommen wird, ist für das Judentum jedoch nur schwer nachzuvollziehen (vgl. 1Kor 1,23[55]). Und nach islamischem Verständnis ist schon die alttestamentliche Rede von Gefühlsregungen Gottes unangemessen, und mit der Abweisung der Kreuzigung Jesu ist zugleich der Gedanke abgewehrt, dass Gott seinen Propheten einem solchem Schicksal aussetzen würde. Auch dass Gott sich gerade denen zuwende, die sich nicht an seine Gebote halten (vgl. besonders Lk 15,1–32), wird mehrfach im Koran bestritten (vgl. Sure 2,258.264; 3,31.86). Der christologische akzentuierte Monotheismus wirkt im Neuen Testament auch auf das Gottesverständnis zurück, sodass sich auch hier Unterschiede zwischen Judentum, Christentum und Islam ergeben.

---

54 Adel Theodor Khoury: Die Kritik des Islam an der christlichen Trinitätslehre, in: Reinhard Rittner (Hg.): Glauben Christen und Muslime an denselben Gott? Hannover 1995, S. 30–45, hier 34. Vgl. im Koran besonders Sure 4,171: „O Leute der Schrift, übertreibt nicht in eurer Religion und sagt gegen Allah nur die Wahrheit aus! al-Masīḥ ʿĪsā, der Sohn Maryams, ist nur Allahs Gesandter und Sein Wort, das Er Maryam entbot, und Geist von Ihm. Darum glaubt an Allah und Seine Gesandten und sagt nicht ‚Drei'. Hört auf (damit), das ist besser für euch! Allah ist nur ein Einziger Gott. Preis sei Ihm (, und Erhaben ist Er darüber), dass Er ein Kind haben sollte! Ihm gehört (alles), was in den Himmeln und was auf der Erde ist, und Allah genügt als Sachwalter."

55 Schrage, Brief an die Korinther (s.o. Anm. 31), S. 186: „Dass für Juden der Gekreuzigte ein Skandal wird, lässt sich angesichts der Hautlinien jüdischer Heilserwartung leicht begreifen. Hofft man auf einen Messias, was keineswegs alle Juden tun, dann nicht auf einen gekreuzigten. Ein leidender und sterbender Messias ist in der jüdischen Messianologie trotz all ihrer Differenzen in keiner Weise vorgezeichnet."

4 Hermeneutische Überlegungen

Neuere jüdische Stimmen können mit Hochachtung von Jesus von Nazareth sprechen und ihn in die jüdische Glaubensgeschichte einordnen. Im Koran wird Jesus als Prophet und Gesandter Gottes angesehen, der in einer Reihe mit den anderen großen Propheten steht, die mit Muhammad abgeschlossen ist. Aus beiden Perspektiven ist aber die hohe Christologie des Christentums unannehmbar. Sie wird zwar erst ist in den auf das Neue Testament folgenden Jahrhunderten in dogmatische Sätze gefasst, ist in ihren Grundzügen aber bereits im Neuen Testament vorhanden. Die neutestamentlichen Schriften führen auf der anderen Seite aber auch zu Einsichten, die gerade in dem für den interreligiösen Dialog schwierigen Bereich der Christologie zu einer Öffnung beitragen können. Neben den oben angeführten Texten nenne ich besonders die folgenden Aspekte.

4.1 Plurale Christologie

Bei der Kanonisierung der Bibel Israels wie auch der christlichen Bibel ist eine erstaunlich große Abweichungs- und Widerspruchstoleranz festzustellen. Zwei verschiedene Schöpfungserzählungen, vier verschiedene Evangelien, Paulus und Jakobus – um nur diese Beispiele zu nennen – zeigen, dass das Merkmal der Uniformität bei der Kanonbildung offenbar keine zentrale Rolle gespielt hat. Es werden in den verschiedenen biblischen Schriften nicht nur faktisch viele Stimmen laut; vielmehr ist die kanonisierte Bibel selbst ein Vielstimmenbuch. Dies führt zu der Einsicht, dass auch in kanonischer Perspektive die Einheit der biblischen Schriften nicht statisch definiert werden kann, sondern als Zusammenspiel von Eigenständigkeit und Konvergenz zu verstehen ist.

Dies gilt auch für die Christologie. Zwar hat bereits früh in neutestamentlicher Zeit eine Entwicklung eingesetzt, in der Jesus nah an Gott herangerückt wurde. In hymnischen Texten wie Phil 2,6–11 ist dies unübersehbar.[56] Aber selbst in diesem Text bleibt es Gott, der Jesus den „Namen über allen Namen" gegeben hat. Diese Entwicklung führte allerdings umgekehrt dazu, dass Bezeichnungen Jesu als Prophet, als Davidsohn oder Nazarener (vgl. Mk 1,24;

---

[56] Larry W. Hurtado: One God. One Lord. Early Christian Devotion and Ancient Jewish Monotheism, Philadelphia/London 1988; ders.: Lord Jesus Christ. Devotion to Jesus in Earliest Christianity, Grand Rapids/Cambridge U.K. 2003.

10,45; 4,67; 16,6) eher in den Hintergrund getreten sind. Aufgegeben wurden sie allerdings nicht, und gerade das Markusevangelium lässt erkennen, dass diese verschiedenen Prädikate in einem integrativen Konzept miteinander verknüpft wurden.[57]

Auf der anderen Seite greift die Logos-Christologie des Johannesevangeliums, auf die bereits im hellenistischen Judentum gedachte Personifizierung der göttlichen Weisheit zurück (vgl. Spr 8,22–31; Sir 24; Weish 6,22–11,1), die sogar so weit ausgeführt werden konnte, dass die Weisheit bereits bei der Schöpfung mitwirkte (Hi 28; Spr 8,22–31) oder zunehmend mit dem Wort Gottes gleichgesetzt wurde (Sir 24,4.12–15.34–40). Die Vorstellung von Präexistenz und Schöpfungsmittlerschaft von Weisheit und Wort Gottes ist also bereits im Judentum präfiguriert, ohne dass dies der Einzigkeit Gottes Abbruch tut.[58]

Die Christologie im Neuen Testament ist somit plural und weist verschiedene Schwerpunkte und Konzeptionen auf, die auf vielerlei Weise auf alttestamentlich-jüdische Traditionen zurückgreifen und sie auf Jesus Christus hin konzentrieren. Auch wenn dabei die Hoheitsaussagen zunehmend gesteigert werden, bleibt der Monotheismus im Neuen Testament überall gewahrt, und insofern kann sich die neutestamentliche Wissenschaft an der Monotheismusdebatte vergleichsweise entspannt beteiligen.[59] Allerdings muss sie berücksichtigen, dass manche Formulierungen von Außenstehenden mit einer wachen Aufmerksamkeit für polytheistische Tendenzen als verdächtig klingend wahrgenommen werden.

4.2 Gottessohnschaft als Metapher

Die Bezeichnung Jesu als „Sohn Gottes" ist nirgendwo im neuen Testament in einem „biologischen" Sinn verstanden. Sie macht vielmehr darauf aufmerksam, dass die frühchristliche Rede von Jesus Christus einen metaphorischen Grundzug hat.

---

57 Vgl. zur integrativen Christologie des Markusevangeliums Peter Müller: Wer ist dieser? (s.o. Anm. 22), S. 139–150.

58 In der Umwelt Israels wird die Weisheit Göttinnen zugeschrieben, während sie im Alten Testament eine Dimension des einen Gottes charakterisiert (vgl. Thomas Staubli: Begleiter durch das Erste Testament, Ostfildern ⁴2010, S. 87).

59 Vgl. Lukas Bormann: Die neue Monotheismusdebatte aus theologischer Sicht, in: ders. (Hg.): Schöpfung, Monotheismus und fremde Religionen. Studien zu Inklusion und Exklusion in den biblischen Schöpfungsvorstellungen, Neukirchen-Vluyn 2008, S. 28.

Im Alten Testament werden zunächst nicht Einzelne als „Sohn Gottes" bezeichnet, sondern das Volk Israel (vgl. exemplarisch Hos 11,1–3). Diese kollektive Deutung weist bereits drauf hin, dass „Sohn" nicht im naturhaft-genealogischen Sinn verstanden wird, sondern einen Akt der Erwählung bezeichnet. Neben die kollektive Deutung tritt vor allem in der nachalttestamentlichen Zeit eine individuelle: Einzelne Fromme oder Gerechte können nun als „Sohn Gottes" bezeichnet werden, wie z.B. Joseph in JosAs 6,3.5 und besonders der gerechte Gottesknecht in SapSal 2,10ff.: „Denn wenn der Gerechte ein Sohn Gottes ist, wird er (= Gott) sich seiner annehmen" (V.18).

Eine andere Traditionslinie knüpft an die Nathanweissagung 2Sam 7,12–15 mit der Ankündigung eines Nachfolgers Davids: „Ich will sein Vater sein, und er soll mein Sohn sein." Diese Verheißung wurde auf den König gedeutet, der als „Sohn Gottes" angesehen wurde (vgl. Ps 2,6f.). Diese Vorstellungen wurden u.a. in Qumran weitertradiert und auf einen endzeitlichen König und „Sohn Gottes" gedeutet (vgl. 4Q175; 4Q174).

Diese Vorstellungen werden von den frühen Christen herangezogen, um die Bedeutung Jesu zu umschreiben. In Aufnahme messianischer Erwartungen lässt Lukas den Engel über Jesus sagen: „Er wird groß sein und Sohn des Höchsten genannt werden" (Lk 1,32; vgl. Mk 14,61f; Mt 4,8–10; Röm 1,4a). Besondere Bedeutung erlangt der Rückbezug auf Jes 52,13f, worin schon früh ein Hinweis auf die Passion Jesu entdeckt wird. Im Vergleich mit SapSal 2,10ff. kann Jesus auch als leidender Gerechter und „Sohn Gottes" verstanden werden. So lässt sich die Bezeichnung Jesu als „Sohn Gottes" als Neuinterpretation bereits bekannter Vorstellungen erkennen. Sie zeigen, dass das Wirken Jesu in Aufnahme biblisch-jüdischer Auffassungen und Erwartungen beschrieben wird. Ergänzt werden sie dort, wo hellenistische Einflüsse wirksam werden. Die Vorstellung der Jungfrauengeburt (vgl. Mt 1,18–25; Lk 1,26–38) kommt ebenso hinzu wie der Gedanke der Präexistenz (vgl. Phil 2,6–11; Kol 1,12–14.15–20; Hebr 1,1–14; Joh 1,1–14). „Sohn Gottes" konnte demnach im frühen Christentum höchst unterschiedlich verstanden werden, sei es im Sinne einer Adoption (Mk 1,9–11), einer Einsetzung in die Sohnschaft mit der Auferstehung (Röm 1,4), im Sinne exemplarisch gerechter Menschen oder eines bereits präexistent gedachten unmittelbaren Seins bei Gott. Die Vielfalt der Konzeptionen macht deutlich, dass keine konsistente Verwendung dieses Titels in den neutestamentlichen Schriften vorliegt, sondern dass sehr verschiedene Vorstellungen nebeneinanderstehen. Bei keiner dieser Verwendungen ist dabei an eine biologische Zeugung oder einen zweiten Gott gedacht. Überall geht es darum, mit der Metapher „Sohn Gottes" eine besondere Nähe zwischen Jesus und Gott zum Ausdruck zu bringen. Die Vater-Sohn-Metaphorik ist mit ihrem intensiven Beziehungsaspekt dafür besonders geeignet.[60] Sie kann zu einem Titel weiterentwickelt werden, behält aber auch als Titel ihre metaphorische Qualität bei.

Die Vorstellung von Jesus als Sohn wirkt auch auf die Gottesvorstellung des Neuen Testaments ein. Im Hintergrund steht die Vateranrede Gottes, wie sie exemplarisch im „Vater Unser" begegnet (Mt 6,9–13; Lk 11,2–4). Im Alten Testament macht die – insgesamt seltene – Vaterbezeichnung Gottes ebenfalls keine naturhaft-biologische Aussage, sondern verweist auf seine Liebe, Fürsorge und Autorität. In Jes 63,7–64,11 (vor allem 63,16; 64,7) wird Gott als Vater angesprochen (vgl. auch Weis 2,16 und in Qumran 1QH 9,35f.), und im Achtzehnbittengebet 4–6 findet sich auch die Anrede Gottes als „unser Vater". Dass Jesus sie als eine für ihn charakteristische Anrede Gottes verwendet hat, ist aus zwei Gründen wahrscheinlich. Neben dem „Vater Unser" wird sie Jesus auch in der Gethsemane-Perikope zugeschrieben (Mk 14,36); und in einem anderen literarischen Zusammenhang, der paulinischen Vorstellung der Gotteskindschaft, hat sich die aramäische Anrede *abba* als Fremdwort im griechischen Kontext erhalten (Röm 8,15; Gal 4,6). Offenbar sehen die frühen Christen in dieser Gottesanrede Jesu etwas Besonderes und orientieren sich in ihrer eigenen Gebetspraxis daran. Vor diesem Hintergrund wird Vater zur grundlegend wichtigen Bezeichnung für Gott im Neuen Testament. Wegen der besonderen Beziehung Jesu zu Gott spitzen die frühen Christen diese Gottesanrede aber auf Jesus zu. Zwischen „mein Vater" bei Jesus und „euer bzw. unser Vater" im Mund der Jünger wird in den frühchristlichen Schriften offenbar ein Unterschied empfunden. Nach Mt 1,21; 2,15; 3,17 u.ö. ist es ja Jesus, der in besonderer Weise „Sohn Gottes" ist, der seine Jünger lehrt Gott Vater zu nennen (Mt 6,9). Und wenn in Mt 5,9 die „Söhne Gottes" Friedensstifter genannt werden, dann geschieht dies in Aufnahme dessen, was die frühen Christen an Jesus gesehen und verstanden haben. Insgesamt zeigt sich, dass die Metaphorik von Vater und Sohn den frühen Christen als besonders geeignet erscheint, einerseits die enge Verbindung zwischen Gott und Jesus und andererseits das Selbstverständnis der Glaubenden als „Kinder Gottes" zum Ausdruck zu bringen.

---

60 Vgl. Peter Müller: Sohn und Sohn Gottes: Übergänge zwischen Metapher und Titel. Verbindungslinien zwischen Metaphorik und Titelchristologie am Beispiel des Sohnestitels, in: Jörg Frey u.a. (Hg.): Metaphorik und Christologie, Berlin/New York 2003, S. 75–92.

4.3 Chancen zum Dialog

In seiner kontextuellen Dogmatik hat Hans-Martin Barth auf die Relevanz der außerchristlichen Jesusbilder für die Christologie hingewiesen.[61] Er hebt hervor, dass die jüdische Jesusdeutung Jesus in die alttestamentlich-jüdische Tradition hineinstellt, ohne die sie gar nicht verständlich wäre; die koranisch-islamische Jesusdeutung sieht Jesus prominent in der Reihe der Propheten Gottes und greift damit ein frühchristliches Verständnis Jesu auf, das im Christentum selbst angesichts der sich entwickelnden „hohen" Christologie eher in den Hintergrund getreten ist. „In der Einseitigkeit der Rezeption bestimmter Momente des Christusgeschehens werden eben diese Momente in den nichtchristlichen Religionen gegebenenfalls stärker betont und wahrgenommen als in der Christenheit selbst." Die Würdigung Jesu in Judentum und Islam fordere dazu heraus, vernachlässigte Aspekte der Christologie wiederzuentdecken und zu reintegrieren.[62] Der prophetische Aspekt der Verkündigung Jesu kann unter dieser Perspektive geradezu eine Brücke zu jüdischen und islamischen Jesusdeutungen werden. Nicht unwichtig ist gleichwohl die Erkenntnis, dass die geglaubte enge Beziehung zwischen Gott und Christus, verbunden mit hoheitlicher Terminologie, von außerhalb des christlichen Glaubens leicht „als ‚Deifizierung' eines Menschen erscheinen" kann.[63] Auch wenn die christliche Vorstellung der Trinität besonders von muslimischer Seite immer wieder als Verhältnis zwischen Gott, Maria und ihrem Sohn Jesus oberflächlich missverstanden wird, hebt dies ja nicht auf, dass die metaphorische Bezeichnung Jesu als Sohn Gottes auch im Christentum selbst zu naturhaften Missverständnissen führen konnte. So kann die Außensicht im interreligiösen Dialog dazu führen, die eigenen Glaubensaussagen zu präzisieren und selbst besser zu verstehen. Wenn interreligiöse Kompetenz Fähigkeiten, Fertigkeiten und Haltungen beinhaltet, „die Menschen in die Lage versetzen, angesichts und in einer bestimmten religiösen Tradition eine verantwortete und begründete Position zu Religion auszubilden, die pluralitätsbewusst anerkennt, dass Religion nur im Plural vorkommt und diesen Religionsplural produktiv zueinander zu vermitteln versteht"[64], dann können Anfragen aus Judentum und

---

61 Hans-Martin Barth: Dogmatik. Evangelischer Glaube im Kontext der Weltreligionen, Gütersloh ³2008, S. 399 ff.
62 Barth, Dogmatik, S. 409.
63 Barth, Dogmatik, S. 410.
64 Mirjam Schambeck: Interreligiöse Kompetenz. Basiswissen für Studium, Ausbildung und Beruf, Göttingen 2013, S. 174.

Islam dazu beitragen, eigene Glaubensaussagen aus andren Perspektiven zu betrachten. Joachim Willem spricht von (interreligiös bedeutsamen) „Überschneidungssituationen", um deutlich zu machen, dass in bestimmten Situationen unterschiedliche Verstehensvoraussetzungen und -kontexte möglicherweise konflikhaft in Beziehung zueinander treten und ein Spannungsverhältnis erzeugen: „Von interkulturellen bzw. interreligiösen Überschneidungssituationen spricht man, wenn sich in einer Situation kulturell oder religiös bedingte Codes, Interpretationen und Deutungen dieser Situation überlappen und wenn sich daraus Missverständnisse oder Verunsicherungen ergeben."[65] Die neutestamentliche Christologie und vor allem ihre Ausdifferenzierung in der Alten Kirche, hat zweifellos sowohl zu Differenzen als auch zu Missverständnissen im interreligiösen Dialog geführt. Nicht übersehen sollte man aber, dass die innere Vielfalt der Christologie im Neuen Testament und ihre metaphorische Sprache in der Lage sind, wenn auch nicht die Differenzen, so doch die Missverständnisse im interreligiösen Gespräch zu beheben.

---

65 Joachim Willems: Lernen an interreligiösen Überschneidungssituationen – Überlegungen zu Ausgangspunkten einer lebensweltlich orientierten interreligiösen Didaktik, in: Theo-Web 10/2011, Heft 1, S. 202–210, hier S. 207. Vgl. auch ders., Interreligiöse Kompetenz. Theoretische Grundlagen – Konzeptualisierungen – Unterrichtsmethoden, Wiesbaden 2011.

SERDAR KURNAZ

Hermeneutische Modelle der islamischen Tradition – Moderne Lesarten – Tore zum interreligiösen Gespräch

1 Einführung

Die unterschiedlichen Wissenschaftszweige der islamischen Tradition, die sogenannten islamischen Wissenschaften *(al-'ulūm al-islāmiyya)*, speisen sich weitestgehend aus dem Koran und/oder der Sunna. Entweder wird versucht zu zeigen, dass der Koran dem Betrieb einer Wissenschaftsdisziplin nichts entgegenzusetzen hat – wie etwa die Legitimation des Philosophierens –,[1] oder durch koranische Aussagen wird belegt, dass genau diese und jene Themen besprochen werden müssen. Oft sind der Koran und die Sunna selbst Gegenstand der Untersuchung, wie etwa in der Koranexegese *(tafsīr)*, Koranwissenschaften *('ulūm al-Qur'ān)*, Hadithwissenschaften, systematische Theologie *(kalām)* und im islamischen Recht *(fiqh)* und seiner Methodik *(uṣūl al-fiqh)*. In den unterschiedlichen hier genannten Disziplinen haben sich unterschiedliche Methoden entwickelt, die koranischen Aussagen zu verstehen, um aus ihnen z.B. theologische oder rechtliche Positionen zu beziehen, oder überhaupt zu entdecken, was aus einer gewissen Passage des Korans zu verstehen ist.

Eine einheitliche, methodenübergreifende Disziplin wie die „Hermeneutik der schriftlichen Quellen" ist in der klassisch-islamischen Tradition nicht vorhanden. Stark ausgeprägt sind die Diskussionen um die Methoden der Koranauslegung und der Auslegung des Hadithmaterials – also der Sammlung und Überlieferung der Aussprüche und Taten des Propheten Muhammad sowie seiner Gefährten, die von Generation zu Generationen sowohl mündlich als auch schriftlich tradiert wurden – in der islamischen Rechtsmethodik,

---

1   Ein berühmtes Beispiel für solch eine Abhandlung bzw. Diskussion bildet die „Maßgebliche Abhandlung" vom Richter und Philosophen Avveroës (Ibn Rušd al-Ḥafīd, gest. 595/1198), s. Abū l-Walīd Ibn Rušd: *Faṣl al-maqāl*, hg von Muḥammad 'Ammāra. Kairo o.J. Für eine deutsche Übersetzung s. Ibn Rushd: Maßgebliche Abhandlung – *Faṣl al-maqāl*. Aus dem Arabischen übersetzt und kommentiert von Frank Griffel. Berlin 2010.

teilweise in den Koranwissenschaften und der systematischen Theologie und der islamischen Mystik bzw. im Sufismus *(taṣawwuf)*. Der vorliegende Beitrag möchte deshalb sich besonders auf die hermeneutischen Zugänge in der islamischen Rechtsmethodik konzentrieren und mögliche Alternativen innerhalb dieser Tradition zeigen. Dabei wird der gegenseitige Einfluss der Disziplinen Koranexegese, Rechtsmethodik und systematische Theologie besonders fokussiert. Als ein weiterer Zugang wird die sufische Koranauslegung betrachtet. Diese Modelle werden dann mit exemplarisch angeführten modernen Zugängen verglichen. Zuletzt werden Anregungen erwähnt, wie diese Zugänge für den interreligiösen Dialog verwendet werden können.

2 Auslegung der Schriften in der islamischen Rechtsmethodik

Die islamische Rechtsmethodik kennt unterschiedliche Auslegungsmethoden, um von den schriftlichen Quellen die Bedeutung zu rekonstruieren, die die damaligen Adressaten wahrgenommen haben und diese nach den rechtlichen Kategorien zu bewerten.[2] Denn zentral ist, was sie vom Wortlaut verstanden haben und auf welche weiteren Fälle die Bedeutungen, die vom Wortlaut abgeleitet werden können, aber sekundäre oder tertiäre Bedeutungen sind, übertragen werden können. Diese sekundären etc. Bedeutungen würden in Verbindung mit der Bedeutung stehen, die die Erstadressaten verstanden haben. Hiermit wird zu gewährleisten versucht, die Texte auf alle möglichen Fälle auszuweiten, ohne dabei die Grenzen zu strapazieren. Dadurch bestimmt nicht der Mensch, was Recht ist, sondern Gott durch seine Offenbarung und der Prophet durch seine Aussagen und Taten.

2.1 *Bayān* als hermeneutische Grundlage

Wir können festhalten: Die Grundlage der islamischen Rechtsmethodik ist, dass Gott und/oder der Prophet Muhammad mitteilen, was in einem Fall X zu tun ist. Diese Mitteilung wird *bayān* genannt. *Bayān* kann die erstmalige Mitteilung einer Information oder Aufforderung sein, oder aber auch eine bereits getroffene Aussage kann weiter erklärt werden, damit genau verstanden wer-

---

[2] Vgl. Yunus Apaydın: *Klasik Fıkıh Usulünün Yapısı ve İşlevi*, in: İslam Hukuku Araştırmaları Dergisi 1 (2003), S. 7–28, hier S. 10.

den kann, was mit der zuerst getroffenen Aussage gemeint ist. Z.B.: Wenn im Koran davon die Rede ist, dass die *zakāt* entrichtet werden soll *(bayān 1)*, ist diese Aussage dahingehend verständlich, dass die Adressaten alleine durch die Kenntnis des Arabischen verstehen, dass sie etwas, das sich *zakāt* nennt, entrichten müssen. Was aber genau ist der *zakāt*? Eine weitere, oder mehrere Erklärungen *(bayān 2)* zeigen, was genau *zakāt* ist. Und zwar handelt es sich dabei um die Pflichtgabe von dem Besitz, der über die Mindestgrenze des Reichtums (80 Gr. Gold) geht, und zwar 2,5% (also ein Vierzigstel). Ohne diese Erklärung wird nicht klar, was genau befolgt werden muss.

Die Mitteilung oder Erklärung einer Sache kann aber mit unterschiedlichen Mitteln geschehen. Zum einen kann Gott, der nach islamischem Recht als Gesetzgeber gilt, mit einer Aussage mitteilen, was zu tun oder zu unterlassen gilt. Seine Aussagen werden mittels Gabriel dem Propheten überbracht, der dann die Aussagen Gottes an die Menschen verkündet.[3] Daneben kann auch der Prophet, der neben Gott auch als Gesetzgeber gilt,[4] eigene Regeln aufstellen oder von Gott bereits aufgestellte Regeln konkretisieren und erklären, ebenfalls durch Aussagen. Diese Aussagen wurden neben dem Koran ebenfalls schriftlich festgehalten, aber überwiegend mündlich tradiert,[5] die als Hadithe vor allem am Ende des ersten und im zweiten Jahrhundert des Islam u.a. in Büchern festgehalten und im zweiten und dritten Jahrhundert stark systematisiert wurden. Die Hadithe bzw. die Sunna beinhaltet nicht nur die Aussagen des Propheten, sondern auch seine Handlungen, Unterlassungen und Billigung. Führte der Prophet z.B. das Gebet aus, so galt dies als Erklärung der Aussage, dass man das Gebet verrichten soll. Seine Handlung erklärt, welche Bewegungen vollzogen werden müssen und wie oft das Gebet zu verrichten gilt. Alle Fälle, die in den schriftlich festgehaltenen Quellen explizit angesprochen werden, werden daher in Anlehnung an die Texte geregelt.

---

3   Für eine kurze Zusammenfassung der unterschiedlichen Offenbarungsvorgänge nach islamisch-theologischem Verständnis s. Serdar Kurnaz: Offenbarung als Barmherzigkeit Gottes, in: Mouhanad Khorchide/Milad Karimi (Hg.): Theologie der Barmherzigkeit? Zeitgemäße Fragen und Antworten des Kalām. Münster/New York 2014, S. 91–104.
4   Vgl. Norman Calder: Art. Sharīʿa, in: Encyclopaedia of Islam, Band IX, Leiden ²1997, S. 321 ff.
5   Für die Frage der Schriftlichkeit und Mündlichkeit u.a. des Hadith s. Gregor Schoeler: Die Frage der schriftlichen oder mündlichen Überlieferung der Wissenschaften im frühen Islam, in: Der Islam 62 (1985), S. 201–230.

2.2 Füllung von Rechtslücken

Was geschieht aber mit solchen Fällen, die nicht explizit in den Texten erwähnt werden? Der Prophet, der selber Regelungen mitgeteilt und die Offenbarung verkündet hat, weilt ja nicht mehr unter den Menschen. Wie kann der schweigende Gesetzgeber zu den neuen Fällen konsultiert werden, wenn er der maßgebliche Gesetzgeber ist? An dieser Stelle tritt ein Schlüsselmoment für die Entwicklung der islamischen Rechtsmethodik ein: Der *iğtihād* des Gelehrten, die nichtgeregelten Fälle in Anlehnung an die Texte (und auch darüber hinaus) zu regeln, wird wie ein *bayān* des Gesetzgebers gewertet. Wir können diesen Moment wie folgt umschreiben: Der Fleiß des Gelehrten, analog zu den Informationen in den Quellen eine Rechtslücke zu füllen, wird *iğtihād* genannt. Die unmittelbare Textnähe zu den Quellen wird durch einen Analogieschluss erlangt: Durch die Ermittlung des Rechtsgrundes einer juristisch relevanten Aussage in den schriftlichen Quellen, also im Koran und/oder in der Sunna, wird der explizit von den Quellen geregelte Fall mit dem neu zu regelnden Fall in Verbindung gebracht. Wenn der neue Fall auch denselben Rechtsgrund hat, wird er genauso bewertet, wie der Ausgangsfall bewertet wurde. Dies gewährleistet wieder, dass nicht der Mensch oder der Gelehrte für sich den neuen Fall bewertet, sondern die Quellen werden auf den neuen Fall angewandt und den Quellen der Vorzug gegeben. Indem der Analogieschluss oder der *iğtihād* des Gelehrten in Anlehnung an die Quellen als eine weitere Art des *bayān* bezeichnet wird, wird ihm ein gesetzesähnlicher Charakter zugesprochen. Also, der *iğtihād* bringt die schweigenden Quellen zum Sprechen und lässt den schweigenden Sender wieder aktiv werden.

2.3 Dekontextualisierung der Texte

Damit aber eine Übertragung auf neue Fälle und die Gewinnung sekundärer und tertiärer Bedeutungen möglich werden, müssen die textuellen Quellen Aussagen beinhalten, die keine zeitliche Begrenzung kennen und überzeitlich gedacht werden können. Dies drückt sich in der folgenden Formel aus: Berücksichtigt wird der allgemeine Wortlaut und nicht der spezifische Anlass. Um den Sinn dieser Formel nachvollziehen zu können, ist es an dieser Stelle angebracht, die Art und Weise, wie der Koran offenbart wurde, anzusprechen und anzuschauen, was genau unter der Sunna zu verstehen ist.

Der Koran wurde nach der Mehrheitsmeinung der Gelehrten zu unterschiedlichen Anlässen herabgesandt, und zwar in ca. 23 Jahren. D.h., dass der

Koran auf gewisse Ereignisse „reagiert" und dementsprechend zu spezifischen Anlässen Koranpassagen offenbart werden, oder der Prophet in gewissen Fällen gewisse Lösungen vorschlägt. Wenn nun der Koran und die Sunna Lösungen und Vorschriften beinhalten, die auf konkrete, historische Anlässe eingehen, wie ist es möglich, sie von diesem Kontext loszulösen und ihnen einen Allgemeinheitscharakter zuzusprechen? Die Mehrheit der Gelehrten geht davon aus, dass der Koran von der himmlischen Sphäre, in der er schon fertig auf der sogenannten wohlbewahrten Tafel *(al-lawḥ al-maḥfūẓ)* vorlag, wo alles schriftlich festgehalten ist, im Jahre 609, im Monat Ramadan, in der „Nacht der Bestimmung" *(laylat al-qadr)* als Ganzes auf die irdische Sphäre, „Haus der Erhabenheit" *(bayt al-ʿizza)* , herabgesandt wurde. Also lag der Text des Korans schon als Ganzes vor. Von dort aus wurde der Koran, so die Mehrheitsmeinung, stückweise bei passender Angelegenheit herabgesandt.[6] Ich nenne diesen Prozess den Textwerdungsprozess des Korans in der Wahrnehmung der Mehrheit der Theologen. Da der Koran nun zu einem Text geworden ist und Aussagen beinhaltet, die zu möglichen spezifischen Anlässen herabgesandt wurden, aber auch ohne solche Anlässe Geltungsanspruch haben, können die Aussagen des Korans unabhängig vom Anlass verstanden werden. Dann gilt der allgemeine Wortlaut: Alles, was vom Wortlaut ableitbar ist und der evidenten Bedeutung der Aussage nicht widerspricht, gilt somit für die Gelehrten als die hinter den Aussagen intendierte Bedeutung, die Gott und der Prophet Muhammad mitgeteilt haben.

Ähnliches gilt auch für die Aussagen des Propheten. Zwar sind sich die Gelehrten darin einig, dass im Gegensatz zum Koran die Aussagen des Propheten nicht unbedingt eins zu eins tradiert wurden und die Möglichkeit, dass ein Prophetengefährte die Worte, die der Prophet benutzt haben könnte, durch seine eigenen Worte ersetzt, groß ist. Daher gehen sie zunächst nicht davon aus, dass der allgemeine Wortlaut gilt. Nur ein Indiz kann zeigen, dass mit der Aussage eine allgemeine Aussage zu formulieren beabsichtigt wurde oder das Fehlen eines Hinweises, dass eine spezifische Aussage vorliegt, kann zeigen, dass eine allgemeine Aussage vorliegt.[7]

---

6 Vgl. Ǧalāl ad-Dīn as-Suyūṭī: *al-Itqān fī ʿulūm al-Qurʾān*, Medina o.J., Bd. 1, S. 268–272
7 Vgl. z.B. Badr ad-Dīn az-Zarkašī: *al-Baḥr al-muḥīṭ fī uṣūl al-fiqh*, Kuwait 1992, Bd. 3, S. 170 ff.

2.4 Erstellung eines Textkorpus mit neuem „Kontext"

Da nun die Aussagen in Koran und Sunna von ihrem eigenen historischen Kontext isoliert werden können, lassen sich voneinander unabhängige Aussagen, die dasselbe thematisieren, in Beziehung zueinander setzen. Der Koran, der ursprünglich eine mündliche Rede war, liegt ja als Schrift vor. Der die Bedeutung der koranischen Aussagen determinierende historische Kontext liegt nicht mehr vor, sodass neue Bedeutungen aus den Aussagen generiert werden können. Jede Aussage kann nun vom innertextuellen Kontext isoliert werden und mit weiteren Koranpassagen oder weiteren Hadithen in Verbindung gebracht werden. Diese Bedeutungen kann man aber nicht beliebig generieren, da jeder Widerspruch zum evidenten Wortlaut der Aussage bedeuten würde, dass man die Grenzen der Bedeutungsgenerierung überschreitet, so die Mehrheitsmeinung. Das objektive Maß, ob eine Bedeutung zugänglich ist, ist nach der klassischen Lehre der Widerspruch der Bedeutung zum allgemeinen Wortlaut einer Aussage. Wir können festhalten, dass sowohl der Bezug auf den allgemeinen Wortlaut und die Isolation vom innertextuellen und historischen Kontext den Gelehrten dazu befähigen, neue Bedeutungen zu generieren, aber dieser Textbezug soll zugleich eine starke Eisegese, d.h. ein „Hineinlesen in den Text" unterbinden.

Durch die Isolation und die Berücksichtigung des allgemeinen Wortlauts versuchen die Gelehrten dem Anspruch gerecht zu werden, die Bedeutungen zu rekonstruieren, die die Erstadressaten wahrgenommen haben oder wahrgenommen haben könnten, da sie eine direkte Verbindung zu den Quellen hatten, die in ihrer Sprache und in ihrem Umfeld entstanden sind.

2.5 Die Auslegungsmethoden

Da nun der allgemeine Wortlaut ausgelegt werden kann, und unterschiedliche Aussagen zum gleichen Sachverhalt zusammengetragen wurden, müssen die Gelehrten nun ermitteln, welche Aussagen im Koran allgemeiner Natur sind und welche spezifisch. D.h., wenn der Koran die Aussage trifft „Die Gläubigen sollen X tun!", in wie weit ist diese Aussage allgemein? Sind Spezifikationen möglich, d.h. sind andere Aussagen vorhanden, die über X sprechen und das Spektrum der Aussage oder der Gläubigen reduzieren? Wenn ja, in welchem Verhältnis stehen diese Aussagen zueinander.

Eine kontrovers diskutierte und stark durchdeklinierte Methode ist die Spezifikation. Wenn eine allgemeine Aussage und eine spezifische Aussage in

Bezug auf ein und dasselbe Thema vorliegen, gehen die meisten Gelehrten davon aus, dass die allgemeine Aussage von der spezifischen Aussage spezifiziert wird, ungeachtet des Zeitpunktes der getroffenen Aussage.[8]

Es sind auch Alternativen vorhanden. Die Rechtsgelehrten, die der ḥanafitischen Rechtsschule zugehören – eine der vier großen sunnitischen, heute noch lebenden Rechtsschulen – sind der Auffassung, dass der Zeitpunkt durchaus zu berücksichtigen ist. Wenn eine spezifische Aussage später erfolgt als eine allgemeine, so hebt sie die allgemeine Aussage entweder vollständig auf, oder nur diesen Teil, den die spezifische Aussage regelt.[9]

Neben der Ermittlung des Umfangs einer Aussage spielt für die Gelehrten auch die Frage eine besondere Rolle, welchen normativen Status eine Aussage hat. Generell gehen die Gelehrten davon aus, dass wenn eine gebietende Aussage vorliegt, diese Aussage als Verpflichtung verstanden wird, bis ein Hinweis eine andere mögliche Deutung erlaubt.[10] Analog hierzu: Liegt eine verbietende Aussage vor, so ist zunächst davon auszugehen, dass von dieser Aussage ein Verbot abgeleitet werden muss, sofern nicht ein Hinweis vorliegt, der eine Umdeutung erlaubt.[11]

Neben der Auslegung des Wortlautes sind die Gelehrten nun auch dazu fähig, – abgesehen von den Ḥanafiten und einigen weiteren Gelehrten – durch den Umkehrschluss weitere Regelungen aus dem Koran und der Sunna zu gewinnen.[12] Ferner können sie auch durch das Erst-recht-Argument weitere Bedeutungen aus dem Koran und der Sunna gewinnen und Rechtslücken mit dieser Methode füllen. Ich möchte für beide Fälle ein Beispiel anführen.

Es heißt in Sure 17:23: „Beschlossen hat dein Herr, dass ihr ihm allein dienen sollt und dass ihr eure Eltern gut behandelt. Wenn sie alt geworden sind bei dir, gleichviel ob einer oder beide, so sag nicht ‚Pfui' zu ihnen, und fahre sie nicht an!" Dieser Vers zeigt, dass man den Eltern nicht schaden soll. Wenn nun „Pfui" zu sagen nicht einmal zulässig ist, so gilt erst recht, dass man die Eltern nicht schlagen oder schlecht behandeln darf. Aus der Bedeutung der Vorschrift „sag nicht Pfui" wird verstanden, dass gewisse weitere Handlungen erst recht zu unterlassen sind.[13]

---

8 Vgl. az-Zarkašī 1992 (s. Anm. 7), Bd. 3, S. 46.
9 Vgl. ʿAbdalʿazīz al-Buḫārī: *Kašf al-asrār*, Beirut 1997, Bd. 1, S. 448.
10 Vgl. Sayf ad-Dīn al-Āmidī: *al-Iḥkām fī uṣūl al-aḥkām*, o.O. 2005, Bd. 1, S. 368.
11 Vgl. Šihāb ad-Dīn al-Qarāfī: *Muḫtaṣar Tanqīḥ al-fuṣūl*, o.O. 2007, S. 51
12 Vgl. az-Zarkašī 1992 (s. Anm. 7), Bd. 4, S. 13.
13 Vgl. Abū Ḥāmid Muḥammad al-Ġazālī: *al-Mustaṣfā min ʿilm uṣūl al-fiqh*, o.O. o.J., Bd. 3, S. 412 f.

Für den Umkehrschluss wird folgendes prominentes Beispiel genannt. Wenn jemand vierzig Schafe besitzt, so muss diese Person ein Schaf als Almosensteuer entrichten. Gilt aber dies für alle Schafe? In einem Hadith heißt es, dass freiweidende Schafe mit der Almosensteuer besteuert werden. Im Umkehrschluss bedeutet das, dass für gemästete Schafe keine Steuer anfällt, da der Hadith nur freiweidende Schafe besteuert.[14] Allen voran widersprechen die Ḥanafiten dieser Herangehensweise und sagen, dass wir nicht wissen können, ob der Gesetzgeber durch den Umkehrschluss so etwas beabsichtigt habe. Wir können nur sagen, dass freiweidende Schafe besteuert werden und gemästete nicht, da wir davon ausgehen, dass alle Dinge bewertungsfrei sind, solange nicht ein Hinweis das Gegenteil zeigt. Das würde in dem hiesigen Fall heißen, dass eigentlich für jede Art von Tieren keine Steuer fällig wird und nur für diejenigen Tiere Steuer erhoben wird, die in den Quellen explizit genannt werden.[15]

Es sind noch weitere Methoden vorhanden, aus den expliziten Aussagen implizite Bedeutungen herauszulesen, um weitere Rechtslücken durch explizite Aussagen zu regeln. Bildlich vorzustellen sind diese Methoden als eine Art „Zwischen den Zeilen zu lesen". Hierzu gehört die Andeutung *(išāra)* und die notwendige Ergänzung des Textes (sog. *iqtiḍāʾ an-naṣṣ*), damit die Aussagen in den Texten als wahr gelten und in die Rechtsprechung einbezogen werden können.

Eine Normderivation durch die Andeutung des Textes *(išārat an-naṣṣ)* geschieht dadurch, dass durch eine grammatische Auslegung dem Text weitere Bedeutungen entnommen werden können, sodass dieser Bedeutung unterstellt werden kann, dass der Gesetzgeber sie implizit intendiert hat. Ein Beispiel: Sure 2,233 besagt: „Und der Vater der betreffenden Kinder ist verpflichtet, während dieser Zeit ihren Unterhalt und ihre Kleidung in rechtlicher Weise zu bestreiten *(wa-ʿalā l-mawlūdi lahunna...).*" Der Text weist u.a. explizit auf die Verpflichtung des Vaters hin, für den Unterhalt *(nafaqa)* des Kindes zu sorgen. Der Text spielt darauf an, dass das Kind auf den Vater zurückgeführt und seine Genealogie über ihn bestimmt wird. Das Wort *lahunna* gilt als Indiz für diese durch die Anspielung gewonnene Bedeutung.[16]

---

14 Vgl. Abū Dāwūd as-Siǧistānī: *Sunan Abī Dāwūd*, Kairo 2010, Kitāb az-Zakāt, Bāb 5, Ḥadīṯnummer 1567.
15 Vgl. al-Ġazālī o.J. (s. Anm. 13), Bd. 3, S. 419–425.
16 Vgl. Abū Zayd ad-Dabūsī: *Taqwīm al-adilla*, Beirut 2007, S. 130 ff.

Die notwendige Ergänzung: Wenn eine Aussage vom Propheten z.B. vorliegt, die besagt, dass Muhammads Umma davon „befreit" wurde, Fehler zu begehen, zu vergessen oder darunter zu leiden, zu einer Handlung genötigt zu werden,[17] es aber offensichtlich ist, dass Muslime Fehler begehen und auch vergessen, dann wird sie ergänzt, damit diese Aussage gültig wird: Muhammads Umma wurde davon befreit, dass Fehler, das Vergessen und Handlungen, zu denen man genötigt wurde, als Sünde gelten. Bevor der Text, der eine intakte Überlieferungskette besitzt, verworfen wird, wird er ausgelegt. Denn eine intakte Überlieferungskette ohne besonderer Fehler oder Auslassungen, kann zu einer Aussage führen, die vom Propheten stammt.

2.6 Die Füllung von Rechtslücken durch die Analogie

Können die Texte, auch mit ihren Implikationen die Rechtslücken nicht füllen, greifen weitere Methoden ein, um die Rechtslücke im Sinne der Intention des Gesetzgebers zu füllen. Mit wenigen Ausnahmen wird der Analogieschluss, der sogenannte qiyās in solchen Fällen angewendet. Umschrieben werden kann der Analogieschluss folgendermaßen: In einer expliziten koranischen oder prophetischen Aussage (Ausgangsfall, aṣl) wird ein Rechtsgrund (ʿilla) ermittelt. Dieser Rechtsgrund befindet sich auch in einem weiteren Fall (Zielfall, farʿ), der aber von den Quellen nicht geregelt wird. Da der Ausgangsfall und der Zielfall beide denselben Rechtsgrund haben, wird der Zielfall analog zum Ausgangsfall bewertet. Diese Beschreibung des Analogieschlusses kann als Sammelbegriff für viele Methoden fungieren oder im engeren Sinne eine Analogie sein. Z.B. wird auch die Ausweitung des Verbots, Traubenwein zu konsumieren, auf ein Alkoholverbot als *qiyās* wiedergegeben, wobei hier keine Analogie vorliegt, sondern eine Art Subsumtion, vor allem dann, wenn – so wie die Mehrheit der Gelehrten annimmt – das Wort ḫamr nicht nur Traubenwein bedeutet, sondern als ein Sammelbegriff für alkoholhaltige Getränke bestimmt wird.[18] Es ist auch umstrit-

---

[17] Mit ähnlichem Wortlaut s. Ibn Māǧa: *Sunan Ibn Māǧa*, Kairo 2010, S. 344, Kitāb aṭ-Ṭalāq, Bāb 16, Ḥadīṯnummer 2044 und 2045. Wörtlich ist hier die Rede von "aufheben" und nicht von "befreien".

[18] Vgl. Abū l-Walīd Ibn Rušd: *Bidāyat al-muǧtahid wa-nihāyat al-muqtaṣid*, Amman u.a. o.J., S. 521 ff. Viele Gelehrte nehmen nach Ibn Rušd an, dass ḫamr in Sure 5,90, wo ḫamr zu konsumieren untersagt wird, als ein Sammelbegriff für alkoholhaltige Getränke an. Andere wiederum sagen, dass ḫamr nur im Sinne von Traubenwein verwendet wird, da in anderen Fällen der Prophet alkoholhaltige Getränke nicht als ḫamr bezeichnet, sondern unterschiedliche Begriffe verwendet.

ten, in wie weit das Erst-recht-Argument als eine Analogie gilt oder davon unabhängig ist.[19]

2.7 Alternative: Berücksichtigt wird der spezifische Anlass und nicht der allgemeine Wortlaut

Die Analogie oder die impliziten Bedeutungen in den Normderivationsprozess zu beziehen und Bedeutungen zwischen den Zeilen zu lesen und nur den Rechtsgrund – oder weitere verbindende Elemente – als Verbindung zwischen dem explizit in den Quellen genannten Ausgangsfall und die Rechtslücke zu betrachten, wird vor allem dadurch ermöglicht, dass der spezifische Anlass nicht berücksichtigt wird, sondern der allgemeine Wortlaut der Quellen. Es gibt aber auch eine alternative Herangehensweise unter den muslimischen Gelehrten, die aber nur als eine Minderheitsmeinung in den Quellen überleben konnte.

Diese Meinung besagt, dass der spezifische Anlass einer Aussage berücksichtigt werden muss und nicht der allgemeine Wortlaut. Der Grund liege darin, dass die Botschaft des Korans oder das islamische Recht das Ziel habe, stets einen Nutzen herbeizuführen und/oder einen Schaden abzuwehren. Wenn nun die Aussagen vom spezifischen Anlass isoliert betrachten werden, kann nicht entdeckt werden, welcher Nutzen oder welches Interesse der Menschen *(maṣlaḥa)* mit der Regelung einer Sache geschützt wird oder welcher Schaden *(mafsada)* abgewendet wird. Der historische Kontext kann mir in den meisten Fällen zeigen, welche *maṣlaḥa* hinter einer Regelung steckt. Wenn man nur den allgemeinen Wortlaut berücksichtige, könne die *maṣlaḥa*, die zu schützen intendiert wurde, nicht mehr oder nur zufällig geschützt werden.[20] Diese Ansicht hat vieles für sich, da man stets bedenken muss, dass die Gewohnheit der Menschen bestimmt, was eine *maṣlaḥa* oder eine *mafsada* ist, sprich was als nützlich oder was als schädlich bewertet wird. Die Mehrheit der Gelehrten geht davon aus, dass die Dinge – aus juristischer Sicht – auf der Welt nicht rein nützlich oder schädlich, sondern eher ambivalent sind. Die Gewohnheit der Menschen zeigt, dass der Nutzen einer Sache überwiegt oder der Schaden. Wenn nun die Gewohnheit der Menschen, also der *ʿurf* bestimmt,

---

19 Für weitere Informationen s. Wael Hallaq: Non-Analogical Arguments in Sunni Juridical Qiyās, in: Arabica 36 (³1989), S. 286–306.
20 Vgl. Ibn al-Qaṣṣār al-Baġdādī: *Muqaddima fī uṣūl al-fiqh*, Riyad 1999, S. 242 ff.

was als Schaden und was als Nutzen oder als schützenwertes Interesse der Menschen gilt, wie kann dann von den Aussagen in Koran und Sunna, unabhängig vom historischen Kontext, bestimmt werden, welche *maṣlaḥa* sie genau schützen? Dass die Gewohnheit oder *ʿurf* der Menschen unabhängig vom historischen Kontext ist, ist wohl kaum zu vertreten.

Generell gilt die theologische Prämisse, dass das Gute und Böse nur dadurch zu erkennen sei, dass Gott das Gute befiehlt und das Böse verbietet. Nur diese gebietenden und verbietenden Aussagen Gottes könnten zeigen, was gut und schlecht ist.[21] Daher sind auch den Quellen zu vertrauen, um das Schädliche zu vermeiden und das Nützliche herbeizuführen, bevor der Gelehrte eigenmächtig zu bestimmen versucht neue Regelungen zu formulieren und die vorhandenen, aus den Quellen durch die Textauslegung gewonnen Regelungen zu revidieren. Diese beiden Positionen im islamischen Recht stehen sich gegenüber und beeinflussen auch indirekte die Koranexegese. Meines Erachtens ist die alternative Herangehensweise, den spezifischen Anlass der jeweiligen Koranpassage – das muss nicht ein partikulares Ereignis sein, sondern kann auch von der allgemeinen Lage im damaligen Arabien (Mekka, Medina) abgeleitet werden – zu berücksichtigen, mehr Gewichtung verdient. Vor allem dann, wenn vor Augen gehalten wird, dass diese Herangehensweise den Koran als die ursprüngliche mündliche Rede würdigt und ihn nicht zum Text werden lässt, was durchaus problematisch ist.

Wir haben an dieser Stelle einen zentralen Terminus angesprochen, und zwar das Interesse *(maṣlaḥa)*, oft auch als Nutzen übersetzt. Die Gelehrten sind sich darin einig, dass alle Methoden dazu dienen, Regelungen aus den Texten abzuleiten, die das Nützliche herbeiführen und das Schädliche abwenden, was sich in dieser Form als allgemeines Prinzip etabliert hat.[22] Deswegen wird auch im Rahmen des Analogieschlusses befürwortet, dass das, was als Rechtsgrund gefunden wurde, diesem Ziel gerecht wird, oder dem passend/kongruent ist (daher wird diese Eigenschaft auch als „kongruente Eigenschaft" genannt, *(al-waṣf al-munāsib)*. Ob nun befürwortet wird, dass der allgemeine Wortlaut oder der spezifische Anlass berücksichtigt wird oder nicht; jeder hat den Anspruch, den übergeordneten Zielen der Scharia gerecht

---

21 S. hierfür Ulrich Rudolph: Ratio und Überlieferung in der Erkenntnislehre al-Ašʿarī's und al-Māturīdī's, in: Zeitschrift der Deutschen Morgenländischen Gesellschaft 142 (1992), S. 72–89.

22 Dies wird im Arabischen wiedergegeben als *al-ʿibratu bi-ʿumūmi l-lafẓi lā bi-ḫuṣūṣi s-sabab*.

zu werden, weshalb an dieser Stelle diese Ziele – auch als hermeneutische Grundlage – angesprochen werden müssen.

2.8 Die übergeordneten Ziele der Scharia

Man leitet aus Koranversen und aus Hadithen ab, dass es gewisse Interessen *(maṣāliḥ, Sg. maṣlaḥa)* gibt, die es zu schützen gilt oder die vom Gesetzgeber als nicht zu schützenswert betrachtet wurden. Die Interessen, die geschützt werden müssen, können in den Quellen explizit erwähnt sein, wie etwa das Interesse der Menschen, dass ihr Hab und Gut geschützt werden muss. Solche Interessen werden anerkannte Interessen *(maṣāliḥ muʿtabara)* genannt und werden von den Quellen explizit geschützt. Wenn nun in den Quellen eine Sache geregelt wird, dadurch ein Interesse geschützt wird, wird dem Gelehrten die Möglichkeit entzogen, eine Alternative zu nennen. Zum Beispiel: Im Koran wird für den Schwurbruch als Sühne festgelegt entweder zu fasten oder zehn Arme zu speisen. Nun, derjenige, der seinen Schwur bricht, kann auswählen, welche Sühne er erbringen möchte. Kein Gelehrter hat das Recht, ihn nur auf eine Sühne zu beschränken und z.B. zu sagen, dass wenn derjenige, der die Sühne leisten müsste, reich ist, dass er unbedingt fasten müsste, weil zehn Arme zu speisen für ihn eine leicht zu befolgende Sache sei. Er könne aus der Sühne keine Lehre ziehen. Solch ein Interesse zu befolgen sei nichtig, denn der Gesetzgeber selbst habe eine Auswahlmöglichkeit zugelassen. Daher sei das Interesse aufgehoben oder nichtig erklärt *(maṣāliḥ mulġā)*.[23]

Es sind aber auch solche Interessen vorhanden, zu denen der Gesetzgeber geschwiegen hat. Deswegen werden sie auch „unqualifizierte, unberührte Interessen" *(maṣāliḥ mursala)* genannt. Diese werden von den Gelehrten zu systematisieren versucht. Die unqualifizierten Interessen teilen sich in hierarchisch angeordnete drei Kategoiren auf.[24]

1) Die notwendig zu schützenden Interessen *(aḍ-ḍarūriyyāt)*: Hierzu gehört der Schutz des Lebens, der Vernunft, der Religion, des Besitz und der Nachkommen. Jede Auslegung der Koranverse oder Hadithe, die diesen fünf notwendig zu schützenden Interessen widersprechen sind nichtig. Außerdem gilt, wenn keine Texte eine Sache weder explizit noch implizit regeln, noch eine

---

23 Vgl. Serdar Kurnaz: Der Diskurs über *maqāṣid aš-šarīʿa* – Eine begriffshistorische Untersuchung, in: Jameleddine Ben Abdeljelil: *Maqāṣid aš-Šarīʿa. Die Maximen des islamischen Rechts*, Berlin 2014, S.98 ff.
24 Vgl. Serdar Kurnaz 2014 (S. Anm. 23), S. 101 ff.

direkte Verbindung durch eine Analogie möglich ist, werden die Fälle gemäß diesen notwendig zu schützenden Interessen geregelt. Denn ohne die Berücksichtigung dieser Interessen kann laut Mehrheit der Gelehrten eine Gesellschaft nicht existieren.

2) Die bedürfnisorientierten Interessen *(al-ḥāǧiyyāt)*: Im Gegensatz zur ersten Stufe kann eine Gesellschaft zwar ohne die Berücksichtigung solcher Interessen existieren, jedoch würde sie unter Schwierigkeiten leiden und nur mit Mühsal leben können. Z.B. wird es erlaubt, auf eine Zahlung hin etwas anzufertigen und zu einem gewissen Termin zu liefern, obwohl es als Prinzip verboten ist, das Nichtvorhandene zu verkaufen. Die Gelehrten sind sich nicht einig, ob solche Interessen unabhängig von den Texten in die Rechtsprechung einbezogen werden können. Der einflussreiche Gelehrte al-Ġazālī ist dagegen,[25] da er einen starken Textbezug für die Normderivation voraussetzt, wohingegen andere Gelehrte wie aš-Šāṭibī von einer Interdependenz der unterschiedlichen Stufen ausgehen und sagen, dass wenn die bedürfnisorientierten Interessen nicht berücksichtigt werden, die notwendig zu schützenden Interessen auch geschädigt werden können, sodass es dazu kommen kann, dass sie auch nicht mehr geschützt werden können.[26]

3) Die verschönernden Interessen *(at-taḥsīniyyāt)*: Solche Interessen gehören zu den Elementen, die das Leben verschönern und vereinfachen, so wie etwa sich von der Verschwendung zurück zu halten. In der Frage, ob sie auch berücksichtigt werden müssen, scheiden sich die Geister wie in Bezug auf die bedürfnisorientierten Interessen.

In Anlehnung an diese Theorie, die *maqāṣid aš-šarīʿa* (Ziele der Scharia) genannt wird, besteht unter den Gelehrten die Frage, inwieweit Regelungen, die aus den textuellen Quellen abgeleitet wurden, revidiert werden können, indem in Anlehnung an diese Ziele argumentiert und Alternativen vorgeschlagen werden. Umstritten ist auch, welche Interessen zu berücksichtigen sind, wenn die Texte zu einem Fall schweigen und keine direkte Verbindung zu den Quellen aufzubauen ist. Es sind Tendenzen wie von al-Ġazālī (gest. 505/1111) vorhanden, der zu den ersten gehört, die die *maqāṣid*-Systematik entworfen haben, die den Texten Vorzug geben und sagen, dass stets die Lösung zu gelten hat, die der Text vorschlägt. Nur in äußersten Fällen, in denen die notwendig zu schützenden Interessen geschädigt werden, kann eine Ausnahmeregelung

---

25 Vgl. Serdar Kurnaz 2014 (S. Anm. 23), S. 120 f.
26 Vgl. Serdar Kurnaz 2014 (S. Anm. 23), S. 131 ff.

getroffen werden, indem mit Hilfe der *maqāṣid* die Quellen ausgelegt werden.[27]

Eine entgegengesetzte Position ist von aṭ-Ṭūfī (gest. 716/1316) festzustellen. Dieser sagt, dass die Berücksichtigung der Interessen der Menschen stets größeren Vorrang hat gegenüber der reinen Textauslegung. Denn durch die Textauslegung kann es dazu kommen, dass man das Interesse der Menschen nicht schützt und an der Realität vorbeigeht. Daher müsse man, sofern die Lösungen der Textauslegung mit der Lösung, die durch Berücksichtigung der *maqāṣid* gewonnen wurde, kollidieren, der Berücksichtigung der *maṣlaḥa* Vorrang geben.[28] Auch wenn die Theorie von aṭ-Ṭūfī im Allgemeinen auf diese Weise dargestellt wird, ist bei näherer Betrachtung seiner kleinen Abhandlung zu diesem Thema zu sehen, dass er die Berücksichtigung der *maṣlaḥa* gegenüber der herkömmlichen Textauslegung nur in einem kleinen Bereich des Rechts zur Anwendung bringen möchte. Und zwar schlägt er vor, in den Fällen, in denen kein expliziter Text vorliegt und mit der Textauslegung die Berücksichtigung der *maṣlaḥa* im Bereich der zwischenmenschlichen Handlungen und nicht der Gottesdienste kollidiert, die Berücksichtigung der *maṣlaḥa* zu bevorzugen sei.[29]

Diese Herangehensweise von aṭ-Ṭūfī wird in den modernen Zugängen weitergedacht und gesagt, dass die übergeordneten Ziele der Scharia über die Gültigkeit der Lösungen, die durch die Textauslegung vorgeschlagen werden, entscheiden. Das aber wiederum widerspricht der klassischen Rechtsmethodik, die den Überlieferungen gegenüber der teleologischen Argumentation in Anlehnung an die Ziele der Scharia den Vorzug gibt. Es gilt aber auch zu betonen, dass die klassische Textauslegung nicht konsequent ausgeführt wird, die zeigen kann, dass die Lösung in Anlehnung an die Auslegungsmethoden nicht anwendbar ist, sodass im zweiten Schritt im Rahmen der erkenntnistheoretischen Grenzen der klassischen Rechtsmethodik die Anwendung der Ziele der Scharia möglich werden. Eine Harmonisierung beider Herangehensweisen ist durchaus möglich.

---

27 Vgl. al-Ġazālī (s. Anm. 13), Bd. 2, S. 478 ff., Bd. 3, S. 620 ff.;
28 Naǧm ad-Dīn aṭ-Ṭūfī: *Ar-Risāla fī riʿāyat al-maṣlaḥa*, Beirut 1993, S. 23 f.
29 Vgl. aṭ-Ṭūfī 1993 (s. Anm. 28), S. 44 ff.

2.9 Auswirkungen auf die Koranexegese

All diese Diskussionen, besonders die klassische Herangehensweise, dass die Texte nach dem allgemeinen Wortlaut und nicht dem spezifischen Anlass gelesen werden sollten, haben besonders die Koranexegese beeinflusst. Juristisch relevante Verse wurden im Rahmen der Rechtsschule, der der Koranexeget zugehörte, verstanden und ausgelegt. Dabei wurden auch die Ansichten anderer Rechtsschulen angegeben und auch kritisch reflektiert.[30] Auch weitere nicht juristische bzw. juristisch irrelevante Passagen wurden vom eigenen Kontext losgelöst gelesen und die Bedeutungen einzelner Wörter semantisch erweitert. Nehmen wir die ersten fünf Verse der Sure 96 als Beispiel. Es heißt dort „Trag vor im Namen deines Herrn, der schuf, den Menschen aus Anhaftendem schuf! Trag vor! Denn dein Herr ist's, der hochgeehrte, der mit dem Schreibrohr lehrte, den Menschen, was er nicht wusste, lehrte." Der Vers „Er erschuf den Menschen aus Blutklumpen/Anhaftendem" kann, wenn man den Vers nach dem allgemeinen Wortlaut auslegt, embryologisch gedeutet werden, sodass der Vers sogar dahingehend strapaziert werden kann, ihn zum Gegenstand einer wissenschaftlichen Exegese zu machen.[31] Kontextualisiert man den Vers auch in Bezug auf weitere mekkanische Suren, in denen von „dem Menschen" *(al-insān)* die Rede ist und auf seine Erschaffung aufmerksam gemacht wird, kann festgestellt werden, dass mit *al-insān* immer ein polytheistischer Araber gemeint ist.[32] Die Botschaft, die in all diesen Versen und in dem hier thematisierten Vers ist, wenn man wie Öztürk kontextualisiert und Parallelstellen im Koran analysiert, dass der Koran die polytheistischen und sich gegen Gott und den Propheten auflehnenden Araber darauf aufmerksam macht, aus was er erschaffen wurde und wie er es wagen kann, sich gegen Gott aufzulehnen, der ihn aus diesem Klumpen, oder „einfachem Wasser"[33] erschaffen hat. Die Botschaft in dieser mekkanischen Sure, ist meines Erachtens, durch die Kontextualisierung viel wirkungsvoller, wenn man bedenkt, dass die damaligen Araber, so Öztürk, nicht daran interessiert sein könnten, embryologische Botschaften zu erhalten. Außerdem ist davon auszugehen, dass der Koran sich der Vorstellung der Araber bedient hat, was die embryonale Entwicklung an-

---

30 Vgl. Faḫr ad-Dīn ar-Razi: *Mafātīḥ al-ġayb*, Beirut 1981, Bd. 6, S. 69 ff., Exegese zu Sure 2:222.
31 Dann nämlich kann behauptet werden, dass der Koranvers schon im siebten Jahrhundert Dinge gesagt hat, die mit der modernen Wissenschaft in Einklang sind.
32 Eine Liste dieser Person, die mit al-insān gemeint sind, kann der Liste bei Ibn al-Ǧawzī entnommen werden, s. Abu l-Faraǧ Ibn al-Ǧawzī: *Nuzhat al-aʿyun an-nawāẓir*, Beirut 1985, S. 177–183.
33 Sure 16:40 und 36:77

belangt. Der Koran arbeitet auf, was bekannt ist, und macht auf seine Botschaft durch das bereits bekannte Wissen aufmerksam.[34]

Die Isolation der einzelnen Koranpassagen befähigt den Koranexegeten dazu, unterschiedliche Koranverse aufeinander zu beziehen und den Koran mit Hilfe anderer Koranversen zu erklären. Hier greifen auch die Grundsätze des *bayān*, dass der Koran auch erklärend wirkt und nicht nur Informationen mitteilt. Zwar haben wir oben gesehen, dass auch die kontextualisierende Herangehensweise weitere Koranverse zur Klärung heranzieht, aber der Unterschied liegt darin, dass jeder Vers in seinem Kontext verstanden und die Parallelen, die vorliegen, es erlauben, sie im größeren Kontext zusammenzudenken. Aber die isolierende Herangehensweise richtet sich nur am Wortlaut, die Tatsache wenig berücksichtigend, dass jede Aussage für sich stehen und auf eine Besonderheit aufmerksam machen kann. Besonders stark wird diese Formel durch Ibn Taymiyya gemacht, dass zunächst der Koran den Koran selbst erklärt, dann die Aussagen und Handlungen des Propheten in Form von Überlieferungen und dann die Aussagen der Prophetengefährten und der Nachfolgergeneration. Hier wird wieder am oben genannten Verständnis von *bayān* festgehalten: zunächst muss auf die schriftlichen Quellen Bezug genommen werden. Ibn Tamiyya verwirft zwar die Auslegung koranischer Verse mit der Vernunftargumentation *(ar-ra'y)*, aber dies hat sich in der klassischen Theorie nicht durchgesetzt.[35]

Dieser *bayān*-Bezug hier hat aber auch aus Sicht der kontextualisierenden Herangehensweise seine Berechtigung. Denn wie will man den historischen Kontext entdecken, wenn man sich nicht auf die Überlieferungen beruft, die von der Generation der Prophetengefährten oder der der Nachfolgergeneration stammen. Zumindest sind sie diejenigen, die entweder die Offenbarung miterlebt haben oder am nahsten zur Offenbarungszeit sind und durch diesen zeitlichen Vorteil am ehesten erkennen können, was die Erstadressaten verstanden haben könnten. Der neue Schritt heute könnte der sein, dass die Bot-

---

34 Diese Argumentationsstruktur wird *lāzim fā'idat al-ḫabar* genannt. Die Betonung der historischen Kontextualisierung zeigt sich auch darin, dass Muḥammad 'Izzat Darwaza ein koranexegetisches Werk geschrieben hat, das die Suren nach der Reihenfolge der Herabsendung anordnet und aus dieser Sicht auszulegen beabsichtigt. Neben Darwaza hat auch Muḥammad 'Ābid al-Ǧābirī fortgeführt und eine ähnliches koranexegetisches Werk geschrieben mit dem Titel *Fahm al-Qur'ān al-'aẓīm*, für einige Bemerkungen zu diesen Werken s. Ömer Özsoy: Das Unbehagen der Koranexegese, in: Frankfurter Zeitschrift für islamisch-theologische Studien 1 (2014), S. 29–68, S. 41 f.

35 Vgl. Tagī d-Dīn Aḥmad Ibn Taymiyya: *Muqaddima fī uṣūl al-fiqh*, o.O. ²1972, S. 93–115.

schaft heute aktualisiert werden kann, indem an der Botschaft orientiert eine neue Lösung eines gesellschaftlichen Problems vorgeschlagen wird.

Wir können aber festhalten, dass im Gegensatz zu der islamischen Rechtsmethodik die Koranwissenschaften die Kontextualisierung der Verse eher zulässt. Auch wenn das Grundprinzip „Berücksichtigt wird der allgemeine Wortlaut und nicht der spezifische Anlass" weiterhin gilt, betont az-Zarkašī, dass viele Verse – vor allem juristisch irrelevante Verse – kontextualisiert werden müssen, sodass überhaupt erst dadurch verstanden werden kann, was gemeint ist. az-Zarkašī untersucht unterschiedliche Fälle, in denen entweder der allgemeine Wortlaut oder der spezifische Anlass greift. Z.B. sagt er, dass Sure 4:58 auf Sure 4:51 bezogen werden muss und nicht unabhängig nach dem allgemeinen Wortlaut verstanden werden darf und im genannten Vers auf Kaʿb b. al-Ašraf angedeutet wird.[36]

In der Kontextualisierung deskriptiver Aussagen des Korans (sogenannte *iḫbārī*-Aussagen) können Tore geöffnet werden für den interreligiösen Dialog. Es kann durch diesen Ansatz gezeigt werden, weshalb der Koran gewisse Aussagen von Juden und Christen kritisiert und welche jüdischen und christlichen Gruppierungen er lobt. Denn durch diesen Schritt könnte es möglich sein, die Botschaft zu entdecken und diese Botschaft auf die heutigen Umstände zu übersetzen. Solch eine Herangehensweise, die als Double-Movement bezeichnet werden kann, wendet Fazlur Rahman auf den gesamten Koran an, worauf wir noch zu sprechen kommen werden.

2.10 Sufische Koranauslegung

In Anlehnung an die *bayān*-Systematik ist zu sagen, dass die Gelehrten die Bedeutung einer Aussage in zwei Kategorien unterteilen. Zum einen kann ein Wort eine wörtliche, wirkliche Bedeutung (*ḥaqīqa*) haben und zum anderen kann ein Wort im übertragenen Sinne (*maǧāz*) verwendet werden. Wenn man sagt „Ich habe einen Bären gesehen" und dabei wirklich meint, das Tier Bär gesehen zu haben, so wird das Wort Bär im wörtlichen, wirklichen Sinne verwendet. Wenn man aber damit meint, einen mutigen und starken Mann gesehen zu haben, so wird das Wort Bär im übertragenen Sinne verwendet. Man kann das Wort im übertragenen Sinne verwenden, weil eine Verbindung zwischen dem wirklichen und dem übertragenen Sinn besteht: Der Bär ist mutig

---

36 Vgl. Badr ad-Dīn az-Zarkašī: *al-Burhān fī ʿulūm al-Qurʾān*, Kairo 2006, S. 28–34.

und stark, und der Mann, den man gesehen hat, ist in der Wahrnehmung des Sehenden ein starker und mutiger Mann. Durch diese Verbindung zwischen Mann und Bär ist es nun möglich zu sagen, einen Bären gesehen zu haben, indem man aber meint, einen starken und mutigen Mann gesehen zu haben. Diese Verbindung wird im Arabischen ʿalāqa genannt. Übertragen wir dies auf die Auslegung koranischer Aussagen, so kann gesagt werden, dass wenn eine Verbindung eines Wortes zu seinem übertragenen Sinn besteht, so kann man durch diese Verbindung die übertragene Bedeutung zum Gegenstand der Exegese machen und den Koran in dieser Hinsicht auslegen. Neben der Verbindung kann es auch stärkere Indizien *(qarāʾin)* und Hinweise *(adilla)* geben. Genau mit diesen Verbindungen, Indizien und Hinweisen operiert die sufische Koranauslegung, die neben der *bayān*-Systematik, alles auf die Texte zurückzuführen und die Texte bestimmen zu lassen, was gut und böse ist, auf die persönliche sufische Erfahrung und Lebensweg sich konzentrieren, was im Arabischen als ʿirfān wiedergegeben wird.[37] Zum Beispiel kann das Wort „Erde" *(arḍ)* in der sufischen Koranexegese unterschiedlich gedeutet werden. Während in der „herkömmlichen Koranexegese" das Wort „*Erde*" als möglicherweise einen spezifischen Ort oder im Allgemeinen als Ort verstanden wird, wird in der sufischen Exegese diesem Wort unterschiedliche Bedeutungen beigemessen, wie etwa „Herz" und „Seele". Die Ähnlichkeit, die den Sufi dazu befähigt, das Wort umzudeuten, ist die Verbindung zwischen dem offensichtlichen Wortlaut und der übertragenen Bedeutung: die Erde ist der Ruheplatz für die Geschöpfe und das Herz ist der Ruheplatz für die Erkenntnis.[38] Sure 39:69: „Die Erde wird erglänzen im Lichte ihres Herrn" kann dann die Bedeutung annehmen, dass die Herzen der Gläubigen am Tage der Auferstehung erfüllt werden.

3   Beispiele aus zeitgenössisch koranhermeneutischen Ansätzen

Spricht man über die zeitgenössischen, koranhermeneutischen Ansätze, so klingelt in den Ohren meist der Name von Muḥammad ʿAbduh (gest. 1905). ʿAbduhs Ansatz kann dahingehend zusammengefasst werden, dass er versucht

---

[37] Muḥammad ʿĀbid al-Ǧābirī konzentriert sich besonders auf diese Art der Erkenntnis, s. al-Ǧābirī: *Bunyat al-ʿaql al-ʿarabī*, Beirut ²2009, Kapitel 2, ab S. 251.
[38] Für diesen und weitere Beispiele s. Hussein Ali Akash: Die sufische Koranauslegung. Semantik und Deutungsmechanismen der išārī-Exegese, Berlin 2006, ab S. 191.

hat zu zeigen, was der Koran heute für die heutigen Umstände beitragen kann, da der Koran selbst eine Rechtleitung sei. Er bezog sowohl naturwissenschaftliche als auch psychologische und soziologische Erkenntnisse in seine Koranauslegung ein. Seine Ansichten finden sich im *Tafsīr al-Manār*, den sein Schüler in Anlehnung an seine Vorlesungen verfasst hat.

Ausschlaggebend und die späteren koranhermeneutischen Ansichten sichtlich beeinflussend hat er den Anspruch, eine den Koran kontextualisierenden Zugang zu etablieren. Für ihn ist der Koran zunächst an die Araber des siebten Jahrhunderts gerichtet. Es sei notwendig, das Weltbild dieser Erstadressaten zu berücksichtigen, um den Korantext zu verstehen. Der Korantext lässt sich, so ʿAbduh weitergedacht, nur dann „korrekt" verstehen, wenn man den spezifisch-historischen Kontext des Korans kennt. Daher müssen auch die Koranverse nach den Bräuchen der damaligen Araber verstanden werden, wenn etwa über den Teufel und den Dämonen etc. gesprochen wird.[39]

Sichtlich von den Herangehensweisen von ʿAbduh beeinflusst, versucht Amīn al-Ḫūlī (gest. 1966), einer der Schüler von ʿAbduh, den Koran literaturwissenschaftlich auszulegen, das sog. *at-tafsīr al-adabī*.[40] Zentral in der Herangehensweise al-Ḫūlīs ist, dass die Wörterbücher, die für die Klärung koranischer Aussagen zu Rate gezogen werden, retrospektiv entstanden seien. Man müsse die Auslegung koranischer Aussagen in den Korankommentaren etymologisch und kritisch neu lesen und die koranischen Wörter im eigenen Corpus neu betrachten. Er legt koranische Aussagen aus einer anderen Perspektive als der herkömmlichen, klassischen Koranexegese aus und deutet zentrale Aussagen wie über die Almosen *(ṣadaqa)*, Reichtum und Armut *(faqr)* aus politischer und wirtschaftlicher Perspektive. Er geht eher dem Ansatz nach, den Koran nicht atomistisch auszulegen und zu kommentieren, sondern in seiner Ganzheit zu betrachten. Amīn al-Ḫūlī schließt es nicht aus, dass neben der Entdeckung der ursprünglichen Bedeutung durch die literaturwissenschaftliche Herangehensweise weitere Bedeutungen zu entdecken und den Koran für aktuelle Ereignisse sprechen zu lassen.[41] Demnach wäre der erste Schritt das Verstehen und der zweite Schritt wäre das Interpretieren. Tafsīr käme demnach, sofern damit ḫūlīsch gedacht die literaturwissenschaftliche

---

39 Vgl. Rachid Benzine: Islam und Moderne. Die neuen Denker. Übersetzt von Hadiya Gurtmann, Berlin 2012, S. 139.
40 Vgl. Amīn al-Ḫūlī: *at-Tafsīr*, in: Dāʾirat al-maʿārif al-islāmiyya, Teheran 1966, S. 267.
41 Vgl. Amīn al-Ḫūlī 1966 (s. Anm. 40), S. 267.

Auslegung gemeint ist, dem Verstehen gleich. Sichtlich beeinflusst von dieser Herangehensweise ist sein Schüler Muḥammad Ḫalafallāh (gest. 1991), der den Anspruch hatte, die koranischen Erzählungen zu kontextualisieren und darüber hinaus zu entmystifizieren.[42] Dabei verwendet er die literaturwissenschaftliche Herangehensweise,[43] zu der al-Ḫūlī ja bereits aufgerufen hatte.

Einen ähnlichen kontextualisierenden, aber nicht eine neue etymologische Untersuchung fordernden Ansatz hat der pakistanische und sehr einflussreiche Gelehrte Fazlur Rahman (gest. 1988) vorgeschlagen. Im Gegensatz zu al-Ḫūlī legt er die Koranverse nach Entdeckung der wirklichen Bedeutung nicht nach politischen und sozio-ökonomischen Gedanken aus. Er fordert aber auch einen „Doppelten-Schritt", um die koranische Botschaft zu verstehen und ihn für die aktuellen Probleme zum Sprechen zu bringen. Im ersten Schritt wird zu entdecken versucht, was die ursprüngliche Bedeutung der koranischen Aussage ist, indem die koranischen Aussagen in ihrem historischen Kontext verortet und verstanden werden. Dabei ist der historische Kontext nicht explizit ein Ereignis, sondern auch die generellen Umstände des siebten Jahrhunderts Arabiens. Nach der Entdeckung der ursprünglichen Bedeutung, also dem Verstehen, folgt die Entdeckung der übergeordneten Prinzipien hinter den Aussagen. Diese übergeordneten Prinzipien können dann auf zeitgenössische Probleme übertragen und nach islamischen Prinzipien eine Lösungen angeboten werden.[44] Interessant ist auch die hier anknüpfende Herangehensweise Fazlur Rahmans in Bezug auf die Sunna des Propheten Muhammad *(as-sunna an-nabawiyya)*. Nach der klassischen Auffassung ist mit dem Ableben des Propheten Muhammad die Entwicklung der Sunna abgeschlossen und liegt in Form von Überlieferungen, sowohl mündlich als auch schriftlich vor. Fazlur Rahman hingegen versteht unter der Sunna nicht nur die Aussagen und Taten des Propheten Muhammad, sondern auch die Praxis der Zeitgenossen der Offenbarung des Korans, unter der Führung des Propheten. Alle Vorschläge und eigene Initiativen der Prophetengefährten bzw. der Erstadressaten werden unter dem Sammelbegriff *Sunna* gesammelt, geht man den Vorschlägen Rahmans nach. Er versteht damit die Sunna als einen dynamischen Prozess, als das Verstehen des Korans seitens des Propheten, seiner Gefährten und der

---

42 Vgl. Muḥammad Ḫalafallāh: *al-Fann al-qaṣaṣī fī l-Qurʾān*, London u.a. 1994, s. z.B. über die Quellen der koranischen Erzählungen (*qaṣaṣ al-Qurʾān*), ab S. 247.
43 Vgl. Muḥammad Ḫalafallāh 1999 (s. Anm. 24), S. 43.
44 Vgl. Fazlur Rahman: Islam and Modernity. Transformation of an Intellectual Tradition, Chicago 1982, S. 20 f.

Nachkommen. Die *Sunna* wird zur *living tradition*.[45] Diese Herangehensweise passt in seine Vorstellung, dass dem Koran eine objektiv wahrnehmbare Bedeutung inne sei, die entdeckt werden müsse, aus der Prinzipien abgeleitet werden und islamische Lösungen durch ihre Anwendung entstehen. Entsteht solch eine Lösung, entwickelt sich die living tradition weiter. Ferner muss gesagt werden, dass dieses Sunnaverständnis sich auch aus seiner Haltung speist, dass der Koran als eine schriftliche Dokumentation zu bewerten sei: der Koran dokumentiere die Lösungsvorschläge Gottes auf die zu Tage tretenden Ereignisse im siebten Jahrhundert in Arabien.[46]

Ähnlich wie Fazlur Rahman denkt auch Mūsā Ǧārallāh Bigiev (gest. 1949) die Sunna auch z.T. als einen dynamischen Prozess. Er teilt die Sunna in zwei Arten. Zum einen die Sunna vom Propheten, die zu seinen Lebzeiten entstanden und damit abgeschlossen ist, die sogenannte prophetische *Sunna (as-sunna an-nabawiyya)*. Neben dieser Sunnakategorie gibt es zum anderen auch eine konventionelle Sunna *(as-sunna al-waḍʿiyya)*, welche durch die Erfahrung der Gelehrten *(muǧtahidūn)* nicht abgeschlossen ist und sich in einem dynamischen Prozess befindet.[47] Dieses dynamische Sunnaverständnis entsteht von seiner Auffassung, dass im Koran feste Bedeutungen und Prinzipien vorliegen, die überzeitlich sind und keiner Veränderung unterliegen, wie etwa ethische Grundprinzipien, die Betonung der Gerechtigkeit und der Glaube an Gott. Es sind aber auch im Koran Aussagen vorhanden, so Bigiev, die eine historisch determinierte Konkretisierung solcher Prinzipien sind und sich mit der Zeit ändern können. Um die Gerechtigkeit zu wahren, könnten Strafen für Straftaten unterschiedlich ausgeführt werden, wenn auch in Koran und Sunna unterschiedliche Vorschläge gemacht werden.[48]

Die für Rahman zentrale Aussage, dass der Koran ein Zeuge seiner Zeit sei, gehört zu den zentralen Gedanken des ägyptischen Literaturwissenschaftlers Naṣr Ḥāmid Abū Zayd (gest. 2010). Der Koran reagiere, wenn unterschiedliche Passagen des Korans analysiert werden, auf Anfragen und Ereignisse, die während der Offenbarungszeit passiert sind. So sei z.B. zu sehen, dass der Koran sogar die Fragen aufzeichnet und sagt, dass die Menschen nach dem

---

45 Vgl. Fazlur Rahman: Islamic Methodology in History, Islamabad 1995, Kapitel 1 und 2 im Allgemeinen, S. 27–38 im Besonderen.
46 Vgl. Fazlur Rahman: Divine Revelation and the Prophet, in: Hamdard Islamicus, 1 (²1978), S. 66–72.
47 Vgl. Musa Curallah Bigiyef: *İslam Şeriatının Esasları, Değişkenler ve Sabiteler*, Ankara 2002, S. 9.
48 Vgl. Bigiyef 2002 (s. Anm. 47), S. 8.

Neumond fragen,[49] woraufhin Gott eine Antwort gibt. Es sind Koranpassagen vorhanden, die die Handlung des Propheten kritisieren und seine Handlungsweise abgelehnt wird.[50] Diesen dialogischen Prozess zwischen Koran und Sunna nennt Abū Zayd als „dialektische Kommunikation". Özsoy fasst Abū Zayds Herangehensweise wie folgt zusammen:

„Ihm zufolge bieten klassische Koranwissenschaften, die sich mit mekkanischen und medinensischen Versen, Offenbarungsgründen *(asbāb an-nuzūl)* und Abrogation *(nasḫ)* befassen, Anknüpfungspunkte und Materialien an, anhand derer die Dialektik zwischen Text und Realität am besten nachvollzogen werden kann. Er vermerkt jedoch kritisch, dass unter anderem in der traditionellen Theorie von *asbāb an-nuzūl* [d.h. Offenbarungsanlässe, S.K.] ausschließlich eine vorsätzliche Übereinstimmung zwischen Text und Realität angenommen wird, bei welcher der Text auf die Realität reagiert. Diese Form von Beziehung nennt er deszendente Dialektik. Es bestehe jedoch zwischen Text und Realität auch eine natürliche Übereinstimmung, in der die Realität auf den Text ausstrahlt und der Text, selbst wenn er nicht direkt auf die Realität reagiert, diese doch in irgendeiner Weise wiederspiegelt; Abū Zayd nennt dies aszendente Dialektik."[51]

Eben diese dialektische Kommunikation wird auch betont von Ömer Özsoy. Ausschlaggebend in dieser Herangehensweise ist die Berücksichtigung der Mündlichkeit des Korans. Özsoy betont, dass der Koran in Anlehnung an Sure 43:2-4 ein arabischer Vortag ist. Dabei betont er, dass Gott zu den Arabern im siebten Jahrhundert Kontakt aufnahm, und zwar auf Arabisch (*ʿarabiyyan*). Dabei meine Arabisch nicht die sprachliche Dimension der koranischen Offenbarung. In Anlehnung an den Gelehrten aš-Šāṭibī (gest. 790/1388) betont er, dass das Wort Arabisch sich auf die gesamte „arabische Wirklichkeit" beziehe:

„Er [d.i. aš-Šāṭibī, S.K.] gewann aus dem Arabischsein des Koran ein hermeneutisches Prinzip, mit dem er gegen die bedeutungsvernebelnden Haltungen der mystischen, esoterischen und szientistischen Strömungen seiner Zeit argumentieren zu können dachte: Im Koran könne nichts vorkommen, was

---

49 Sure 2:198. Für weitere Fälle s. z.B. Sure 2:217 und 2:222.
50 Für eine Liste s. Ömer Özsoy 2014 (s. Anm. 34), S. 40.
51 Vgl. Ömer Özsoy 2014 (s. Anm. 34), S. 41.

‚seine Leute', Araber des siebten Jahrhunderts, nicht kannten und hätten verstehen können."

Ferner betont Özsoy die Kommunikation zwischen Gott und der Urgemeinde: Gott habe nicht nur „Instruktionen" und „Informationen" vermittelt, ungeachtet dessen, was gerade als historisches Ereignis passiert ist, sondern sei auch auf die Belange der Urgemeinde eingegangen, die explizit nach Wegweisungen gefragt und diese gefordert haben, was wir, wie bereits oben erwähnt, auch an konkreten Fragen und Antworten im Koran sehen könnten. Ausschlaggebend für diesen kommunikativen Charakter des Korans sei vor allem die Aussage in Sure 5:101, wo es heißt, dass die Muslime nicht nach Dingen fragen sollen, die ihnen unangenehm wären, wenn sie ihnen enthüllt würden. „Denn", so heißt es weiter im Vers, „wenn ihr nach ihnen fragt, während der Koran offenbart wird, werden sie euch enthüllt." Dies weist nach Özsoy ausdrücklich auf den „Gestalt annehmenden Charakter" des Korans.[52] Bestätigt wird dieser dialogische Charakter auch vor allem darin, dass die muslimische Tradition mitteilt, dass der Koran die Lösungsvorschläge von gewissen Prophetengefährten wie etwa ʿUmar b. al-Ḫaṭṭāb (gest.23/644), bestätigt und in die Offenbarung einnimmt. Es sind regelrecht Werke entstanden, die sich auf solche Ereignisse und Offenbarungen konzentrieren, wie etwa die *Muwāfaqāt ʿUmar* von as-Suyūṭī.[53]

Özsoy warnt davor, dass der ursprüngliche Sinn des Korans nicht entdeckt werden könne, wenn der historische Kontext des Korans unberücksichtigt bleibe und koranische Aussagen, wie etwa in modernistischen Herangehensweisen[54] oder in der klassischen Theorie zum Referenztext gemacht werden. „Durch die Dekontextualisierung wird nicht nur der ursprüngliche Sinn verfälscht, sondern es geht auch die Grundlage einer Betrachtung der Entwicklungsstadien verloren, zu welchen die koranische Offenbarung ihre Adressaten subsequent angeleitet hat."[55], so Özsoy. Um auch modernistischen Überinterpretationen oder der ahistorischen Lesart, die beide den Koran als Referenz-

---

52 Vgl. Ömer Özsoy 2014 (s. Anm. 34), S. 37 f.
53 Vgl. Ömer Özsoy 2014 (s. Anm. 34), S. 40.
54 Modernistische Herangehensweisen hegen den Anspruch, ausgehend vom Wortlaut des Korans moderne Konzepte in die Bedeutungssphäre des Korans „hineinzulesen" und durch die Anbindung solcher Konzepte an den Wortlaut des Korans eine legitime Auslegung zu betreiben beanspruchen, s. Ömer Özsoy 2014 (s. Anm. 34), S. 59 f.
55 Ömer Özsoy 2014 (s. Anm. 34), S. 62.

text bestimmen und Überinterpretationen zulassen, entgegenzuwirken und dem Ziel gerecht zu werden, die ursprüngliche Bedeutung, die die Erstadressaten wahrgenommen haben, zu entdecken, schlägt Özsoy vor, den Koran in seiner eigenen geschichtlichen Epoche sprechend anzunehmen und ihn so zu verstehen zu versuchen.

„Eine historische Koranauslegung hat schließlich die Aufgabe, darauf zu achten, weder die Gegenwart auf die Vergangenheit zu reduzieren, indem sie in der Geschichte verhaftet bleibt, noch den Islam mit der Moderne zu identifizieren, indem sie den Koran bedenkenlos den Anforderungen der Moderne unterwirft. Der Hauptbeweggrund einer historischen Koranexegese ist vielmehr das Ideal, den ursprünglichen Sinn des Korans in seinem eigenen historischen Bedeutungskosmos zu begreifen, um ihn dann in neueren Kontexten zum Sprechen zu bringen."[56]

Abschließend ist zu sagen, dass die Mehrheit der zeitgenössischen koranhermeneutischen Ansätze, mit ihren jeweiligen unterschiedlichen Nuancen und Tendenzen, davon ausgehen, dass die historische Verortung der koranischen Aussagen der Weg zu ihrer ursprünglichen Bedeutung ist. Diesem Verständnis liegt der hermeneutische Zugang, der bei Hirsch erwähnt wird, zu Grunde. Dieser besagt, dass jedem Text eine vom Autor intendierte Bedeutung zu Grunde liegt und dieser vom Leser verstanden werden kann. Nicht der Leser kleidet einen Text mit Bedeutungen, sondern der Text spricht für sich. Der Text spricht somit zum Leser.[57] Eine ähnliche hermeneutische Prämisse wird von Emilio Betti vorgeschlagen, der wie Hirsch davon ausgeht, dass die Autorintention objektiv nachvollziehbar ist,[58] auf den Fazlur Rahman eingeht.[59] Damit stellen die zeitgenössischen hermeneutischen Ansätze sich aber einer besonders schwierigen Aufgabe: Die Rekonstruktion des historischen Gesamtbildes, in dem der Koran entstanden ist. Dazu braucht es an weiteren Informationen außerhalb des Korans, die gesichert und ihre Authentizität überprüft werden müssten, weil der Koran selber nur wenige Informationen zu seinem Entstehungskontext beinhaltet.

---

56 Ömer Özsoy 2014 (s. Anm. 34), S. 63.
57 Vgl. Eric D. Hirsch: Prinzipien der Interpretation. München, 1972, passim. Ömer Özsoy weist explizit darauf hin, dass er von dieser hermeneutischen Prämisse geleitet ist, s. Ömer Özsoy 2014 (s. Anm. 34), S. 31.
58 Vgl. Emilio Betti: Zur Grundlegung einer allgemeinen Auslegungslehre, Tübingen 1988.
59 Für die Erklärungen, die er anlehnend an die Diskussion zwischen Betti und Gadamer, anführt, s. Rahman 1982 (s. Anm. 44), S. 8 ff.

4 Ausblick auf den interreligiösen Dialog

Die historisierenden Ansätze von Fazlur Rahman und Ömer Özsoy in Anlehnung an Abū Zayd können weitergedacht werden und für den interreligiösen Dialog gewonnen werden, wohingegen die dekontextualisierenden Ansätze zwar fruchtbare Herangehensweisen aus dem koranischen Wortlaut ableiten könnten, was aber zur Folge hätte, dass nicht der „ursprüngliche Koran" in diesem Rahmen sprechen würde, der den zeitgenössischen, theologischen und wissenschaftlichen Anforderungen nicht gerecht werden kann und sogar zur Verfälschung der koranischen Botschaft führen kann. Der historisierende Zugang würde es erlauben zu entdecken, was der Koran etwa den Juden und Christen zu welcher Angelegenheit gesagt hat und weshalb er hier und da die Juden und Christen kritisiert oder lobt. Ferner würde dieser Zugang es erlauben zu entdeckenwelche, jüdischen und christlichen Gruppierungen kritisiert oder gelobt werden und welche z.B. christlich-theologische Position bezüglich der Natur Christi damals vertreten wurden und was genau von ihnen durch den Koran verworfen wird. Erweitert werden kann dieser hermeneutische Zugang auch mit der Herangehensweise Angelika Neuwirths. Sie versucht mit literaturwissenschaftlichem Handwerkzeug die chronologische Reihenfolge der Suren des Korans zu rekonstruieren und die innere Entwicklung des Korans und der muslimischen Gemeinde nach zu skizzieren. Dabei rekurriert sie besonders auf die intertexte und zeigt die Parallelen in jüdischer und christlicher Tradition, sodass man auch die Entwicklung des Korans besser verstehen und sehen kann, welche gleichen und welche unterschiedlichen Wege gegangen wurden, sodass der Dialog in Anlehnung an den Koran differenzierter geführt werden kann.[60] Dieser Herangehensweise geht ihre Annahme voraus, dass der Koran ein Text der Spätantike sei und somit gemeinsame Wurzeln mit der jüdischen und christlichen Tradition in Europa hat.[61] Die von Neuwirth vorgeschlagene literaturwissenschaftliche Herangehensweise könnte um den entscheidenden Schritt weitergedacht werden, indem auch die klassisch-koranexegetische Literatur in der Kommentierung und Entdeckung der Chronologie der Suren miteinbezogen wird, sodass auch die Rezeption der frühen und späteren muslimischen Gemeinde mit berücksichtigt werden kann, was ebenfalls Implikationen auf den interreligiösen Dialog haben wird.

---

60 Angelika Neuwirth: Der Koran. Band 1: Frühmekkanische Suren, Berlin 2011.
61 Angelika Neuwirth. Der Koran als Text der Spätantike. Ein europäischer Zugang, Berlin 2010.

Didaktik der „Schriften"

Daniel Krochmalnik

Intra- und interreligiöse Kompetenzen im Jüdischen Religionsunterricht[1]

Das Erziehungswesen steht in der Agenda der Jüdischen Gemeinde seit alters her an oberster Stelle. Das war auch in den Jüdischen Gemeinden nicht anders, die sich nach dem Krieg in der Bundesrepublik Deutschland aus dem kleinen „Rest der Geretteten" *(Sche'erit HaPleta)* neu bildeten. Dabei lag das Augenmerk allerdings zunächst nicht auf der Ausbildung von Vorschulpädagogen. In der ersten Nachkriegsgeneration war der Ort und Hort der Traditionspflege noch die jüdische Familie. Viel dringlicher erschien die Ausbildung von Grund- und Oberschulpädagogen. Im Vorschulbereich herrschte meist Improvisation und eine Professionalisierung der Erziehungsberufe kommt in den Gemeinden der verschiedenen Richtungen des Judentums erst nach und nach in Gang. Auch heute beschränkt sich das Ausbildungsangebot für viele ErzieherInnen jüdischer Kindergärten auf die Fortbildungen und Lehrmaterialien der Zentralwohlfahrtstätte (ZWSt) in Bad Sobernheim (Hessen). Noch weniger wurde ein verbindliches interreligiöses Kompetenzprofil für die ErzieherInnen erarbeitet, obwohl nicht wenige jüdische Erziehungs- und Schuleinrichtungen gemischt religiös sind. Wie ein derartiges Profil aussehen könnte, lässt sich vielleicht aus den Bildungsplänen für den Jüdischen Religionsunterricht „rückrechnen", viele der dort aufgestellten Lernprinzipien und Kompetenzformulierungen kommen aus der Elementarpädagogik und gelten für die Elementarpädagogik. Deshalb stellen wir in diesem Rahmen das an der Hochschule für Jüdische Studien entwickelte Konzept für den neuen Bildungsplan in Baden-Württemberg vor und beginnen mit einer kurzen Rückschau auf die pädagogische Arbeit der Hochschule.

Das Fach Jüdische Religionslehre, -pädagogik und -didaktik ist das jüngste unter den akademischen Fächern an der 1979 gegründeten Hochschule für

---

[1] Dieser Beitrag wurde erstmals veröffentlicht in Friedrich Schweitzer / Albert Biesinger (Hg.): Kulturell und religiös sensibel? Interreligiöse und interkulturelle Kompetenz in der Ausbildung für den Elementarbereich, Münster u.a. 2015, S. 97–107.

Jüdische Studien (HfJS). Die Ausbildung jüdischer Religionslehrer war eines der Hauptziele der HfJS.[2] Mit der Errichtung des Lehrstuhls und der Einrichtung des Studienganges Jüdische Religionslehre mit Staatsexamensabschluss im akademischen Jahr 2003/04 ist dieses Ziel erreicht worden. Der Lehramtsstudiengang für jüdische Religionslehrer ist im ganzen deutschsprachigen Raum einzigartig. Der Lehrstuhl hat auch die Bildungsplanreformen im Fach Jüdische Religionslehre konzeptionell begleitet.[3] Dabei suchte er an die mehrtausendjährigen jüdischen Lehr- und Lerntraditionen anzuknüpfen.[4] Auch der folgende Entwurf für den Bildungsplan 2015 ist in Zusammenarbeit mit der Bildungsplankommission der Landesverbände der IRG in Baden und Württemberg und des Landesinstitutes für Schulentwicklung Stuttgart vom Lehrstuhl ausformuliert worden.[5] Wegen der allgemeinen religionspolitischen Lage liegt ein besonderes Augenmerk auf der interreligiösen und interkulturellen Kompetenz, die auch Gegenstand der internationalen Tagung **"Interreligiöse und interkulturelle Kompetenz in der Ausbildung für den Elementarbereich"** (Interdisziplinär – internationales Symposion des Theologicums der Tübinger Universität) war.

1   Konzept für den Bildungsplan 2015

Die Jüdische Religionslehre unterweist jüdische SchülerInnen im Judentum und vermittelt im Jüdischen Religionsunterricht (JRU) elementare Kompeten-

---

[2] Zur Vorgeschichte des Fachs vgl. den Beitrag des ersten und aktuellen Lehrstuhlinhabers: Verf., Eine kurze Geschichte der jüdischen Religionslehrerausbildung in Deutschland, in: Johannes Heil / Daniel Krochmalnik (Hg.): Jüdische Studien als Disziplin – Die Disziplinen der Jüdischen Studien. Festschrift der Hochschule für Jüdische Studien 1979–2009 (Schriften der Hochschule für Jüdische Studien Heidelberg, Bd. 13), Heidelberg 2010, S. 355–369.

[3] Ministerium für Kultus, Jugend und Sport Baden-Württemberg: Bildungsstandards für Jüdische Religionslehre, Gymnasium Klasse 6, 8, 10, 11 und 12 (G8), Bildungsplan 2004, S. 1/7–7/7.

[4] Wie etwa die traditionelle Form im Bildungsplan 2004 von Baden-Württemberg eingebracht wurde, dazu Verf.: Zeit ists … – Vorüberlegungen zu Bildungsstandards für den Jüdischen Religionsunterricht im Anschluss an Franz Rosenzweig, in: Berndt Schaller / Rudolf W. Sirsch (Hg.): Franz Rosenzweig – Leben und Werk als Herausforderung für Juden und Christen heute, in: Evangelischer Pressedienst (epd) Dokumentation, Nr. 10, Frankfurt/M (13. 3. 2007), S. 35–38.

[5] Der Bildungsplankommission (Landesinstitut für Schulentwicklung Stuttgart) gehören neben dem Verf. an: R. Netanel Wurmser, Landesrabbiner von Württemberg; R. Janusz Pawelzcyk-Kissin, der Religionslehrerbeauftragte des Oberrates der IRG Baden; Susanne Benizri-Wedde, Beauftragte für Jugendarbeit des Oberrates der IRG Baden; Dorothea Stein-Krochmalnik, StR, Ausbildungslehrerin Jüdische Fachdidaktik am Studienseminar Heidelberg und Mitglied der Abiturkommission im Regierungspräsidium Karlsruhe und Markus Sternecker StR, Religionslehrer in Baden.

zen, d. h. Fähigkeiten, Fertigkeiten und Kenntnisse, die SchülerInnen den Zugang zu ihrer Sprach-, Erinnerungs-, Glaubens-, Lern-, Werte- und Schicksalsgemeinschaft eröffnen. Dabei berücksichtigt der Bildungsplan inhaltsbezogene wie prozessbezogene Kompetenzen (IbK, PbK). Die Einforderung von prozessbezogenen Kompetenzen kommt den „Nationalen Bildungsstandards für Jüdische Religionslehre der Kultuskommission des Zentralrats der Juden in Deutschland entgegen".[6] Diese Standards verlangen nicht nur die Vermittlung der jüdischen Inhalte, sondern auch der jüdischen Formen, in denen diese Inhalte in der jüdischen Bildungstradition vermittelt wurden, was man in allen Sprachen mit dem jüdisch-deutschen Wort „Lernen" bezeichnet.

Für den Unterricht in der Jüdischen Religionslehre werden sechs fachspezifische prozessbezogene Kompetenzen ins Auge gefasst, die sich aus allgemeinen religionsphilosophischen und -pädagogischen Überlegungen ergeben:

- Erstens: Fragekompetenz (*Sche'elot UTschuwot, SchU"T*),
- Zweitens: Lernkompetenz (*Limmud*),
- Drittens: Orientierungskompetenz (*Misrach*),
- Viertens: Bewertungs- und Urteilskompetenz (*Din WeCheschbon*),
- Fünftens: Dialogkompetenz (*Targum*),
- Sechstens: Gestaltungs- und Handlungskompetenz (*Tikkun Olam*).

1.1 Fragekompetenz (*Sche'elot UTschuwot*, Abk.: *SchU"T*)

Am Anfang des Lernens steht die Frage! Jüdisches Lernen ist vom frühesten Elementarunterricht bis zur höchsten Gelehrsamkeit nachfrage- und problemorientiert, Frontalunterricht ist in traditionellen jüdischen Bildungsanstalten eine Ausnahme. Die Belehrung in der Bibel beginnt mit den Fragen des Kindes: „Was soll euch dieser Gottesdienst?" (*Mah HaAwoda HaSot Lachem*, Ex 12, 25). An diese Frage knüpft das *Lern*ritual, das zu den frühesten religiösen Eindrücken und Handlungen jedes jüdischen Kindes gehört: die vier Fragen des jüngsten Kindes, mit denen die Erzählung vom Auszug aus der Sklaverei beim Abendmahl des *Pessach*-Festes beginnt (*Mah Nisch-*

---

6 Nationale Bildungsstandards für Jüdische Religionslehre (angenommen in der Sitzung der Kultuskommission des Zentralrates am 10. März 2013), www.hfjs.eu/imperia/md/content/.../sonstige/nbs_jued_ru.pdf

*tana).*⁷ Das Lernen im Talmud besteht im Wesentlichen aus dem Aufwerfen von Fragen (Hohe Fragewörter-Frequenz: *Maj, Mahu* usw.) und Schwierigkeiten *(Kuschijot)*, aus kontroversen Diskussionen *(Machlokot)* und unentschiedenen Debatten *(Teku).* Sogar die höchstrichterlichen Entscheidungen liegen in Sammlungen von „Fragen und Antworten" *(Sche'elot UTschuwot, SchU"T)* vor.

Der Frage- und Widerspruchsgeist ist dem Geist der jüdischen Religion so wenig zuwider, dass er vielmehr sein sichtbarstes Merkmal ist. Die Fragekompetenz muss daher im Lernprozess und Lehrgespräch auf allen Stufen eingeübt und gefördert werden, indem die geschichtlichen Tatsachen und die religiösen Normen des Judentums nicht als fraglose Gewissheiten hingestellt, sondern von Lehrern und SchülerInnen als fragwürdige, d. h. der Nachfrage würdige Inhalte wahr- und durchgenommen werden. Im Idealfall soll im JRU keine Antwort ohne Frage vorkommen und die Intensität des Lernprozesses sich an der Hitze des Lehrgesprächs bemessen.

1.2 Lernkompetenz *(Limmud)*

Das jüdische Lerngebot bezieht sich vor allem auf das Buch der Tora, in ihm soll der Mensch von früh bis abends, von jung bis alt lernen (Jos 1, 8, Ps 1, 2). In diesem Sinne ist die „Religion des *Lernens*" tatsächlich eine „Religion des Buches". Die Einübung im Umgang mit dem Buch ist vorrangiges Anliegen des jüdischen Religionsunterrichts in allen Schulstufen und Schulstoffen. Der Buch-Kompetenz, der Libralität, um einen Neologismus von Hermann Timm aufzugreifen,⁸ dienen die Erlernung der jüdischen Alphabete und Sprachen, der biblischen Leseweise und -ordnung *(Krijat HaTora, Paraschijot)*, der rabbinischen Auslegungsmethoden und -werke *(Middot, Midraschim).* Allgemein gesprochen, besteht diese buchbezogene Lernkompetenz darin, einen Text bis in die letzte Einzelheit ernst zu nehmen und in Frage zu stellen. Fragen wie: „Warum steht ausgerechnet dieses Wort da?" *(Maj)*; „Was will uns jene Wen-

---

[7] An diesem Lernritual orientierten sich die Bildungsstandards für Jüdische Religionslehre, Gymnasium Klasse 6, 8, 10, 11 und 12 (G8), Bildungsplan 2004. Zur Haggada von Pessach als jüdisches Lernmodell, vgl. Verf.: „Wenn dein Sohn dich fragt …". Das symbol- und ritualdidaktische Paradigma des Sederrituals, in: Bibel und Liturgie 75 (2002), Heft 1, S. 48–55 und Ders.: „Du sollst erzählen!" Die Haggada von Pessach, in: Ingrid Schoberth (Hg.): Urteilen lernen – Grundlegung und Kontexte ethischer Urteilsbildung, Göttingen 2012, S. 197–207.

[8] Sage und Schreibe. Inszenierungen religiöser Lesekultur, Kampen 1995, S. 133. Georg Steins: Das Lesewesen Mensch und das Buch der Bücher. Zur aktuellen bibelwissenschaftlichen Grundlagendiskussion, in: Stimmen der Zeit, Bd. 221, Heft 10 (2003), S. 697.

dung lehren?" *(Maj Qa Maschma Lan)*; „Welchen Unterschied macht gerade diese Ausdrucksweise?" *(Maj Nafka Minah)* sind der Stoff, aus dem der Talmud ist. Deshalb stehen diese prozessbezogenen Kompetenzen von der Erlernung der Quadratschrift in der ersten Klasse bis zur gelehrten Schriftauslegung in den höheren Klassen ganz oben auf der Liste der prozessbezogenen Kompetenzen des JRU.

1.3 Orientierungskompetenz (*Misrach*)

Das jüdische Weltbild ist buchstäblich „orientiert", geostet, d. h. auf Israel und Jerusalem gerichtet *(Misrach)*. Das Heilige Land, die heilige Stadt, der heilige Berg (Zion), das Heiligtum des Tempels sind Richtpunkt des jüdischen Gebets und der Mittelpunkt der gesamten jüdischen Diaspora. Daher muss auch der JRU gewissermaßen geostet sein. Neben den gerade erwähnten linguistischen Kompetenzen sucht der Unterricht in allen Stufen und Stoffen auch geographische, historische und politische Kenntnisse zu vermitteln.

Das Heilige Land, die heilige Stadt sind aber nur zwei ausgezeichnete Punkte in einem weiteren religiösen Orientierungsrahmen. Der religiöse Raum und die religiöse Zeit sind nicht isotrop und die Dinge und Wesen in ihnen nicht isonom, sie sind vielmehr nach Kategorien wie heilig/profan; rein/unrein und verboten/erlaubt unterschieden. Sich im religiösen Raum orientieren, heißt sich mit solchen Wegmarken auskennen. Die jüdischen ReligionsschülerInnen lernen, wie man sich in jüdischen Räumen *(Reschujot)* und jüdischen Zeiten *(Smanim, Moadim)* bewegt, sie wissen, wie man sich jüdisch zu Dingen, Gütern und Wesen verhält.

Die partikularistischen Raum- und Zeitgestalten der Religionen bilden naturgemäß die größten Unterschiede zwischen ihnen: die einen feiern, während die anderen arbeiten, die einen festen, während die anderen fasten. Andererseits sind aber die Kategorien, anhand derer diese Orientierungsrahmen gegliedert werden, sehr ähnlich, so dass der Wechsel von einem religiösen Koordinatensystem ins andere leicht vollzogen werden kann. Insbesondere die drei abrahamischen Tochterreligionen haben den gleichen Koordinatenursprung im Heiligen Land und in der Heilsgeschichte und können anhand von interreligiösen Kalendern und Karten kennen gelernt werden (s. 1.5 Dialogkompetenz).

Die Ritual- und Justizialgebote sind aber nur ein Teil der verpflichtenden Gebote *(Mizwot)*, hinzu kommen die allgemeinen Moralgebote.

1.4 Bewertungskompetenz *(Din WeCheschbon)*

Der Mensch lebt nach der Bibel unter einem höheren Anspruch, der bildlich als „Joch der Gebote" *(Ol Mizwot, sub lege)* bezeichnet wird. Die Unschuld des Werdens jenseits von Gut und Böse hat er unwiederbringlich hinter sich gelassen (Gen 3, 24); er betrachtet und beurteilt sich und andere unter dem Gesichtspunkt von Gut und Böse, von Schuld und Sühne, von Verantwortung und Rechenschaft *(Din WeCheschbon)*. Nach der Bibel ist der Mensch *(HaAdam)* nicht nur der Fragen stellende Erdling *(Adam- Mah[9])*, sondern das in Frage gestellte Wesen: „Adam, wo bist Du?" *(Ajeka, Gen 3, 9)*, „Kain, wo ist dein Bruder?" *(Ej Achicha, Gen 4, 9)* – und es ist Gott, der hier die Fragen stellt.

Jüdische Erziehung besteht in der Vermittlung dieses höheren Anspruchs, der zur allgemeinen Bildung des Gewissens, des Rechts- und Verantwortungsbewusstseins und der Urteilsfähigkeit der SchülerInnen beiträgt. Im JRU wird dieser Anspruch prozessual durch die Praxisbezogenheit der normativen Lehrinhalte eingeübt. SchülerInnen sind nicht nur über die jüdischen Moral-, Justizial- und Ritualgebote im Bilde, sie erfahren durch das Lehrervorbild, durch Anweisung und Teilnahme ständig, was es heißt nach den Geboten zu leben. Auch wenn die überwiegende Anzahl von SchülerInnen meist aus einem areligiösen Umfeld des Flüchtlingskontingents aus GUS-Land stammt,[10] lernen sie auf diese Weise eine alternative Lebensweise kennen und bekommen die Möglichkeit, sich anders zu orientieren *(Tschuwa)*.

1.5 Dialogkompetenz *(Targum)*

Das Judentum sieht sich – trotz seiner verschwindenden Größe – als Weltreligion und betrachtet seine Tochterreligionen Christentum und Islam als seine Globalisierungen.[11] Seine Heilige Schrift, die Hebräische Bibel, ist in den letzten zweitausend Jahren in rund zweitausend Sprachen übersetzt worden. Die

---

9 Der zweite Schöpfungsbericht beschreibt Adam als Bauern (Gen 2, 5), der aus der Erde kommt *(Min-HaAdamah*, 2, 7) und zur Erde zurückkehrt *(El-HaAdamah*, Gen 3, 19). Die rabbinischen Intellektuellen haben in dieser Beschreibung eine ganz andere Bestimmung des Menschen gefunden, indem sie das Wort Erde anders zerlegt und gezählt haben, nämlich *Adamah* in *Adam-Mah*, Mensch-Was? Nach dem hebräischen Buchstabenalphabet *(Gematria)* gilt ferner *Adam = Mah*, weil beide Wörter den gleichen Zahlenwert besitzen (=45). Demnach wäre Adam, das schlechthin fragende Wesen *(homo quaerens)*.

10 Vgl. dazu die Auswertung der Umfrage zum Jüdischen Religionsunterricht in Deutschland (2011/12) im Auftrag der Kultuskommission des Zentralrates, Heidelberg 2013, S. 15.

11 Maimonides, Hilchot Melachim 11, 4.

Bibelübersetzung *(Targum)* ist aber nicht nur der Diaspora und der Mission geschuldet, sie entspricht auch einer tiefen religiösen Überzeugung. Der eine Gott spricht alle Sprachen, sein Wort an die siebzig Völker der Erde (nach der Völkertafel, Gen 10) ergeht nach dem Talmud in siebzig verschiedenen Sprachen.[12] Die griechische Übersetzung der „Siebzig" (Septuaginta), mit der die biblische Weltmission im Westen begann, galt nicht nur den hellenistischen Juden[13] und Christen,[14] sondern auch den Talmudisten als inspirierte, Heilige Schrift.[15] Nach dem rabbinischen Midrasch wurde sie im Noach-Segen gar schon den Vätern der großen Sprachfamilien Sem und Japhet versprochen (Gen 9, 27).[16] Der Hellenismus war ferner der Boden der Begegnung zwischen den nahöstlichen Weltreligionen und der griechischen Philosophie. Von da an mussten sich das Judentum und im Gefolge auch Christentum und Islam im Esperanto der Vernunft rechtfertigen *(logos didonai)* und verständigen.

Die interkulturelle Dialogkompetenz des Judentums wird im JRU prozessual auf unterschiedliche Weise trainiert: Zunächst durch die sprachliche Übertragung Bibel in die Landessprache, sowie durch die begriffliche Übertragung der biblischen und rabbinischen Welt in die Moderne. Ferner durch die Kenntnis der Welt- und Kulturgeschichte der Juden, die weltweit als Vermittler zwischen den Kulturen tätig waren und sind. Schließlich, in den höheren Klassen, durch das Studium der jüdischen Religionsphilosophen und ihrer vernünftigen Begründung der Dogmen *(Ikkarim)* des Glauben, und, nicht zu vergessen, durch spezifische Dia- und Trialog-Module.[17]

Die Dialogkompetenz wird aber auch auf ganz elementare Weise im RU geschult, so etwa mit dem zentralen religiösen Doppelgebot: „Du sollst deinen

---

12 Kommentar Ps 68, 12: „Der Herr ließ ergehen ein Wort; der Heilsbotinnen war eine große Schar", bSchab 88b.
13 Aristeas 302.7.10 f.; Philo, Vita Mosis 2, 37–40; Josephus Jüdische Altertümer 1, 10–12.
14 Irenäus, Gegen die Häresien 3, 21, 2.
15 bMeg 9a–b sogar die bewussten Abweichungen vom Original seien von Gott eingegeben.
16 BerR 36, 8 zu Gen 9, 27.
17 Die entsprechende Dia- und Trialogkompetenz wird in der Lehrerausbildung und -fortbildung durch Dia-und Trialogmodule geschult. Drei derartige Veranstaltungen werden regelmäßig an der Hochschule für Jüdische Studien in Kooperation mit anderen Partnern angeboten. 1. die zertifizierte Lehrerausbildung: Interreligiöses Begegnungslernen nach dem Konzept: Die kooperierende Fächergruppe: Jüdische, katholische, evangelische, islamische Religionslehre und Ethik im Gespräch (unter der Leitung von Prof. Katja Boehme, Katholische Theologie, PH Heidelberg).
2. die staatlich anerkannte Lehrerfortbildung: Religionspädagogische Gespräche zwischen Juden, Christen und Muslimen unter der Leitung von Prof. Harry Harun Behr (Frankfurt), Prof. Katja Boehme (PH Heidelberg), Prof. Daniel Krochmalnik (HfJS Heidelberg), Prof. Bernd Schröder (Göttingen).

Nächsten lieben, wie dich selbst" (Lev 19, 18) und: „Du sollst lieben den Fremdling, wie dich selbst, denn Fremdlinge wart ihr im Land Ägypten" (Lev 19, 34). Dieses Doppelgebot besagt im Grunde genommen: Der Fremde ist dir gleich und du gleichst dem Fremden und es kommt der Forderung zur Einfühlung in den Anderen und Fremden, zur Empathie in ihren Spielarten gleich (Ego-, Auto, Allo-, Auto-Allo-Empathie).

1.6 Gestaltungs- und Handlungskompetenz *(Tikkun Olam)*

Als Weltreligion sieht sich das Judentum auch in der Weltverantwortung. Gott tritt in der Bibel zuerst nicht als Gott des Volkes oder des Landes Israel in Erscheinung, sondern als Schöpfer der ganzen Welt. Der Schöpfer ermächtigt den Menschen zur Weltherrschaft (Gen 1, 28), nicht aber zur Willkürherrschaft. Der Mensch ist vielmehr berufen, den Garten Gottes zu „bebauen und zu bewahren" (Gen 2, 15), und notfalls vor dem Untergang zu retten (Arche des Lebens, Gen 6, 14 ff.). Der Verfügungsgewalt des Menschen über Mensch und Vieh, über Pflanzen und Böden werden Grenzen gesetzt und durch periodische Freistellung aller Geschöpfe von Ausbeutung (*Schabbat*, Gen 2, 2–3) eingeschränkt. In allen religiösen Akten steckt die zusätzliche Absicht, das aus dem Lot geratene Gleichgewicht von Ressourcen und Ausbeutung, von Macht und Recht, von Freiheit und Verantwortung wiederherzustellen *(Tikkun Olam)*.

Das „messianische" Programm des *Tikkun Olam* wird im Curriculum der Synagoge, in ihrem Schabbat- und Festkreis, in ihrem Lese- und Lernkreis periodisch durchgenommen. Der JRU, der nach der Empfehlung der Nationalen Bildungsstandards für Jüdischen Religionslehre, einem kalenderorientierten Spiralcurriculum folgen soll, wird in diesen Rhythmus hinein genommen und bietet immer wieder Gelegenheit, die zentralen Themen, wie etwa den Schabbat, das Schabbatjahr (so im gerade angefangenen Jahr 5775 AM), das Jubeljahr altersgemäß und stufendifferenziert anzuschneiden.

Insgesamt lassen sich die sechs Pb-Kompetenzen in einem dreidimensionalen Würfel mit jeweils zwei Kardinalpunkten anordnen:
1. Diagonale Lernachse: Frage- und Lernkompetenz *(SchU"T, Limmud)*
2. Horizontale Weltachse: Orientierungs- und Dialogkompetenz *(Misrach, Targum)*
3. Vertikale Wertachse: Urteils- und Handlungskompetenz *(Din WeCheschbon, Tikkun Olam)*

Die Begriffspaare auf jeder Achse sind komplementär zueinander, wie Frage und Antwort auf der Lernachse (1), wie Partikularismus und Universalismus auf der Weltachse (2), wie Ideal und Utopie auf der Wertachse (3). Insofern sind sie selber Spannungspole offener Lernprozesse. Als Beispiel seien nur die beiden Gegenrichtungen auf der Weltachse angeführt: bei der Ostung der Gebete, der Synagogen, der Grabsteine *(Misrach)* drückt sich in der Schaurichtung symbolisch eine Hinwendung zum Orient und eine Abwendung vom Westen aus, in der sprachlichen und begrifflichen Übersetzung der Quellen in die Sprachen und Philosophien des Westens *(Targum)* wird hingegen die Gegenrichtung eingeschlagen und eine – wenn der Ausdruck erlaubt ist – Westung vollzogen. Erst das Wechselverhältnis von Ostung und Westung, von Partikularismus und Universalismus, ergeben ein vollständiges Bild des jüdischen Weltverhältnisses und Lernprozesses. Ähnliche Prozesse laufen auf den anderen Achsen ab.

Schema I: PbK-Würfel

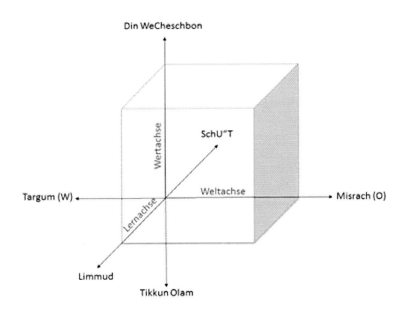

1.7 Kompetenzkatalog

1. Fragekompetenz *(SchU"T)*

> Die Schülerinnen und Schüler üben das Lehrgespräch im Unterricht, durch ...

1. Frage-Antwort-Spiele (Quiz, Sokratik usw.),
2. Infragestellung und Hinterfragung von Gewissheiten und Gewohnheiten,
3. Einführung in den dialogisch-dialektischen Gang des Lernens.

2. Lernkompetenz *(Limmud)*

> Die Schülerinnen und Schüler kennen sich mit den jüdischen Büchern aus, durch ...

1. Umgang mit dem Gebetbuch *(Siddur)*,
2. Umgang mit der Bibel *(Tora und Tanach)*,
3. Umgang mit der jüdischen Bibelauslegung *(Midrasch, Raschi)*,
4. Umgang mit dem Talmud (an ausgewählten Beispielen).

3. Orientierungskompetenz *(Misrach)*

> Die Schülerinnen und Schüler können sich jüdisch orientieren, mit Hilfe ...

1. von Atlanten zur jüdischen Geschichte und Gegenwart,
2. des jüdischen Kalenders *(Luach)*,
3. des interreligiösen Kalenders,
4. halachischer Kompasse *(Kizzur Schulchan Aruch u. a.)*.

4. Bewertungskompetenz *(Din WeCheschbon)*

> Die Schülerinnen und Schüler sind fähig sich ein religiöses Urteil zu bilden, ...

1. durch Anwendung moraltheologischer Maßstäbe auf psychische und medizinische Probleme,
2. durch Anwendung moraltheologischer Maßstäbe auf wissenschaftliche und technische Probleme,
3. durch Anwendung moraltheologischer Maßstäbe auf soziale, wirtschaftliche und politische Probleme,
4. durch Einschätzung und Entscheidung von Wertkonflikten.

5. Dialogkompetenz *(Targum)*

> Die Schülerinnen und Schüler stellen ihre Dialogbereitschaft unter Beweis, indem sie ...

1. ihre religiöse Tradition und Position in die Sprache und in das Denken der Moderne und der Allgemeinheit übersetzen,
2. sich in andere Traditionen und Positionen hineinversetzen,
3. sich mit anderen Traditionen und Positionen vernünftig auseinandersetzen,
4. sich mit Vertretern anderer Traditionen und Positionen friedlich zusammensetzen und sich für eine bessere Welt einsetzen.

6. Gestaltungs- und Handlungskompetenz *(Tikkun Olam)*

> Die Schülerinnen und Schüler kennen ihren Verantwortung für die Welt und ihren Auftrag sie zu verbessern, indem sie ...

1. ihre religiösen und moralischen Pflichten gegen Gott wahrnehmen *(Bejn Adam LaMaqom)*,
2. ihre religiösen und moralischen Pflichten gegen ihre Mitmenschen wahrnehmen *(Bejn Adam LeChawero)*,
3. ihre religiösen und moralischen Pflichten gegen ihre Umwelt wahrnehmen *(LeTaken Olam)*.

2 Inhaltsbezogene Kompetenzen

Allgemeine Vorüberlegung

Die Inhaltsbezogenen Kompetenzen (IbK) sind wiederum in sechs übergreifenden Themenbereichen unterteilt:
- Gott *(HaSchem)* – Jüdisches Volk *(Am Jisrael)*
- Welt *(Olam)* – Jüdische Weisung *(Tora)*
- Mensch *(Adam)* – Jüdischer Kalender *(Luach)*

Der Sinn dieser Klassifikation erschließt sich, wenn wir die sechs Themenbereiche in zwei Tripel 1–3 und 4–6 aufteilen. Die Lerninhalte des ersten Tripels betreffen die theoretischen Lehren des Judentums über Gott, Welt und Mensch, die des zweiten Tripels die praktischen Regeln des jüdischen Volkes:

die jüdische Weisung und der jüdische Lebensrhythmus. Beide Tripel bilden auch Richtungen, die sich durch zwei gleichschenklige Dreiecke darstellen lassen. Das von oben nach unten gehende Dreieck: Gott, Mensch, Welt bezeichnet die Abwärtsbewegung von Gott zur Schöpfung und Offenbarung *(Jerida)*, das von unten nach oben gehende Dreieck bezeichnet die Aufwärtsbewegung des Jüdischen Volkes zu Gott und den Gottesdienst gemäß der Jüdischen Weisung und dem Jüdischen Kalender *(Alija)*. Die Verschränkung der beiden Richtungen umfasst sämtliche Momente der jüdischen Religion.[18] Durch eine glückliche Fügung entspricht das sich so ergebende Sechseck dem neueren Symbol des Judentums.[19]

Schema II: IbK-Stern

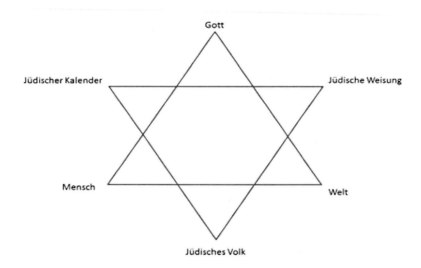

Die hier entwickelten Kompetenzkonzepte und -schemata für den Jüdischen Religionsunterricht wurzeln in der jüdischen Elementarpädagogik. Insbesondere die frageorientierte Ritualpädagogik lässt sich schon im ältesten jüdischen

---

18 Wir können die Systematik des IbK-Sterns hier nicht entfalten.
19 Zu einer systematischen Interpretation des Sterns, vgl. Franz Rosenzweig: Der Stern der Erlösung, 4. Aufl., Den Haag 1976.

Kinderbuch, der *Haggada* von Pessach nachweisen.[20] Die interreligiöse Anwendung ergibt sich aus der gemischt religiösen Situation in den Kindertagesstätten. Die Kinder müssen Fragen zu Symbolen der eigenen Religion – Abzeichen, Kleidungsstücke, Ritualgegenstände, Gebete, Feiertage – beantworten. Als „Auskunftssäulen" gehen sie auf Distanz zu den selbstverständlichen Formen und Inhalten ihrer Religion und versuchen sie außenstehenden Kindern verständlich zu machen, sowie auch deren Religion und das Verhältnis der Religionen zueinander zu verstehen. Die dialogische Ausgangssituation in gemischt-religiösen Kindertagesstätten lösen also interreligiöse Bildungsprozesse aus, die man sich in der intrareligiösen Elementarpädagogik wünscht. Diese Prozesse mit altersgemäßen Mitteln zu begleiten und zu fördern, wäre die Zukunftsaufgabe der interreligiösen jüdischen Elementarpädagogik und -didaktik.

---

20 Vgl. Daniel Krochmalnik: Die Haggada – die Mutter aller jüdischen Kinderbücher, in: Ökumenische Zentrale (Hg.): Weißt Du wer ich bin? Das Projekt der drei großen Religionen für friedliches Zusammenleben in Deutschland, Interreligiöse Erziehung und Bildung in Kindertagestätten, Materialsammlung I Basisheft, Frankfurt/M 2012, S. 76–85.

HERBERT STETTBERGER

Die Bibel im Katholischen Religionsunterricht von heute – Kompetenzen, Konzeptionen, Methoden und interreligiöse Perspektiven

Wenn es um die Beschäftigung mit der Bibel geht, lässt sich im Grunde nur schwer ein spezifisch katholisches Profil des aktuellen Religionsunterrichts ausmachen. Denn die katholische Theologie nach dem Zweiten Vaticanum steht im Zeichen der Ökumene. Seither sind allein im Bereich der fachwissenschaftlichen Exegese zahlreiche namhafte ökumenische Kommentare zur Bibel erschienen und wesentliche bibeldidaktische Ansätze über Konfessionsgrenzen hinweg anerkannt. Insbesondere der Würzburger Synodenbeschluss vom 22. November 1974 hat den Religionsunterricht bis heute nachhaltig geprägt.

1 Zum Schriftverständnis

In der dogmatischen Konstitution über die göttliche Offenbarung des Zweiten Vaticanums Dei Verbum stellt sich das katholische Schriftverständnis folgendermaßen dar: „Das von Gott Geoffenbarte, das in der Heiligen Schrift enthalten ist und vorliegt, ist unter dem Anhauch des Heiligen Geistes aufgezeichnet worden" (DV 11).Daraus lässt sich jedoch nicht ein Verzicht auf eine kritische Auslegung ableiten. Im Gegenteil: Mit Blick auf die Legitimität einer historisch-kritischen Exegese der Bibel folgt die Feststellung, dass „Gott in der Heiligen Schrift durch Menschen nach Menschenart gesprochen hat" und sich insofern ein sorgfältiges Erforschen, „was die heiligen Schriftsteller wirklich zu sagen beabsichtigten und was Gott mit ihren Worten kundtun wollte" (DV 12), als notwendig erweist. Ausdrücklich wird dabei auf die zeit- und „umweltbedingten Denk-, Sprach- und Erzählformen" (DV 12) der Bibel verwiesen, auf die es im Rahmen der Textauslegung zu achten gelte.

Noch deutlicher hebt die Päpstliche Bibelkommission in der Verlautbarung des Apostolischen Stuhls „Die Interpretation der Bibel in der Kirche" die Bedeutung der historisch-kritischen Exegese hervor: "Die historisch-kritische Methode ist die unerläßliche [sic!] Methode für die wissenschaftliche Erforschung des Sinnes alter Texte"[1]. Neben der historisch-kritischen Exegese zeigt sich die katholische Kirche offen für eine Vielzahl weiterer Auslegungsansätze; dazu zählen der kanonische Zugang, die jüdische Interpretations-Tradition[2], wirkungsgeschichtliche Deutungen, soziologische, kulturanthropologische, psychologische bzw. psychoanalytische, feministische und philosophisch-hermeneutische Interpretationsansätze[3].

Bemerkenswert ist auch das Problembewusstsein des Apostolischen Stuhls, wenn es um die Historizität von Bibeltexten bzw. von Textinhalten sowie um Themen wie Gewalt oder Unterordnung von Frauen in der Bibel geht: „Der Bibelleser muss in diesen Fällen einerseits die historische Bedingtheit der biblischen Gesetzgebung erkennen, die von einem besseren Verständnis der Strafmaßnahmen und mehr Respekt vor den unveräußerlichen Rechten der Person überwunden wird; andererseits können die alten Vorschriften dazu dienen, dass sie das Gewicht bestimmter Verbrechen anzeigen und auch die Notwendigkeit, geeignete Maßnahmen gegen eine Ausbreitung des Bösen zu ergreifen"[4].

Im Rahmen der historisch-kritischen Exegese findet eine Wertschätzung des Judentums als religiöse Heimat Jesu und zudem eine Auseinandersetzung mit Antijudaismen im Neuen Testament statt[5].

Der Bibel kommt je nach ihrem Einsatzbereich (u.a. Gemeinde, Familie, Schule, Wissenschaften) ein vielfältiges Aufgabenfeld zu. Sie hat als „Gottes Rede" (DV 9) ihren festen Platz in der Liturgie, vermag etwa in Psalmworten Trost zu spenden, gelingende Lebensentwürfe aufzuzeigen und Entscheidungshilfen in unterschiedlichen Lebenssituationen zu liefern; vor allem stellt

---

1 Die Interpretation der Bibel in der Kirche. Ansprache Seiner Heiligkeit Johannes Paul II. und Dokument der Päpstlichen Bibelkommission, hg. v. Sekretariat d. Deutschen Bischofskonferenz, Bonn ²1996, S. 30.
2 Die Interpretation der Bibel in der Kirche, S. 47.
3 Vgl. Die Interpretation der Bibel in der Kirche, S. 30–68.
4 Inspiration und Wahrheit der Heiligen Schrift. Das Wort, das von Gott kommt und von Gott spricht, um die Welt zu retten, hg. v. Sekretariat d. Deutschen Bischofskonferenz, Bonn 2014, S. 198.
5 Vgl. u.a. Stephan Schreiber/ Thomas Schumacher (Hg.): Antijudaismen in der Exegese? Eine Diskussion 50 Jahre nach Nostra Aetate, Freiburg im Breisgau 2015.

sie ein inspirierendes Glaubensdokument dar, das alle Lebensbereiche des Menschen berücksichtigt und Aufschluss über seine Geschichte, Gegenwart und Zukunft zu geben vermag.

2 Exegetisch fundierte Kompetenzen

Die Sprache der Bibel bildet die „erste Sprache der Kirche"[6]. Deshalb hat die Bibel sowohl im katholischen als auch im evangelischen Religionsunterricht einen hohen Stellenwert. Im Religionsunterricht beider Konfessionen erfolgt der Umgang mit der Bibel grundsätzlich auf Basis der historisch-kritische Exegese, wobei daneben auch weitere Auslegungsmöglichkeiten und Methoden für den biblischen Kompetenzerwerb zur Disposition stehen.

In den „Kirchliche[n] Richtlinien zu Bildungsstandards für den katholischen Religionsunterricht in den Jahrgangsstufen 5–10/ Sekundarstufe I" werden allgemeine und inhaltsbezogene Kompetenzen im katholischen Religionsunterricht aufgelistet. Zu den allgemeinen Kompetenzen zählen die deutschen Bischöfe die Fähigkeit von Schülern, „religiöse Zeugnisse verstehen" und „wichtige Textgattungen der Bibel und der christlichen Tradition unterscheiden"[7] zu können. Im Rahmen der inhaltsbezogenen Kompetenzen wird der Gegenstandsbereich „Bibel und Tradition" folgendermaßen konkretisiert:
„1. Die Schülerinnen und Schüler können den Aufbau und die Entstehungsgeschichte der Bibel sowie ihre Bedeutung für Christen heute erläutern. […]
2. Die Schülerinnen und Schüler können die Bedeutung Abrahams als ‚Stammvater des Glaubens' für Juden, Christen und Muslime erläutern. […]
3. Die Schülerinnen und Schüler können die Bedeutung des Exodus für Juden und Christen erläutern. […]
4. Die Schülerinnen und Schüler können die Bedeutung der biblischen Prophetie für Israel und für die Kirche darstellen"[8].

---

6 Der Religionsunterricht vor neuen Herausforderungen, hg. v. Sekretariat d. Deutschen Bischofskonferenz, Bonn 2005, S. 25.
7 Vgl. Kirchliche Richtlinien zu Bildungsstandards für den katholischen Religionsunterricht in den Jahrgangsstufen 5–10/ Sekundarstufe I (Mittlerer Schulabschluss), hg. v. Sekretariat d. Deutschen Bischofskonferenz, Bonn 2004, S. 14.
8 Kirchliche Richtlinien zu Bildungsstandards für den katholischen Religionsunterricht in den Jahrgangsstufen 5–10/ Sekundarstufe I, S. 22-23.

Bedeutsam für den interreligiösen Lernprozess ist der Verweis auf Abraham als ‚Stammvater des Glaubens' für das Judentum, das Christentum und den Islam. Bibelkompetenz fördert insofern interreligiöses Lernen.

In der Arbeitsfassung des baden-württembergischen Bildungsplans für die Sekundarstufe I (Katholische Religionslehre) 2016 zählt deshalb die Fähigkeit, „mit biblischen und anderen für den katholischen Glauben grundlegenden Texten sachgemäß umgehen"[9] zu können, zu den prozessbezogenen Kompetenzen. Die Bibel stellt einen festen Bestandteil in Bezug auf die inhaltsbezogenen Kompetenzen für die Standardstufen des Hauptschulabschlusses, des Mittleren Schulabschlusses sowie für die Standardstufen 6, 8, 10 und 12 des Gymnasiums dar. Ausdrücklich wird im Grundlagenplan für den katholischen Religionsunterricht in der gymnasialen Oberstufe/ Sekundarstufe II die „hermeneutische Kompetenz im Umgang mit biblischen Vorstellungen und kirchengeschichtlich wirksamen Traditionen"[10] erwähnt und die „Vermittlung biblischer bzw. christlicher Wertvorstellungen" als „schwierige, aber lohnende Aufgabe"[11] anheimgestellt. Weiterhin gehören die „Grundlagen biblischer Ethik" zu den „fünf didaktischen Gegenstandsbereichen"[12] in der Sekundarstufe II. Dementsprechend benennt der gymnasiale Bildungsplan von 2004 (Baden-Württemberg) folgende Kompetenzen und Inhalte für die Kursstufe: „Die Schülerinnen und Schüler

- verfügen über bibelpropädeutische Grundkenntnisse, um mit biblischen Texten sachgemäß umgehen zu können;
- können zwischen der Oberflächen- und Tiefenstruktur religiöser Ausdrucksformen und Sprechweisen unterscheiden;
- kennen gebräuchliche Symbole religiöser Traditionen und können sie deuten;
- können anhand eines Werkes der Kunst, Poesie, Musik das Geheimnis und die Sakramentalität der Wirklichkeit verdeutlichen;
- können religiöse Elemente und Impulse in der Lebenswelt der Gegenwart wahrnehmen und verfügen mit der biblisch-christlichen

---

9 Bildungsplan 2016. Allgemein bildende Schulen. Sekundarstufe I. Arbeitsfassung. Katholische Religionslehre, Stuttgart 2014, S. 6.
10 Grundlagenplan für den katholischen Religionsunterricht in der gymnasialen Oberstufe/ Sekundarstufe II, hg. v. Sekretariat d. Deutschen Bischofskonferenz, Bonn 2003, S. 35.
11 Grundlagenplan für den katholischen Religionsunterricht in der gymnasialen Oberstufe/ Sekundarstufe II, S. 48.
12 Grundlagenplan für den katholischen Religionsunterricht in der gymnasialen Oberstufe/ Sekundarstufe II, S. 56.

Tradition über einen Maßstab, um diese Elemente und Impulse einzuordnen"[13].

Für die Religionslehrerbildung legen die deutschen Bischöfe zum Bereich Bibel folgende „Anforderungen" fest: „Die Studienabsolventinnen und -absolventen [...] haben einen vertieften Einblick in die biblische Literatur und einen methodisch geübten sowie hermeneutisch reflektierten Zugang zu den geschichtlichen Traditionen des christlichen Glaubens (exegetisch-historische Kompetenz)"[14] Als Studieninhalte für die Grundschulbildung werden „Schöpfung, Vätererzählungen, Exodus, Psalmen, Jesus Christus, Paulus"[15] genannt. Für das Lehramt der Sekundarstufe I sind die „Einleitung in die Schriften des AT und NT" und die Exegese des AT und NT als Studieninhalte aufgelistet, für die Sekundarstufe II darüber hinaus die „Biblische Hermeneutik" und eine vertiefte „exegetische Auseinandersetzung" mit der Bibel[16].

Religionslehrer sollen mithin historisch-kritisch fundierte exegetische Kompetenzen erwerben, um im Unterricht einen geschichtssensiblen und interreligiös-wertschätzenden Umgang mit der Bibel anbahnen zu können.

3 Konzeptionelle Ansätze und religionsdidaktische Prinzipien

Die Bibeldidaktik des 20. und 21. Jahrhunderts ist sehr von der evangelischen Religionspädagogik geprägt. Gleichzeitig wurden in diesem Zeitraum aber auch von der katholischen Religionspädagogik maßgebliche Akzente gesetzt. So kam der Bibel bereits im Rahmen der sog. „Münchener Methode" große Bedeutung zu. In der vom damaligen Münchener Katechetenverein Anfang des 20. Jahrhunderts konzipierten Methode, die eine stärkere Orientierung an den Lernenden favorisierte, wurden biblische Erzählungen als Mittel zur „Anschauung" im Rahmen der „Darbietung" des „Lehrstoffes" vorgeschlagen.[17] Ausschlaggebend bei der Auswahl von biblischen Texten war freilich die je-

---

13 Bildungsstandards für Katholische Religionslehre. Gymnasium. Klassen 6, 8, 10, Kursstufe. Bildungsplan, Stuttgart 2004, S. 47, 49.
14 Kirchliche Anforderungen an die Religionslehrerbildung, hg. v. Sekretariat d. Deutschen Bischofskonferenz, Bonn 2011, S. 20–21.
15 Kirchliche Anforderungen an die Religionslehrerbildung, S. 26.
16 Vgl. Kirchliche Anforderungen an die Religionslehrerbildung, S. 27.
17 Vgl. Anton Weber: Die Münchener katechetische Methode, Kempten/ München 1905, S. 134–138.

weils im Katechismus vorgegebene Frage.[18] In der Folgezeit hatten ausgewählte Bibeltexte ihren festen Platz im schulischen Katechismusunterricht. Nachhaltigen Einfluss übte sodann der 1955 erschienene „Katholische Katechismus der Bistümer Deutschlands"[19], auch genannt: der „Grüne Katechismus", aus. Besonders bedeutsam für die Bibeldidaktik seit Mitte der 1970er Jahre ist das 1974 im Würzburger Synodenbeschluss „Der Religionsunterricht in der Schule" beschriebene Korrelationsprinzip: „Der Glaube soll im Kontext des Lebens vollziehbar, und das Leben soll im Licht des Glaubens verstehbar werden" (Syn 2.4.2).

Konkret mahnte die Synode, die Schüler könnten es als regelrechten „Stilbruch" empfinden, „wenn biblische Texte geboten werden, die sie nicht mit ihren Erfahrungen verknüpfen können" (Syn 1.1.1). Trotz des berechtigten Anliegens meldeten sich bereits früh kritische Stimmen zu Wort und spätestens seit den 1990er Jahren kamen vermehrt Zweifel an der Praktikabilität der Korrelationsdidaktik auf, u.a. weil sie die kirchliche Sozialisation und Glaubenspraxis bei Kindern und Jugendlichen in einem Maß voraussetze, das insbesondere heutzutage so nicht mehr gegeben sei.[20] So wurde der an sich nach wie vor relevante theoretische Ansatz verschiedentlich weiterentwickelt; da gab es etwa den Vorwurf, die „katholische Praxis" leide „zumindest unter einem falschen Nebeneinander, einer Addition von Natur und Gnade […], Glaube und Erfahrung"[21]. Angezeigt sei stattdessen eine Symboldidaktik; „die Entwicklung einer Intuition für das Symbol" müsse gefördert werden, gewissermaßen: „das dritte Auge"[22]. Darüber hinaus kamen nach der Jahrtausendwende weiterführende Impulse von Seiten der empirischen Religionspädagogik; im Zuge einer „abduktiven" Korrelation beispielsweise findet gewissermaßen eine „Aufdeckung" versteckter religiöser Kompetenzen bei Schülern statt, ohne eine reflektierte bzw. bewusst praktizierte Religiosität voraussetzen zu

---

18 Vgl. Weber: Die Münchener katechetische Methode (s.o. Anm. 17), S. 136 f.
19 Vgl. Auf die erste der insgesamt 248 Fragen des Katechismus „Wozu sind wir auf Erden?" wird die vorgegebene Antwort „Wir sind auf Erden, um Gott zu erkennen, ihn zu lieben, ihm zu dienen und einst ewig bei ihm zu leben" mit drei Bibelstellen erläutert: Hebr 12,22–24; 1 Tim 6,12; Mt 4,10 (vgl. Katholische Katechismus der Bistümer Deutschlands, München o.J.,S. 6).
20 Vgl. Christina Kalloch/ Stephan Leimgruber/ Ulrich Schwab: Lehrbuch der Religionsdidaktik. Für Studium und Praxis in ökumenischer Perspektive, Freiburg/ Basel/ Wien 2009, S. 156–159, bes. S. 159.
21 Hubertus Halbfas: Das dritte Auge. Religionsdidaktische Anstöße, Düsseldorf ⁵1992, S. 48.
22 Halbfas, Das dritte Auge, S. 128.

müssen.²³ Bei aller Kritik bleibt der korrelative Grundansatz stets nachvollziehbar und bildet nach wie vor einen wesentlicher Aspekt bei der konkreten Unterrichtsplanung – auch wenn die Korrelationsdidaktik nicht mehr uneingeschränkt „als religionsunterrichtliche[s] Leitkonzept"²⁴ betrachtet werden kann.

Aktuell gibt es ein vielfältiges „Angebot" an religionspädagogischen Ansätzen und speziell an bibeldidaktischen Konzepten: Einen Perspektivenwechsel sollen dabei beispielsweise konstruktivistische, kindertheologische und im Besonderen auf den Erwerb empathischer Kompetenz hin orientierte Entwürfe anbahnen. Bibeldidaktisch relevant sind darüber hinaus z.B. tiefenpsychologische, sozialgeschichtliche, feministische oder interaktionale Auslegungsschwerpunkte sowie erfahrungsorientierte und performative Zugänge. Die sich der evangelischen Theologie verdankende existentiale Bibelauslegung (Rudolf Bultmann) und das von den evangelischen Religionspädagogen Karl Ernst Nipkow und Friedrich Schweitzer konzipierte Prinzip der Elementarisierung wird bis heute von der katholischen Religionsdidaktik rezipiert und vielfach adaptiert sowie im Religionsunterricht zu realisieren versucht. Von konfessionsübergreifendem Interesse ist eine interreligiös und inklusiv ausgerichtete Bibeldidaktik, durch die nicht nur Diversität eine besondere Wertschätzung erfahren, sondern gleichzeitig auch die religiöse Identitätsbildung gefördert werden kann.

---

23 Stefan Heil veranschaulicht das Konzept der abduktiven Korrelation u.a. an folgendem Beispiel: „Klaus fasst in einer sechsten Klasse Gymnasium die König-David-Perikope zusammen mit den Worten: ‚König David war der Kumpel von Gott'. Welche Bedeutung steht dahinter? Was meint er damit? Welche Elemente der christlichen Tradition (König David, Gottesbild) sind darin semantisch transformiert? Zu diesen Fragen werden gewagte Hypothesen entworfen. Kann Kumpel z.B. ein Gefährte Gottes sein, ist er dann auf einer Stufe mit Gott? Dies gilt es herauszufinden und kommunikativ zu entwickeln. An die Aufdeckung der Bedeutung kann ein Lernprozess zum alttestamentlichen Gottesbild angeschlossen sein" (Stefan Heil: Abduktive Korreltation – Weiterentwicklung der Korrelationsdidaktik, in: Bernhard Grümme/ Hartmut Lernhard/ Manfred L. Pirner (Hg.): Religionsunterricht neu denken. Innovative Ansätze und Perspektiven der Religionsdidaktik. Ein Arbeitsbuch, Stuttgart 2012, S. 59; vgl. auch Hans-Georg Ziebertz/ Stefan Heil/ Andreas Prokopf (Hg.): Abduktive Korrelation. Religionspädagogische Konzeption, Methodologie und Professionalität im interdisziplinären Dialog, Münster 2003).

24 Rudolf Englert: Religionspädagogische Grundfragen. Anstöße zur Urteilsbildung, Stuttgart ²2008, S. 131.

4 Methodenvielfalt im Religionsunterricht

Für den Religionsunterricht in der Sekundarstufe steht eine Vielfalt unterschiedlicher bibeldidaktischer Methoden und Konzepte zur Disposition. Dabei bildet die historisch-kritische Exegese einen wesentlichen Maßstab bzw. Ausgangspunkt für deren Beurteilung und Anwendung. Dreh- und Angelpunkt der Bibelarbeit im Religionsunterricht bleibt der biblische Text selbst. Um Schüler für den komplexen Entstehungsprozess und für die oszillierende Bedeutung vieler Begriffe der Bibel zu sensibilisieren, bietet es sich für die Sekundarstufe I und vor allem für die Sekundarstufe II an, möglichst unterschiedliche Übersetzungen (z.B: Einheitsübersetzung, Lutherbibel, Bibel in gerechter Sprache etc.) gleichzeitig im Unterricht zu verwenden.

Unverzichtbar bleibt insofern die Lektüre der Bibel. In der Regel findet im Unterricht eine Konzentration auf exemplarische Bibeltexte (entsprechend der Bildungs- bzw. Lehrplanvorgaben) statt. Daneben sollte auch das gemeinsame Lesen biblischer Ganzschriften in Betracht gezogen werden.

Grundsätzlich gibt es im katholischen Religionsunterricht einen nahezu uneingeschränkten Spielraum in Bezug auf die Wahl von Methoden für die Arbeit mit der Bibel. Die Bibel bzw. der jeweilige Bibeltext kann dabei Impuls-, Orientierungs-, Deutungs-, Verstehens-, Identifikations- und durchaus auch Unterhaltungsfunktion haben, gleichzeitig Offenbarungsschrift und Anschauungsobjekt, Geschichtsdokument und lebendiges Glaubenszeugnis sein.

Die Arbeit am und mit dem jeweiligen Bibeltext lässt sich ganz unterschiedlich ausgestalten: Möglich sind neben dem Lesen, Analysieren und Interpretieren einer Perikope (z.B. u.a. mit der Västeras-Methode) die Kürzung oder Erweiterung von Texten, Transformationen in eine andere Textgattung (z.B. von der Wundergeschichte zum Bericht) oder inhaltliche Verfremdungen (z.B. vom Gleichnis zum Anti-Gleichnis). Zu den kreativen Methoden im Umgang mit biblischen Texten zählen etwa das Textpuzzle oder die Collage, das perspektivische Umschreiben einer Perikope sowie das Verfassen von Schlüssel- bzw. Symbolwortgeschichten oder das Anlegen von Bibelwort-Karteien. Daneben eröffnet sich die Möglichkeit der spirituellen Bibelarbeit (z.B. Bibel teilen). Außerdem können biblische Texte im Religionsunterricht ganz unterschiedlich zur Sprache bzw. zur Darstellung gebracht oder assoziiert werden: in der Form des freien (Nach-)Erzählens ggf. auch mit Hilfe von Erzählfiguren, Stabpuppen etc., in (selbst gestalteten) Bodenbildern oder durch Illustrationen (z.B. comicartigen Zeichnungen) sowie durch weitere vorgegebene oder selbst (re-)konstruierte Ausdrucksweisen in bildender (z.B. Formen mit Ton), musikalischer (z.B. Vertonung von erzählten Handlungen), literarischer (z.B. assoziatives Schreiben) und filmischer (z.B. Video-Clips zu Bibelversen) Form. Darüber hinaus ist im Unterricht eine interaktionale Auseinandersetzung mit der Bibel (d.h. eine Art von unmittelbarer Kommunikation zwischen Leser und Text) denkbar, die jedoch – wie viele andere Herangehensweisen an die Bibel auch – bereits grundsätzlich motivierte Schüler voraussetzt. Bibliolog, Bibliodrama und im Besonderen biblische Improvisationsspiele können gerade in der Sekundarstufe den Unterricht bereichern und zu einem tieferen Verständnis der Bibel führen. Auch an außerschulischen Lernorten (z.B. Museen oder Bibliotheken) kann ein erfahrungsorientiertes Lernen mit der Bibel stattfinden.

Eine empathische, primär auf den jeweiligen Text konzentrierte Bibeldidaktik folgt dabei Prinzipien, die auf Basis der historisch-kritischen Exegese besonders entstehungsgeschichtlich bedingte Textaussagen berücksichtigen:[25]

- „Prinzip der ganzheitlichen Textbegegnung – ‚Nimm dein Gegenüber mit ›Kopf, Herz und Hand‹ wahr'"
- „Prinzip der Wertschätzung – ‚Achte dein Gegenüber'"
- „Prinzip der empathischen Hermeneutik – Verstehen als hermeneutischer Prozess"
- „Prinzip der ‚Nähe zum Urtext' – ‚Besinnung auf die Textgeschichte'"
- „Prinzip der Aufmerksamkeit – ‚Störungen haben Vorrang'"
- „Prinzip der Zu- und Einordnung – ‚kritisches Vergleichen über den Text hinaus'"
- „Prinzip der Kontextualität – ‚Ko- und Kontexte als Lesehilfen'".

Richtet sich die Empathie primär auf die Rezipienten, d.h. hier auf die Schüler, und werden insofern verstärkt rezeptionsästhetische Aspekte berücksichtigt, dann sind vor allem folgende Prinzipien ausschlaggebend:[26]

- „Prinzip der Transparenz – ‚die biblische Botschaft muss verstehbar sein'"

---

25 Vgl. Herbert Stettberger: Empathische Bibeldidaktik. Eine interdisziplinäre Studie zum perspektivenorientierten Lernen mit und von der Bibel, Berlin 2012, S. 285–289.
26 Vgl. Stettberger, Empathische Bibeldidaktik, S. 285–300.

- „Prinzip der individuellen Adaptierbarkeit – ‚jeder SchülerIn ihre Botschaft'"
- „Prinzip der Prägnanz" – im Sinne einer Elementarisierung
- „Prinzip der Independenz" – biblische Botschaften nicht nur für und mit Schülern, sondern auch Feedbacks von Schülern als exegesierende Experten
- „Prinzip der impliziten Wahrnehmungskoordination – ‚die Tiefendimension von biblischen Textaussagen'"
- „Prinzip der Emotionalisierung"
- „Prinzip der Aktualisierung"
- „Prinzip der Wertkommunikation"
- „Prinzip der handlungsorientierten Didaktik"
- „Prinzip der positiven Lernatmosphäre".

Die bibeldidaktische Methodenvielfalt spiegelt sich auch in aktuellen Schulbüchern für den katholischen Religionsunterricht wider. Neben Fragen zum Aufbau sowie zum Inhalt von Bibeltexten finden sich Informationen und Aufgaben, die Schüler auf kreative Weise an historisch-kritische Fragestellungen heranführen und ein entsprechendes Problembewusstsein wecken. So werden mögliche Hintergründe rund um die Entstehung des Markusevangeliums z.B. im Rahmen eines fiktiven Interviews mit dem Evangelisten Markus anschaulich beleuchtet:

„R: Sie haben soeben eine wichtige Schrift über Jesus von Nazaret in Galiläa veröffentlicht. […] Haben Sie ihn persönlich gekannt? M: Nein, ich selber habe ihn nie gesehen. Aber ich habe schon vor Jahren einige Jünger kennengelernt. Diese Leute haben mir von Jesus erzählt […]."[27]

Daneben gibt es in Schulbüchern sachliche Informationen über die Entstehungsgeschichte biblischer Texte, so beispielsweise in Bezug auf die Schöpfungserzählungen: „Der erste Text (Gen 1,1–2,4a) wurde von jüdischen Priestern wahrscheinlich um 520 vC im Exil von Babylon […] oder kurz danach verfasst und an den Anfang des jüdischen Geschichtswerk gesetzt, das um 400 vC zum Bestandteil des Pentateuch […] wurde"[28].

Für die textkritische Arbeit werden Schüler etwa durch folgende Aufgabenstellung sensibilisiert: „So könnt ihr zu Erforschern alter Handschriften wer-

---

27 Wege des Glaubens. Grundfassung 7./8. Schuljahr, von Werner Trutwin, Berlin 2014, S. 64.
28 Zeichen der Hoffnung. Jahrgangsstufen 9/10, von Werner Trutwin, Berlin 2009, S. 43.

den [...]. Schreibt auf ein Blatt Papier [...] einen Bibeltext eurer Wahl [...]. Reißt das Blatt dann in 16 kleine Stücke, wirbelt alles durcheinander und füllt sie in eine Flasche [...]. Jeder soll nun eine andere Flasche [...] nehmen und versuchen, die Schnipsel wie ein Puzzle zusammenzufügen und zu lesen"[29].

Die bibeldidaktische Methodenvielfalt lässt sich auch an folgenden Aufgabenstellungen ablesen: „Ihr könnt das Buch Jona ganz lesen, da es sehr kurz ist". „Lasst den Jona in ,Ich-Form' erzählen, was er denkt und fühlt". „Studiert ein Puppenspiel mit dem Titel ,Jona' ein". „Zeichnet die einzelnen Szenen des Buches und stellt sie in der Klasse aus"[30]. „Malt ein Bild, das zeigt, wie Abram die Worte Gottes hört"[31]. „Lasst die Ägypter, die Mädchen und Jungen der Hebräer und Mose nach dem Durchzug durch das Schilfmeer zu Wort kommen"[32]. „Diskutiert darüber, ob der Gott des Dekalogs ein strenger Gesetzgeber oder ein verständnisvoller Menschenfreund ist"[33]. „Versucht die Geschichte [1 Sam 16,6–13] aus dem Mund des Isai zu erzählen"[34]. „Geht den Weg nach, auf den Psalm 23 führt"[35]. „Versetzt euch in den Propheten Amos. Schreibt aus seiner Sicht einen Klagepsalm"[36]. „Entwerft in Gruppen für eure MitschülerInnen ein Kreuzworträtsel zur Bibel. Wie soll das Lösungswort lauten?"[37]. „Führt zu einem dieser Jesus-Worte ein Schreibgespräch in einer Gruppe"[38] (z.B. zu Mt 5,39). „Spielt das Gleichnis vom Sämann (Mk 4,3–8) als Pantomime nach [...]"[39]. Bezogen auf die Elija-Geschichten in 1 Kön 17 und 2 Kön 2 wird etwa folgender Impuls formuliert: „Manche Szene lässt sich gut malen oder in einem Rollenspiel darstellen"[40].

---

29 Zeit der Freude. Jahrgangsstufen 5 und 5, von Werner Trutwin, München 2010, S. 40.
30 Wege des Glaubens, S. 47.
31 Zeit der Freude, S. 49.
32 Zeit der Freude, S. 65.
33 Zeichen der Hoffnung, S. 58.
34 Zeit der Freude, S. 70.
35 Zeit der Freude, S. 73.
36 Reli konkret 2. Unterrichtswerk für den katholischen Religionsunterricht in den Jahrgangsstufen 7 und 8 an Haupt- und Realschulen in Baden-Württemberg, hg. v. Georg Hilger u. Elisabeth Reil, München 2008, S. 27.
37 Reli konkret 1. Unterrichtswerk für den katholischen Religionsunterricht in den Jahrgangsstufen 5 und 6 an Hauptschulen und Realschulen in Baden-Württemberg, hg. v. Georg Hilger u. Elisabeth Reil, München 2008, S. 63.
38 Reli konkret 1, S. 65.
39 Reli konkret 1, S. 93.
40 Wege des Glaubens, S. 53.

5 Perspektiven einer interreligiösen Bibeldidaktik

Bei den abrahamitischen Religionen Judentum, Christentum und Islam bilden die Heilige Schriften jeweils eine unabdingbare Richtschnur für das Leben der Gläubigen. In Tanach, Bibel und Koran lassen sich gemeinsame Normen und Werte entdecken. Gleichzeitig sollen bestehende Unterschiede nicht geleugnet werden.

In der Bibel finden sich einige Texte und Aussagen, die als argumentative Grundlage für einen interreligiösen Lernprozess fungieren können. Daneben gibt es aber auch Passagen und Geschichten, in denen das Verhältnis zwischen Völkern und Religionen – aus heutiger Sicht betrachtet – problematisch dargestellt wird. Entscheidend für eine interreligiöse Bibeldidaktik ist deshalb sowohl eine auf der historisch-kritischen Exegese basierte Beurteilung biblischer Texte als auch die Konzentration bzw. exemplarische Auswahl von besonders relevanten und für den interreligiösen Lernprozess geeigneten Texten.

Grundsätzlich sind aus der Bibel verschiedene religionstheologische Positionen herauszulesen.

So gibt es Texte, aus denen sich möglicherweise eine exklusivistische Einstellung gegenüber anderen Religionen ableiten ließe. Historisch unkritisch gelesen, könnte beispielsweise das Fremdgötterverbot im Dekalog (Ex 20,3–5; Dtn 5,7–9) als Legitimation für eine Geringschätzung anderer Religionen missverstanden werden. Problematisch erscheinen insofern vor allem deuteronomistisch geprägte Texte wie Dtn 7 oder Jos 11, wenn sie nicht zeitgeschichtlich betrachtet werden. Vertreter eines ekklesiologischen Exklusivismus *(nulla salus extra ecclesiam)*, der sich bereits auf dem Konzil von Florenz (1439–1442) und ebenso noch auf dem Ersten Vaticanum (in der Konstitution *Pastor Aeternus)* manifestierte, beriefen sich beispielsweise auf Mt 16,18: „Du bist Petrus, und auf diese Felsen werde ich meine Kirche bauen". Dass das Heil ausschließlich denjenigen Menschen vorbehalten sei, die sich zu Jesus Christus bekennen *(nulla salus extra christum)*, wurde im Laufe der Kirchengeschichte wiederholt von Joh 14,6 her begründet.

Mit dem Verweis z.B. auf die Schöpfungserzählungen (besonders Gen 1,26.27: der Mensch, d.h. Mann und Frau als Abbild Gottes) oder auf die Abrahamsgeschichten (u.a. Gen 12,3; 13,16; 15,18; Gen 16; 21; 25; Röm 4) ist dagegen eine inklusivistische Position (vgl. Nostra Aetate 2) biblisch zu stützen.

Schließlich begegnen dem Leser in der Bibel auch Protagonisten, die – nach heutigem Verständnis – eine Offenheit gegenüber anderen Völkern, Kulturen und Religionen zum Ausdruck bringen. So lässt sich Abraham vom Priesterkönig von Salem, Melchisedek, segnen (Gen 14,18ff). Rut bekennt gegenüber ihrer Schwiegermutter Noomi: „Dein Volk ist mein Volk und dein Gott ist mein Gott" (Rut 1,16). Die Königin von Saba preist den Gott Israels: „Gepriesen sei Jahwe, dein Gott, der an dir Gefallen fand und dich auf den Thron Israels setzte" (1 Kön 10,9). Ausgerechnet ein Samariter und nicht ein Priester in Jerusalem wird von Jesus als barmherziger Mensch vorgestellt, der das Gebot der Nächstenliebe umsetzt (vgl. Lk 10,25–37). Schließlich ist das Gebot Lev 19,34, Fremde wertzuschätzen und zu lieben, sehr weitreichend: „Der Fremde, der sich bei euch aufhält, soll euch wie ein Einheimischer gelten, und du sollst ihn lieben wie dich selbst; denn ihr seid selbst Fremde in Ägypten gewesen. Ich bin der Herr, euer Gott".

Aus alledem wird deutlich: Der Bibel kommt im Religionsunterricht eine zentrale Rolle für das interreligiöse Lernen zu. Im Zuge der Auseinandersetzung mit biblischen Texten können Schüler Gemeinsamkeiten zwischen Judentum, Christentum und Islam entdecken: Sie lernen das Erste Testament als Heilige Schrift der Juden kennen und nehmen auch Jesus als Juden wahr. Aufschlussreich ist für Schüler außerdem, dass zentrale biblische Personen auch im Koran erwähnt sind (z.B. Abraham, Josef, Mose, Elija, Maria, Jesus) und Jesus als Prophet anerkannt wird (vgl. u.a. Sure 19,30f). Damit bildet gerade ein historisch-kritisch fundierter Bibelunterricht eine wichtige Grundlage für die Förderung interreligiöser Lernprozesse. Besonders anregend und für den Erwerb von interreligiöser Kompetenz richtungsweisend kann hier das gemeinsame Gespräch über Heilige Schriften im Rahmen von persönlichen Begegnungen zwischen jüdischen, christlichen und muslimischen sowie bekenntnislosen Schülern etwa im Rahmen der Kooperierenden Fächergruppe sein.[41]

---

41 Vgl. Katja Boehme: Die kooperierende Fächergruppe, in: KatBl 127 (2002), S. 375–382; Katja Boehme: Weisheit durch Begegnung. Zur Grundlegung interreligiösen Lernens in der Schule, in: Hermann Josef Riedl/ Reinhard Wunderlich (Hg.): Erwerbt Euch Weisheit …" (Sir 51,25). Weisheit im Spiegel theologischer und pädagogischer Weisheit, Frankfurt am Main 2013, S. 283–316.

Katja Boehme

„Kinder brauchen biblische Erzählungen" – Entwicklungspsychologische Impulse für eine Bibeldidaktik in der Grundschule

„Wir müssen jetzt lernen, dass Christen – wie die Juden – eine Minorität werden und wir wissen noch nicht, wie wir damit umgehen sollen. [...] Unserer heutigen Mitmenschen ‚bewohnen' die biblischen Geschichten vielfach nicht mehr. Sie sind wie leere, unbewohnte Straßenzüge in der Stadt, in der wir leben. Jemand hat noch die alten Stadtpläne – die Theologen vielleicht – aber die Häuser sind leer und wir kennen die Straßen nicht mehr."[1]

Wohl keine Religionslehrerin und kein Religionslehrer wird hierzulande bestreiten, dass diese Beobachtung des Heidelberger Theologen und Ökumenikers Dietrich Ritschl zutrifft. Kinder und Jugendliche kennen die biblischen Geschichten vielfach nicht mehr. Das bedeutet, dass sie auch zu vielen Straßenzügen anderer bedeutender Gebiete kaum einen Zugang gewinnen können: weiträumige Domänen der Kunst, Architektur und Malerei, viele Klangwelten der – auch modernen – Musik, die Tiefenstrukturen der Literatur und andere Kultur- und Lebensbereiche drohen ihnen für immer verschlossen zu bleiben, wenn ihnen nicht wenigstens die Hauptstraßen der Bibel vertraut sind.[2]

Erzählungen gehören – ebenso wie der heilige Ort, die Liturgie, die Ethik und die Rhythmisierung von Lebens- und Jahreszyklus – zu den basalen religiösen Phänomenen jeder Religion, sie sind „Grunderfahrungen, die sich darum als lebenswichtige Bausteine jeder Religion durchhalten, weil sie kon-

---

1 Dietrich Ritschl: Theorie und Konkretion in der ökumenischen Theologie. Kann es eine Hermeneutik des Vertrauens inmitten differierender semiotischer Systeme geben? Münster ²2005, S. 163.
2 Das gilt für so unterschiedliche Werke wie z.B. für die Bilder von Otto Dix (1891–1969), die Oper 'Salome' von Richard Strauß (1864–1949) oder die Musiktitel von Avo Pärt (geb. 1935) oder auch die 2008 erschienene launische Erzählung von David Safier (geb. 1966) 'Jesus liebt mich' (²2009). Die Reihe solcher Beispiele ließe sich beliebig fortsetzen.

stitutiv zur Religion gehören."³ Für den Gewinn jedweder religiöser Kompetenz lassen sie sich weder ausklammern noch nachholen, will man Religion als eines der grundlegenden Anthropina von Bildung nicht gänzlich aus dem Bildungskanon ausschließen.⁴ Folgt man dem Religionswissenschaftler Theo Sundermeier, so werden solche primären Religionserfahrungen im Nahbereich und in einer kleinen überschaubaren Gemeinschaft von überschaubaren Beziehungen gemacht.⁵ Sie werden nicht aufgegeben, wenn – und das gilt analog für die individuelle religiöse Entwicklung des einzelnen – eine neue Weltbewältigung geleistet werden muss und sich infolgedessen auch die Gestalt von Religion verändert.⁶ Selbst wenn sich der Erfahrungsraum von Religion – wie etwa mit dem Eintritt ins Erwachsenenalter – wandelt, sich nicht mehr im Nahbereich familiärer Bezüge abspielt, nicht mehr alle Lebensräume abdeckt und durch Rationalisierung und Individualisierung gekennzeichnet ist, bleiben die Phänomene der primären Religionserfahrung erhalten.

Ebenso wie die übrigen Phänomene dieser primären Religionserfahrung grundieren ebenso *Erzählungen* bleibend die Tiefenstrukturen einer Religion. Das heißt: Ohne die Kenntnis biblischer Erzählungen fällt der Deutungsrahmen weg, in welchem jede neue Religionserfahrung überhaupt begriffen werden kann. Insbesondere der Religionsunterricht der Grundschule, der noch im „Nahbereich" von „übersehbaren Beziehungen" stattfinden kann,⁷ ist hier herausgefordert, Schülerinnen und Schüler mit biblischen Erzählungen einen Deutungsrahmen anzubieten, der für ihre (religiöse) Entwicklung ebenso wie für ihre allgemeine Bildung konstitutiv ist.

Erkenntnisse der Entwicklungspsychologie bestätigen diese Marschrichtung. So konnten die Religionspädagogen Gerhard Büttner und Veit-Jakobus

---

3 Vgl. Theo Sundermeier: Religion – was ist das? Religionswissenschaft im theologischen Kontext. Ein Studienbuch, Frankfurt am Main ²2007, S. 40: Religion „gewährt Erkenntnis und wird im Ritus und in Wort vermittelt, das heißt sie benennt und kann tradiert werden."

4 Dass diese so genannten Praxisbereiche nicht nur grundlegend für die allgemeine Bildung, sondern zudem aufeinander verwiesen sind, hat Dietrich Benner in seiner Allgemeinen Pädagogik „in einem Schema zu verdeutlichen gesucht, dass Arbeit, Ethik, Pädagog, Politik, Kunst und Religion als ausdifferenzierte, bildungsrelevante Praxisbereiche ausweist und diese so miteinander verbindet, dass jede Praxisform in Bezügen zu allen anderen steht." Dietrich Benner: Bildung und Religion. Nur einem bildsamen Wesen kann ein Gott sich offenbaren, Paderborn 2014, S. 17, mit Verweis auf: Dietrich Benner: Allgemeine Pädagogik. Eine systematisch-problemgeschichtliche Einführung in die Grundstruktur pädagogischen Denkens und Handelns. Weinheim ⁷2012, S. 43.

5 Diese Erkenntnis verdankt Sundermeier seinen Forschungen über Stammesreligionen, vgl. Sundermeier, Religion (s.o. Anm. 3), S. 38.

6 Ebd., S. 40.

7 Vgl. ebd., S. 38.

Dietrich mit neueren Veröffentlichungen zur religiösen Entwicklung belegen, dass nicht etwa eine zunehmende Rationalisierung – gar die Verabschiedung von übernatürlichen Gottesvorstellungen –, sondern die Fähigkeit zur Integration verschiedener Deutungen eines religiösen Phänomens die höhere Stufe einer religiösen Entwicklung markieren.[8] Das setzt voraus, dass Kinder über ein theologisches Grundwissen verfügen können müssen, um es später mit anderen Perspektiven verbinden zu können. Denn ob sich das Bewusstseins von Kindern und Jugendlichen von naiven zu eher wissenschaftlich fundierten Theoriebildungen entwickeln kann, ist weit mehr, als bisher angenommen, vom jeweiligen Wissensniveau abhängig, das in einer bestimmten Wissensdomäne zuvor erlangt wurde. Das gilt ebenso für die religiöse Entwicklung, die von der kognitiven Vertiefung spezifisch theologischer Wissensdomänen abhängig ist: „Wer sich mit religiöser Sprache und Symbolik nicht auskennt, kann komplexe Sachverhalte im Religionsunterricht nicht verstehen, auch wenn er oder sie Expert/in in Mathematik oder Biologie ist".[9] Kindern dürfen daher biblische Geschichten nicht deswegen vorenthalten werden, weil sie etwa Wundererzählungen naiv interpretieren. Vielmehr stellt die Kenntnis biblischer Erzählungen überhaupt erst die Voraussetzung dafür dar, auf einer weiteren Stufe der religiösen Entwicklung verschiedene Perspektiven – etwa auch die der historisch-kritischen Exegese – gewinnen und integrieren zu können, eben weil „das Niveau der Operation auch davon abhängt, wie viel der einzelne von der gerade verhandelten Sache versteht."[10] Anders ausgedrückt: Nur wer nicht nur weiß, wie man einen Stadtplan lesen kann, sondern darüber hinaus die wichtigsten Straßen kennt, kann sich orientieren und sich bisher unbekannte Gebiete erschließen, „d.h., dass sich der Fächer des Wissensfeldes immer weiter öffnet, je mehr gegenstandsbezogenes Wissen dazu tritt."[11]

„Enorm viel hängt somit am Religionsunterricht."[12] – so lautet die Konsequenz, mit der Ritschl die von ihm konstatierten unbewohnten Straßenzüge

---

8 Vgl. Gerhard Büttner / Veit-Jakobus Dieterich: Entwicklungspsychologie in der Religionspädagogik. Göttingen 2013, S. 39. Büttner und Dietrich gehen selbstverständlich davon aus, dass „auch hochreflektierte Formen von Erwachsenentheologie im Grunde um das Phänomen des Übernatürlichen nicht herumkommen." Ebd., S. 46.
9 Ebd., S. 36.
10 Ebd., S. 23.
11 Ebd., S. 208.
12 Ritschl fährt fort: „Enorm viel hängt somit am Religionsunterricht, an Radio und kirchlicher Presse, am aktiven Tun der Gemeinden und diakonischen Institutionen an Aktionsgruppen und sinnvollen Tagungen u.a.m. Theologische Rezepte – das kann ich nach Erfahrungen in vielen Ländern garantieren – gibt es nicht. Theologie kann vieles leisten: Sie kann sichten, erklären,

biblischer Erzählungen wieder beleben will. Doch neueren Forschungsergebnissen zufolge müsste präziser formuliert werden, dass für dieses Ziel sehr viel von den Religionslehrerinnen und Religionslehrern, und zwar vor allem der Grundschule, abhängt. So konnte Jacqueline Woolleys belegen, dass Kinder Wundererzählungen (im Unterschied zu fiktionalen Erzählungen) deswegen als wahr bewerteten, weil das Urteil und Zeugnis ihnen vertrauenswürdiger Erwachsener eine Wirklichkeit vorgab, welche ihnen die Akzeptanz von Wundergeschichten ermöglichte.[13] Das Vertrauen auf supranaturale Ereignisse ist folglich nicht auf fehlendes kindliches Unterscheidungsvermögen zurückzuführen, sondern auf die Übereinstimmung mit dem Werteverständnis ihrer Religionslehrerinnen und -lehrer.[14] Auf diese Weise religiös sozialisierten Kindern kann daher eine höhere Stufe religiösen Urteils bescheinigt werden, weil sie im Unterschied zu nicht religiös sozialisierten Kindern eine Integrationsfähigkeit verschiedener Deutungsmuster besitzen, die bedeutet, bei religiösen Erzählungen auf die Wissensdomäne ‚Religion' umzuschalten und andere Regeln in Hinblick auf die Realitätskonstruktion anwenden zu können.[15]

Aus diesen Erkenntnissen lässt sich der Schluss ziehen, dass in der Bibeldidaktik der Beziehungsaspekt zwischen Schülerinnen und Schülern und ihrer Lehrperson eine besonders hohe Bedeutung zukommt.[16] Lehrerinnen und Lehrer sind daher herausgefordert, zunächst selber die Beziehung zu biblischen Texten zu suchen, sich in biblischen Landschaften anzusiedeln und Wohnung zu nehmen. Dann können sie auch Schülerinnen und Schüler in biblische Wohnungen einladen. Eine Vielzahl von Publikationen belegen, dass ihnen dazu eine Fülle von religionsdidaktischem Material und viele Methoden und Medien bereitstehen.

Aber lebt nicht jede echte Begegnung letztlich von dem, was Menschen sich zu erzählen haben? Und entspricht biblischen Geschichten nicht kaum eine

---

Probleme lösen, Spaltungen heilen, Neues entwerfen, aber Rezepte liefern, wie Menschen, die die Gegenwart und Liebe Gottes nie verspürt haben, die Sprache der Bibel und der Gläubigen wieder bewohnen können, das vermag sie nicht." Ritschl, Theorie (s.o. Anm. 1), S. 163.

13 Jacqueline Woolley / Victoria Cox: „Development of beliefs about storybook reality", in: Developmental Science 10 (2007), S. 117–127; zit. nach Büttner / Dieterich, Entwicklungspsychologie (s.o. Anm. 8), S. 49.

14 Vgl. Büttner / Dieterich, Entwicklungspsychologie (s.o. Anm. 8), S. 51.

15 Vgl. ebd., S. 50.

16 So weist der katholische Religionspädagoge Reinhold Boschki („Beziehung" als Leitbegriff der Religionspädagogik. Grundlegung einer dialogisch-kreativen Religionsdidaktik, Ostfildern 2003, S. 33) darauf hin, dass „insbesondere dem Paradigmenwechsel von der Konzentration auf die entwicklungspsychologische Sicht hin zur beziehungspsychologischen und beziehungssoziologischen Perspektive in den vergangenen Jahren und Jahrzehnten Beachtung geschenkt" wird.

Methode mehr als das Erzählen? Die didaktische Aufgabe lautet daher: „Ein Ja zu Bibelgeschichten im Religionsunterricht – ein Nein aber zu kindgerecht verkürzten bzw. aufgepeppten Nacherzählungen."[17]

Daher seien hier noch konkrete Regeln für ein „elementares, glaubwürdiges Erzählen im Dienst religiöser Bildung"[18] benannt:
1. den Schülerinnen und Schülern Identifikationsmöglichkeiten schaffen,
2. Schwerpunkte in der Erzählung setzen,
3. das Ergebnis als Prozess der Erzählung entfalten,
4. einen möglichen Bericht in ein Bekenntnis wandeln,
5. den Charakter der Geschichten klären, um Missverständnissen vorzubeugen.

In Erzählungen lernen Kinder die verschiedenen Strassen und Wege, Landschaften und Menschen biblischer Geschichten kennen. Sie können ein systematisches theologisches Denken entwickeln, denn das setzt „voraus, dass das Kind am kollektiven Wissen einer konkreten Religion Anteil hat bzw. bekommt d.h., dass es in bestimmtem Maße selber zum Experten wird."[19]

Nicht also aus katechetischen Gründen, sondern für die – auch für eine allgemeine Bildung – grundlegende Reflexionsfähigkeit und Integrationsfähigkeit verschiedener Perspektiven brauchen Kinder biblische Erzählungen. Ansonsten wäre selbst ihr eigenes Theologisieren begrenzt, denn „wer keine Jesusgeschichten kennt, ist bald mit seinem Nachdenken am Ende."[20]

---

17 Martina Steinkühler: „Erzählend Gott zur Sprache bringen: subjektiv, deutlich und offen. Didaktisches und Methodisches zum elementaren Erzählen von Bibelgeschichten im Unterricht". In: Bibeldidaktik. Theologische, didaktische und spirituelle Impulse, hg. v. Institut für Religionspädagogik der Erzdiözese Freiburg, Freiburg 2014, S. 6–10, hier S. 6.
18 Ebd., S. 8. Die oben aufgeführten Regeln werden ebd. ausführlich beschrieben.
19 Büttner / Dieterich, Entwicklungspsychologie (s.o. Anm. 8), S. 31.
20 Ebd., S. 208.

BERND SCHRÖDER

Die Bibel im Evangelischen Religionsunterricht – Überlegungen zu ihrem Stellenwert und zu didaktisch-methodischen Arrangements ihrer Behandlung

Die Auslegung biblischer Texte und die Behandlung biblisch fundierter Themen nehmen im evangelischen Religionsunterricht einen erheblichen, vermutlich den breitesten Raum ein – etwa die Hälfte der Themen in der Primarstufe und der Sekundarstufe I sind unmittelbar biblisch oder in hohem Maße biblisch grundiert. Unter den fachdidaktischen Themenbereichen gehört die Bibeldidaktik dementsprechend zu den meist bearbeiteten – in der jüngsten Vergangenheit legt beispielsweise eine recht große Zahl entsprechender Lehrbücher und Sammelbände davon Zeugnis ab.[1]

Die religionsdidaktische Wertschätzung der Bibel schlägt sich allerdings gerade nicht darin nieder, dass eine bestimmte – womöglich seit der Reformation kontinuierlich gepflegte – Methode oder Didaktik oder ein bestimmtes – wiederum etwaig seit je und je angewandtes – Auslegungsverfahren zur Geltung gebracht würde. Im Gegenteil: Die religionsdidaktische Wertschätzung der Bibel lässt sich eher daran ablesen, dass sie mit den jeweils aktuell zu Gebote stehenden Methoden, didaktischen Arrangements und Auslegungsverfahren erschlossen wird. Es kennzeichnet geradezu protestantisches Bibelverständnis, dass man die Dignität der Bibel durch diese Vielzahl und flexible Nutzung der Erschließungswege nicht gefährdet, sondern vielmehr zur Geltung gebracht sieht. Folgerichtig ist kein anderes Themengebiet eines solchen Fundus an fachdidaktischer Reflexion für wert befunden worden und hat einen solchen Reichtum didaktischer Kreativität hervorgebracht.

---

1 Gottfried Adam / Rudolf Englert / Rainer Lachmann / Norbert Mette (Hg.): Bibeldidaktik. Eine Lese- und Studienbuch, Berlin u.a. (2006) ³2009. Christoph Bizer u.a. (Hg.): Jahrbuch der Religionspädagogik 23 (2007): Bibel und Bibeldidaktik, Neukirchen-Vluyn 2007. Peter Müller: Schlüssel zur Bibel: eine Einführung in die Bibeldidaktik, Stuttgart 2009. Michael Bachmann (Hg,): Erstaunlich lebendig und bestürzend verständlich? Studien und Impulse zur Bibeldidaktik, Neukirchen-Vluyn 2009. Mirjam und Ruben Zimmermann (Hg.): Handbuch Bibeldidaktik, Tübingen 2013.

Im Zuge dessen kam und kommt es wieder und wieder zu einer charakteristischen Syntheseleistung: Der antike Schriftenkanon wird gerade nicht primär in traditioneller (oder gar wegen dieser Traditionalität geschätzter) Weise ausgelegt, sondern mit je und je modernen Verfahren, die durchaus aus anderen textauslegenden wie -didaktischen Disziplinen adaptiert werden können. Die besondere Dignität der Schrift zeigt sich darin, dass die Applikation solcher zeitgenössischer und ggf. ursprünglich theologiefremder Verfahren für möglich und notwendig gehalten wird: Sie trägt dazu bei das unerschöpfliche Sinn- und Deutungspotential der Schriften zu zeigen und fruchtbar zu machen.

Diese doppelte These soll mit dem folgenden Artikel illustriert und belegt werden – und zwar gerade im (literarischen) Gespräch mit Christen verschiedener Konfession, Juden und Muslimen.

Der Bogen wird weit gespannt: Am Anfang soll ein Blick auf die formative Epoche des Protestantismus geworfen werden: auf die Reformationszeit. Hier sind die hermeneutischen Vorzeichen gesetzt worden, die später die Genese und Fortschreibung von Bibeldidaktik ermöglichten. In einem zweiten Abschnitt sollen einige Stationen der Bibeldidaktik in Erinnerung gerufen werden; sie haben die Spannbreite des heutigen bibeldidaktischen Repertoires zu entwickeln geholfen. Ein dritter Abschnitt behandelt – nicht zuletzt im Blick auf jüdische und muslimische Gesprächspartner – die Rolle der historisch-kritischen Exegese im Kontext der Bibeldidaktik, ehe schließlich einige bibeldidaktische Akzente der gegenwärtigen Debatte benannt werden – vor allem solche, die im und für das interreligiöse Gespräch von Interesse zu sein scheinen.

1 Erinnerung an Weichenstellungen im Umgang mit der Bibel in der Reformation

Im Jahr 2017 jährt sich ein Initialdatum der Reformation zum fünfhundertsten Mal: die Publikation von 95 Thesen wider den Ablass (mutmaßlich per Anschlag an die Schlosskirche zu Wittenberg). An diesem Datum wird exemplarisch erkennbar, dass es Martin Luther (1483–1546) nicht um eine Kirchenspaltung oder -neugründung ging, sondern um Reform.

Thema der Thesen war die Kritik am sog. Ablass, einer verbreiteten Praxis der spätmittelalterlichen Kirche, die den Getauften gegen Geldspenden die

Ermäßigung von Zeiten im Fegefeuer in Aussicht stellte. Vor allem die erste und die beiden letzten Thesen lassen schon die über dieses partikulare Streitthema hinausweisende und in späteren Schriften immer deutlicher hervortretende Grundrichtung des reformatorischen Einspruchs erkennen: „Als unser Herr und Meister Jesus Christus sagte: ‚Tut Buße, denn das Himmelreich ist nahe herbeigekommen' [Mt 4,17], wollte er, dass das ganze Leben der Glaubenden Buße sei." (These 1) „Man muss die Christen ermutigen, darauf bedacht zu sein, dass sie ihrem Haupt Christus durch Leiden, Tod und Hölle nachfolgen." (These 94)[2]

Ebenso offensichtlich wie charakteristisch ist der Rekurs auf Jesus Christus und die Heilige Schrift; nicht minder deutlich wird, dass für die Getauften allein das Vertrauen auf die Gnade Gottes verlässlich und tröstlich ist, keineswegs dasjenige auf die Ablasszusagen der vom Papst geleiteten Kirche. Was hier in den 95 Thesen verhalten anklingt, wird namentlich in den reformatorischen Grundschriften Luthers[3] entfaltet und kann später zu fünf sog. Exklusivpartikeln verdichtet werden: *sola gratia* (allein aus Gnade), *solus Christus* (allein Christus), sola fide (allein durch den Glauben), *sola scriptura* (allein aufgrund der Schrift), *solo verbo* (allein im Wort).[4]

Im Blick auf den Stellenwert und die Auslegung der Bibel – und abgeleitet davon auch im Blick auf die spätere Bibeldidaktik – kann man angesichts dieser grundlegenden Weichenstellungen festhalten: Die Reformation Lutherscher Prägung zielte einerseits darauf, die Autorität der Heiligen Schrift dramatisch aufzuwerten (und zwar gegenüber der Tradition und dem kirchlichen Lehramt), und andererseits darauf, den Zugang zur Schrift für die Getauften zu erleichtern.

Die Aufwertung der Autorität der Schrift lässt sich *pars pro toto* an drei Denkfiguren zeigen:[5]

---

2 Disputation zur Klärung der Kraft der Ablässe (1517), in: Martin Luther: Lateinisch-Deutsche Studienausgabe, Bd. 2: Christusglaube und Rechtfertigung, hg. und eingel. von Johannes Schilling, Leipzig 2006, S. 1–15.

3 Dazu zählen „An den christlichen Adel deutscher Nation von des christlichen Standes Besserung" (WA VI, 404–469), De captivitate babylonica ecclesiae praeludium (WA VI, 497–573) und „Von der Freiheit eines Christenmenschen" (WA VII, 20–38) – dazu knapp Jens Wolff: Programmschriften, in: Albrecht Beutel (Hg.): Luther Handbuch, Tübingen 2005, S. 265–277.

4 Dazu Kirchenamt der EKD (Hg.): Rechtfertigung und Freiheit. 500 Jahre Reformation 2017. Ein Grundlagentext des Rates der Evangelischen Kirche in Deutschland, Gütersloh 2014, S. 44–93, bes.S. 46–48.

5 Zum Zusammenhang siehe Albrecht Beutel: Wort Gottes, in: ders. (Hg.): Luther Handbuch, Tübingen 2005, S. 362–371, und Albrecht Beutel: Erfahrene Bibel (1992), in: ders: Protestantische Konkretionen, Tübingen 1998, S. 66–103.

Die Heilige Schrift wird als der maßgebliche Ausdruck von Gottes Wort verstanden, in Spitzensätzen formuliert Luther: „die heilige Schrifft, das ist Gott selbs"[6]. Daraus ergibt sich überhaupt erst der entscheidende Spielraum, um Menschenwort, namentlich dem Wort des kirchlichen Lehramtes und der Tradition, kritisch zu begegnen.

Die Heilige Schrift ihrerseits bedarf keiner Klarstellung durch autoritative Auslegung; sie spricht für sich selbst und erschließt sich den Glaubenden mit Hilfe des Heiligen Geistes. Luther kann schreiben, er sei gewiss, *„ut sit [scriptura; …] sui ipsius interpres"*[7]. Denn sie, die Heilige Schrift, zeichne sich sowohl durch äußere Klarheit *(claritas scriptura externa)* als auch durch innere Klarheit *(claritas scripturae interna)* aus – für Luther weist sie in ihren beiden Teilen auf Christus hin: „… das ist ungezweyfflet, das die ganze schrifft auff Christum allein ist gericht."[8]

Wegen dieser ihrer Qualität und wegen des Inhalts ihres Zeugnisses wird sie als die norma normans aller theologischen Äußerungen verstanden – die Konkordienformel aus dem Jahr 1577 erklärt sie in diesem Sinne zur „ein[z]ige[n] Regel und Richtschnur, nach welcher zugleich alle Lehren und Lehrer gerichtet und geurtheilet werden sollen".[9]

Der Bibel gegenüber bzw. Gott gegenüber, der über die Zeiten hinweg durch sie spricht, ist für die Spezies „Glaubender" und damit für jeden einzelnen Getauften eine bestimmte Haltung geboten: Dem zu uns sprechenden Gott *(deus loquens)* steht der Mensch im Modus des Hörens gegenüber *(homo audiens)*: *„Id enim fundamentum est et basis qua nitimur, nos esse auditores et Deum loqui nobiscum."*[10]

Jedem hörenden Menschen ist jedoch die gleiche Vollmacht des Glaubens und damit auch die Urteilskraft in Fragen des Glaubens und des Schriftverstehens gegeben, die „macht / zuschmecken vnd vrteylen / was do recht odder vnrecht ym glauben were".[11]

---

6   WA L, 657, S. 26 f. („Vorrede zum 1. Band der Wittenberger Ausgabe", 1530).
7   WA VII,97, 23f. (Assertio omnium articulorum; 1520) unter Verweis auf Psl 119,130. Dazu u.a. Walter Mostert: Scriptura sacra sui ipsius interpres (1979), in ders.: Gesammelte Aufsätze, Tübingen 1998, S. 9–41.
8   WA X/2, 73, S. 15 f. (Von Menschenlehre zu meiden; 1522).
9   So die Formulierung in der Einleitung der Konkordienformel (1577), in: Die Bekenntnisschriften der Evangelisch-Lutherischen Kirche, Göttingen (1930) 1986[10] [BSELK], S. 767.
10 WA XLIV, 574, S. 35 f. (Vorlesungen über 1. Mose, 1535–1545).
11 WA VI, S. 412 unter Verweis auf 1. Kor 2,15 (An den christlichen Adel, 1520).

Die komplementäre ‚Erleichterung' des Zugangs zur Schrift wird durch grundlegende Weichenstellungen angebahnt:

Zunächst und vor allem: Luther übersetzt die Heilige Schrift in die deutsche Sprache und setzt damit ein doppeltes Vorzeichen: Die Wort-Gottes-Qualität der Bibel ist nicht an deren Wortlaut in der Ursprache gebunden, sondern Gott verschafft sich Gehör gerade auch durch das übersetzte Wort, das den Getauften Zugang zur Schrift in ihrer Muttersprache allererst ermöglicht. Das Wort Gottes in Gestalt der Bibel geht gewissermaßen analog zur Inkarnation ein in die Sprache(n) der Menschen. Gottesdienstliche Lesungen und – potentiell – Bezugnahmen auf die Schrift in Unterricht, Seelsorge und Öffentlichkeit können und sollen fortan in deutscher Sprache (mutatis mutandis) gehalten werden, damit jeder Getaufte das Wort in einem äußeren und dann auch inneren Sinne verstehen kann.

Und zugleich koppelt Luther die Übersetzung nicht von ihren Quellsprachen ab; vielmehr verpflichtet er die Theologen als diejenigen, die des Hebräischen und Griechischen kundig und in der Kunst der Schriftauslegung geübt sind, bleibend auf die hermeneutische Aufgabe der Rückkopplung zwischen Übersetzung und Herkunftssprache.

Trotz mancher entsprechender Äußerungen belässt es Luther nicht dabei, dass der Getaufte die ganze Schrift kennen sollte – vielmehr bietet er Hilfestellungen, um dieses Ganze durch Kenntnis mancher Teile zu erschließen. In diesem Sinne wählt er etwa in seinem „Kleinen Katechismus", die er als „Laienbibel"[12] verstand, solche Schriftstellen und biblischen Sachzusammenhänge aus, die sowohl für das Verstehen der Bibel als auch für die Lebensdeutung der Getauften von elementarer Bedeutung sind: die zehn Gebote als Wegweisung (und Summe der Schrift[13]), das Vaterunser als das Modell des Gebets, das Glaubensbekenntnis als Summe von Glaubensaussagen, dazu die biblisch fundierten Sakramente Taufe und Abendmahl.[14] Der Umstand, dass Luther selbst eine solche Auswahl vorschlug, legitimierte auch spätere Versu-

---

12 So Luther verschiedentlich in Predigten und Tischreden, z.B. WA XXX/1, 27 und WA Tischreden V, Nr. 6288 – dort heißt es: „Der catechismus ist der leien biblia, darin der gantze inhalt christlicher lehre, so einem iden christen tzur seligkeit tzu wissen notig, begrieffen" (vgl. auch die Konkordienformel [1577], in: BSELK, S. 769).

13 So Luther in der „Neuen Vorrede" (1540) zum „Großen Katechismus", BSELK , S. 552.

14 Eine weitere wegweisende Präfiguration solcher Auswahl-Prozesse ist Luthers Sichtung und Gewichtung der der biblischen Schriften: Nur „was Christum treibet", kann demnach als apostolisch und normativ gelten („*Vorrede auf die Epistel S Jacobi und Juede*" [1546], in WA, DB VII, 385).

che, um kerygmatischer oder didaktischer Zwecke willen eine Auswahl vorzunehmen.

Und schließlich sucht Luther erfolgreich neue Wege, um dem Schriftwort als Wort neu Gehör zu verschaffen: die ins Deutsche übersetzte Bibel für Lesungen und Schriftauslegung, den Katechismus als memorierbare Fassung wesentlicher Gehalte, und die Choräle als vertonte Erzählung biblischer Zusammenhänge. Diese – die Schul- und Unterrichtsgeschichte des evangelischen Deutschlands bis ins 20. Jh. hinein prägenden – Medien sind Zeugnisse dessen, was man retrospektiv Luthers bibeldidaktische Grundentscheidungen nennen könnte.[15]

Luther arbeitet mit all dem – mit muttersprachlicher Übersetzung, kriteriengeleiteter Auswahl und kreativer Medialisierung – keine Bibeldidaktik aus. Weder dieser Begriff noch die Sache konnte ihm geläufig sein. Doch er stellt mit seiner bibelhermeneutischen Arbeit Weichen, auf die spätere Bibeldidaktiken zurückgreifen können und de facto zurückgreifen.

Nicht zuletzt entfaltete Luther theologische Gründe und Motive dafür, warum und inwiefern Christen rechenschaftsfähig sein sollen über ihren Glauben und namentlich urteilsfähig in der Schriftauslegung. Eine zentrale Rolle spielt dabei die Denkfigur des „Priestertums aller Getauften", die er in Aufnahme der hebräisch-biblischen Idee von Israel als „Königreich von Priestern" (Ex 19,6) und dessen Adaption auf die *ekklesía* („Ihr aber seid die königliche Priesterschaft ..."; 1. Petr 2,9) gewinnt: Alle Christen sind demnach „warhafftig geystlichs stands"[16] und „durch die Taufe zu Priestern geweiht".[17] Als solche sollen sie auskunfts- und urteilsfähig sein hinsichtlich ihres Glaubens, und dafür wiederum bedürfen sie profunden Glaubenswissens, das sich wesentlich auf die Heilige Schrift bezieht: „Sollte nicht billigerweise jeder Christenmensch mit 9 oder 10 Jahren das ganze heilige Evangelium auswendig können?"[18]

Hinzugefügt sei: Die Reformation geht keineswegs in Werk und Wirkung Martin Luthers auf – neben ihm sind zunächst Philipp Melanchthon, Johannes Bugenhagen, Johannes Brenz u.v.m. zu nennen, sodann aber eben auch die ‚zweite' Reformation, die ausgeht von Johannes Calvin. Auch davon sind maß-

---

15 Vgl. dazu Bernd Schröder: Von der Reformation bis zum Dreißigjährigen Krieg, in: Geschichte des evangelischen Religionsunterrichts in Deutschland. Ein Studienbuch, hg. von Rainer Lachmann und Bernd Schröder, Neukirchen-Vluyn 2007, S. 35–77, hier S. 55–57.
16 WA VI, 407 unter Verweis auf 1. Kor 12,12 (An den christlichen Adel, 1520).
17 WA VI,407 (An den christlichen Adel; 1520).
18 WA VI, 461 (An den christlichen Adel; 1520).

gebliche bibeldidaktisch fruchtbare Impulse ausgegangen.[19] Denn Calvin versteht die Heilige Schrift als die „Schule des Heiligen Geistes" *(schola Spiritus sancti)*[20] und ist gewiss, dass „die[...]Lehre, wenn sie [...] Frucht tragen soll, in unser Herz tief eingesenkt werden und in unsere Lebensführung eindringen [muss], ja, sie muß uns in sich hineinbilden!"[21]

2 Typen didaktisch-methodischer Arrangements im Umgang mit der Bibel aus der Geschichte des (evangelischen) Religionsunterrichts

Im Laufe der Geschichte des Unterrichts unter christlichen Vorzeichen haben sich verschiedene Typen des Bibelgebrauchs und der Bibeldidaktik herausgebildet. Idealtypisch seien sie hier i.S. der eingangs entwickelten These benannt[22] – ohne zu beanspruchen ein vollständiges Bild der Epochen und Zugänge zu entwerfen.[23]

2.1 Die Bibel ohne Schrift: als liturgisches Gut, Bildprogramm und szenisches Spiel

Das Mittelalter kannte kein allgemeines Schulwesen und selbst in den im christlichen Kontext damals üblichen Schulen, den Klosterschulen auf der einen, den Deutschen Schulen auf der anderen Seite, keinen Religionsunterricht. Als Königsweg, um Schüler (und Schülerinnen) christlich zu sozialisie-

---

19 Bernd Schröder: Johannes Calvin – religionspädagogisch gelesen, oder: Historische Religionspädagogik als Erforschung der Wirkungsgeschichte des Unterrichts in christliche Religion, in: ZThK 107 (2010), S. 348–371.
20 „Unterricht in der christlichen Religion / Institutio christianae religionis", übers. und bearb. von Otto Weber, Neukirchen (1955) 6.A. 1997, hier Institutio III, 21,3.
21 Institutio III, 6,4.
22 Die Typologie aktualisiert und ergänzt einen älteren Entwurf, den ich vorlegt habe in dem Aufsatz: „Was Hänschen nicht lernt ..."? Bibel und Religionsunterricht – ein Beitrag zur Kultur (nicht nur der Gegenwart), in: Michael Hüttenhoff / Wolfgang Kraus / Bernd Schröder (Hg.): Die Bibel und die Kultur der Gegenwart, St. Ingbert 2007, S. 221–266.
23 Eine geschichtliche Einordnung ermöglichen etwa Klaus Wegenast: Art. Bibel V.2. Unterrichtlich, in: RGG 1 (⁴1998), Sp. 1434–1437 sowie Rainer Lachmann / Bernd Schröder (Hg.): Geschichte des evangelischen Religionsunterrichts in Deutschland. Ein Studienbuch, Neukirchen 2006. Die bibelhermeneutischen Hintergründe erläutert Henning Graf von Reventlow: Epochen der Bibelauslegung, 4 Bde., München 1990–2001 (Bd. 1: Vom Alten Testament bis Origenes, 1990; Bd. 2: Von der Spätantike bis zum Ausgang des Mittelalters, 1994; Bd. 3: Renaissance, Reformation, Humanismus; Bd. 4: Von der Aufklärung bis zum 20. Jahrhundert, 2001).

ren, galt die Teilnahme am Gottesdienst. In diesem Rahmen fand die Bibel Verwendung ohne Gebrauch der Schrift (!); sie kam vielmehr zu Gehör und zu Gesicht (!), vor allem in drei Formen:

Die Bibel wurde im Gottesdienst gebraucht und kam somit in Gestalt liturgischer Stücke zu Gehör, also in einer bestimmten durch den Zweck legitimierten Auswahl. An erster Stelle zu nennen sind hier die Psalmen, an zweiter Stelle die Lesungen. Da die Psalmen gesungen und auch von Schülern auswendig mitgesungen wurden, waren sie der biblische Stoff, der sich über die Jahre hin am stärksten einprägte. Von den Lesungen ist dies nicht zu erwarten, denn wie der ganze Gottesdienst, so wurden auch sie in lateinischer Sprache vorgetragen – für viele dürften sie somit unverständlich und unverstanden geblieben sein.

Die Bibel kam indes keineswegs nur zu Gehör, sondern die Glaubenden, zumal die Analphabeten und des Lateinischen Unkundigen, lernten sie im Wesentlichen über das Bildprogramm ihrer Kirche kennen. Zu nennen sind dabei zum einen die Decken- und Raumausmalungen,[24] zum anderen die Altarbilder.[25]

Nicht zu vergessen ist ein drittes Moment mittelalterlicher Bibel-Vermittlung: das szenische Spiel. Wohl seit dem 10. Jahrhundert wurde der Oster- und Weihnachts-Festzyklus durch Inszenierungen ausgestaltet, seit dem 13. Jh. setzten sich vor allem die Passionsspiele durch. Sie konnten „das ganze Heilsgeschehen von der Schöpfung bis zum Jüngsten Gericht umfassen. Im Mittelpunkt steht jedoch immer die Leidensgeschichte Christi." Ihre Beliebtheit und Wirkung beruht nicht zuletzt darauf, dass sie in der Volkssprache aufgeführt wurden und dabei Wort, Gesang und schauspielerische Handlung miteinander verbanden. Wie in vielen Bildprogrammen, so wurden auch in Passionsspielen „Gut und Böse" einander gegenübergestellt: Im Passionsgeschehen ringen sie miteinander; jeder Mitspielende und jeder Zuschauer ist gefordert, hier in seinem Leben Partei zu ergreifen.[26]

Kurz: Nicht Unterricht, sondern Memorieren durch Ingebrauchnahme und sinnenhafte Wahrnehmung war im Mittelalter das Instrument der Bibel-

---

24 Als Beispiel sei die St. Martinskirche in Püttlingen-Kölln angeführt, zur Deutung ihres Bildprogramms siehe Gudula Overmeyer: Die Martinskirche zu Kölln, Saarbrücken 1989.
25 Ein Beispiel bietet Ulrike Neubauer: Das Leben Christi. Ein Bild aus Köln um 1420, Berlin 2001.
26 Zitate aus Carla Dauven-van Knippenberg: Art. Passionsspiele, in: RGG VI (2003[4]), Sp. 983–985. Vgl. Rolf Bergmann: Katalog der deutschsprachigen geistlichen Spiele und Marienklagen des Mittelalters, München 1986.

Tradierung. Dabei stand nicht die Einsicht in den biblischen Gesamtzusammenhang im Fokus des Interesses, sondern das Einprägen solcher Schlüsselthemen, die unmittelbar lebensdeutend oder handlungsorientierend wirksam werden sollten, namentlich die Erwartung des Gerichts und das Leiden Christi „für uns"!

Didaktisch reflektiert wurde dieser Bibelvermittlungstypus lange nicht. Im Mittelalter wurde er im sozialisatorischen Sinne vorausgesetzt; erst die Tradierungskrise unserer Gegenwart hat den bildenden Wert namentlich des Bildprogramms von Kirchräumen – dafür stehen Begriff und Programm der sog. Kirchraumpädagogik[27] – und des szenischen Spiels – dafür steht etwa die performative Religionsdidaktik[28] – thematisiert.

2.2 Die Bibel als Katechismus

Die gleiche Konzentration auf das Lebensnotwendige, die sich in der Bildersprache der Kirchräume und den Inszenierungen Ausdruck verschafft, leitet auch den Bibelgebrauch der Reformatoren, namentlich Martin Luthers. Der „Kleine Katechismus" (1524) enthält alles, „was in der schrifft stett und ymer gepredigt werden mag, auch alles, was eym Christen nott ist zu wissen":[29] die zehn Gebote, das Glaubensbekenntnis, das Vaterunser, Erklärungen zu Taufe, Beichte und Herrenmahl, Anleitungen zum häuslichen Gebet, eine Haustafel mit biblischen Verhaltensregeln, dazu Tauf- und Traubüchlein. Dergestalt versteht sich der Katechismus als Zusammenfassung der Bibel, der diese so verdichtet, dass Luther von sich selbst sagt: Ich „muß ein Kind und Schüler des Katechismus bleiben und bleib's auch gerne."[30]

In der Folge ist zunächst der Katechismus anstelle der Bibel zu dem Lehrbuch des schulischen Religionsunterrichts wie des gemeindlichen Konfirman-

---

27 Siehe Birgit Neumann / Antje Rösener: Kirchenpädagogik. Kirchen öffnen, entdecken und verstehen. Ein Arbeitsbuch, Gütersloh 42009, und Hartmut Rupp (Hg.): Handbuch der Kirchraumpädagogik, Bd. 1: Kirchenräume wahrnehmen, deuten und erschließen, Stuttgart 32016 sowie die Zeitschrift „Kirchenpädagogik" des Bundesverbandes Kirchenpädagogik e.V. (www.bvkirchenpaedagogik.de).

28 Vgl. hier – wegen der expliziten Bibelbezüge – Thomas Klie (Hg.): Performative Religionsdidaktik und biblische Textwelten, Loccum 2012 (Loccumer Impulse 3) und Bärbel Husmann: Bibel und performative Didaktik, in: Zimmermann / Zimmermann, Handbuch 2013 (s.o. Anm. ...), S. 434–439.

29 So Martin Luther in der Einleitung zur Frühfassung seines Katechismus „Eyn kurcz form der zeheen gepott[,]... des glaubens[,]... deß Vatter unszers" (1520; WA VII, S. 204–229, hier S. 204).

30 Martin Luther: Neue Vorrede [zum Großen Katechismus], in: BSELK, S. 548.

denunterrichts geworden! Das gilt – trotz drastischer Kritik im Zeitalter der Aufklärung wie an der Wende vom 19. zum 20. Jahrhundert – bis in die 50er Jahre des 20. Jahrhunderts hinein.[31]

Freilich: Darüber geriet mit der Zeit aus dem Blick, dass der Katechismus eine Laienbibel sein will. Die Bibel schrumpfte dergestalt auf memorierbare Sätze zusammen; sie wird dabei ihrer erzählerischen Grundstruktur, ihrer poetischen Kraft und damit ihrer literarischen und geschichtlichen Einzigkeit beraubt. Was man umgekehrt – auch aus bibeldidaktischer Sicht – am Katechismus hatte, wird wiederum erst bewusst, nachdem der Katechismus etwa 30–40 Jahre lang unterrichtlich weithin marginalisiert wurde: ein Grundstock biblisch geerdeten Wissens, eine Art „eiserner Ration" christlicher Religion, die wohl verstanden gleichermaßen den Verstand wie die Alltagspraxis in Anspruch nimmt.[32]

Eine funktionale Entsprechung zum Katechismus im multimedialen Zeitalter ist bislang nicht erkennbar.

2.3 Die Bibel als illustriertes Schulbuch

Unter der Dominanz des Katechismus bekamen Schüler eine Bibel bis ins 18. Jahrhundert zwar zu Gesicht, nicht aber in die Hand. Zu Gesicht bekamen sie die Bibel nach wie vor im Gottesdienst – und ggf. in der Hand des Lehrers.

Die Idee, Schülerinnen und Schüler mit der Bibel als Buch vertraut zu machen, verdankt sich dem Pietismus – und diese Idee wurde von der scheinbar entgegengesetzten, in vielem jedoch geistesverwandten Geistesströmung: der Aufklärung aufgegriffen. Martin Brecht, der zeitgenössische Kenner sowohl Luthers als auch des Pietismus, urteilt: „… der Pietismus [brachte] in Theorie und Praxis der Bibel als Offenbarungsquelle und normativer Autorität großenteils eine Hochschätzung entgegen, die bei aller gesamtprotestantischen Gemeinsamkeit die der Reformation und Orthodoxie noch übertraf."[33]

Voraussetzung dafür waren einerseits die Glaubenserkenntnisse der Protagonisten, die sich in den großen pietistischen Programmschriften Philipp

---

[31] Hans-Jürgen Fraas: Katechismustradition. Luthers kleiner Katechismus in Kirche und Schule, Göttingen 1971.
[32] Zur Reflexion darauf vgl. insbesondere Norbert Dennerlein u.a. (Hg.): Die Gegenwartsbedeutung der Katechismen Luthers, Gütersloh 2005.
[33] Martin Brecht: Die Bedeutung der Bibel im deutschen Pietismus, in: Geschichte des Pietismus, Bd.4: Glaubenswelt und Lebenswelten, hg. vin Hartmut Lehmann, Göttingen 2004, S. 102–120, hier S. 102.

Jakob Speners (1635–1705) oder August Hermann Franckes (1663–1727) Ausdruck verschafften. Andererseits spielen pädagogische Einsichten eine Rolle: Ratichius und Comenius hatten im 17. Jahrhundert den Weg bereitet für muttersprachlichen, durch Sinneserfahrungen gestützten Unterricht. Zu Beginn des 18. Jahrhunderts beginnen ihre Ideen Früchte zu tragen – nicht zuletzt durch das Verfassen und Verwenden bebilderter Kinderbibeln.[34] „Die erste Schul- und Kinderbibel …, die sowohl regional wie zeitlich (1714 bis etwa 1900) eine einzigartige Breitenwirkung erfuhr" war ein Buch namens „Zweymahl zwey und funffzig Auserlesene[n] Biblische[n] Historien" des Johann Hübner (168–1731) aus dem Jahr 1714.[35] Der Verfasser selbst war zwar kein Pietist, sondern ein Schulrektor, der theologisch von der lutherischen Orthodoxie inspiriert war und sich pädagogisch – maßvoll – für Innovationen interessierte. Schon während seiner Tätigkeit am Domgymnasium Merseburg (1694–1710) schreibt er seine „Biblischen Historien"; veröffentlicht und in Gebrauch genommen werden sie erstmals in seiner Ära als Rektor des Johanneums in Hamburg (1711–1731).

Was ist das Neue am Unterricht (und häuslicher Erziehung) mit Hilfe von Kinderbibeln? Erstens: Die Schüler bekommen die Bibel, wenn auch in Auswahl, als Text an die Hand[36] und – in den diversen Auflagen ab 1731 – alsbald zu jeder Geschichte ein Bild. Davon ausgehend sollen durch Fragen, durch je drei „nützliche Lehren" sowie durch „gottselige Gedanken" zu jeder Geschichte Gedächtnis, Verstand und Willen der Schüler adressiert und geschult werden.[37] Wie sehr diese Bibel didaktisch komponiert ist, zeigt sich am deutlichsten an ihrem Titel wie an ihrem Aufbau: 2 x 52 Geschichten sind es, um Stoff für jede Unterrichtswoche zu bieten. Zweitens: Von Interesse ist nun nicht mehr in erster Linie der dogmatische Gehalt der Bibel wie er sich im Katechismus verdichtet hatte; von Interesse ist nunmehr im doppelten Sinne des Wortes ihre Geschichtlichkeit: Die Bibel erzählt in Form von „Geschichten" und eben in dieser Form sollen Kinder sie nun auch kennen lernen; das wird

---

34 Christine Reents: Die Bibel als Schul- und Hausbuch für Kinder. Werkanalyse und Wirkungsgeschichte einer frühen Schul- und Kinderbibel im evangelischen Raum […], Göttingen 1984, weist S. 25 ff. auf mögliche Impulsgeber aus den Reihen des sog. pädagogischen Realismus für die ersten Kinderbibeln hin.
35 Christine Reents 1984 (s.o. Anm. 34), hier S. 19. Eine zweite wichtige Kinderbibel war Johann Peter Hebel: Biblische Geschichten, o.O. 1824 (dazu Reinhard Wunderlich: Johann Peter Hebels ‚Biblische Geschichten', Göttingen 1990).
36 Dazu Christine Reents 1984 (s.o. Anm. 34), S. 17 f. und 197 f.
37 Christine Reents 1984 (s.o. Anm. 34), S. 43 f. und 50 ff.

nicht mehr als Ablenkung empfunden, sondern als sachgemäßer Schritt. Und: Die Geschichten der Bibel erzählen Geschichte im Sinne wahrhaftiger Begebenheiten.[38] Ein drittes Novum: Das Schulbuch verweist ausdrücklich auf die Bibel selbst. Es ist ein Hilfsmittel konzipiert, das den Gebrauch der Bibel nicht ersetzen, sondern auf ihn hinführen will.[39] Und schließlich: In der Auswahl der biblischen Geschichten ist „ein Zusammenhang zum Kirchenjahr nicht [mehr] erkennbar". Vielmehr stellt diese Kinderbibel grob – und unbeschadet des „Prinzips der Einzelgeschichte" – einen Abriss der Geschichte des Volkes Israel sowie eine „Vita des Herrn Jesus Christus" vor Augen.[40] Überspitzt formuliert: Nicht mehr der liturgische Gebrauch der Bibel ist maßgeblich, sondern deren bildender Sachgehalt – wobei Hübner scheinbar nicht dem Auswahlkriterium der Beliebtheit huldigte und auch vor anstößigen Texten nicht zurückschreckte.

Hübners „Biblische Historien" wurden mehrfach überarbeitet – und zuletzt 1902 (!) aufgelegt.[41] Ihre Erfolgsgeschichte ist bis ins 19. Jahrhundert hinein beispiellos (und auch beispiellos gut dokumentiert). Mit ihrer phänomenalen Wirkungsgeschichte, aber ebenso mit den aus der Kritik an ihnen erwachsenen Parallel- und Nachfolgemodellen ist sie ein Markstein für die Verbreitung der sog. Schulbibel.[42]

2.4 Die Bibel als Erzählstoff

Eine Vielzahl von Gründen – die Verbesserung der Lehrerbildung, die feste Vorgaben zur methodischen Erschließung biblischer Geschichten zusehends erübrigte, theologische Kritik, technische und ökonomische Innovationen, die eine kostengünstige Verbreitung von Vollbibeln erlaubten – führte zur Ablösung der Schulbibeln;[43] in orthodox-katechetischen Kreisen oftmals durch

---

38 Christine Reents 1984 (s.o. Anm. 34), S. 42, 49.
39 Christine Reents 1984 (s.o. Anm. 34), S. 47.
40 Christine Reents 1984 (s.o. Anm. 34), S. 199, 48.
41 Zum „Stammbaum" dieser Bibelausgabe Christine Reents 1984 (s.o. Anm. 34), XVIII/XIX. Nicht zu vergessen: 1986 erschien ein Nachdruck der Ausgabe von 1731, hg. von Rainer Lachmann und Christine Reents.
42 Vgl. dazu Christine Reents / Christoph Melchior: Die Geschichte der Kinder- und Schulbibel: evangelisch – katholisch – jüdisch, Göttingen 2011.
43 Knapp Reents 1984 (s.o. Anm. 34), S. 219.

Rückkehr zum Katechismus, in aufklärerisch-liberalen Kreisen – und das ist ein wichtiger methodischer Schub – durch Hinwendung zur Erzählung.[44]

Insbesondere die aufklärerische Religionspädagogik des 18. Jahrhunderts und die liberale Religionspädagogik der Wende vom 19. zum 20. Jahrhundert haben sich dieses Verfahrens angenommen und für das freie, vom Lehrenden angeeignete und seinen Absichten gemäß variierte Erzählen biblischer Geschichten plädiert.

Als einer der ersten, wenn nicht als erster hat Christian Gotthilf Salzmann (1744–1811) das Erzählen als „das wirksamste Mittel, Kindern Religion beyzubringen" bezeichnet – und eine frühe Erzähltheorie entwickelt.[45] Gut einhundert Jahre später haben reformpädagogisch inspirierte Schulreformer der Erzählung als Unterrichtsmethode zum Durchbruch verholfen; im Religionsunterricht haben etwa Richard Kabisch und Ellen Zurhellen-Pfleiderer dafür geworben.[46]

Bis heute gehört das Erzählen zu den wichtigsten Methoden in Grundschule und den Anfangsklassen der Sekundarschulen; seine Stärken – Atmosphäre, Spannung, Konkretion, Vergegenwärtigung von Vergangenem – haben sicher nicht unwesentlich dazu beigetragen, die geschichtlichen Schlüsselszenen der Bibel ins individuelle wie in das kollektive Gedächtnis von Schülern im RU einzugraben. Wichtigster Gegenstand des Erzählens waren und sind Jesus-Geschichten sowie die Erzählungen von den Erzvätern, von Mose und David.

2.5 Die Bibel als Gegenstand von Exegese

Das Gemeinsame der bisher skizzierten bibeldidaktischen Zugänge besteht in ihrem verkün-digenden Tenor. Nicht die kritische Befassung mit der Bibel, sondern deren Aneignung stand im Vordergrund. Insofern bringt der sog. hermeneutische Religionsunterricht der 60er Jahre einen Paradigmenwechsel mit sich. Gespeist aus Impulsen exegetischer Theologen, in erster Linie inspiriert von Rudolf Bultmann (1884–1976) und seiner existentialen Interpretati-

---

44 Vgl. Bernd Schröder: Biblische Geschichten erzählen – Impulse aus der Geschichte der Religionspädagogik, in: Monika Fuchs / Dirk Schliephake (Hg.): Bibel erzählen, Neukirchen-Vluyn 2014, S. 69–82.

45 Christian Gotthilf Salzmann: Ueber die wirksamsten Mittel Kindern Religion beyzubringen, Leipzig 1780; vgl. dazu Rainer Lachmann: Die Religions-Pädagogik Christian Gotthilf Salzmanns, Jena 2002².

46 Else Zurhellen-Pfleiderer/Otto Zurhellen: Wie erzählen wir den Kindern die Biblischen Geschichten? Eltern und Lehrern zur Hilfe, Tübingen 1906 (61925). Vgl. dazu knapp Christine Reents: Art.: Zurhellen, Else, in: LexRP 2001, Sp. 2263 f.

on der biblischen Botschaft, drängt dieser Unterricht erstmals primär auf „Verstehen" der biblischen Texte – erst in diesem Verstehensprozess und durch dieses Verstehen wird die Entscheidung des „Glaubens" möglich und – nicht minder wichtig – unausweichlich![47]

Auch wenn sich der hermeneutische RU als religionsdidaktische Konzeption, also als Konzept für den Religionsunterricht insgesamt darstellt, so ist er von seiner Genese und seinen theologischen Gesprächspartnern her im Kern ein bibeldidaktisches Konzept – noch dazu eines für die gymnasiale Oberstufe.[48] Religionspädagogische Gewährsleute sind Martin Stallmann (1903–1980), Hans Stock (1904–1991), Kurt Frör (1905–1980) u.a.[49]

Das Verstehen wird angebahnt durch den Aufbau methodischer Kompetenzen, namentlich den Erwerb eines historisch-kritischen exegetischen Instrumentariums. Um es kurz zu machen: Wer ein Schulbuch dieser Konzeption, etwa die dreibändige Reihe „Gott kommt" durcharbeitet,[50] der kann sich für ein exegetisches Proseminar gerüstet fühlen.

Was den bibelkundlichen Stoff angeht, so bringt diese methodische Sensibilität es mit sich, dass die Schüler/innen sich an Perikopen abarbeiten, also an kurzen Texteinheiten, deren Abgrenzung sich in der Text- und Druckgeschichte der Bibel seit dem Mittelalter ergeben hatte. Auswahlkriterium ist gewiss auch die theologische Bedeutsamkeit dieser Perikopen, vor allem aber wohl deren Ergiebigkeit für die Erprobung historisch-kritischer Exegese und ihr Potential für die Beantwortung der von dieser Exegese generierten Fragen. Mit anderen Worten: Gewählt werden Texte, an denen sich die form- und redaktionsgeschichtliche Methode bewähren kann; gewählt werden Texte, die sich durch historisch-kritische Analyse mit einiger Wahrscheinlichkeit auf den historischen Jesus oder einen maßgeblichen Redaktor des Alten Testaments zurückführen lassen. Der Fokus liegt auf den synoptischen Evangelien, dem Pentateuch und, mit Einschränkung, den Propheten.

---

47 Sein Programm ist eindrücklich v.a. in Vorträgen und Aufsätzen dokumentiert; siehe Rudolf Bultmann: Glauben und Verstehen, 4 Bde., Tübingen 1933–1965.

48 Zum Konzept vgl. neben den gängigen Darstellungen von Wilhelm Sturm, Godwin Lämmermann und Christian Grethlein die ausgezeichnete Skizze von Ingo Baldermann: Art. Hermeneutische Religionspädagogik, in: LexRP 2001, Sp. 829–834.

49 Diese Religionspädagogen werden vorgestellt etwa in den entsprechenden Personartikeln des LexRP 2001.

50 Ein beispielhaftes Schulbuch für diese Konzeption von Bibelunterricht ist „Gott kommt. Ein Unterrichtswerk für Gymnasien", hg. von Hans-Joachim Kraus und Grete Schneider, 3 Bde., Neukirchen zuerst 1966/1969/1973.

2.6 Die Bibel als Impulsreservoir zur Problembearbeitung

Im Zeichen des Hermeneutischen RU erfuhr der Bibelunterricht alles in allem eine Fokussierung auf innertheologische Problemstellungen – zwar sollte er auch Existentialia des Menschen beleuchten, doch weil diese abstrakt und keineswegs aus den realen Fragen der Schüler/innen ermittelt wurden, blieb der Bezug zur Gegenwart in aller Regel unterbestimmt.

Der Protest dagegen ließ nicht allzu lange auf sich warten und wurde zunächst in Form einer Frage artikuliert: Muss die Bibel im Mittelpunkt des Religionsunterrichts stehen? Explizit warf Hans Bernhard Kaufmann (geb. 1926), damals Leiter des Religionspädagogi-schen Instituts Loccum, diese Frage auf – dies aber keineswegs aus einer kurzsichtigen Orientierung an Schülerinteressen, sondern im Namen theologischer und pädagogischer Erwägungen, die bis heute nicht an Plausibilität verloren haben. Unterricht in christlicher Religion dient demnach nicht der Aufarbeitung der Tradition – und sei es die Tradition der Bibel –, sondern der Befähigung zur Gestaltung der Zukunft des eigenen wie des gesellschaftlichen Lebens. Alles Andere wäre „ein Selbstmissverständnis", das „weder theologisch noch didaktisch gerechtfertigt" sei, meinte Hans Bernhard Kaufmann[51] und setzte mit dieser These 1966 ein Zeichen des Aufbruchs zum Erproben einer neuen Zugangsweise zu religiösen Themen – und zur Bibel.

Von Seiten der Pädagogik legte seinerzeit die Curriculumtheorie diese Orientierung an der Zukunft nahe, im theologischen Diskurs war es die „Theologie der Hoffnung", die von Jürgen Moltmann durchbuchstabiert worden war.[52] Im Horizont der Zukunft wird nun aber die Bibel keineswegs irrelevant – im Gegenteil: Ihrer Sache nach ist sie Angeld der Zukunft, aber eben: ihrer Sache nach. Die Orientierung an der Sache der Bibel schließt keineswegs ein, dass unentwegt biblische Texte Thema und Gegenstand des Religionsunterrichts sein müssen; es genügt – darin steckt das Radikale dieses Vorschlags –, wenn ihr sachlicher Gehalt in die Erörterung gegenwärtiger Probleme und Fragen eingespeist wird.

---

51 Hans Bernhard Kaufmann: Muß die Bibel im Mittelpunkt des Religionsunterrichts stehen? (1966), u.a. in: Karl Ernst Nipkow / Friedrich Schweitzer (Hg.): Religionspädagogik. Texte ..., Bd. 2/2, Gütersloh 1994, S. 182–188, hier S. 182.

52 Jürgen Moltmann: Theologie der Hoffnung, München 1964; vgl. dazu ders. / Carmen Rivuzumwami / Thomas Schlag (Hg.): Hoffnung auf Gott – Zukunft des Lebens. 40 Jahre „Theologie der Hoffnung", Gütersloh 2005.

Die Antwort der „Problemorientierten" auf die Frage, ob die Bibel im Mittelpunkt des RU stehen muss, ist also ein klares Jein. Sie muss es nicht der Form nach und erst recht nicht nur der Form halber, sie muss es aber sehr wohl ihrem Inhalt nach. Denn das, was die Bibel zu sagen hat, so sehen es die meisten Religionsdidaktiker dieser Strömung, ist nach wie vor lebensnotwendig![53]

Zur Sprache kommen muss insbesondere das biblische Menschenbild, das Zeitverständnis, das Gott-Mensch-Verhältnis, das Ethos und die Ethik, die Eschatologie – so hätten es die frühen Problemorientierten gesagt; erst später dann dampfte die Praxis und die praxisnahe Theorie den Bibelgebrauch auf solche Texte ein, die sich recht schlicht als Antwort auf Probleme der Gegenwart lesen ließen: das Gleichnis vom armen Lazarus als Replik auf die Dritte-Welt-Problematik, die Bergpredigt als Lösung der Friedensfrage, Psalm 24 als Zeugnis der Bewahrung der Schöpfung, die David-Jonathan-Perikope als Paradigma wahrer Freundschaft usw.

2.7 Die Bibel als Sprachschatz

Schon die gottesdienstliche Erschließung der Bibel im mittelalterlichen Erziehungswesen nutzte biblische Texte als Mittel der Sprachfindung – durch Memorieren eigneten sich Schüler die Sprache der Bibel an als Sprache des Gebets und der Mitteilung des Glaubens an.

Auch die Entdeckung der Bibel als Erzählstoff und der Bibel als Gegenstand von Exegese beruht auf sensibler Wahrnehmung ihrer sprachlichen Kraft, sei es vor allem ihrer erzählerischen Bilder oder ihrer Begriffsfelder.

Explizit zum Gegenstand und Ziel unterrichtlicher Bemühung hat die sprachlichen Formen und Eigentümlichkeiten der Bibel jedoch erst Hubertus Halbfas erklärt – zuerst in den 1960er Jahren in seiner „Fundamentalkatechetik", didaktisch-methodisch elaboriert in seinem Unterrichtswerk mit dessen Rubrik „Sprachverständnis", und jüngst in seiner „Religiöse[n] Sprachlehre".[54]

---

53 Vgl. Thorsten Knauth: Problemorientierter Religionsunterricht – eine kritische Rekonstruktion, Göttingen 2003.

54 Hubertus Halbfas: Fundamentalkatechetik, Düsseldorf 1968 (1969²). Religionsbuch für das 1. / 2. / 3. / 4. Schuljahr. Schülerbuch, Düsseldorf 1983–86, dazu: Religionsunterricht in der Grundschule. Lehrerhandbuch 1–4, Düsseldorf 1983–86. Religionsbuch für das 5./6., 7./8., 9./10. Schuljahr. Schülerbuch, Düsseldorf 1989/1990/1991, dazu: Religionsunterricht in Sekundarschulen. Lehrerhandbuch 5–10, Düsseldorf 1992–1997. Hubertus Halbfas: Religiöse Sprachlehre. Theorie und Praxis, Ostfildern 2012.

In beiden Fällen hat er die Bibel allerdings nicht als singuläres Zeugnis interpretiert, sondern als exemplarischen Ausdruck religiöser Sprache: „Mythen", „Sagen", „Legenden", „Geschichtsschreibung", „Prophetenspruch" (Altes Testament), „Briefe", „Spruchgut", „Evangelien", „Gleichnis und Parabel", „Wundererzählungen", „Passionsgeschichten" und „Osterlegenden" (Neues Testament) stellt er in diesem Sinne als konkrete Ausprägungen der Grundlegenden religiösen Sprachformen „Metapher", „Symbol", „Mythe", „Märchen", „Sage", „Legende", „Gleichnis" und „Paradoxon" vor.

Religiöse Bildung muss – zumal im öffentlichen Raum – zuallererst Einführung in die Sprache der Religion sein; um dieser Aufgabe willen ist sie auf die Bibel angewiesen.[55]

3   Zusammenfassung

In der Geschichte selbst des reformatorischen, d.h. des in seinem Selbstverständnis auf den Grundsatz des *sola scriptura* verpflichteten Christentums ging es im (schulischen) Unterricht nur in Ausnahmefällen um den Erwerb umfassender Bibelkenntnisse und nie um das Memorieren der Bibel in hebräischer bzw. griechischer Sprache.

Ob explizit oder implizit war vielmehr nahezu durchgängig eine didaktische Reflexionskomponente wirksam, die sich – durchaus in der Spur der Lutherschen Bibelhermeneutik – legitimiert sah, die Bibel nicht in Gänze und in ihrer tradierten „Ur-Gestalt", sondern in Übersetzung, in Auswahl, in medial verarbeiteter Gestalt in den Unterricht einzubringen.

Sei es aus memotechnischen Gründen und realistischer Einsicht in das Leistbare, sei es aus einem – frömmigkeits- und theologiegeschichtlich motivierten – Interesse an bestimmten Akzentsetzungen wurden und werden die je und je für wesentlich erachteten Auszüge mit unterschiedlichen Erschließungsmethoden vermittelt – dies freilich in der Hoffnung, dass andere Lernorte, insbesondere die Familie und der Gottesdienst, das unterrichtlich erschlossene Wissen stützen und abrunden.

---

55 Es fällt auf, dass Halbfas in seinen Schriften hin und wieder auf die Sprachformen der fernöstlichen Religionen rekurriert, nicht aber auf diejenigen des Koran. Im interreligiösen Kontext wäre deshalb zu prüfen, ob die anhand der Bibel präsentierten religiösen Sprachformen durch Einbeziehung namentlich des Rabbinischen Judentums und des Klassischen Islams zu erweitern wären.

Typ des Bibelgebrauchs	Typischer Verwendungszeitraum	Form, in der die Bibel Verwendung findet	Texte bzw. Textgruppen, die in den Fokus rücken	Präferierte Methode der Bibelerschließung
Bibel ohne Schrift	Mittelalter	Liturgischer Gesang und Lesung Bilder im Kirchraum Szenisches Spiel	Psalmen Geschichten zum Leben Jesu Endzeitliche Texte	Gesang Visuelle Betrachtung
Bibel als Katechismus	Reformation	Katechismus als „Laienbibel"	Zehn Gebote Vaterunser Glaubensbekenntnisse Biblische Texte zu Taufe und Abendmahl	Memorieren Erschließung über fixe Fragen und Antworten
Bibel als illustriertes Unterrichtsbuch	Pietismus / Aufklärung	Schulbibel	Geschichte Israels Geschichten zum Leben Jesu	Lesen, unterstützt durch Illustration Applikation auf die eigene Lebensführung
Bibel als Erzählstoff	Aufklärung / Liberale Religionspädagogik	Erzählen biblischer Geschichten	Erzväter-Geschichten Geschichten aus dem Leben Jesu	Hören von Erzählungen
Bibel als Gegenstand von Exegese	Hermeneutische Religionsdidaktik	Perikopen	Synoptische Evangelien Fünf Bücher Mose Propheten	Auslegen nach dem Muster historisch-kritischer Exegese
Bibel als Impulsreservoir für Problembearbeitung	Problemorientierte Religionsdidaktik	Sachgehalt biblischer Geschichten bzw. Zusammenhänge	Gen 1f., Psl 8, Bergpredigt, Lk 16,19–31 u.a.	Kritisches Rückfragen Sinnentnehmendes Lesen
Bibel als Sprachschatz	Seit den 1960er Jahren	Texte, die bestimmte sprachliche Formen repräsentieren	Gleichnisse, Wundererzählungen, Mythen	Exegese mit hermeneutischem Schwerpunkt

4 Die Rolle der historisch-kritischen Exegese im Kontext der Bibeldidaktik

In der Geschichte evangelischer Theologie spielt die Aufklärung ohne Zweifel eine besondere Rolle. Die von ihr entwickelten Rationalitätsstandards hat die evangelische Theologie z.T. vorbereitet oder mit entwickelt, sie hat sie sich allerdings auch setzen lassen – fortan galt das, was man „allgemeines Wahrheitsbewusstsein" nennen könnte, als der nicht hintergehbare Horizont für das, was Theologie mitzuteilen hat.[56] Allerdings galt dies in gewisser Weise stets – in und seit der Aufklärung verhält es sich jedoch erstmals so, dass dieses „allgemeine Wahrheitsbewusstsein" sich nicht mehr von theologischen Prämissen bestimmt sieht. Deshalb erscheint es bemerkenswert, dass die Theologie dieses gleichwohl als Horizont ihrer eigenen Wirklichkeitsdeutungen anerkennt.

Im Blick auf die Bibel erfolgt die Vermittlung von theologischer Deutung und allgemeinem Wahrheitsbewusstsein seit der Aufklärung i.W. auf zwei Wegen: durch die Inanspruchnahme unmittelbarer Erschließungserfahrungen (etwa bei Karl Barth) sowie mit Hilfe eines Instruments, das – über die Etappen seiner Herausbildung und alle methodologische Differenzierungen hinweg – als historisch-kritische Exegese bezeichnet wird (so etwa bei Ernst Troeltsch).[57] Konstitutiv für letztere sind vier Momente:[58]

- das Wahr- und Ernstnehmen biblischer Texte als von Menschen unter irdischen Bedingungen verfasst,
- die historische Kontextualisierung der Texte: die Frage nach dem Sitz im Leben der Texte (und ihrer Vor-Stadien) in bestimmten Kommunikationssituationen, die Rekonstruktion der Entwicklungsgeschichte einzelner Texte und des biblischen Kanons insgesamt, die Suche nach religionsgeschichtlichen Parallelen und Einflüssen, der Abgleich mit archäologischen Befunden,

---

56 Albrecht Beutel: Kirchengeschichte im Zeitalter der Aufklärung. Ein Kompendium, Göttingen 2009.
57 Vgl. dazu Jörg Lauster: Prinzip und Methode. Die Transformation des protestantischen Schriftprinzips durch die historische Kritik von Schleiermacher bis zur Gegenwart, Tübingen 2004.
58 Eine detaillierte Darstellung von Anliegen, methodischen Schritten und hermeneutischem Horizont bietet evangelischerseits Udo Schnelle: Einführung in die neutestamentliche Exegese, Göttingen (1983; zuerst zus. mit Georg Strecker) 2008[7], und katholischerseits Thomas Söding: Wege der Schriftauslegung. Methodenbuch zum Neuen Testament, Freiburg 1998 (um hermeneutische Abschnitte gekürzt in: Thomas Söding / Christian Münch: Kleine Methodenlehre zum NT, Freiburg 2005).

- die kritische Rückfrage: an die Konsistenz der als kanonisch überlieferten Texte und an die in den Texten enthaltene Sache („Sachkritik"),
- die Unverzichtbarkeit hermeneutischer Reflexion: Weder der einzelne biblische Text noch der biblische Kanon insgesamt hat per se Recht, vielmehr muss sich deren Wahrheitsmoment erweisen, indem historisch-kritisch ermittelte Befunde und theologischer Geltungsanspruch vermittelt werden.

Insofern diese historisch-kritische Exegese eine theologische Antwort auf ein gewandeltes, aufgeklärtes Wahrheitsbewusstsein gibt, ist sie als solche (nicht in jedem Detail) bis auf Weiteres unhintergehbar – als Methodenset der Texterschließung im Rahmen wissenschaftlicher Exegese bzw. Theologie, als Verfahrensschritt im gebildeten Bemühen um Verstehen biblischer Texte, und nicht zuletzt als Voraussetzung bei der Arbeit mit biblischen Texten in der öffentlichen religiösen Bildung.

In der Geschichte des nach-aufklärerischen Bibelunterrichts und der Bibeldidaktik ist das auch mehr oder weniger deutlich stets so gesehen worden – eventuell mit Ausnahme der „Evangelischen Unterweisung", in der die Bibel als Wort Gottes, das in die Entscheidung ruft, profiliert wurde, ohne historisch-kritische Auslegungsschritte für erforderlich zu erklären.[59]

Insofern besteht auch heute ein weitgehender Konsens darüber, dass die historisch-kritische Exegese bibeldidaktisch konstitutiv ist,[60] doch dies heißt nicht – wie in Zeiten der hermeneutischen Religionsdidaktik bisweilen zu beobachten – den Unterricht wie ein exegetisches Proseminar zu gestalten. Vielmehr gilt:

Historisch-kritische Exegese und Hermeneutik ist zuallererst das Werkzeug der Religionslehrenden, das in der Vorbereitung von Lehr-Lern-Prozessen zum Einsatz kommt. Die Lehrenden müssen das, was sie im Unterricht im Blick auf die Bibel tun, mit ihrem theologischen Wissen und ihrem Gewissen

---

59 Die Kritik an der historisch-kritischen Exegese, die später etwa Ingo Baldermann vorgebracht hat (Ingo Baldermann: Einführung in die biblische Didaktik, Darmstadt 1996, v.a. S. 1 und 33 f.), richtet sich weniger gegen dieses exegetische Setting an sich, sondern gegen dessen Einsatz als Bibelerschließungsverfahren im Religionsunterricht.

60 Im eingangs (Anm. 1) angeführten „Handbuch Bibeldidaktik" wird dies daran erkennbar, dass die drei Eröffnungskapitel in grundlegende Einsichten historisch-kritischer Forschung (zur „Entstehungs- und Wirkungsgeschichte" der Bibel, zu „Texte[n] und Theme[n]" sowie „Personen und Figuren") einführen (S. 23–371) und der Abschnitt „Zugänge und Lernwege" (S. 455–602) mit einer Erläuterung eben der „historisch-kritische[n] Bibelauslegung" eröffnet wird (S. 457–462).

vereinbaren können. Allerdings ist sie nicht das einzige Werkzeug, sondern literaturwissenschaftliche oder rezeptionsästhetische Verfahren können hier ebenso Platz finden.

In den Unterricht einfließen kann dieses historisch-kritisch verantwortete Wissen in verschiedener Form:
- als Strukturierungshilfe für die Auswahl der Gegenstände und Texte (etwa bei der Frage nach dem historischen Jesus)
- als Orientierung im Blick auf die Pointierung der Texte (Exodus als historisches Geschehen ausweisen oder als historisierendes Zeugnis einer Befreiungserfahrung)
- als Hilfe zur ‚Übersetzung' der Texte: existentiale Interpretation; bibeldidaktisches Viereck nach Georg Baudler, usw.

Historisch-kritische Exegese präfiguriert nicht den zu wählenden unterrichtlichen Erschließungsweg; sie ist mit dem Einsatz verschiedener didaktischer Arrangements und Methoden vereinbar. Anders gesagt: Die Bejahung historisch-kritischer Exegese erübrigt nicht didaktisch-methodische Reflexion.

Vielmehr sind im Unterricht neben dem theologischen Kriterium der Sachgemäßheit selbstredend didaktische Kriterien geltend zu machen, etwa die Entwicklungsgemäßheit (z.B. bei der Wahl von Gleichnissen oder Wundererzählungen als Thema), der Erfahrungsbezug (in Anknüpfung oder Widerspruch), ihr Nutzen für den Aufbau religiös relevanter Kompetenzen (hier: Lese-, Interpretations- und Methodenkompetenz) oder für das Verstehen der „story" (Dietrich Ritschl) christlicher Religion[61] oder für den Aufbau einer „evangelischen" Perspektive (!).

Zusammenfassend formuliert: Die historisch-kritische Exegese ist nicht das einzige legitime Verfahren zur Erschließung biblischer Texte, das im Prozess der Vorbereitung von Lehr-Lernprozessen eingesetzt werden sollte, geschweige denn die jedenfalls im Unterricht einzubringende Methode der Textauslegung. Allerdings ist sie auch nicht verzichtbar, weil sie als Instrument historisch-kritischer geschulter Rationalität die Anschlussfähigkeit bibelbezogener Einsichten an das „allgemeine Wahrheitsbewusstsein" gewährleistet. Anders gesagt: Eine prinzipielle Absage an die Ingebrauchnahme der historisch-kritischen Exegese zeigt eine Passungslücke mit jenen Rationalitätsstandards an.

....
61 So die Pointe bei Bernd Schröder: Religionspädagogik, Tübingen 2012, § 43.

5 Ziele, didaktische Modelle und methodische Präferenzen heutigen evangelischen Religionsunterrichts

Die Aufwertung der Bibel in reformatorischer Theologie, die Vielzahl didaktisch-methodischer Zugänge zur Bibel und deren Legitimität, die besondere Rolle der historisch-kritischen Exegese werden in der religionsdidaktischen Literatur kaum je als Proprien von Lehr-Lern-Prozessen in evangelischer Verantwortung geltend gemacht, schlagen sich jedoch in normativen Beschreibungen gegenwärtigen evangelischen Religionsunterrichts durchaus mittelbar nieder:

So sind die „Grundsätze" der Evangelischen Kirche, mit denen evangelischer Religionsunterricht nach Art. 7.3 GG übereinstimmen soll, „grundlegend bestimmt durch das biblische Zeugnis von Jesus Christus unter Beachtung seiner Wirkungsgeschichte": „Die Bindung an das Biblische Zeugnis von Jesus Christus schließt nach evangelischem Verständnis ein, daß der Lehrer die Auslegung und Vermittlung der Glaubensinhalte auf wissenschaftlicher Grundlage und in Freiheit des Gewissens vornimmt."[62] In diesen Formulierungen klingen die Rede von der Bibel als *norma normans* ebenso nach wie die Figur des „Priestertums aller Getauften", derzufolge jede(r) Getaufte urteilsmündig in der Schriftauslegung ist.

In der jüngsten Erklärung mit bundesweiter Orientierungskraft zu Zielen, Themen und Verfahren des evangelischen Religionsunterrichts werden acht Kompetenzen formuliert, die es im Laufe der Sekundarstufe I zu erreichen gilt. Das Erreichen einer dieser Kompetenzen ist untrennbar an die unterrichtliche Arbeit mit biblischen Texten gebunden („Grundformen biblischer Überlieferung und religiöser Sprache verstehen"); für das Erreichen zweier weiterer Kompetenzen ist entweder das Wissen um den Rang der Bibel in Evangelischer Theologie und Kirche erforderlich („Über das evangelische Verständnis des Christentums Auskunft geben") oder profunde materiale Kenntnis biblischer Texte und Themen („Religiöse Motive und Elemente in der Kultur identifizieren, kritisch reflektieren sowie ihre Herkunft und Bedeutung erklären").[63] In der Logik eines kompetenzorientierten Unterrichts liegt es, die

---

62 Zitate aus: Zu verfassungsrechtlichen Fragen des Religionsunterrichts. Stellungnahme der Kommission I der EKD (vom Rat der EKD in seiner Sitzung vom 7./8. Juli 1971 zustimmend entgegengenommen), in: Die Denkschriften der EKD Bd. 4/1: Bildung und Erziehung, Gütersloh 1987, S. 56–63, hier S. 60 f.

63 Kirchenamt der EKD (Hg.): Kompetenzen und Standards für den Evangelischen Religionsunterricht in der Sekundarstufe I. Ein Orientierungsrahmen, EKD-Texte 111, Hannover 2011, S. 18, vgl. erläuternd S. 20–22.

Auswahl der didaktisch-methodischen Verfahren, die zum Einsatz kommen, um auf das Erreichen dieser Kompetenzen hinzuarbeiten, in die Verantwortung der Lehrkraft zu legen – allerdings hinter dem Vorzeichen der Vielfalt. Angesichts der Fünfzahl sog. prozessbezogener Kompetenzen, die es zu erreichen gilt,[64] ist Methodenmonismus dysfunktional und didaktisch unzulässig.

Die grundlegende Rolle historisch-kritischer Bibelauslegung klingt in den Schüler-Kompetenzen („Die Schülerinnen und Schüler können [...] zentrale biblische Überlieferungen vor dem Hintergrund historischer Zusammenhänge deuten."[65]) ebenso an wie in den von Religionslehrenden erwarteten Kompetenzen. Eine dieser Kompetenzen zielt auf die „Fähigkeit zur theologisch und religionsdidaktisch sachgemäßen Erschließung zentraler Themen des Religionsunterrichts", darunter fällt das Kennen und Erläutern „grundlegender [sc. biblischer] Texte und Sachverhalte biblisch-theologischer Wissenschaft" und damit fraglos u.a. der historische-kritischen Exegese.[66]

In den Lehrplänen bzw. Kerncurricula für den evangelischen Religionsunterricht spiegeln sich diese Maßgaben; über alle Differenzen hinweg scheint mir Einigkeit darüber zu bestehen, dass die Bibel bzw. biblische Texte ein unverzichtbarer, kontinuierlich zu bearbeitender Gegenstandsbereich sind, bei dessen Erschließung es auf materiale Kenntnisse ebenso ankommt wie auf formale (methodische), und die unterrichtliche Ausgestaltung dieses Themengebietes gewährleisten muss, eine Mehrzahl an didaktischen Arrangements und methodischen Settings zur Geltung zu bringen.[67]

---

64 Kirchenamt, Kompetenzen 2011 (s.o. Anm. 63), S. 17.
65 Kirchenamt, Kompetenzen 2011 (s.o. Anm. 63), S. 20.
66 Kirchenamt der EKD (Hg.): Theologisch-Religionspädagogische Kompetenz – Professionelle Kompetenzen und Standards für die Religionslehrerausbildung. Empfehlungen der Gemischten Kommission zur Reform des Theologiestudiums, EKD-Texte 96, Hannover 2009, 30. Im Vorgängertext wurde die Vertrautheit mit historisch-kritischen Methode expressis verbis als Schlüsselkompetenz benannt: Kirchenamt der EKD (Hg.): Im Dialog über Glauben und Leben. Zur Reform des Lehramtsstudium Evangelische Theologie / Religionspädagogik. Empfehlungen der Gemischten Kommission, Gütersloh 1997, S. 74: „Beim Erlernen wissenschaftlichen Arbeitens kommt den historisch-kritischen Methoden und der Vielfalt neuerer Zugangsweisen zu biblischen Texten [...] besondere Relevanz zu, da an ihnen beispielhaft eine kontrollierte Analyse eingeübt werden kann."
67 Die eingangs genannten Lehrbücher informieren in diesem Sinne über die Vielfalt der Möglichkeiten und üben Zurückhaltung gegenüber Präferenzen.

6   Bibeldidaktik und interreligiöses Gespräch

Die soeben herangezogenen Verlautbarungen zum Religionsunterricht und zur Religionslehrerbildung sprechen sowohl bibeldidaktische Fragen als auch Aufgaben des interreligiösen Gesprächs in prominenter Weise an – allein: Sie bringen beide Felder nicht in Verbindung.

Genau dies stellt sich jedoch als wichtige Aufgabe dar – sowohl eines evangelischen Religionsunterrichts, der nicht nur neben katholischem, sondern auch islamischem oder jüdischem Religionsunterricht erteilt wird, als auch einer Religionslehrerbildung, die Lehrkräfte auf kooperationsbereite und dialogfähige Arbeit in der Schule vorbereiten will.

Erstens gilt es somit anzustreben, dass angehende Religionslehrer/innen in Studium und Referendariat explizit auf das theologische Gewicht von Schrift und Schriftauslegung in ihrer jeweiligen „konfessionellen" Tradition und als Ausdruck dieser Tradition reflektieren. Im Falle des Evangelischen Christentums gehört dazu eine solide Kenntnis von Religionsgeschichte, Exegese und Theologie des Alten wie Neuen Testaments (nach meiner Auffassung: einschließlich beider biblischer Sprachen) und die Auseinandersetzung mit Genese wie Transformation des Schriftprinzips.

Zweitens wird eine gewisse, anfangshafte Vertrautheit mit dem Umgang anderer Religionen, vorzugsweise Judentum und Islam, mit ihrer jeweiligen Heiligen Schrift erforderlich. Das schließt ein, neben deren traditionellen Vorstellungen vom Stellenwert und Umgang mit der Schrift auch exemplarisch nach-aufklärerische Konzepte der jeweiligen Religion kennenzulernen. Über materiale Kenntnisse hinaus ist dabei das Ergründen der jeweiligen schrifthermeneutischen Voraussetzungen von herausragender Wichtigkeit.

Drittens sollte die Ausbildung dazu ermutigen und befähigen, das Gespräch mit Religionslehrenden anderer Religionszugehörigkeit zu suchen – und zwar durchaus auf dem Gebiet des Umgangs mit der Schrift, der Schrifthermeneutik und ihrer didaktischen Konsequenzen. Wichtiger als abschließende Einschätzungen der jeweils anderen Position scheint mir zu sein, dass sich ein dauerhafter Gesprächszusammenhang ergibt – oder jedenfalls Gesprächsbereitschaft- und -fähigkeit in dieser Frage nicht zum Erliegen kommen.

Erst unter dieser Voraussetzung wird es auch sinnvoll und möglich sein, Schülerinnen und Schüler an die Frage des Schriftverständnisses der Religionen, ihrer hermeneutischen Implikationen und ihrer Folgen für die Gestaltung des Religionsunterrichts der eigenen wie der anderen Religionsgemeinschaften heranzuführen.

Der vorliegende Beitrag versteht sich auf der Spur dieser vor uns liegenden Aufgaben als Versuch, evangelische Akzente im hermeneutisch wie didaktisch reflektierten Umgang mit der Schrift herauszuarbeiten. Dass dabei vorrangig geschichtliche Linien ausgezogen wurden, hat sachliche Gründe, u.a. diese: Konfessionelle Proprien sind geschichtlich geworden und gewandelt, das Verstehen geschichtlicher (diachroner) Varianz ist eine gute Vorbereitung für das Akzeptieren gegenwärtiger (synchroner) Varianz – innerhalb der eigenen Religionsgemeinschaft wie in interreligiösen Zusammenhängen.

Harry Harun Behr

Streitfall Koran –
Die Heilige Schrift des Islams als Gegenstand des pädagogischen Diskurses

1 Vorbemerkung

Der vorliegende Beitrag rekonstruiert ein Gespräch, das ich Ende des Jahres 2015 am Rande einer Seminarveranstaltung mit meinen Studierenden geführt habe. Es handelt sich um ein Gedächtnisprotokoll, das – unterstützt durch einen akustischen Mitschnitt – für die Zwecke der gegebenen Thematik gekürzt und verdichtet wurde. Zentrale Referenz der auf diese Weise entwickelten Thematik ist zunächst der islamische Religionsunterricht als ordentliches Lehrfach in der Sekundarstufe. Der Beitrag verweist aber auf grundsätzliche Herausforderungen, die mit dem Fach Religion als Teil des schulischen Fächerkanons gegeben sind.

Im Anschluss an die Gesprächssequenz, so wie sie sich zwischen der Studentin und mir entfaltet, werden summarisch einige noch sehr grundsätzliche Anregungen für das bildungstheoretische Nachdenken in Sachen Islam und Pädagogik formuliert. Dabei geht es weder um „pädagogische Leitfäden" noch um „didaktische Modelle" – dafür ist die Unterrichtspraxis dieses neuen Fachs noch zu zerfranst, sind die wenigen vorliegenden Betrachtungen noch zu impressionistisch.[1] In der nächsten Zeit müssen fachdidaktisch Unterrichtserfahrungen, die mehr sein müssen als persönliche Unterrichtserlebnisse, zu einem wissenschaftlich bearbeitbaren Desiderat im Sinne einer eigenen fachdidaktischen Forschung zusammengetragen werden.

Solches nimmt erst in jüngster Zeit nach und nach Fahrt auf. Die erste Dissertation, die sich mit islamisch-religiösen Lerntypen und -modi im Rahmen

---

[1] Zur Vertiefung: Bülent Ucar und Danja Bergmann (Hg.): Islamischer Religionsunterricht in Deutschland. Fachdidaktische Konzeptionen, Ausgangslage, Erwartungen und Ziele, Osnabrück 2010. Und: Harry Harun Behr: Islamischer Religionsunterricht in der Kollegstufe, in: van der Velden, Frank, Harry Harun Behr und Werner Haußmann (Hg.): Gemeinsam das Licht aus der Nische holen. Kompetenzorientierung im christlichen und islamischen Religionsunterricht der Kollegstufe, Göttingen 2013, S. 17–40.

von Unterrichtsforschung befasst, wird in der ersten Hälfte des Jahres 2016 zum Abschluss gebracht worden sein.[2] Wenn es aber um die Konzipierung von Lehrplänen, Lehrwerken und Lehrerbildung geht, müssen auch die hier angerissenen Fragen dringend ihrer Bearbeitung zugeführt werden. Die gelegentlichen Anleihen bei der evangelischen[3] oder katholischen[4] Religionspädagogik, die sich in neueren Konzeptionen für islamischen Religionsunterricht finden, führen in der Sache nicht weiter: Ihnen fehlen die Rückbindung an die islamischen Traditionen sowohl in inhaltlicher Hinsicht, als auch was Theorien religiösen Lernens angeht, und sie zielen weitgehend an den Lebenswelten der muslimischen Zielgruppen vorbei.

2   Das Gespräch

Die Studentin schaut mich mit ihren großen braunen Augen an. Im Gesicht der jungen pakistanischen Muslimin mit dem elegant gebundenen Kopftuch spiegeln sich widerstreitende Gefühle. Ich meine, neben der vordergründigen Scheu auch Neugier und sogar einen gewissen Stolz erkennen zu können. Diese Begegnung erinnert mich an frühere Szenarien im Klassenzimmer, wenn Schülerinnen und Schüler ans Pult traten und um persönliche Klärung

---

2   Dazu in Arbeit ist Fahimah Ulfat: Facetten von Religiosität und Gottesperspektiven von muslimischen Kindern. Ein reflexiver Beitrag zur Didaktik des islamischen Religionsunterrichts (Dissertation, Fertigstellung 1. Halbjahr 2016).

3   So orientiert sich etwa das derzeit geltende Hessische Kerncurriculum für Islamische Religionslehre in der Primarstufe weitgehend an einem Kompetenzschema aus evangelischer Feder (Fischer, Dietlind und Volker Elsenbast: Grundlegende Kompetenzen religiöser Bildung. Münster 2006), bei dem kaum noch erkennbar ist, in welcher grundlegenden Hinsicht sich die dahinterstehende fachliche Konzeption von der des Ethikunterrichts unterscheidet.

4   So bemüht zum Beispiel Tuba Işık in ihrer Dissertation das Paradigma der „Beheimatung im Eigenen" (Die Bedeutung des Gesandten Muhammad für den Islamischen Religionsunterricht. Systematische und historische Reflexionen in religionspädagogischer Absicht, Paderborn 2015). Andere muslimische Beiträge beziehen sich auf das so genannte „bibeldidaktische Viereck" nach Georg Baudler, wenn sie auf die Didaktik des Korans abheben. Bei der Adaption solcher bibel- oder symboldidaktischer Konzeptionen wird übersehen, dass diese Entwürfe zum einen an bezugswissenschaftliche Zugänge gebunden sind (z.B. Text- und Sprachwissenschaften, Archäologie, Tiefenpsychologie), zum anderen aber im bekenntnisgebundenen Vorverständnis christlicher Bibelexegese gründen (vgl. dazu Walter Wink: Bibelauslegung als Interaktion, Stuttgart u.a. 1976). Der Koran als Gegenstand beider Betrachtungen, also gleichsam der deskriptiven und der normativen, führt indes zu keinen eigenen Ergebnissen. Vor allem die in der christlich-religionspädagogischen Expertise hervorgehobene Bedeutung des Bibeltextes als Symbol sowohl für das Ganze der christlichen Botschaft als auch für das Ganze des Lebens ermöglicht sicher interessante Brückenschläge, macht aber auch die Grenzen deutlich: Bereits die sehr frühen Korankommentare wie etwa der von *aṭ-Ṭabarī* erörtern immer schon den Rückbezug des Korantextes in seinen zeitlichen, sozialen und kulturräumlichen Kontext als zwingendes Erfordernis der Exegese.

der einen oder anderen Frage baten – eine typische außerunterrichtliche pädagogische Situation, bedingt durch die institutionelle Taktung geregelten Unterrichts. Es waren diese kurzen Momente gleichsam zwischen den Stühlen, in denen sich persönliches Lernen sporadisch und mit einer Rasanz entwickeln konnte, die ich mir für den regulären Unterricht manchmal herbeisehnte. Es gibt kaum vergleichbare pädagogische Situationen, in denen sich Neugier- und Orientierungsfragen so spürbar zu authentischem Lernen verdichten – was sicher an der erhöhten Bereitschaft liegt, zuzuhören.

Eine gewisse Spur in diese Richtung wurde einst mit den therapeutischen Ansätzen in der christlichen, hier vornehmlich evangelischen Religionspädagogik gelegt.[5] Aber die Verschiebung des Fachprofils von schulischer Religionslehre hin auf Bestandteile der schulischen Sozialarbeit hat sich in der Praxis des Religionsunterrichts nicht bewährt – die Schultern des in der Hierarchie jeder Stundentafel randständigen Fachs sind dafür zu schmal. Für den islamischen Religionsunterricht jedoch, so wie er gegenwärtig an immer mehr öffentlichen Schulen und in allen Schularten Fuß fasst, muss die Frage des existenziellen Lebensweltbezugs von schulisch erteilter Religionslehre aufs Neue bedacht werden – und damit die Rolle von Religionsunterricht in der Rahmung des schulischen Fächerkanons insgesamt: Das Fach wird als Veranstaltung religiöser Sondergruppen wahrgenommen und somit unterschätzt. Für das Zusammenspiel des Fachs mit dem gesamten Kanon der schulischen Fächer wäre da mehr herauszuholen, wenn auch in den Lehrerzimmern mehr über den Bildungswert von Religion reflektiert würde.

Ähnliche Entwicklungen hin zu einem Fach mit umfassendem orientierungswissenschaftlichem Profil, wenn nicht gar sozialpädagogischem Einschlag, welches über seine konfessionellen Grenzen hinausweist, zeichnen sich in den Hörsälen ab. Wenn hier also der Faden mit der Studentin weitergesponnen wird, dann schwingen dabei auch immer die Erfahrungen mit Schülerinnen und Schülern in der Sekundarstufe mit; die Unterschiede sind marginal. Denn auch im Fall der Studentin, die an mein Pult tritt, geht es um eine fundamentale Abklärung der religiösen Befindlichkeit, ausgelöst durch die originale, das heißt unmittelbare und nicht verhandelbare Begegnung mit den Gepflogenheiten des akademischen Betriebs. Auch hier arrangiert sich die

---

[5] Zur Vertiefung s. Martin Rothgangel u.a. (Hg.): Religionspädagogisches Kompendium, Göttingen [8]2012. Solche und vergleichbare schulpädagogische Konzeptionen kamen generell durch die Psychologisierung des Unterrichts im Fahrwasser etwa der Systemischen Therapie in den 1960er Jahren oder später der Humanistischen Psychologie auf und sind kein religionsbezogener Sonderfall.

Begegnung mit dem religiösen Gegenstand nicht etwa über die gemeindliche Inszenierung oder das häusliche Leben, sondern über die institutionelle Rahmung: ein Studiengang mit verbrieften Inhalten, Kompetenzen, Leitperspektiven, Prüfungsanforderungen – und nicht zuletzt dem Risiko des Leistungsmisserfolgs.

Die Studentin, mit der die Schrittfolge dieses Beitrags eröffnet wird, studiert Lehramt für Gymnasium mit den Fächern Mathematik, Physik und Islam als weiteres Fach – eine intelligente und naturwissenschaftlich interessierte Frau, die mit den scharfen Instrumenten der Logik und des empirischen Zugriffs auf die Welt sowie mit der Pendelbewegung zwischen deduktiven und induktiven Zugängen zu den Wissensbeständen ihrer Fächer vertraut ist. Aber wenn es um den Islam geht, um Religion, um genauer gesagt „ihre" Religion, da versagt ihr Kompendium. Der Transfer misslingt insofern, als sie sich nicht in der Lage sieht, ihre Fähigkeit zu Analyse, Perspektivenwechsel und Reflektion von einem Fach auf das andere zu übertragen.

Was ist geschehen? Die Studentin bittet mich am Ende der Seminarsitzung darum, bei mir zu Koran, Exegese und Didaktik ihre benotete Modulprüfung ablegen zu dürfen. Wir haben unmittelbar zuvor im Seminar das getan, was die meisten Studierenden mit Vorliebe tun: Korantexte auf Arabisch und Deutsch lesen und deren Aussagen kontrovers diskutieren, unterstützt durch tradierte Kommentare. Diesmal hat mit Blick auf die Lot-Geschichte die Frage nach der historischen Authentizität im Raum gestanden, mithin die grundsätzliche Verhältnisbestimmung zwischen einem koranischen Narrativ und der verbreiteten und bisweilen lästigen Neigung, solche Information nach Kriterien der Wirklichkeitskonstruktion abzuklopfen. Schülerinnen und Schüler drücken das einfacher aus, wenn sie fragen, ob das alles wirklich so passiert sei.

Da gerade mit dem Lot-Topos immer auch unausrottbar die homophoben Auslegungen Raum greifen, ist diese Verhältnisbestimmung mehr als nur eine exegetische Fingerübung: Hier kann es schnell um ethische Normen, ja um Normenkollisionen gehen, und zwar nicht nur hinsichtlich Fragen sexueller Identität, sondern auch was Menschenbilder, die Bilder von Frau und Mann, die Frage Anders- und „Un"-Gläubiger oder die zunehmend judenfeindliche Auslegungen von dafür in Anspruch genommenen Texten des Korans angeht. Wer in diesem Kontext an der Universität Islam unterrichtet, muss bereit sei, Normenkonflikte auszufechten. Das gilt genauso für den späteren Dienst im Klassenzimmer, sobald die Studierenden ins geregelte Berufsleben treten. Im

Idealfall entfalten sie ihr akademisch gesintertes Verständnis von Religion didaktisch klug.

Am Ende des Unterrichts im Seminar bittet mich die Studentin um ein Thema für ihre Hausarbeit. Das lasse ich meinen Studierenden normalerweise so nicht durchgehen: Ich erwarte von ihnen eigentlich, dass sie sich mit den im Seminar erschlossenen Themenstellungen befassen und mit Vorschlägen an mich herantreten; das Thema wird dann gemeinsam verabredet. Damit tun sich in der Regel Studierende mit türkisch-muslimischen oder anderweitig islamisch-kulturräumlichen Wurzeln sehr schwer – sie fühlen sich durch die Forderung nach Eigeninitiative verunsichert und möchten in der Sache lieber das Diktat.

Hier gilt als Erfahrungsgleichung: Je religiöser der Habitus, desto unangenehmer tritt diese Haltung zu Tage. Das liegt möglicherweise daran, dass sich für sie die religiöse Expertise bevorzugt autoritativ und personalisiert dekliniert. Daran ist nicht selten der an einem generellen Senioritätsprinzip[6] ausgerichtete patriarchale häusliche Führungsstil Schuld. Und: Der Islam, und vor allem der Koran, gelten Ihnen als hermetische, also kognitiv, emotional und spirituell verschlossene Gegenstände und folglich Experten vorbehalten; ihre Islamizität gründet oft weniger in religiösem Wissen, sondern bevorzugt in kultureller, ethnischer, nationaler und sprachräumlicher Kodierung.

In den Augen solcher Studierender bin ich als Hochschullehrer, und zwar gerade als „Professor", nicht zuletzt deshalb auch religiöser Gelehrter. Dass ich eine Professur für Erziehungswissenschaft mit Schwerpunkt Islam innehabe, und nicht Theologie mit Schwerpunkt Pädagogik, ficht sie nicht an: Wer Islam in einem staatlich anerkannten Format unterrichtet, hat in ihren Augen mit der fachlichen, pädagogischen und persönlichen Autorität auch die religiöse. Das Institut des nihil obstat im Zuge der Berufung solcher Professuren, für den Islam gerne als *Iğāza* bezeichnet[7], unterstützt natürlich das Argument religiös begründeter generischer, das heißt auf die Persönlichkeitsentwicklung zielender Studienkompetenzen; es geht um das Übermaß.

Die Haltung der geschwisterlichen Folgsamkeit, und mit ihr die Sehnsucht nach einem Signum der religiösen Zugehörigkeit, ist ihnen kaum auszutreiben – im Gegenteil: Spricht sich herum, dass die Lehre ansprechend und die Beno-

---

6   Es gibt im Türkischen eine Redewendung für die Situation, wenn Eltern ihre Kinder den Lehrkräften überlassen: „Die Knochen gehören mir und das Fleisch Dir (Et senin kemiği benim)!"
7   Sprich „Idschaasa"; zur Vertiefung: Behr, Harry Harun: Zur Diskussion um die muslimische Lehrbefugnisordnung, in: Zeitschrift für die Religionslehre des Islam (ZRLI), 6 (2012), Heft 11, Nürnberg 2012, S. 13–25.

tung fair sind, und dass sich der Lehrende offen und affirmativ zu Glauben und religiöser Praxis positioniert, platzen die Seminare aus allen Nähten. Das zieht immer auch Studierende an, die als bekennende Musliminnen und Muslime - und immer auch Nicht-Muslime auf dem Wege hin zur Konversion – auf der Suche nach spiritueller Bereicherung und religiöser Erleuchtung sind. In besagtem Seminar, an dessen Ende sich die Unterhaltung entwickelt, sind neunzig Studierende gemeldet, fünfzig sind im Laufe des Semesters regelmäßig da, und am Ende des Semesters wird auch der Rest wieder aufschlagen und versuchen, irgendwie an einen Teilnahmenachweis zu kommen. Abgesehen von diesen üblichen Erschwernissen der Universität als Lehrbetrieb, hat die Mischung aus islamischer Bildungslehre als Element des bildungswissenschaftlichen Bachelors einen belebenden Effekt: Nur rund die Hälfte dieser Studierenden sind Muslime, die anderen sind es nicht, und von denen gibt es eine Reihe von angehenden christlichen Religionslehrkräften, die einen Studiennachweis in einem nicht-christlichen Schwerpunkt benötigen.[8]

Die muslimischen Studierenden fragen inzwischen vermehrt bei der akademischen islamischen Theologie und Religionspädagogik an, was sie in ihren Moscheen und bei ihren Imamen offenbar nicht finden können. Gleiches wissen muslimische Religionslehrkräfte der Sekundarstufe zu berichten (an den Grundschulen herrscht weitgehend gespannte Ruhe), und die tägliche Konfrontation mit der Wahrheitsanforderung ihres Unterrichts führt zu beruflich bedingtem Belastungsempfinden. Was die Alltagssituation der Lehrenden angeht, ist die Lage an Schule und Universität vergleichbar.

Im Falle der pakistanischen Studentin bin ich aber dann doch nicht ganz so konsequent, was die Themensuche angeht; ich kenne sie ein wenig. Sie gehört einer straff organisierten islamischen Minderheitengruppe an. Also gehe ich behutsamer also sonst vor, denn ich ahne schon den Gegenwind. Ausgehend vom Seminardiskurs oder den Texten könne sie sich doch, schlage ich vor, eine Textsequenz ihrer Wahl aus dem Koran aussuchen, bei der sie im Rahmen eines Essays Argumente einer allegorischen Interpretation versus eine wortwörtliche Auslegung erörtert. Die Adams-Geschichte sei da geeignet, oder Noah, oder der soeben debattierte Lot, oder die Sache mit dem Satan oder den Dämonen. Sie könne sich auch ein wenig in die antiken Diskurse um Allegore-

---

[8] Umgekehrt müssen die muslimischen Lehramtsstudierenden im Rahmen des Studienfachs Islamische Religion auf Lehramt an der Goethe Universität Frankfurt am Main einen Studiennachweis in einer Lehrveranstaltung zu jüdischer oder christlicher Religionslehre oder zu Religionswissenschaft nachweisen.

se einlesen, Philon von Alexandria zum Beispiel. Oder den Logos-Prolog des Johannes-Evangeliums neben Aussagen des Korans zu Jesus als ‚Wort von Gott und Geist von Gott' legen.

Ich merke, wie sich meine Gesprächspartnerin versteift, noch während ich rede, aber ich fahre fort. „Schreiben Sie so was doch mal als Essay", ermutige ich sie, „Hausarbeiten haben Sie schon genug verfasst. Dann sind Sie freier in ihrer persönlichen Auslegung und können mit ihren Ideen ohne Sicherheitsgurt Fahrt aufnehmen – also das tradierte Dafürhalten beiseitelegen, egal wie dick die alten Bücher sind." Sie schnaubt durch die Nase und kneift die Lippen zusammen: „Sie wissen doch, wie das in unserer Tradition ist. Ich kann so was nicht schreiben. Uns ist es nicht gestattet, uns zu Koranversen eine eigene Meinung zu bilden, zu denen sich Gelehrte geäußert haben. Man kann doch nicht einfach aus dem Handgelenk irgendetwas zu irgendeinem Koranvers schreiben ... Kann ich nicht lieber ein anderes Thema haben?" Das ist der Moment, in dem ihr Blick etwas Flehentliches bekommt, etwas Weiches. Sie spricht aus einem inneren Bezirk des ihr Heiligen heraus, vielleicht einer religiösen Ästhetik folgend, oder aus ihrer kulturellen Identität heraus. Erstens gefällt mir ihre Aufrichtigkeit, zweitens rühre ich nicht gerne an diesen spirituellen Nerv. Das ist mit Blick auf den pädagogischen Takt eine heikle Situation. Das Beste und Einfachste wäre es, jetzt nachzugeben und sie einfach mit einem alternativen Thema nach Hause zu schicken.

Aber ich muss mir das in diesem Fall versagen, nicht zuletzt bedingt durch die institutionelle Geschäftsordnung, aber auch aus Gründen des persönlichen Prinzips. Hier geht es um mehr als nur um eine Themenwahl: Die für das Fach der Studentin gegebene Studienordnung formuliert grundlegende Kompetenzen als hochschuldidaktische Zielkoordinaten. Dazu gehören zum Beispiel die Kenntnis wichtiger ideengeschichtlich gewachsener Schulen der Hermeneutik des Korans, das exemplarische Einüben unterschiedlicher exegetischer Zugänge zum Koran an einfachen Texten und die kritische Reflexion persönlichen religiös begründeten Präferenzen in der Lesart des Korans kritisch. Die Modulprüfungen sind schließlich kompetenzorientiert.

Ich rufe das gegenüber meiner Studentin in Erinnerung und füge hinzu: „Und Sie wissen auch, was die hessischen Kerncurricula für unser Fach in der Sekundarstufe[9] verlangen: Grundlegende theologische Kompetenzen einüben,

---

9 Die befinden sich zum Zeitpunkt der Abfassung dieses Beitrags im so genannten Beteiligungsverfahren und sollen im Laufe des Jahres 2016 in Kraft gesetzt werden.

die Vielfalt islamischer Traditionen an einfachen Beispielen erarbeiten, zur religiösen Urteils- und Meinungsbildung beitragen anstatt Meinung verfrachten, zu Standpunktsicherheit in Fragen des Glaubens befähigen ebenso wie zur kritischen Reflexion eigener Glaubenstraditionen …"

„Wie wollen Sie das denn unterrichten", fahre ich fort, „wenn Sie jetzt nicht den Mut aufbringen, das ganz ohne die Publizität eines Klassenzimmers durchzuspielen, gleichsam als gedankliches Experiment? Die essayistische Denkform und die dazu gehörige literarische Kunstform des Essays war von ihrem Schöpfer Michel de Montaigne genau dafür gedacht: einen Gedanken wagen – Französisch essayer. Deshalb ist das in unseren Modulrichtlinien eine gängige Form der Prüfung. Sie muss natürlich passen, zur Themenstellung und zu Ihnen, und ich bin der von Ihnen nun nicht mehr hinterfragten Meinung, dass sie es genau hier tut – passen, meine ich."

Dass ich aus didaktischen Gründen die Karte professoraler Autorität spiele, beeindruckt die Studentin aber nicht. Mangel an Selbstbewusstsein ist offenbar nicht das Problem. Doch wo genau liegt das Problem? Immerhin löst die Studentin ihrerseits innere Bilder in mir aus, die aus zehn Jahren islamischer Religionslehre an der Universität und Hunderten geprüfter angehender muslimischer Lehrkräfte entstanden sind. Meine Gesprächspartnerin scheint mir – ganz entgegen ihrer wissenschaftlichen Schulung in Belangen der Physik und der mathematischen Logik – mit ihrem gesamten Bild vom Islam, von der Welt und von sich selbst einem ideologisch erstarkten Richtigkeitsparadigma verhaftet zu sein, wie so viele ihrer muslimischen Mitstudierenden: Islamisch bedeutet richtig und wahr im Gegensatz zu un-islamisch als falsch und unwahr. So unerschütterlich sie in der Seminardebatte um das Volk Lots der Ansicht war, dass jede Form von in ihren Augen devianter Sexualität eine schwere Sünde sei, so uninspiriert steht sie vor dem Koran als dem Wort Gottes. Damit meint sie aber ein Gebilde aus den vermeintlichen Wörtern Gottes: Die Verdinglichung des Korans als materiale Gestalt und papierene Heiligkeit überprägen sowohl ihren Geist als auch den Geist des Korans. Als radikale islamische Variante des sola scriptura ist der Koran für sie zum Fetisch geworden. Nicht von ungefähr warnt der Koran in 6:7[10] die Mekkaner davor, Muhammad mit der Forderung nach einem Koran aus Papier auf die Probe zu stellen, und zwar immerhin unter Androhung des nahen Weltengerichts.

....

10 Lies als Sure 6, Vers 7.

In diesem Geiste ontologisieren viele Schüler und Studierende alles, was nicht niet- und nagelfest ist: Gott höchst selbst, als wäre er eine Person[11], die Erschaffung der Welt als gleichsam kalendarisches Ereignis, die Engel Gottes als folgsame Exekutivtruppe, die Altpropheten als die unfehlbaren Männer, das Paradies und die Hölle als jenseitige Reiseziele, die Schriften als Rezeptbücher und Gebrauchsanweisungen und die religiös jeweils genehme Moral als autonom. So pervertiert Religion zum Apparat, bei dem sich die religiöse Mitte des Menschen in Obedienz und Regelkonformität erfüllt, obwohl so berühmte Verse des Korans wie 2:177[12] Anderes formulieren. Die Studierenden kennen solche Verse oft auswendig, aber ihnen versagt sich aus mir noch nicht nachvollziehbaren Gründen jeder denkende Zugriff auf den Aussagegehalt solcher Verse. Warum das vor allem bei arabisch-muttersprachlichen Studierenden ein besonders auffälliges Problem darstellt, ist eine weitere Frage.

Didaktisch prekär ist, dass Geschichten, die der Koran erzählt, kurzerhand zu Geschichtsereignissen als das datier- und lokalisierbare Kausale und Konsekutive gerinnen. Deshalb an dieser Stelle als Einschub die dringende Bitte an die Fachdidaktiken, mehr Kooperation zwischen den Fächern Islam und Geschichte zu wagen. Unversehens wandelt sich die Fluidität des Korans als zu einer gallertartigen dunklen Masse, die das Denken erstickt. Dabei ist der Koran seinem Wesen nach Rede und nicht Text, und zwar „Rede in Arabisch" (*qur'ānan 'arabiyyan*; vgl. 12:2). Das wird unter dem Stichwort der Kunst des Erzählens weiter unten weiter erläutert. Die wohlausgewogene Balance des Korans zwischen preacaepta und concilia, zwischen Regelung (*muḥkamāt*; vgl. im Koran 3:7) und Auslegung (*mutašabihāt*; ebenda) geht durch diese Versteifung verloren. Das liegt an der allumfassenden Vereinseitigung seiner Auslegung unter rechtsähnlichen Vorgaben anstatt unter spirituellen. Folglich gehört nach Meinung vieler Muslime zum Unverhandelbaren eben auch, dass

---

[11] Schüler, die an einer Mittelschule im Norden Deutschlands nach ihrem Verständnis von Islam befragt wurden, gaben zu Protokoll, das bedeute, kein Schweinefleisch zu essen, den Eltern zu gehorchen und nicht „mit Mädchen herumzumachen". Das damit verbundene Gottesbild trägt die Signatur eines verlustängstlichen älteren und äußerst strengen türkischen Herrn mit Bart und gerunzelter Stirn. Das ist übrigens der geriatrische Sozialtypus, dem sich junge Muslime in den Moscheen ausgesetzt sehen.

[12] „Sicherer Halt *(birr)* besteht nicht darin, die Gesichter nach Osten und Westen zu drehen, sondern im Glauben an Gott, an die Auferweckung am Jüngsten Tag, an die Engel, an die Schrift und an die Gesandten, und im Abgeben aus Liebe, an die Verwandten, den Waisen, den Bedürftigen, den Reisenden, den am Wegesrand, und für die Befreiung der Geknechteten und Gefangenen, und in der Einrichtung des Gebets und der Abgabe, und in der Erfüllung der eingegangenen Verpflichtungen, und in der Geduld in Zeiten der Not und des Leids und Gewalt. Diejenigen die das tun, das sind die, die im Innern wahrhaft sind und die Gott achten."

Unberufene sich nicht zum Koran äußern sollen. Das habe schließlich Muhammad, der Gesandte Gottes, so gesagt. Trugschluss: Muhammad hat mit Blick auf Verse des Korans wie 3:7[13] und ähnliche davor gewarnt, den Koran für eine Auslegungsabsicht zu missbrauchen, die willkürlich erfolgt und einem ethisch bedenklichen Kalkül unterjocht wird.

Dass sie als Studierende des Islams auf Lehramt aber genau das, nämlich Berufene sind, wenn sie den Beruf der Lehrerin oder des Lehrers ergreifen, und dass sie nicht nur die pädagogische, sondern auch die theologische Letztverantwortung tragen, dringt nur schwer zu ihnen durch. Auch der Verweis auf den entsprechenden arabischen Begriff aus dem theologischen Register, *al-iğtihād bi-nafsih*, der für ihr Recht auf und ihre Pflicht zu „begründet gefasster und selbstverantwortet vertretener religiöser Lehrmeinung" steht, verbunden mit dem Hinweis auf einschlägige religionspädagogische Fachliteratur auch ausgesprochen konservativer Prägung, macht die Sache nicht unbedingt leichter.[14]

Dementsprechend gilt die Schließung des Unterrichtsdiskurses Vielen als das probate didaktische Mittel „guten" islamischen Religionsunterrichts. Denkanstöße sind nicht gerne gesehen und gelten als so gefährlich wie das Denken selbst.[15] Leider macht, und das lässt sich an jüngsten Entwicklungen in Deutschland ablesen, die Überprägung des auf Diskurs angelegten islamischen Religionsunterrichts durch dogmatisches Denken Schule. Das kann aber nur aus dem verengten Blickwinkel eines ideologisch vereinseitigten Islamverständnisses heraus als im rechtlichen Sinne bindende Systematik islamischer Lehre gelten. Das ist eher erfundene Tradition und funktioniert nur unter Missachtung einschlägiger Vielfalt der Traditionen des Islams.[16]

---

13 „...Doch die, in deren Herzen Verirrung ist, folgen dem, was darin mehrfach deutbar ist, um Zweifel zu säen und herum zu deuten..."

14 Zur Vertiefung: Harry Harun Behr: Ursprung und Wandel des Lehrerbildes im Islam mit besonderem Blick auf die deutsche Situation, in: Harry Harun Behr, Daniel Krochmalnik und Bernd Schröder (Hg.): Was ist ein guter Religionslehrer? Antworten von Juden, Christen und Muslimen. Reihe Religionspädagogische Gespräche zwischen Juden, Christen und Muslimen, Berlin 2009, S. 149–188.

15 Dazu vertiefend Harry Harun Behr: Ein Saphir mit Schliff. Zur Stellungnahme der Islamischen Gemeinschaft Milli Görüş e.V. (IGMG) gegen das Schulbuch Saphir, in: Zeitschrift für die Religionslehre des Islam (ZRLI), 3 (2009), Heft 5, Nürnberg 2009, S. 2–25.

16 Dazu vertiefend Harry Harun Behr: Wem gehört der Islam? Zum Verhältnis von muslimischer Gemeinschaft und akademischer Theologie, in: Herder Korrespondenz Spezial 2/2015: Religion unter Verdacht. Wohin entwickelt sich der Islam? Freiburg i. Br. 2015, S. 50–53. Und derselbe: Keine Angst vor Kritik. Wie viel Glaubenszweifel verträgt die Islamische Theologie? Herder Korrespondenz Spezial Heft 1/2014: Gottlos? Von Zweiflern und Religionskritikern. April 2014, Freiburg i. Br. 2014, S. 57–60.

Das alles wird hier nicht der Studentin zur Last gelegt. Aber in der Sache ist vom Katheder aus klare Rede zu führen: Sie ist wie viele ihrer Kommilitoninnen und Kommilitonen gegenwärtig dem erhöhten Risiko ausgesetzt, den Verführungen einer islamistischen Ansprache zu verfallen. Diese locken mit stereotypen Vereinfachungen in die Abhängigkeit von Lehrmeinungen, die der Krankheit des Herzens entspringen, wie es der Koran nennen würde.

Das gesamte Unterfangen islamischer Theologie und ihres Lehramtsablegers muss mit Blick auf das zuständige Personal hinterfragt werden, wenn im Rahmen einer öffentlichen Diskussionsveranstaltung unlängst Studierende nicht mit ihrer Ansicht hinter dem Berg halten wollten, die Ehebrecherin müsse dann eben gesteinigt werden, auch wenn das hart sei. Aber die Scharia sei halt von Gott gegebenes Gesetz. Dass sie in Deutschland nicht angewendet werde, liege schließlich nur daran, dass hier Demokratie herrsche – und wie jeder wisse, sei die alles andere als gottgewollt. Und in einem gerechten islamischen System gebe es keinen Grund mehr für Ehebruch, mithin entfalle ja die Steinigung.

Was den weiter hinten sitzenden Zuhörer an dieser Stelle – abgesehen vom Fluchtreflex – wundert ist weniger die Frage nach der Studierfähigkeit solch hohler Köpfe, sondern was sie eigentlich auf dem Weg zur Hochschulreife über Grundgesetz und Rechtsstaatlichkeit gelernt haben. Haben sie womöglich in der Schule schon das praktiziert, was ein Student neulich als das angemessene Mittel beschrieb, sich im Seminar seinen Teilnahmeschein zu verdingen, ohne all die schrecklichen Dinge anhören zu müssen, die dort diskutiert werden, nämlich seine Ohren an sein Smartphone zu stöpseln und arabische Koranrezitation als Gegenschall aufzudrehen? Das lässt sich übrigens noch steigern: Von einer muslimischen Lehrkraft, sie ist dummerweise bereits im Dienst, wurde ich im Rahmen einer Lehrerfortbildung gefragt, was denn am Ende sei, wenn der IS doch Recht habe? Womit denn, wollte ich wissen? Na, mit allem, mit seiner Auslegung des Korans, mit dem Krieg zwischen Islam und dem Westen, mit dem Kalifat? Möglicherweise sei doch der Westen im Unrecht: Er habe den Islam schließlich jahrhundertelang mit Kriegen überzogen, und jetzt bekomme er die Rechnung präsentiert.

Geschwister dieses Einschlags sind im Übrigen auch der Meinung, die Amerikaner hätten die Anschläge vom 11. September 2001 selbst verübt. Dieses Motiv ist bekannt und kann trotz der charakteristischen Kategoriefehler nicht einfach als verschwörungstheoretischer Unfug abgetan werden – es muss widerlegt werden. Die taktische Diffamierung der Gegenseite durch in ihrem

Namen verübte Gewalttaten ist schließlich als Strategie der asymmetrischen Kriegsführung Teil der so genannten „Französischen Doktrin" und seit dem Algerienkrieg (ähnlich Indochina, Vietnam oder Kuba) ein in arabischen Diskursen fest etabliertes Bild und Narrativ on den USA, Großbritannien, Frankreich und Israel als den eigentlichen „Aggressoren".[17]

Insofern geht die post-millenaristische Saat des IS als apokalyptische Bewegung ebenso auf wie bei solchen Politikern, die darauf mit der Vokabel „Krieg" antworten. Das ist strategisch riskant, da sie somit, ohne es zu wollen, die gegebene Asymmetrie zwischen Staaten im Sinne von Staatlichkeit und dem IS als nur scheinbar staatlichem System aufheben und ihn indirekt nobilitieren. Diese Denkmuster sind, wohl genährt durch entsprechende Internetseiten, auch unter Jugendlichen weit verbreitet (nicht nur unter muslimischen übrigens) und bedürfen seitens der Schule wie auch der Universität der kritischen Bearbeitung im Sinne dessen, was in der Radikalisierungsprävention als counter speech bezeichnet wird.

Die Studentin, die vor mir steht, weiß eigentlich noch nicht genau, wo sie steht oder wohin sie gehören möchte; sie ist noch auf der Suche. Und ob es wichtig ist, irgendwo dazu zu gehören, steht auf einem ganz anderen Blatt, setzt der Koran doch gerade bei der tribalen Konstruktion von Religion seine Herrschaftskritik an und unterstreicht die Autonomie des religiösen Subjekts: „Schon ihre Väter gingen den falschen Weg, und doch treten sie eilends in ihre Fußstapfen" (37:69–70).

Obwohl ich als Professor, den ich gerade noch bemüht habe, bei der Studentin abblitze (was ich wieder sympathisch finde), nehme ich mir Zeit und lasse nicht locker – nicht zuletzt auch deshalb, weil sich eine Traube von Studierenden um uns herum gebildet hat. Der Seminarraum ist frei, und wir nehmen uns die Zeit. Prima, denke ich, nutzen wir die Drittwirkung: „Nun gut", nehme ich die Studentin ins Gebet, „Sie berufen sich auf Ihre Tradition und die mit ihr gegebenen Tabugrenzen. Ich zweifle an, dass Sie Ihre Tradition richtig verstanden haben, aber das müssen Sie selbst überprüfen. Ich berufe

---

17 Ein Schüler fragte vor einigen Jahren im Rahmen des islamischen Religionsunterrichts in der zehnten Klasse einer Nürnberger Realschule, was denn „der Satan, die Amerikaner und die Juden miteinander zu schaffen" hätten. Antisemitische Ressentiments (nicht nur) unter muslimischen Schülern brechen mit Wucht auf, wenn israelische Politiker und Medien bei einem Mordanschlag junger muslimischer Palästinenser auf eine jüdische Familie von „Terrorismus" sprechen, wenige Tage später bei einem Mordanschlag junger israelischer Israelis auf eine muslimische Familie hingegen von „Vandalismus".

mich hier jetzt auf zwei große islamische Traditionen der Koraninterpretation und gebe Ihnen eine Handhabe, Ihr Essay zu strukturieren."

Damit eröffne ich einen spontanen Exkurs in die frühe Zeit des Korankommentars. Ich zähle darauf, dass die Erhellung einfacher historischer Prozesse und Strukturen der Genese und Exegese des Korans und der ihn begleitenden kanonischen Schriften zu einer mentalen Bewegung hin auf den Koran in seine Gewordenheit unterstützt. Eines der grundlegenden Probleme der oben erwähnten Ontologisierung ist das Primat der Struktur über die Funktion. Mit der Revitalisierung der funktionalen Zusammenhänge beispielsweise des Koran als Produkt und nicht als Prädikat der Geschichte sollt es möglich sein, auch das religiöse Denken zu dynamisieren.

Also erkläre ich der Studentin und zugleich dem größer werdenden Pulk an Zuhörern, wonach in der Exegese des Korans grundsätzlich unterschieden werden sollte, beispielsweise danach, ob es um den Glauben, die Ethik, die Moral, das Recht, um existenzphilosophische Fragen oder um andere Dinge geht. Hier greifen Unterscheidungen aus der Frühzeit des Korankommentars. Das betrifft zum Beispiel die Frage, worin genau die Auslegungsabsicht besteht. Kommentatoren aus dem 9. Jahrhundert AD wie etwa der berühmte *aṭ-Ṭabarī* waren eher auf der Suche nach dem „Gemeinten". Sie gingen von der Vorstellung aus, dass jeder Vers, ja jedes Wort des Korans eine ganz bestimmte definierbare Bedeutung habe, die es herauszufinden gelte.

Ein schönes Beispiel dafür findet sich in seinem Kommentar zur 12. Sure (die Sure mit Josef): Die in der außerkanonischen Tradition *Zulayḫa* genannte mondäne Gattin des „Hochwohlgeborenen" (arabisch *al-ʿAzīz*; in den biblischen Traditionen heißt er Potiphar), verliebt sich in den schönen Josef (und der in sie, was gelegentlich unter den Teppich gerät; siehe 12:24 – *hammat bihi wa hamma bihā*, „sie wollte ihn und er wollte sie"). Um in ihren Kreisen vorzuführen, warum sie diesem Josef nicht widerstehen kann, lädt sie die Frauen zu einem Festmahl ein. Dass die Frauen angesichts des Mannes „Der kann nur ein Engel sein!" *(inna hāḏā illā malakun karīm)* ausrufen, interessiert *aṭ-Ṭabarī* aber wenig. Er ist mehr am Essen interessiert und fragt sich, was die wohl gekocht hat (oder hat kochen lassen, wie er vermutet). Was ihn umtreibt ist, dass sich für das Wort *muttaka^{an}* in Vers 31, das vermutlich so etwas wie „Party" meint, keine Referenz findet. Also macht er sich auf die philologische Spurensuche und begründet über eine Seite lang, warum es sich dabei vermutlich um ein Gericht aus Spinat[18], Reis und Fleisch handeln muss – im alten Sprachraum des Persischen auch *Zamarud*, möglicherweise angeregt durch die grüne Farbe des *Zamurd* (Smaragd, engl. *Emerald*) genannten Edelsteins. Kein Wunder – der gute Mann stammte, wie sein Name verrät, aus der damaligen Provinz Tabaristan, und vermutlich hatte er Hunger, als er das schrieb.

Rund 300 Jahre später, also mit größerer Distanz zur Ursprungszeit des Korans, wendete sich das hin zur Frage nach dem „Intendierten". Gelehrte wie der Perser *Faḫruddīn ar-Rāzī* fragen nicht mehr nach dem „Gemeinten", sondern nach der Auslegungsabsicht in einer gegebenen Situation. Er geht von der Vorstellung aus, dass es für jeden Vers des Korans unendliche Deutungsmöglichkeiten geben müsse. Ihn beschäftigt übrigens auch diese Sure mit Josef, aber er hakt ein paar Verse später ein: Josef ist aus dem Kerker entlassen und in Vers 50 an den Hof des Pharao gerufen worden, um dessen Träume zu deuten. Dabei weckt auch diese leidige Affäre die Neugier des offenbar mit Weisheit gesegneten Regenten – er will wissen was da los war zwischen den beiden schönen Menschen. Die Frau legt los, und mit Vers 52 führt sie die prophetische Rede ein; sie formuliert religiöse Lehre.

Das beunruhigt den Perser *Rāzī*, denn wie kann es sein, dass die Frau in den Versen 52 und 53 just die Dinge sagt, die eigentlich Josefs Part darstellen? In einigen Übertragungen des Korans findet sich dort in Klammern ein Zusatz, der so nicht im arabischen Test steht: Nämlich „Und Josef sprach". Die lesenswerte deutsche Übertragung des Korans durch den Erlanger Arabisten Hartmut Bobzin zieht sich hier aus der Affäre, indem sie etwas verschämt neue Apostrophe setzt, die es im Arabischen des Korans auch nicht gibt.

Kommentatoren wie *Rāzī* blättern nun durch die in ihrer Zeit vorhandenen Kommentare zum Koran und diskutieren die Frage, was den einen oder anderen Kommentator dazu bewogen haben könnte, sich für oder gegen *Zulayḫa* als die Rednerin zu entscheiden.[19] Sie erörtern das Ganze nicht mehr nur auf der Ebene der Grapheme und Phoneme, sondern auf derjenigen der Meta-Theorie: Wie ist die Verhältnisbestimmung zwischen dem Entstehungskontext

---

18 Möglicherweise eher *Mulūḫiyya*, die Blätter des Jute-Strauchs Corchorus Species, ein Malvengewächs, aus dem in Ägypten seit Menschengedenken grüne Suppe hergestellt wird.
19 Dazu vertiefend Harry Harun Behr: Yusuf oder Joseph? Eine Probe dialogischer Didaktik in der Lehrerbildung, in: Frank van der Velden (Hg.): Die heiligen Schriften des anderen im Unterricht. Bibel und Koran im christlichen und islamischen Religionsunterricht einsetzen, Göttingen 2011, S. 221–242.

eines Verses im Koran und der Auslegungsabsicht des Interpreten – wie sehr ist er an diesen Ursprungskontext gebunden?

Während ich spreche, spüre ich ganz genau, welche Assoziation ich mit einem Wort wie „Perser" in den Köpfen einiger meiner Zuhörer auslöse. Das muss hier erwähnt werden, um die Distanz zwischen dem zu verdeutlichen, was von Studierenden oder Schülern gewusst werden könnte, und dem, was sie wissen – es wäre ein schlechter Witz, wenn die Lage nicht so dramatisch wäre: Wieso ein *Fahruddīn ar-Rāzī*? Perser sind doch Schiiten, und das sind doch Ungläubige! Demgegenüber bekommen die drei iranischen Studentinnen in der Gruppe auf einmal große Ohren, obwohl *Rāzī* nichts mit dem zu tun hat, was sich heute iranisch oder schiitisch nennt – Marker der Zugehörigkeitskonstruktion zu post-migrantischen Gruppen, die auch in national und ethnisch heterogen zusammengesetzten muslimischen Lerngruppen zu abrupten Polarisierungen führen können.

Es ist nicht zu leugnen: Kaum ein Thema mit Islambezug, das nicht emotional aufgeladen wäre; die Leichtigkeit früherer Jahre, als man auch über die Demarkationslinien der eigenen partikularen Selbstverortung und im entspannten Modus der Vernunftoption miteinander reden konnte, hat sich verflüchtigt. Es geht immer öfter ums Ganze, und die allseitige Neigung zum religiös Fakultativen (das ist ja keineswegs auf den Islam beschränkt) bereitet mir zunehmend Sorge. Gegenwärtig blasen die Religiösen zur feindlichen Übernahme ihrer eigenen Religionen – seien es Zottelbärtige in Fußgängerzonen, die ein Buch verteilen, das sie selbst nicht lesen können, seien es frustrierte weiße männliche Mittelschichtangehörige[20], die an Montagen schwarz-rot-goldene Kruzifixe durch die Straßen tragen und zwischen den Hassparolen Weihnachtslieder singen; seien es Buddhisten in Myanmar, die es mental irgendwie schaffen, zur Jagd auf die Rohinja zu blasen und sie dazu aus dem Geltungs- und Deutungsbereich ihrer Ethik auszuschließen – was sie ansonsten mit Tieren nie tun würden.

Ich schiebe all diese Gedanken, die mir täglich innere Druckgefühle bescheren, beiseite und konzentriere mich auf mein Argument. Aber auf meinen Vorschlag hin, für ihr Essay doch einmal diese beiden Herangehensweisen, also *at-Ṭabarī* und *ar-Rāzī*, als Ausgangspunkte für eine eigene Argumentation zu nehmen, hält mir die Studentin entgegen, dass sie schon wisse, was diese

---

20 Zur Vertiefung Detlef Pollack: Grenzen der Toleranz. Wiesbaden 2014 und Ulrich Beck: Risikogesellschaft. Auf dem Weg in einer andere Moderne, Frankfurt am Main 1986.

Gelehrten alles gedacht und geschrieben hätten. Aber für sie selbst sei das deshalb schwierig, weil sie sich ihrem Herzen und Gott gegenüber zu verantworten habe, wenn sie etwas verfasse, was am Ende unwahr sei und den Zorn Gottes über sie bringe. Sie verfüge einfach über zu wenig Wissen. An der Stelle hake ich ein: „Bremsen Sie mich, wenn ich falsch abbiege, aber für Sie ist Wissen offenbar so etwas eine Substanz, die einen gewissen Füllstand erreichen muss, ehe man was zu sagen hat. Diese Auffassung von Wissen entspricht aber weder der Art und Weise, in welcher der Koran Wissen konjugiert, noch entspricht es den islamisch-theologischen Traditionen. Zudem ist das kein pädagogischer Wissensbegriff, und er hat nichts damit zu tun, was die schulischen Curricula oder die Hochschule unter Wissensbildung und Lernen verstehen."

„Was Sie als Wissen deklarieren", fahre ich fort, „entstammt einer kulturellen Kodierung, in der religiöse Wissensbestände von dazu bestallten Gelehrten so verrammelt und verriegelt wurden, dass der Zugang nur über ein Akkreditierungssystem und damit den ausgesucht Berechtigten möglich war. Das hatte zum einen tatsächlich mit der Notwendigkeit zu tun, religiösen Wildwuchs zu reglementieren, aber auch mit der unbotmäßigen Inanspruchnahme religiöser Legitimation durch politische Herrschaftsbestellung. Lesen Sie dazu mal im Koran die Sequenz der Verse 130 bis 140 in Sure 6, und Sie werden sich wundern wie aktuell das heute noch ist."

„Sie dürfen", fahre ich fort, „nur nicht am Buchstaben kleben bleiben, Sie müssen es übertragen, übersetzen … erspüren, wo das was Sie da lesen hier und heute seinen Sitz in der Welt hat, womöglich in veränderter, in kaschierter Form. Der Zeichensatz, den Sie da vor sich haben, ist geschichtlich und kulturräumlich determiniert; er hat ein Verfallsdatum. Nur mit dem, was Sie erlesen, herauslesen, meinetwegen auch hineinlesen – nur damit erfassen und begreifen Sie die zeitlose Dimension des Korans. Das gilt für jede Schrift, die wir auf diese oder ähnliche Weise nutzen: Koran lesen heißt nicht einfach Schrift lesen, sondern Dialog in dem Sinne, als Sie sich mit dem Koran in Bezug setzen, durchaus auch im Streit, also dann eher dialektisch. Aber das wissen Sie doch alles. Was ich von Ihnen jetzt erwarte ist, dass Sie Ihre Fähigkeit unter Beweis stellen, mit einem einfachen exemplarischen Gegenstand islamischer Theologie vernünftig umgehen zu können – und wenn es nur ein kleiner Schraubendreher aus einer großen theologischen Werkzeugkiste ist."

Dann greife ich auf, was mich an der Gegenrede der Studentin noch berührt hat: „Sie erwähnen Ihre Verantwortung von Ihrem Herzen – ich denke Sie meinen Ihre Verantwortung vor sich selbst, vor Ihrem Gewissen. Sie möchten morgens in den Spiegel sehen können. Das verstehe ich voll und ganz, das will ich auch. Das ist ein kluges und starkes Argument – stärker als die Sache mit dem vermuteten Zorn Gottes. Der ist da wohl ziemlich gelassen … Ich glaube er hört jetzt gerade zu. Ich muss aufpassen was ich sage …".

Das Gelächter aus der Gruppe entspannt ein wenig die Konfrontation vis-à-vis. Und doch: Was ich hier mit sportlichem Ehrgeiz durchnehme, ist für mein Gegenüber eine außerordentlich belastende Situation; die Lage ist alles andere als herrschaftsfrei. Ich möchte die Sache retten und beenden, aber je stärker dieses Bedürfnis in mir wird, desto stärker habe ich das Gefühl zu manipulieren. Genau hier liegt für mich eine zentrale hochschuldidaktische Frage, und die gilt ähnlich für den religiösen Unterricht in der Sekundarstufe: Wie weit darf oder muss vielleicht sogar die Überprägung im Sinne religiöser Lehrmeinung gehen? Das Gegenargument meines geschätzten Frankfurter Kollegen Ömer Özsoy, mit dem ich oft darüber diskutiere, lautet „Wissenschaftlichkeit – wir klären nicht auf, wir erklären."[21]

Das würde aber, einmal heruntergebrochen auf den islamischen Religionsunterricht der Sekundarstufe, den Regler deutlich in Richtung auf die Kunde und weg von der Verkündigung verschieben und wäre eine Profilentscheidung, für die sich die Religionsgemeinschaften entsprechend positionieren müssten. In der Sache gehe ich mit meinem Kollegen konform, und zwar nicht nur hinsichtlich der wissenschaftlichen Propädeutik der Kollegstufe. Allerdings löst das nicht die Problematik, dass die Zielgruppen des Unterfangens ungeachtet des hehren Anspruchs der höheren Lehre auf ihre je eigene Art religiöse Lernbereitschaft mitbringen, und die erschöpft sich nicht in theologischer Selbstreferenz. Wird in dieser Situation das religiöse Lernen nicht auch auf der Ebene der spiritual education oder gar instruction bedient, entstehen durch die Vielzahl verborgener Curricula und durch die realen wie virtuellen Verhedderungen in den Köpfen und Herzen der Zielgruppen genau die erratischen Lernergebnisse, an denen ich mich hier abarbeite.

Mir ist völlig klar: Ich könnte mir von heute auf morgen eine lustige Kopfbedeckung aufsetzen und eine neue Strömung des Islams ausrufen – mehr als die, dich ich geprüft habe, würden dem Ruf folgen. Aber das wäre genau das, wovor mich schon mein geistiger Ziehvater damals in Indonesien warnte, als

---

21 Zur Vertiefung Ömer Özsoy: Das Unbehagen der Koranexegese: Den Koran in anderen Zeiten zum Sprechen bringen, in: Frankfurter Zeitschrift für Islamisch-Theologische Studien, Heft 1 / 2014, Frankfurt am Main 2014, S. 29–68.

er den Unterricht an so genannten Pesantren analysierte – Pesantren sind islamische Schulen in privater Trägerschaft, in der Regel in ländlichen Gebieten: „Das pädagogische Verbrechen, das dort begangen wird, ist darin zu sehen, dass es die dort Lehrenden darauf anlegen, ihre Schülerschaft von ihrer Lehrmeinung abhängig zu machen, anstatt ihnen transparent zu machen und vor allem beizubringen, wie man selbst zu religiös begründeter Lehrmeinung kommt."[22] Das war Anfang der 1980er Jahre, und seitdem hat sich die Lage, was das betrifft, schrittweise verschlechtert.

„Ich kann Ihr Unbehagen nachempfinden", greife ich den Faden wieder auf. „Mir ist es früher auch oft so ergangen, und es packt mich auch heute noch manchmal. Dann ertappe ich mich dabei, wie ich irgendwie gleichzeitig liberal und konservativ argumentiere. Manchmal ist das bei mir auch eine Trotzreaktion auf etwas, durch das ich mich provoziert fühle. Vielleicht empfinden Sie jetzt im Moment und mir gegenüber genauso." Die Studentin schüttelt den Kopf, unterbricht mich aber nicht. „Zwischen uns beiden liegt die Sache jetzt aber anders: Ich will Sie nicht zwingen, etwas gegen Ihr Gewissen oder entgegen ihre religiöse Überzeugung oder Ihr Wohlbefinden zu tun. Ich versuche lediglich, Ihnen einen Weg aufzuzeigen, wie Sie die mit der avisierten Prüfung verlangten Kompetenzen unter Beweis stellen. Ich benote nicht Ihr gesammeltes Wissen, sondern wie Sie mit dem Wenigen, das Sie wissen, sinnvoll umgehen. Auch ich weiß nur wenig ..."

Wieder schüttelt sie den Kopf, und ein Student aus der Gruppe ergreift kurzerhand das Wort: „Nein, Sie wissen sehr viel. Sie bewegen sich durch den Koran so als wäre er ihr eigenes Zuhause, so als würden Sie darin wohnen. Sie wissen so viel auswendig, Sie verknüpfen unsere Fragen mit Koranversen und Hadithen[23], und auf einmal werden uns Dinge klar. Uns fehlt das; wir haben beim Koran manchmal das Gefühl, wie Blinde durch ein großes und dunkles

---

22 Sudjoko Prasodjo: Profil Pesantren – Penelitian Kementerian Pendidikan dan Kebudayaan, LP3ES, Jakarta 1982, S. 28 f.

23 Das arabische Nomen ḥadīth bedeutet wörtlich „Mitteilung", „Erzählung", „Bericht". Der Begriff steht im Koran ganz allgemein als Synonym für die Offenbarung Gottes *(ta'wīl al-ḥadīth)*, wenn von prophetischer Deutungsmacht die Rede ist (zum Beispiel bei Jakob und Josef; 12:5). Im Islam ist das Fachbegriff für eine bestimmte Textart: Aussagen von oder über Muhammad, oft gleichgesetzt mit dem Begriff „Sunna" (vom Verb *sanna* für „wetzen", „schleifen", „trennen") für solche Verhaltensmerkmale Muhammads, in denen er sich von seinen Mitmenschen unterschied, die sich im Laufe der Zeit dennoch als kulturelle Elemente eines idealen islamischen Lebensstils etabliert haben (populär-religiös „nach der Sunna leben"). Texte mit solchen Informationen finden sich in schriftlichen Fragmenten und etablierten Sammlungen, die auf die Frühzeit des Islams zurückgehen.

Haus zu tappen, wenn wir selbstständig Themen erschließen sollen. Ein paar wenige Räume kennen wir, aber der Rest flößt uns fast Angst ein."

Das möchte ich so nicht gelten lassen: „Das ehrt mich, was Sie da sagen, aber es verhält sich eigentlich anders: Als ich mit siebzehn Jahren Muslim wurde, habe ich auch nicht zuerst den Koran auswendig gelernt. Zugegeben, sich den Koran durch regelmäßige Lesung und auch durch das Memorieren zu einem vertrauten Begleiter zu machen, ist in meinen Augen die zweitwichtigste Kulturtechnik im Islam. Die wichtigste aber ist das Denken. Das ist es doch, was das Prophetenwort *balliġū 'annī wa lau āya* meint, das wir bei *Buḫārī*[24] finden: ‚Legt Zeugnis von mir ab, und wenn es nur ein Vers ist.' Das arabische Verb *balaġa* meint ja nicht ‚predigen', sondern im übertragenen Sinne ‚darlegen', ‚berichten', ‚erzählen' – aber wörtlich bedeutet es ‚ankommen' oder ‚reifen'. Da müsste es bei Ihnen jetzt klingeln. Hier geht es mehr um das verstehende Wissen, nicht so sehr um das erklärende – das ist eine wichtige philosophische Unterscheidung. Warum ist sie wichtig? Weil sie den Aspekt des Grundlegenden und Exemplarischen unterstützt: Nicht der vollumfängliche Kanon aller Koranverse bedingt das richtige Verstehen, sondern die geistige Haltung, mit der Sie auch nur auf einen einzigen seiner Verse zugreifen."

„Das beschreibt im Übrigen genau das, was Sie gerade mit ‚verknüpfen' meinen", sage ich zu dem Studenten gewandt. „Das ist ja nicht das Signum des Korans, sondern dasjenige meiner Art, mit ihm umzugehen. Gewiss, das will erlernt und eingeübt sein, aber es bleibt meine Leistung, nicht die des Korans. Ich strecke meine Hand nach ihm aus, und ich lasse es zu dass, er mich berührt. Es geht um eine Beziehung, und das ist eine Sache der Einstellung, des Geistes, und nicht des gesammelten Wissens. Und so verstehe ich übrigens auch den Vers 56:75–79[25] des Korans – es geht eher darum, mich von ihm berühren zu lassen. Vers 23 in Sure 39 beschreibt das noch einmal auf ganz andere Art und sehr eindringlich als körperliche Empfindung."[26]

---

24 Der islamische Gelehrte *Muḥammad ibn Ismā 'īl al-Buḫārī*, 9. Jahrhundert AD, hat mit seinem *al-Ǧāmiʿ al-Ṣaḥīḥ* („Die Sammlung mit den gesicherten Hadithen") eines der bedeutendsten Kompendien von Hadithen hinterlassen und sich auch erkenntnistheoretisch und rechtsphilosophisch mit dem Hadith befasst.

25 „75 Nein, ich schwöre bei den Orten, wie die Sterne niedergehen, 76 das ist, wenn ihr es nur wüsstet, ein gewaltiger Schwur, 77 das ist wahrlich treffliche Rede, 78 wohlverwahrt in einer Schrift, 79 die nur die berühren, die gereinigt wurden, 80 herabgesandt vom Herrn der Welten."

26 „Gott sandte den schönsten Bericht herab, ein Buch voll Ähnlichkeit und Wiederholung, seinetwegen kräuselt sich die Haut derer, die ihren Herrn achten. Dann wird ihre Haut wieder weich, während ihre Herzen sich dem Gedenken Gottes zuneigen. Das ist die Leitung Gottes. Er leitet mir ihr wen er will. Wen Gott abirren lässt, der hat keinen mehr der ihn führt."

Ich habe mich in Fahrt geredet; das geschieht in diesen Zwischenräumen des Lernens schnell, und ich finde es nicht gut. Die Studierenden kleben in solchen Phasen an meinen Lippen, einige fangen an zu schreiben, und seit einigen Jahren halten sie ihre Smartphones ein wenig höher und in meine Richtung; sie fotografieren Tafelbilder und zeichnen auf, was ich sage. Mich beschleicht dabei manchmal der Verdacht, dass die Lernleistung proportional zu den technischen Möglichkeiten abnimmt, der Information habhaft zu werden.

Ich bremse mich, fasse nach und wende mich wieder der Studentin zu: „Also nochmal: Wie wäre es denn, wenn nicht Sie das Essay schreiben, sondern eine andere Person, in deren Rolle Sie schlüpfen?" Ich setze damit den Hebel an einer weiteren Totalisierung an, die im Zuge der bereits erwähnten religiösen Ontologisierungen um sich greift: Es ist die Verabsolutierung des eigenen Selbst, der eigenen Erlösung, und eine damit einhergehende erschreckende Humorlosigkeit – es geht immer irgendwie um alles und dabei immer um einen selbst. Manches von dem, was momentan an religiöser Lebensstilfindung und Radikalisierung um sich greift, hat etwas Narzisstisches und Egozentrisches an sich. „Schlüpfen Sie in eine Rolle – benutzen Sie einen Alias, aber schreiben Sie los", rate ich meiner geduldigen Gesprächspartnerin. „Schreiben Sie sich frei!"

„Wer von uns beiden bekommt dann die Note?", will die Studentin wissen, und endlich lächelt sie. „Wenn es eine gute Note ist, dann Sie, und wenn nicht, dann die andere", gebe ich zurück, „Ihr Alter-Ego ohne die Schere im Kopf, die Barfußläuferin in Ihnen. „Aber was ist ein guter Alias", will sie wissen, er müsse ja gleichzeitig sie selbst und eine andere Person sein, gleichzeitig identisch und eine ganz andere, eine Art Avatar. Gute Frage. „Jemand den Sie kennen oder jemand den Sie erfinden. Sie können in die Rolle eines Mannes oder einer Frau schlüpfen, Sie können als Nicht-Muslimin schreiben … Oder wie wäre es mit der Figur des Satans?" Sie hält die Luft an: „Was?", entfährt es ihr, und ich denke mir: „Jetzt bloß nicht den Bogen überspannen!" „Kennen Sie Al Pacino?", frage ich sie, und zu meiner Überraschung bejaht sie. „Gut. Und falls Sie den Film The Devil's Advocate kennen … Die Stelle, an der er in seiner Rolle als der Satan gegenüber dem jungen Anwalt Kevin Lomax, gespielt von Keanu Reeves, sein Insiderwissen preisgibt und sich rechtfertigt, indem er seine ihm zugedachte Rolle entwirft."

Viele in der Gruppe kennen den Film. „Ist Al Pacino jetzt neben *aṭ-Ṭabarī* und *ar-Rāzī* der dritte Gelehrte, der uns hilft den Koran zu verstehen?", fordert mich einer heraus. „Möglicherweise", gebe ich zurück, „von ihm stammt immerhin eine ziemlich trockene Anmerkung zu Theologie: „Once I asked God for a bike. But I knew he doesn't work that way. So I stole one and asked him for forgiveness." „Sie müssen sich so etwas ja nicht zu eigen machen", tröste ich den Provokateur und wende mich wieder der Studentin zu. „Es geht darum, dass Sie mit Gedanken und Ideen spielen. Betrachten Sie einfach einmal alles um Sie herum, die Welt und sich selbst, als Gegenstände und Themen einer andauernden Erzählung – so als wären Sie eine Figur in einem Theaterstück, die jemand anderes inszeniert. Noch kommen Sie mir vor wie eine Nebendarstellerin, die buchstabengetreu aufsagt, was ihr aufgeschrieben wurde; und Sie schielen nach der Souffleuse."

Ich bin mir nicht sicher, ob alle in der Runde soweit mit dem Theater vertraut sind, dass sie sich in diese Situation versetzen können, aber ich fahre fort: „Nun stellen Sie sich vor, Sie würden auf einmal zur Charakterdarstellerin. Stellen Sie sich vor, Sie entfalten Ihren Part und Ihre Rolle frei, nur auf den Zuruf, auf das Stichwort des Regisseurs hin. Und dann stellen Sie sich vor, Sie bekommen das Angebot, in Ihrem eigenen Leben die Hauptrolle spielen zu dürfen ... So meine ich das."

Die Sache mit der Hauptrolle im eigenen Leben, das heißt mit dem Wunsch, autonome Lebensweg- und Lebensstilentscheidungen fällen zu können, gehört unverzichtbar zur biografischen Entfaltung. Sie hat ein romantisches und fantasievolles Motiv, kann aber auch negative Ausprägungen zeitigen, narzisstische etwa. Das spielt auch eine Rolle im Zusammenhang mit der Latenz mancher muslimischer Jugendlicher, sich von der Propaganda des IS anregen zu lassen. Hier kann von einer Trendwende gesprochen werden: Richteten sich vor Jahren die Blicke von Erziehungsverantwortlichen noch sorgenvoll auf jugendliche Realitätsflucht in virtuelle Welten, beobachten wir momentan die gegenläufige Entwicklung: Junge Musliminnen und Muslime suchen nach dem, was über die sozialen Netzwerke als the real thing inszeniert wird.[27]

---

27 Der Religionswissenschaftler Hans G. Kippenberg hat diese Prozesse mit Blick auf die Flucht in alternative soziale Netzwerke beschrieben; Rodney Stark hat in diesem Zusammenhang die These aufgestellt, dass sich religiöse Dynamiken um drei Kraftpole herum entfalten: die bessere Heilung seelischer Brüche, das erfolgreichere Wirtschaften und die attraktivere Subkultur; vgl. Hans G. Kippenberg: Gewalt als Gottesdienst. Religionskriege im Zeitalter der Globalisierung, München 2008, sowie Rodney Stark and William Sims Bainbridge: The Future of Religion. Secularization, Revival and Cult Formation, Berkeley et al. 1985.

Gerade was die Mädchen angeht, die zu so genannten Dschihadistinnen mutieren[28], können auch die romantischen Motive nicht ausgeschlossen werden. Die jungen Musliminnen begeben sich auf den Weg hinein in eine Wirklichkeitskonstruktion, deren Baumaterial der IS gezielt liefert, nicht ohne das Angebot der Traum-Rolle: „Du bist für Höheres geboren, du wirst gebraucht; sei eine Löwin, heirate einen athletischen und attraktiven Kämpfer für die Sache Allahs, sei eine richtige Frau, bekomme Kinder und trage eine Kalaschnikow – wann, wenn nicht jetzt, wer, wenn nicht Du?"[29] Der Betrug wird in der Diskrepanz zwischen Klischee und Realität offenbar: Eine Kalaschnikow wird sie nie in die Hände bekommen, und der Heiratsmarkt zwischen Rakka und Mossul ist ein Verschiebebahnhof, der Frauen zu Gütern degradiert.[30]

Die Gruppe ist nun aber schlagartig hellwach, denn die Sache mit der Rolle bringt sie offenbar auf Ideen. „Falls Sie Angst davor haben", fahre ich fort, „damit gleich mehrere religiöse Tabus zu brechen, dann kann ich Sie beruhigen: Gott in der alt-hellenischen Metaphorik von Bühne und Regie ist in der islamischen Tradition ein alter Hut. Da wäre zunächst der Befund im Koran. Ist Ihnen noch nie aufgefallen, dass er nicht wie Genesis mit der Stunde Null anfängt? Der Schöpfungsmythos beginnt erst mit Vers 30 der zweiten Sure. Lesen Sie mal nach, was davor geschieht – dort wird ein Bühnenbild errichtet: Der Koran entwirft die Welt als inneren Baldachin, als einen psychologischen Raum, als eine spirituelle Topografie. Es geht um Aufbruch und Ankunft, um Licht und Dunkelheit, um oben und unten, um vorne und hinten, um das Ich und das Wir und das Du, um Sicherheit und Angst, um Hoffnung und Verzweiflung, um den Zustand des Herzens; es geht um die Koordinaten der Orientierung in dem, was in der Psychologie mit Begriffen wie *life world* oder

....

28 Dazu liegt ein Forschungsbericht vor: Meltem Kulaçatan /Harry Harun Behr: Women and Jihad. Final Report. The Nürnberger Prinzipen Foundation and the Goethe University, Frankfurt am Main 2015.

29 Die Autorin Christa Wolf hat in ihrem Roman Nachdenken über Christa T. in ganz anderen Zusammenhängen als hier, doch mit verblüffenden Parallelen Ende der 1960er Jahre das innere Aufbruchsmotiv einer jungen Frau beschrieben, etwa über die Lektüre von Maxim Gorki und Anton Semjonowitsch Makarenko „sich entdecken, sich behaupten, sich den wirklichen Dingen nähern" – und zwar „aus Parteinahme für die sozialistische Gesellschaft, in der ich lebe", wie sie später dazu sagte.

30 Zur Vertiefung: Hamideh Mohaghegi und Hanane El Boussadani: Frauen für den Dschihad: Das Manifest der IS Kämpferinnen. Freiburg im Breisgau 2015. Der dortige Versuch der Gegenrede, nämlich das Manifest zu dekonstruieren und als un-islamisch zu entlarven, ist gründlich misslungen; den Autorinnen ist die existenzielle Dimension dieses Manifests völlig entgangen; Studierende in meinem Seminar, mit denen ich das Buch durchgenommen habe, verbuchen dieses Buch als technischen KO der Autorinnen und Sieg für den IS.

cognitive map[31] bezeichnet wird. Nehmen Sie dafür ruhig den pädagogischen Begriff der Lebenswelt. Ich bevorzuge den der Domäne. Und an Stellen wie 18:46, 28:60 oder dem Ende der Sure 87, oder nehmen Sie die ganze Sure 64, wird der Koran präziser: Was uns lieb und teuer ist auf dieser Welt, ist nur ‚Schmuck' – oder auch ‚Dekoration', etwas Angehängtes, Errichtetes, das dazu geeignet ist, den Blick auf die Wirklichkeit hinter dem Schein zu versperren. Der Koran fordert dazu auf, hinter die Kulissen zu schauen. Das wird in den Versen 74 bis 84 der sechsten Sure an den Entwicklungsschritten veranschaulicht, die Abraham durchläuft – Sie können diese Textsequenz allegorisch oder als biografische Etappen lesen."[32]

Ich greife hier noch einmal den von mir oben ins Spiel gebrachten Begriff der Domäne auf: Jeder der anwesenden Studierenden hat seine je eigene Domäne, in welcher die sensorischen Wahrnehmungen von der Welt zu Wirklichkeitsbildern verarbeitet werden. Was ich als Domäne bezeichne, ist der eigentliche Hortus des Lernens im Sinne der Daseinskonstruktion. Eine Rolle, die ein junger Mensch einnimmt, ermöglicht ihm das Spielerische, das Explorative: Er kann beliebige Wechselwirkungen zwischen innerer und äußerer Welt herstellen und durchspielen. Die Phase des Jugendalters ist davon geprägt, solche Versuche der Identitätsbildung vornehmen zu können.

Das kann auch misslingen, denn Rollen vor allem in ihrer Eigenschaft als soziale Rollen entstehen durch Aushandlung im Konflikt; hier sitzen muslimische Mädchen oft am kürzeren Hebel.[33] Was geschieht, wenn es nicht gelingt, sich in ein sinnstiftendes System höherer Ordnung zu integrieren? Es können sich spezifische Bilder der seelischen Erkrankung einstellen: Verlust an Empathiefähigkeit, Beziehungsunfähigkeit, Polarisierung des Selbstkonzepts, Diffusion ethischer und moralischer Normen, Depersonalisation … Das sind Symptome, die sich vor allem bei jungen Musliminnen und Muslimen bemerkbar

---

31 Ausgehend von Uri Bronfenbrenners entwicklungspsychologischem Begriff des Felds als sozialem Ökosystem, und Edward Tolmans kognitiver Lerntheorie, beide um die 1940er Jahre.

32 Vgl. dazu Harry Harun Behr: Islamische Bildungslehre, Garching 1996 und derselbe: Die Abraham-Konstruktion im Koran, in: Harry Harun Behr, Daniel Krochmalnik und Bernd Schröder (Hg.): Der andere Abraham. Theologische und didaktische Reflektionen eines Klassikers. Reihe Religionspädagogische Gespräche zwischen Juden, Christen und Muslimen, Berlin 2011, S. 109–145.

33 Vgl. die Suizidstudien der Berliner Charité sowie: Robert Koch Institut, Statistisches Bundesamt, Schwerpunktbericht der Gesundheitsberichterstattung des Bundes: Migration und Gesundheit, Berlin 2008. Und: Amanda Heredia Montesinos, Zohra Bromand, Marion Christina Aichberger, Selver Temur-Erman, Rahsan Yesil, Michael Rapp, Andreas Heinz, Meryam Schouler-Ocak, in: Zeitschrift für Psychiatrie, Psychologie und Psychotherapie 58 (2010), Heft 3, S.173–197.

machen, die sich vehement und unbegleitet aus einem als hyperautoritativ empfundenen erzieherischen Führungsstil befreien wollen, weil sie spüren, wie sie das verletzt, ohne zu verstehen warum und ohne die Gefahr des Loyalitätskonflikts zu erkennen, in den sie geraten. Aber sie begehen dabei den Fehler, sich anstatt von Repression zu befreien, sich in die Obhut alternativer repressiver Systeme zu begeben, die ihnen schnelle und bequeme Erlösung verheißen.

„Ich will aber ausgehend von der Sache mit der Rolle auf das religiöse Lernen zu sprechen kommen", fahre ich fort. „Religiöses Lernen hätte dann, um das als Hypothese anzuzeichnen, folglich eine ludische, eine rollenspezifische und eine domänenspezifische Dimension sowie eine der bewussten Entschiedenheit. Das Paradoxon scheint mir darin zu liegen, dass junge Muslime, die sich dergestalt religiös radikalisieren, unter Inblicknahme ihrer seelischen Gesundheit genau genommen auf dem richtigen Weg sind: Sie wollen ihre Ketten sprengen und ihre Wege gehen. Grundlegendes dazu formuliert auch der Koran in 31:15[34] und 92:4: ‚Ihr geht Eure eigenen Wege'; *inna sa 'īyakum lašattā*. Dass sie dabei in die Fänge des Satans geraten, hat auch damit zu tun, dass unsere Vorstellungen von Erziehung zu angepasstem Verhalten auf den Prüfstand gehören – wir haben mit unseren institutionell erstarkten Verfahren nur ein schwaches Blatt im Ärmel, was diese zunehmenden spirituellen Dynamiken angeht."[35]

„Mit ‚Satan' meine ich die damit gegebene Verschiebung von Realität hin auf das Trugbild und auf die Schwächung der Vernunftidee", fahre ich fort. „Genau das hat schon die ganz frühen altgriechischen Naturphilosophen umgetrieben, von denen Aristoteles berichtet, etwa die Diskussion um die Herkunft alles Existierenden und dessen nach den Gesetzen der Vernunft unmögliche substanzielle Veränderbarkeit, auch wenn sie sich beobachten lässt. Heraklit, als Verfechter der allumfassenden Veränderbarkeit als natürlicher Konstante (denken Sie an seinen Spruch panta rhei – ‚Alles fließt.') eine Gegenstimme dazu, war einer der ersten, die sich auf diesem Wege auch mit Fragen von menschlicher Erkenntnisfähigkeit, Bewusstsein und Identität beschäftig-

---

34 „Und wenn dich deine Eltern drängen, dass du mir etwas beigesellst, das du nicht durchschaust, dann folge ihnen nicht. Folge dann lieber der Spur dessen, der sich mir zuwendet. Denn zu mir kehrt ihr am Ende heim, und dann lege ich euch dar, was ihr zeitlebens zu tun pflegtet."

35 Hier liegt eine der Kehrseiten des Kompetenzbegriffs im Zusammenhang mit Schule und Universität. Er spiegelt der Zeitgeist der Selbstoptimierung, das Selbst als form- und wandelbares Produkt, welches der marktliberalen Effizienz unterworfen wird. Das Studium des Lehramts und der islamischen Theologie in Gestalt eines nach solchen Kriterien modularisierten Bildungsgangs blockiert den für suchende Pendelbewegungen nötigen Studienfreiraum. Vgl. Andreas Gelhard: Kritik der Kompetenz, Zürich 2011.

ten: Ihm war klar, dass Identität eine Dauerbaustelle bleibt. Es ist mir Ernst damit – Sie müssen sich mehr mit Philosophie beschäftigen, auch wenn viele von Ihnen hier denken, was Sie jetzt nicht auszusprechen wagen, nämlich dass Philosophie in Ihren Augen eine Denkschule des Unglaubens und deshalb im Islam nicht nur unnötig, sondern sogar ḥarām[36] sei."

„Hier ist aber keine rote Ampel", fahre ich fort, „alles koscher, alles ḥalāl. Im *Hadith*, dem tradierten Prophetenwort Muhammads, wird die Wirksamkeit der Rolle noch klarer gezeichnet. Da gibt es diese Überlieferung in der Sammlung *aṣ-Ṣaḥīfa aṣ-Ṣaḥīḥa* (,Gesammelte Blätter mit zuverlässigen Hadithen')[37] von Hammām ibn Munabbih, einem Schüler Abu Hurairas. Er berichtet, wie Muhammad von der Begegnung zwischen Moses und Adam erzählt. Sie merken schon, das ist zeitlich ja gar nicht möglich. Aber ich erwähnte es schon: Es geht um Narrative; sie müssen ihre gewohnten Koordinaten, nach denen Sie Ihr Weltbild sortieren, ergänzen und das logisch Paradoxe wieder kennen- und schätzen lernen. Sie müssen mehr und vor allem gezielter lesen."

Ich frage immer wieder in meinen Seminaren nach dem Kenntnisstand elementarer Literatur – Neuere deutsche und andere. Die Ergebnisse sind jedes Mal niederschmetternd. Ich meine zu verstehen, dass die Unfähigkeit, religiöse Narrative zu erschließen, auch mit der generellen Abnahme grundlegender Leseerfahrung und Literaturbegegnung zu tun hat. Für eine große Zahl der muslimischen Studierenden kann nicht unbedingt von umfassend literaturgestützter häuslicher Bildungsanregung gesprochen werden. Und wo nichts ist, greift auch die Kompetenzprosa von Kerncurricula und Studienordnungen ins Leere.

Ich lasse die Sache mit dem Lesen aber auf sich beruhen und mache mit dem Prophetenwort weiter. „Also, Adam und Moses begegnen sich auf diesem himmlischen Diwan. Moses fragt Adam, ob er derjenige sei, dem sie das irdische Jammertal zu verdanken hätten." „So wie in der Bibel?", fragt mich einer aus der Runde. Das klinge ja eher biblisch als koranisch. „Ja", gebe ich zurück, „aber solche Parallelen hatten wir ja schon im Seminar, wenn Sie an die islami-

---

36 Das bedeutet rituell verboten, im Gegensatz zu ḥalāl als „rituell erlaubt".
37 Die Bezeichnung der Schrift als Name und Programm ist im Text selbst enthalten, der heute als das so genannte „Berliner Manuskript" (Nr. 1384 WE 1779 im Katalog der arabischen Handschriften in Berlin, seit 1939 in Tübingen) in Ergänzung zum Manuskript in Damaskus, Ẓāhiriyya-Bibliothek der Forschung zur Verfügung steht. Vermutlich aber geht der Name auf Abu Huraira selbst zurück, den er als Ergänzung zu der Sammlung *aṣ-Ṣaḥīfa aṣ-Ṣādiqa* von ʿAbd Allāh ibn ʿAmr ibn al-ʿĀṣ verstanden wissen wollte.

sche Varietät des Vaterunsers in der Sammlung *Abū Daūd*, überliefert von *Abū Dardā* denken. Oder die Sure 55 und die Psalmen, oder die Fassung des Dekalogs in Sure 17, die Verse 22 bis 39 und Levitikus 19. Und Sie erinnern sich an den *Hadith* mit Gott als dem Gestalter – da hieß es ganz alttestamentarisch ḫalaqal-lāhu ādama 'alā ṣūratih – ‚Gott schuf Adam nach Seiner Gestalt'. Und jetzt, bei Moses und Adam, steht da im Arabischen wirklich aḫraǧtanā minal-ǧanna – ‚Und Du hast uns um das Paradies gebracht'. Und was entgegnet dieser Midrasch-Adam ganz schlagfertig? Er fragt Moses, ob der ihm wirklich zur Last legen wolle, dass er die Rolle gespielt habe, die Gott ihm auf den Leib geschrieben habe. Da steht im arabischen Text kataba oder kutiba 'alayya, die Vokalisierung ist umstritten, also ‚er hat mir auf den Leib geschrieben' oder ‚mir wurde auf den Leib geschrieben'. Das Verb beschreibt eine Verpflichtung, eine unabänderliche Regel, so wie zum Beispiel im Koran 6:12 – ‚Gott hat sich selbst die Gnade zur Pflicht auferlegt' *(kataba 'alā nafsihi ar-raḥma)*. Da haben Sie die Sache mit der Rolle, und kommen Sie mir jetzt nicht mit Spitzfindigkeiten wie etwa die Güte solcher Tradierung in Frage zu stellen. Sie finden den Spruch ziemlich gut abgesichert auch bei anderen Tradenten und größeren Kodizes wie den Sammlungen des schon erwähnten *Buḫārī*; das sind mehr als nur Indizien, das ist theologische Beweisführung."

Das Gespräch ebbt ab, einige müssen in ihre nächsten Lehrveranstaltungen. Ob die Studentin am Ende ihr Essay geschrieben haben wird, steht jetzt, da ich diesen Beitrag verfasse, noch nicht fest. Mehr als es zu hoffen bleibt mir nicht – und zwingen kann ich sie nicht. Aber das ist nicht mehr wichtig, denn sie hat durch die spontane Debattenrunde mehr gelernt als sie in häuslicher Kleinarbeit zu Papier bringen wird.

Es ist an der Universität nicht immer leicht, die Zeit und den Raum für solche Gespräche zu finden und die Gedanken einfach laufen zu lassen, ohne auf die Uhr zu schauen. Die Modularisierung der Studiengänge gemäß den Beschlüssen von Bologna hat dieses Problem durch die Verschulung der Studiencurricula noch verschärft. Was natürlich immer geht ist, als Dozierender die Zeitfenster der eigenen Lehrveranstaltungen dafür frei zu räumen.

Auch der islamische Religionsunterricht an den Schulen wird dem Diktat des Pausengongs unterliegen. Aber auch hier müssen sich die Lehrkräfte von den Dingen freischwimmen, die sie als institutionelle Zwänge erleben: Stundendeputate, Stoffverteilungspläne, thematische Überlasten und Prüfungszyklen. Es ist erforderlich, die Wahrnehmung umfassend zu ändern: Der Religionsunterricht dient nicht dazu, den Lehrplan zu erfüllen, sondern die Lehrpläne sind nichts weiter als Leitplanken, die helfen, den Diskurs zu strukturieren und zu disziplinieren. Sie geben bestenfalls eine Richtung vor, und vorrangig geben sie Lerngemeinschaften Kriterien der Richtungsentscheidung an die Hand.

Gespräche wie das hier rekonstruierte führe ich häufig. Das liegt daran, dass ich den thematischen Gegenständen meiner Lehrveranstaltungen mit derselben Neugier begegne wie die Studierenden. Ich wähle mir immer wieder Themen, in die ich mich einfinden muss und bei denen ich selber dazu lerne. Würde ich nur aus der Schublade ziehen, was ich im Zwei-Jahres-Turnus an Lehrstoff wiederhole, kämen solche Diskurse nicht zustande. Damit wäre eine erste wichtige didaktische Bilanz zu ziehen: Als Lehrender die eigene Neugier und das Staunen und die Lust bewahren, auch in altbekannten Themen neue Dinge zu entdecken. Das ist die für guten Unterricht unverzichtbare Grundlage im Sinne einer philosophischen Haltung zur Welt.

3 Zusammenfassende Betrachtung

Es gibt aber noch weiterführende Gedanken, die sich aus solchen Gesprächen heraus im Sinne einfacher bildungstheoretischer Vorüberlegungen für eine Didaktik des islamischen Religionsunterrichts systematisieren lassen. Auf die Bedeutung der ideengeschichtlichen Erhellung, der Gewordenheit des Korans und des Islams sowie auf die Bearbeitung lebensweltrelevanter Schülerfragen habe ich weiter oben schon hingewiesen.[38] Hier sollen nun abschließend und als Auswahl drei weiterführende Leitmotive angezeichnet werden, die deutlicher auf den Koran als Thema und als Medium des islamischen Religionsunterrichts verweisen: ein pädagogisch begründeter Umgang mit tradierten hermeneutischen Prinzipien, die Kunst des Erzählens und die Kunst der Entschleierung.

---

38 Hier sein angemerkt, dass es mir dabei nicht um die Beliebigkeit des vermeintlichen Schülerinteresses geht, sondern um meinen Versuch der didaktischen Operationalisierung der von Alfred Schütz formulierten „Relevanzen", mittels derer er eine Reduktion der Phänomen-Ebene nach Edmund Husserl auf so genannte lebensweltlich relevante Strukturen vornimmt: Die thematische Relevanz als gegebener Gegenstand des Unterrichts, die Auslegungsrelevanz im Sinne pädagogischer Typisierungen, die motivationale Relevanz im Sinne der Genese einer eigenen Sinnstruktur durch einen veränderten Blick auf das kausale und konditionale Gefüge der thematischen Relevanz.

Das hermeneutische System

Die großen theologischen Schulen des Islams sind sich hinsichtlich zentraler Kriterien der Texterschließung einig, auch wenn es im Detail zwischen den so genannten Rechtsschulen[39] des sunnitischen Islams, aber auch innerhalb der Schia oder zwischen schiitischen und sunnitischen Ausprägungen Unterschiede gibt. Dabei haben sich unterschiedliche Kulturen entwickelt, die Quellen auszulegen und Richtlinien für das Handeln *(maqāsid al-šarī'a)* zu begründen. Ursprünglich stellen sie ein Verfahren innerhalb der rechtswissenschaftlichen Methodik[40] dar, finden aber immer wieder auch Anwendung dort, wo es um die Klärung des theologischen Verständnisses geht. Es gilt als tradierter Konsens, dass sich diese Prinzipien diachronisch, das bedeutet hierarchisch gliedern:

- Der Koran gibt Prinzipien und Absichten *(maqāsid)* sowie religiöse Begründungen vor.
- Im tradierten Prophetenwort *(ḥadīth)* und dessen Systematik *(sunna)* finden sich Gewohnheiten Muhammads und viele anschauliche Beispiele für das Handeln.
- Der Konsens *(iğmā')* der Religionsgelehrten beruht auf (einstimmiger oder mehrheitlicher) Zustimmung zu einer religiösen Meinung.
- Mit dem Analogieschluss *(qiyās)* versuchen Gelehrte, Problemlösungen aus ähnlich gelagerten Fällen (Präzedenzen) abzuleiten.
- In einigen Schulen spielt das Vernunftargument *('aql)* als Grundlage einer religiösen Meinung eine größere Rolle als Präzedenzen.
- Je nach Situation spielt der Gewissensentscheid auch ohne Textbeleg *(ra'ī)* eine besondere Rolle.
- Der Begriff *iğtihād* steht für das selbstständige Bemühen um die Begründung für ein religiöses Urteil in einer definierten Situation.
- Eine religiöse Meinung oder eine Problemlösung muss das Wohl *(istiḥsān)* der Gemeinschaft und der Betroffenen im Blick behalten.

---

39 Zu den bekanntesten Schulen (auch „Rechtsschulen"; *maḏāhib*, von *maḏhab* für „Weg") im sunnitischen Islam zählen die *Ḥanafiyya*, die *Malikiyya*, die *Šāfi'iyya* oder die *Ḥanbaliyya*, im schiitischen Islam die *Ğa'fariyya* oder die *Zaidiyya*. Je nach Schule spielen bestimmte Quellen bzw. Prinzipien jeweils eine stärkere oder schwächere Rolle.

40 Für den Begriff des „Rechts" im Islam steht in der Regel der arabische Ausdruck *fiqh* („Verständnis einer Sache"); das bekanntere Wort *šarī'a* bezeichnet genau genommen nicht das Recht, und schon gar nicht das islamische Strafrecht, sondern die religiöse Normen- und Methodenlehre (vgl. im Koran 5:48).

- Eine religiöse Meinung oder eine Problemlösung muss sich zur Erfüllung des *istiḥsān* am konkreten Einzelfall *(maslaḥa)* orientieren.
- Eine religiöse Meinung oder eine Problemlösung berücksichtigt das allgemein Anerkannte (ʿ*urf*; das was gut und richtig ist; Sitte).
- Eine religiöse Meinung oder eine Problemlösung berücksichtigt die gegebenen Normen, die aus verschiedenen Gründen als verbindlich angesehen werden (ʿ*āda*, Kultur, Gewohnheit).

Als Argument für das diachronische Verständnis, also zuerst Koran, dann Sunna und erst danach das eigene Urteil, wird in der Regel folgendes in den Quellen gut belegtes Ereignis ins Feld geführt:[41] Als Muhammad seinen Zeitgenossen *Muʿāḏ ibn Ǧabal* mit einer Delegation als Gouverneur in den Jemen entsendet, befragt er die Männer. Ein gewisser *Ḥārith ibn Amr* berichtet, wie Muhammad *Muʿāḏ* fragt: „Wie wirst du urteilen *(kayfa taqḍī)*?" *Muʿāḏ* antwortet: „Gemäß dem, was ich im Buch Allahs finde." Muhammad fragt dann: „Und wenn du dort nicht findest wonach du suchst?" „Dann nach deiner Gewohnheit *(sunna)*.", gibt *Muʿāḏ* zurück. „Und wenn du da nicht fündig wirst?", hakt Muhammad nach. „Dann bemühe ich mich um ein eigenes Urteil", antwortet *Muʿāḏ*.[42]

Die Rangfolge scheint also klar zu sein. Aber dieser Schluss hat einen Haken: Als Muhammad seinen fähigen Adlatus in den Süden schickt, ist der Koran noch gar nicht fertig – weder haben die göttlichen Mitteilungen aufgehört, noch ist er als Schrift editiert. *Muʿāḏ* hat gar keinen Koran zur Hand. Er meint mit *qurʾān* eher „das, was Gott sagt". Auch ist Muhammad noch nicht tot, sondern erfreut sich bester Gesundheit, womit sich der Begriff *sunna* weniger mit den heute zur Verfügung stehenden Hadith-Werken verbindet als vielmehr mit „was ich von dir, Muhammad, erfahren und gelernt habe." Zwar wird überliefert, dass er zu *Muʿāḏ* gesagt habe, er werde nur noch sein Grab vorfinden, wenn er nach Medina zurückkehre, was deshalb dicht überliefert ist, weil der gute *Muʿāḏ* anfängt bitterlich zu weinen und Muhammad ihn trösten muss. Aber die prophetische Ahnung widerlegt nicht das Argument. Muhammad hätte, wenn die Kommandokette gelten soll, auf einer anderen

---

41 Zu finden in der Sammlung *Sunan at-Tirmiḏī*, dort gelegentlich unter der Referenz-Nummer 1327.
42 Damit wird das Prinzip des *iǧtihād* zu Grunde gelegt, siehe in obiger Aufzählung unter der Ziffer 7.

Antwort bestehen müssen, zum Beispiel „Ich warte was Gott dazu sagt." oder „Ich frage dich um Rat." oder so ähnlich.

Mithin darf die Sache mit der Rangfolge in Zweifel gezogen werden. Es scheint vielmehr so zu sein, dass diese Überlieferung das Argument der eigenen Urteilsfindung auf Augenhöhe zu Koran und Sunna hebt, sie aber durch den Geist des Korans und der mit dem Gesandten Gottes verbundenen religiösen Ethik und Praxis in die Pflicht nimmt, denn alle anderen Überlieferungen, die von dieser Unterrichtung berichten, betonen, wie Muhammad *Muʿād* auf ethische Prinzipien einschwor – und darauf, die Herzen der Menschen durch Gerechtigkeit, Fürsorge für die Schwachen und das rechte Maß zu gewinnen und sie nicht durch die religiöse Versteifung abzuschrecken. Das gesamte Nachrichtenpaket unterstützt folglich eine andere Lesart der obigen Prinzipien, nämlich ihre Synchronizität. Sie müssten als Tafelbild eher in Kreisform als in Listenform dargestellt werden. Diese Lesart, für die ich oft plädiere, wird bevorzugt von religiösen Funktionären in Abrede gestellt, weil sie natürlich die oben schon kritisierte Konstruktion des Islams als theologisches Expertensystem ins Wanken bringt.[43] Hier kann es aber nicht nur darum gehen, die Richtigkeit irgendwie beweisen zu wollen: Es bedarf der entschiedenen Lesart, die im pädagogischen Bemühen um die Funktionalisierung des Religionsbegriffs gründet. Hier muss die Religionspädagogik religiös-systematische Normativität formulieren, auch wenn das gegen den institutionellen Anspruch auf theologische Deutungshoheit erfolgt.

Die Kunst des Erzählens

Nun zum zweiten Punkt, zur Kunst des Erzählens. Selbstredend finden auch in der Didaktik des islamischen Religionsunterrichts Methoden des Erzählens und Inszenierens ihren Platz. Diesbezüglich wurden bereits Varianten der als „Bibliodrama" bekannten methodischen Unterrichtsmethode gemeinsam mit islamischen und christlichen Kollegien eines kooperativen Religionsunterrichts erprobt und in Publikationen dargestellt.[44] Muslimische Schüler, Studie-

---

43 Ein jüngeres Beispiel für solche Reibungen mit religiösen Institutionen ist der Widerstand der Koscher-Zertifizierer in Israel gegen eine religiöse Begründung für vegetarische Ernährung als jüdische Gebotsregel, an die sich zum Beispiel die Adventisten halten.

44 Vgl. Harry Harun Behr: „Nehmt mich ruhig ran!" Bericht zu einem interreligiösen und fachdidaktischen Seminar an der Deutschen Evangelischen Oberschule in Giza/Kairo, in: Zeitschrift für die Religionslehre des Islam (ZRLI) 3 (2009), Heft 6, Nürnberg 2009, S. 41–50, und Frank van der Velden / Harry Harun Behr / Werner Haußmann (Hg.): Gemeinsam das Licht aus der Nische holen. Kompetenzorientierung im christlichen und islamischen Religionsunterricht der Kollegstufe, Göttingen 2013.

rende und Lehrkräfte im Dienst melden aber immer wieder tiefgreifende Vorbehalte gegenüber jeder Form der narrativen Bearbeitung koranischer Berichte an – vor allem dort, wo sie dazu eingeladen werden, alternative Verläufe durchzuspielen: der verlorene Sohn wird abgewiesen, Kain erschlägt Abel nicht, sondern die beiden reden miteinander, Josef und *Zulayḫa* geben sich einander hin, Abraham und sein Sohn verweigern sich der göttlichen Prüfung der Opferung, Adam und Eva widerstehen der Versuchung des Satans ... Darstellung des wahren Berichts im Sinne seiner szenischen Veranschaulichung ja, aber die Geschichte abändern, umdichten, variieren?

Dass das so genannte Rollenspiel erst dann seine didaktische Funktion erfüllen kann, wenn es sich von der Vorlage löst, ist auf der Ebene der fachdidaktischen Theorie noch vermittelbar. Aber die Abweichung von der Spur des Korans trifft auf den gleichen Nerv wie bei der Studentin und ihrem Essay. Um hier die Muskeln zu lockern, sind theologische Begründungen des Instituts der variierenden Erzählung vonnöten. Das bedarf der Klärung mit Hilfe des Korans selbst und kann hier nur stark verkürzt veranschaulicht werden.

An dieser Stelle ist vorab klarzustellen, dass es nicht darum geht, Narrative des Korans umzudichten, um eine dissidente Theologie zu formulieren. Das wird als Vorwurf von muslimischen Gesprächspartnern bevorzugt an die Bibel adressiert: Die menschliche Schreiberhand sei der Grund dafür gewesen, das der Koran als abschließende Mitteilung Gottes herabgesandt werden musste. Immerhin stehe ja der Hinweis auf die „Lügengriffel" in der Bibel selbst. Mit Blick auf die Logik der Argumentation ist aber ein Problem, wenn man den Hauptverdächtigen selbst in den Zeugenstand ruft.[45] Nein, es geht vielmehr darum, durch den literarisch-gestaltenden Zugang zu einem Text dessen Sinntiefe zu erschließen.

Das Erzählen ist ein kommunikativer Archetypus. Klassiker der Erzählung wie etwa Homers Ilias oder das Gilgamesch-Epos oder der Syrische Alexanderroman haben mit Blick auf die ihnen implizite Mythologie eine für jede antike oder späte-antike Literatur mediterraner Prägung prototypische Funktion. Das betrifft auch den Koran. Berichte wie der biblische oder koranische Schöpfungsbericht gehören literarisch genau genommen auch in den Bereich des Mythos. Das wertet sie aber nicht ab, sondern auf. Indes, sie sind heute

---

45 Zur Vertiefung siehe Harry Harun Behr: Was einen Muslim an der Bibel reizt, in: Joachim Kügler und Werner Ritter (Hg.): Auf Leben und Tod oder völlig egal. Kritisches und Nachdenkliches zur Bedeutung der Bibel, Münster 2005, S. 149 ff.

noch dazu angetan, Generationen von Schülern hinters Licht zu führen, die nach dem Biologieunterricht im Religionsunterricht auftauchen. Die Verwirrung gründet in der mangelhaft erarbeiteten Fähigkeit, zwischen Wirklichkeit und Wahrheit, zwischen einer Sache und dem Ding an sich, zwischen Messen und Ermessen, zwischen platonischer empireia und anamnesis zu unterscheiden. Ganz abgesehen davon, dass die damit einhergehende grundlegende philosophische Impotenz zuerst ihren Lehrerinnen und Lehrern zur Last zu legen ist, die qua Identität ihres Fachs meinen, sich auf die schiere Messbarkeit als Mittel zur teoreia im Sinne der Welterkenntnis verlegen zu dürfen, einem religiös-fundamentalistischen Mantra übrigens gar nicht so unähnlich.

Hätte Platon, dessen arabische Namensvariante *Iflāṭūn* eher an einen alten ägyptischen Hohepriester erinnert als an einen antiken Hellenen, das Arabisch des Korans gekannt, dann hätte er für „Erzählung" vermutlich den Begriff *qaṣaṣ* verwendet: Die Vokabel stammt von dem arabischen Verb für „nachlaufen" und „sammeln" ab (in etwa dem lateinischen legendum verwandt). In dieser Bedeutung taucht sie im Koran in 28:11 auf, als die Mutter von Moses ihren neugeborenen Sohn in einem Binsenkörbchen in die Fluten des Nils setzt, um ihn vor dem Schergen des Pharaos zu retten; ihre Tochter Mirjam ist anwesend:

Sie wies seine Schwester an: Folge ihm *(quṣṣīhi)*! Also behielt sie ihn wie beiläufig im Auge, und sie merkten es nicht.

Auch das ist im Übrigen eine paradoxe Situation – weiter oben habe ich das Problem der paradoxen Logik angesprochen: In ihrer größten Not, in der kein Spielraum mehr bleibt, trifft die Mutter von Moses eine existenzielle Entscheidung mit größtmöglicher Autonomie und Kraft, die ausreicht, jeden mütterlichen Schutzreflex zu überwinden. Der Koran drückt es in 28:10 so aus: „Das Herz der Mutter von Moses war leer" *(wa aṣbaḥa fu'ādu ummi mūsā fāġiran)*. Der Koran aber verbindet genau diese existenzielle Situation mit der Ansprache durch einen Dritten, den Redner des Korans, der in einer Art beruhigenden Publikumsanrede nach dem Motto „Alles wird gut." (vgl. 12:15 oder 6:75) in 28:7 sagt: „Wir haben das der Mutter von Moses so eingegeben" *(auḥainā ilā ummi mūsā)*.

In der übertragenen Bedeutung von „Erzählung" als das was „zusammengetragen" wird taucht das von *quṣṣīhi* für „Folge ihm!" abgeleitete Nomen *qaṣaṣ* auch eingangs der Sure 12 auf. Dort sieht sich Muhammad von Gott angesprochen und hebt an, die Dramaturgie der Josefgeschichte in einer Art und Weise zu entfalten, die auch Thomas Mann zu seiner berühmten Josephs-

Tetralogie inspirierte. In 12:3 heißt es: „Wir erzählen dir nun das Schönste an Erzählung" *(naḥnu naquṣṣu ʿalaika aḥsanal-qaṣaṣ).*

Das geschieht folgerichtig in einer neuen Variation: „als Rede geführt auf Arabisch" *(qur'ānan ʿarabiyyan*; 12:1–3). Das Institut der Erzählung als narratio ist im Koran das zentrale Agens für den Zugang zur Wahrheit, mehr als die vermeintlich explikativen Passagen des Korans: Es geht auch hier um die weiter oben schon angesprochene Unterscheidung von verstehendem und erklärendem Wissen. Das liegt in der psychologischen Natur der Narration begründet: Sie ermöglicht es über ihre kreative Plastizität dem Erzähler, sich als Akteur zu inszenieren, und somit schafft sie den entscheidenden Zugang zu der oben erwähnten Domäne als der inneren Topografie. Die physikalische Personalisierung und Lokalisierung (wer, was, wann, wo ...) im Sinne der Wirklichkeitskonstruktion tritt hinter die Dramatisierung als Wahrheitskonstruktion (warum, wozu ...) zurück.[46]

Der entscheidende Vorteil solcher Anamnese gegenüber bloßer Empirie liegt in der Erkenntnistheorie: Die exakte Messung verliert mit zunehmender Variation ihrer Messergebnisse an Güte, während die Erzählung mit zunehmender Variation der Inszenierung an Plausibilität gewinnt. Dieses Phänomen der inneren Kohärenz im Sinne von Wahrheit bei gleichzeitiger Abweichung

---

46 Genauer: Von zentraler Bedeutung ist hier weniger die schriftliche berichtete Erzählung als Text, sondern der Prozess des Erzählens als aktive Gestaltung. Geschichten, wie unfertig sie auch immer sein mögen, sind notwendig, um uns selbst klar zu werden, was wir gerade tun (vgl. David Carr: Time, Narrative and History. Bloomington/Indianapolis 1986, hier zit. nach Norbert Meuter: Narrative Identität. Das Problem der personalen Identität im Anschluss an Ernst Tugendhat, Niklas Luhmann und Paul Ricoeur, Stuttgart 1995, S. 164). Erzählung gestaltet Erfahrung; Erzählungen werden nicht nur gebildet, um Erfahrungen mitzuteilen, sondern vordergründig um diese zu gestalten (vgl. Jerome S. Bruner: Vergangenheit und Gegenwart als narrative Konstruktion, in: Jürgen Straub (Hg.): Erzählung, Identität und historisches Bewusstsein. Die psychologische Konstruktion von Zeit und Geschichte, Frankfurt a. M. 1998, S. 52). Dahinter steckt eine psychologische Konzeption: Wir stellen uns nicht nur in der alltäglichen Interaktion in Geschichten, Erzählungen dar, sondern wir gestalten unser ganzes Leben und unsere Beziehung zur Welt in narrativen Versatzstücken (das episodic memory nach Endel Tulving oder Hans Joachim Markowitsch). Wir träumen narrativ, Tag-träumen narrativ, erinnern, antizipieren, hoffen, verzweifeln, glauben, zweifeln, planen, revidieren, kritisieren, konstruieren, klatschen, hassen und lieben in narrativer Form (vgl. Wolfgang Kraus: Das erzählte Selbst. Die narrative Konstruktion von Identität in der Spätmoderne, Pfaffenweiler 1996, S. 170, und Barbara Hardy: Towards a poetics of fiction: An approach through narrative, Novel 2 1968). Entscheidend für die religiöse Aufladung dabei die Selbstrelevanz und die soziale Relevanz – dies in Ergänzung zu der oben erwähnten Übersetzung von Alfred Schütz in didaktische Kategorien. Selbstrelevanz entsteht durch die Selbstverortung im Erzählstrang. Die narrativen Strukturen, derer sich das Subjekt bedient, sind im sozialen Kontext verankert und von ihm beeinflusst, so dass ihre Genese und ihre Veränderung in einem komplexen Prozess der Konstruktion sozialer Wirklichkeit stattfinden. Somit unterliegt Narration ebenfalls den Prozessen der sozialen bzw. gesellschaftlichen Konstruktion von Wirklichkeit (vgl. Thomas Luckmann und Peter L. Berger: Die gesellschaftliche Konstruktion der Wirklichkeit. Frankfurt am Main ³2011). Das hat Auswirkungen auf unser Verständnis der Narrative in der islamischen Frühgeschichte.

auf der Ebene von Wirklichkeit entwickelt der Koran in 39:23 mit dem Begriff *mathānī* als literarisches Konstruktionsprinzip: Unterschiedliche Wiederholungen bei anscheinender Gleichheit. Ein gutes Beispiel dafür sind die numerischen Abweichungen in Geschichten, Beschreibungen und Gleichnissen des Korans wie etwa in 4:3, 18:22, 35:1, 41:9–10 oder 58:7 – es geht dort nicht wirklich um die Klärung von Anzahlen, sondern um die Sache dahinter, die Idee an sich. Der Aufbau des Korans folgt weniger genealogischen oder chronologischen, sondern typologischen Konstruktionsmerkmalen.

Die Kunst der Entschleierung
Abschließend zur Sache mit der „Entschleierung" – der Begriff bezieht sich auf eine Stelle in der vierten Sure des Korans: In 4:82–83 werden Strukturelemente der interpretierenden Erschließung angesprochen, aus denen sich prinzipielle Unterscheidungen ableiten lassen. Hier zunächst der Wortlaut der Stelle; in Klammern sind entscheidende Schlüsselbegriffe des arabischen Textes transkribiert:

[82]„Prüfen sie denn den Koran nicht *(afalā yatadabbarūn)*? Käme er von jemand anderem als von Gott, dann würden sie darin viel Ungereimtheit *(iḫtilāf)* finden. [83]Und wenn sie eine Sache *(amr)* erreicht, die ihnen Hoffnung *(amn)* oder Angst *(ḫauf)* macht, dann tragen sie es auf den Markt hinaus *(aḏʿū bih)*. Sie sollten es aber dem Gesandten Gottes vortragen, oder denen unter ihnen, die Sachverstand besitzen *(ūlul-amri minhum)*. Dann könnten die, die sich in der Deutung verstehen *(yastanbiṭūna)*, die Sache klären *(laʿalimahu)*. Ohne das Wohlwollen und die Gnade Gottes würdet ihr alle bis auf einige wenige dem Satan hinterherlaufen."

Hier werden kritische Begründungsnormen islamischer Theologie im Sinne unterschiedlicher Relevanzen formuliert. Zunächst wird das semantische Feld von *tadabbara* aufgerufen, was so viel bedeutet wie „auseinandernehmen" – nicht um zu zerstören, sondern um zu erkunden, wie etwas aufgebaut ist und wie es funktioniert. Die Vokabel *iḫtilāf* ist im Arabischen des Korans nicht zwangsläufig negativ konnotiert, sondern deutet auf den Aspekt religiöser Streitkultur; hier aber geht es eher um Bestätigung der thematischen Kohärenz des Korans. Mit einem Wort wie *amr* können unterschiedliche Dinge gemeint sein: „Befehl", „Aussage", „Gerücht" oder „Sache", englisch am ehesten mit issue zu übersetzen. Der historische Hintergrund sind innere Konflikte in der medinensischen Stadtgesellschaft zur Zeit Muhammads, die zu öffentlichen

Debatten und „Gewäsch" *(iḏā ʿa)* führten, in die sich Gefühle der allgemeinen Verunsicherung und auch Kriegsangst mischten.

Der Koran fordert hier ferner dazu auf, die Sache über die man redet zunächst zu klären, zu erklären und die Leute aufzuklären (Wortfeld *ʿalima*). Dazu verweist der Text einmal auf Muhammad selbst, dann aber auch diejenigen mit Sachverstand oder mit Autorität, die sich aus der Sache, der Qualität der Person oder der Zuständigkeit heraus artikuliert. Ziel ist die „Entschleierung" *(al-instinbāṭ)* innerer Zusammenhänge und wirklicher Bedeutung. Das arabische Wort firmiert hier als der eigentliche Gegenbegriff um dem bekannteren Verb *kafara* für „zudecken", dessen Nominalableitung *kāfir* oft mit „Ungläubiger" übersetzt wird, was sachlich falsch ist: Gemeint ist die absichtsvolle Verschleierung von Wahrheit.[47]

Das lässt sich abstrahieren: Die Verhältnisbestimmung von Religion und Gesellschaft wird, meistens ausgelöst durch Konfliktfälle, in Frage gestellt und unter vier Aspekten neu verhandelt, die berücksichtigt werden müssen: die emotionale, die diskursive, die sachliche und die autoritative Dimension. Ziel ist die Klärung struktureller und funktionaler Zusammenhänge zum Zwecke der pragmatischen Konfliktlösung. Überraschend ist hier die relative Zurücknahme des religiösen Arguments: Diese Koranstelle thematisiert nicht religiöse Wahrheit, sondern Diskurs- und Problemlösungsverhalten in der Konfliktsituation. Der bekannte Hinweis auf die Fußstapfen Satans steht hier für die im Koran übliche Floskel.

Einen ähnlichen Fall berichtet die Tradition hinsichtlich des Waffenstillstandabkommens von Hudaybiyya von 628 AD, das zwischen Muhammad und den dem mekkanischen Unterhändler Suhayl ibn Amr geschlossen und mit dem die ein Jahr später erfolgende erste Wallfahrt nach Mekka vorbereitet wurde: Als es zur Unterzeichnung kommt, setzt Muhammad mit „Muhammad, Gesandter Gottes" *(muḥammad rasūlul-lāh)* sein volles Signet unter das Papier. Dagegen legt Suhayl mit dem Argument Widerspruch ein, er habe doch nicht jahrelang gegen Muhammad gekämpft, um ihn jetzt als den Ge-

---

47 Zur Frage von *al-instinbāṭ* erscheint demnächst die Dissertation des Frankfurter Theologen Serdar Kurnaz. Zur Frage von *kufr* siehe Rüdiger Braun: Wer sind denn die Ungläubigen? Eine Antwort aus christlicher Perspektive. Zeitschrift für die Religionslehre des Islam (ZRLI), 1 (2007), Heft 2, Nürnberg 2007, S. 10 ff. und: Harry Harun Behr: Wer sind denn die Ungläubigen? Eine Antwort aus muslimischer Perspektive. Zeitschrift für die Religionslehre des Islam (ZRLI) 2 (2008), Heft 3, Nürnberg 2008, S. 26 ff. Und: Daniel Krochmalnik: Wer sind denn die Ungläubigen? Eine Antwort aus jüdischer Perspektive. Zeitschrift für die Religionslehre des Islam (ZRLI) 2 (2008), Heft 4, Nürnberg 2008, S. 2 ff.

sandten Gottes anzuerkennen – er solle richtig unterschreiben. Daraufhin weist Muhammad seinen Adjutanten, den noch jungen ʿAlī ibn Abī Ṭālib und späteren vierten Kalif nach Muhammads Tod an, die Tinte von dem Dokument abzukratzen – er wolle neu unterschreiben. ʿAlī verweigert sich dem aber. Also greift Muhammad selbst nach dem Papyrus, kratzt seine Unterschrift weg und ersetzt das durch seinen eigentlichen, man könnte auch sagen, gleichsam durch seinen säkularen oder bürgerlichen Namen, nämlich „Muhammad, Sohn des Abdullah, Enkel des Abdulmuttalib" *(muḥammad ibn ʿabdillāh ibn ʿabdal-muttalib)*.

Beide Schemen, das religiöse und das säkulare, beziehen sich in dieser Situation (und ähnlichen anderen) auf eine Art drittes, zwischen ihnen liegenden Schema, das in gewisser Weise älter ist und tiefer reicht. Es vermittelt kraftvoll ethische Normen, die nicht verhandelt werden müssen, und es schafft offenbar für beide, Religion und Staat, die Voraussetzung für ihre Existenz, die sie nicht selbst bewerkstelligen können. Das berühmte Diktum von Ernst-Wolfgang Böckenförde[48] zu einem bestimmten Funktionsaspekt des sozialen Kapitals, nämlich dass der Staat von Voraussetzungen (sittliches Bewusstsein, subjektive Ethik seiner Bürger) lebe, die er selbst nicht schaffen könne, gilt nicht nur in der bevorzugten religionsaffinen Auslegung, nämlich kein Staat ohne religiöse Institution, sondern auch andersherum: Keine Religion ohne Staatlichkeit.[49]

Der islamische Religionsunterricht in Deutschland ist integriert in Prozesse der sozialen, politischen, wirtschaftlichen und spirituellen Transformation der Gesellschaft. Er hat die Aufgabe, in den Fragen, in denen es um den Islam geht, die Schülerinnen und Schüler dazu zu befähigen, diese Transformation mitgestalten zu können. Das kann er nur, wenn ein Wandel in der Konzeptualisierung, im Habitus und in der religiösen Kultur des Islams (und generell der

---

48 „Der freiheitliche, säkularisierte Staat lebt von Voraussetzungen, die er selbst nicht garantieren kann. Das ist das große Wagnis, das er, um der Freiheit willen, eingegangen ist. Als freiheitlicher Staat kann er einerseits nur bestehen, wenn sich die Freiheit, die er seinen Bürgern gewährt, von innen her, aus der moralischen Substanz des einzelnen und der Homogenität der Gesellschaft, reguliert. Andererseits kann er diese inneren Regulierungskräfte nicht von sich aus, das heißt mit den Mitteln des Rechtszwanges und autoritativen Gebots zu garantieren suchen, ohne seine Freiheitlichkeit aufzugeben und – auf säkularisierter Ebene – in jenen Totalitätsanspruch zurückzufallen, aus dem er in den konfessionellen Bürgerkriegen herausgeführt hat" (Ernst W. Böckenförde: Staat, Gesellschaft, Freiheit, Frankfurt am Main 1976, S. 60).

49 Entsprechend kritisch sind die pauschalen und geschichtsverzerrenden Angriffe des gegenwärtigen Präsidenten der türkischen Religionsbehörde DIYANET, Mehmet Görmez, gegen die säkulare Staatsform zu sehen; siehe den Beitrag „Turkey's top cleric: Secularism threw world into total war" vom 14. Dezember 2015 in der Hürriyet Daily News, http://www.hurriyetdailynews.com/turkeys-top-cleric-secularism-threw-world-into-total-war.aspx?pageID=238&nID=92503&NewsCatID=358, Zugriff am 5. Januar 2016.

Religion) vollzogen wird, den ich hier abschließend mit dem Begriff der anthropologischen Wende bezeichnen möchte. Erforderlich ist, etwa auch im Sinne bildungstheoretischer Axiome für eine Pädagogik und Didaktik des islamischen Religionsunterrichts, eine Verschiebung von der Ebene des Textes hin auf die Ebene des Geistes, wenn es um den Koran und seine Auslegung geht, von der Tradition hin auf die Situation als gleichberechtigte normative Anrufungshorizonte, von der Fokussierung auf die religiöse Gemeinschaft hin auf die gesamtgesellschaftliche Solidargemeinschaft, von kollektivistischen Zugehörigkeitsansprüchen hin zu den subjektiven Autonomieansprüchen, vom restriktiven religiösen Habitus als regelhaftes Gefüge hin auf den unterstützenden Habitus von Religion als Ressource, vom Partikularen im Sinne der Ethnisierung und Tribalisierung hin zum Universalen und Humanen, und schließlich vom Utopistischen hin zum Pragmatischen.

Vom Umgang mit der eigenen ‚Heiligen Schrift‘
und mit derjenigen der ‚Anderen‘ –
religionsunterrichtliche Erfahrungen
und Perspektiven mit Tenach, Bibel und Koran

Markus Sternecker

Umgang mit der Heiligen Schrift – Praxiserfahrungen aus dem Jüdischen Religionsunterricht

> „Wende und wende sie (die Tora), denn alles ist in ihr." (Sprüche der Väter 5,22)
>
> „Siebzig Gesichter hat die Tora" (NumR Naso 13,15)
>
> „Eine Bibelstelle hat mehrere Auslegungen." (b Sanh 34a)

Die Thora ist für uns Juden das Lebenselixier. Sie enthält unsere Geschichte und Anweisungen, wie wir unseren Lebensweg als Juden in der Welt gehen sollen. Darüber, wie wir ihn gehen sollen, gibt es viele kleine Nuancen. Schreibt man einen Brief mit einer religiösen Frage an drei unterschiedliche Rabbiner, erhält man zwar in den Grundzügen ähnliche Antworten, diese können im Detail aber trotzdem sehr verschieden sein. Bevor wir uns der Komplexität und Vielschichtigkeit der Thora zuwenden, stellt sich die Frage, wie wir im synagogalen Alltag mit ihr in Berührung kommen.

1 Gebrauch des TaNaCh (Hebräische Bibel) im G`ttesdienst

An jedem Schabbat (sowie, wo möglich montags und donnerstags) lesen wir einen von 54 Wochenabschnitten bis die jährliche Lesung an Simchat Thora, dem Thorafreudenfest von neuem beginnt. Da an manchen Schabbaten, die Feiertage sind, die Lesungen abweichen und wenn ein Jahr kein Schaltjahr ist, werden einige Wochenabschnitte als Doppelabschnitt gelesen.

Der Sinn der Wiederholung ist es, dass wir die Thora ständig wiederholen und unsere Kenntnisse vertiefen. Gleichzeitig verstehen wir viele Geschichten aus der Thora erst mit wachsender Lebenserfahrung. Judentum ist eine Kultur des lebenslangen Lernens, das uns immer wieder neue Perspektiven und Erkenntnisse ermöglicht.

Die Thora ist aber nur der erste Teil des *TaNaCh*, einer Abkürzung für Thora (Lehre), den zweiten Teil *Newiim* (Propheten) und den dritten Teil *Ketuwim* (Schriften). Auch die anderen Teile spielen im Schabbat G'ttesdienst eine wichtige Rolle. Zusätzlich zur Thoralesung wird am Schabbat eine Prophetenlesung *(Haftara)* gelesen. Diese hat immer einen inhaltlichen Zusammenhang zum Wochenabschnitt *(Parascha)*. Eingeführt wurde die *Haftara* zu Zeiten, als fremde Herrscher den Juden das Thoralesen verboten, auch nach Aufhebung des Verbots hielt sich dieser Brauch.

Daneben werden auch Teile der Schriften zu bestimmten Feiertagen gelesen. Es handelt sich hier um relativ kürze Bücher, die sogenannten fünf *Megillot* (Schriftrollen). Die bekannteste ist sicher das Buch Esther, das an Purim gelesen wird, wenn wir uns im Frühling an die Errettung unserer Vorfahren aus der Hand des Bösewichts Haman erinnern. Ohrenbetäubend ist dann der Lärm der Ratschen, mit denen die Gemeinde bei der Lesung dessen Namen übertönt. Besonders die Kinder freuen sich dann über ihre bunten Verkleidungen und die Süßigkeiten, die wir uns gegenseitig schenken.

Das Hohelied *(Schir HaSchirim)* wird an Pessach gelesen und hat einen sehr sinnlich-romantischen Inhalt. Hier haben unsere Rabbinen aber gleich betont, dass es sich nicht um die Freuden der körperlichen Liebe handelt, sondern eine Allegorie auf die Liebesbeziehung zwischen G´tt und seinem Volk Israel. Trotzdem werden Zitate aus diesem Buch immer auch gerne auf jüdischen Hochzeiten gelesen.

Zu *Schawuot* lesen wir das Buch Ruth, da dieses einerseits die nach *Schawout* beginnende Weizenernte beschreibt, andererseits auch die Geschichte der Moabiterin Ruth, die zum Judentum übertritt und – genau wie die Israeliten vor über dreitausend Jahren an Schawuot am Sinai – die Gebote auf sich nimmt. Aber auch diese Rolle enthält eine spannende Lovestory.

Trauer kommt dagegen am 9. *Aw*, dem Jahrestag der Tempelzerstörung auf, wenn das Buch *Eicha* (Klagelieder) gelesen wird und alle Betenden mit knurrendem Magen in der Synagoge auf dem Boden sitzen.

Auch das an *Sukkot* gelesene Buch *Kohelet* (Prediger Salomons) ist entsprechend der Herbstzeit nachdenklich. Es soll den Menschen gerade während der sonst so freudigen Erntezeit auf den Boden der Tatsachen zurückholen und uns zeigen, dass unser Wohlstand nicht selbstverständlich ist.

Weiterer zentraler Bestandteil der Schriften sind die *Tehilim*, die Psalmen, die in großer Zahl Eingang in den *Siddur* (Gebetbuch) und später auch in die christliche Liturgie gefunden haben.

Zentrales Ziel des jüdischen Religionsunterrichts ist es, jüdischen Schülerinnen und Schülern die Kompetenz zu vermitteln, am Synagogeng'ttesdienst aktiv teilhaben zu können. Neben dem Vermitteln von Kenntnissen über die Gebete fokussieren wir uns hier vor allem auf die Thora. So feiern Jungen mit 13 Jahren ihre *Bar Mitzwa* und werden religionsmündig. Mindestens ein Jahr vorher lernen sie die Segenssprüche vor und nach der Thora- und *Haftaralesung* und singen eine *Haftara* mit den traditionellen Singzeichen im hebräischen Text vor, die nach ihrem jüdischen Geburtsdatum bestimmt wird.[1] Mit der Bar Mitzwafeier sind die Jungen religionsmündig und vollwertige Mitglieder des *Minjan* (Gemeinschaft der mindestens zehn männlichen Beter, die einen G'ttesdienst zusammen feiern dürfen).

Mädchen hingegen werden schon mit 12 Jahren religionsmündig. In der Mehrzahl der traditionellen Gemeinden werden sie zwar nicht zur Thoralesung aufgerufen, aber ihre *Bat Mitzwa* wird auch in der Gemeinde gefeiert. Meist beschäftigen sich Mädchen mit dem Wochenabschnitt an ihrer Bat Mitzwa und halten ein *Dwar Thora* (Predigt) hierzu vor der Gemeinde. Zu deren Vorbereitung werden sie im Religionsunterricht unterstützt.

2 Religiöse Kernthemen unserer Thora

Aber auch in den anderen Schuljahren ist die Thora die wichtigste Quelle für den Unterricht. Das gesamte jüdische Leben ist in ihr festgelegt. Sie beinhaltet die Anordnung von *Schabbat* und Feiertagen, unsere Geschichte vom Bund G'ttes mit den Erzvätern und -müttern, die Befreiung aus Ägypten, den Empfang der Thora mit den 613 Geboten am Sinai und die Verheißung des Landes Israel.

Sie ist und bleibt der Quell unserer *Halacha*, des Religionsgesetzes, das uns als Wegweiser auf unserem Lebensweg dient. Sie ist das Medium, mit dem G'tt in der heiligen Sprache Hebräisch mit unseren Propheten, den späteren Rabbinern und mit uns und allen anderen, die diese Schriften studieren, in Inter-

---

1 Hilfreich kann hierfür folgende Internetseite sein: Navigating the Bible II. Online Bar/Bat Mitzvah Tutor, http://bible.ort.org, Stand: Oktober 2015.

aktion tritt. Thoralernen ersetzt zwar keine guten Taten, macht es aber wahrscheinlicher, dass wir diesen näher kommen.

3 Lernziele und -inhalte[2] des Religionsunterrichts in der Unterrichtspraxis

Beide Aspekte, Wissen und Anwendung der religiösen Theorie, versucht der jüdische Religionsunterricht den Schülerinnen und Schülern zu vermitteln. Im jüdischen Religionsunterricht lernen die Schüler/innen die *Paraschot* (Wochenabschnitte) parallel zur der jeweiligen Lesung am *Schabbat* – oder wegen der Unterbrechungen durch Schulferien chronologisch kennen.

Je nach Alter der Lerngruppe – und steigendem Verständnis für verschiedene Lebenssituationen – kann man verschiedene Schwerpunkte oder Aspekte einer *Parascha* auswählen. In der Primarstufe geschieht dies meist mit einer jüdischen Kinderbibel, deren Übersetzung bereits den *Midrasch*, die rabbinische Auslegung berücksichtigt.[3]

Wir lernen mit Übersetzungen,[4] was nicht ganz unproblematisch ist, aber dazu später mehr – am besten in Partnerarbeit *(Chawruta)*. Der Text der Thora wird nicht alleine gelesen. Ab der Unterstufe der Sekundarstufe I lernen die Schüler/innen exemplarisch den Raschikommentar[5] (von Schlomo ben Jizchak, 1040–1105) kennen, der der wichtigste Kommentator für *TaNaCh* und *Talmud* ist. Raschi kombiniert Erklärungen zum wörtlichen Sinn der Thora *(Pschat)* mit klassischen rabbinischen Auslegungen *(Drasch)*. So erhalten die Schülerinnen und Schüler einen Einstieg in die vier Stufen der Schriftausle-

---

2 Vgl. Ministerium für Kultus, Jugend und Sport, Baden-Württemberg: Bildungsplan 2004. Allgemeinbildendes Gymnasium. Bildungsstandards für Jüdische Religionslehre, S. 51–60; Arbeitsfassung Bildungsplan 2016. Bildungsplan Gymnasium Jüdische Religionslehre, http://www.bildungsplaene-bw.de/,Lde/Startseite/de_a/a_gym_RJUED, Stand: Oktober 2015.

3 Abrascha Stutschinsky: Die Bibel für Kinder erzählt. Nach der Heiligen Schrift und der Agada, Köln 1993 (Nachdruck Zürich 1964). Es gibt seit neuestem auch eine eher textbezogene Thoraausgabe für Kinder mit kurzen erklärenden Kommentaren. Hanna Liss / Bruno Landthaler (Übers.): Erzähl es Deinen Kindern. Die Thora in fünf Bänden. Mit Illustrationen von Darius Gilmont, Bd. 1 Bereschit – Am Anfang, Bd. 2 Schemot – Namen, Berlin 2014. Bd. 3: Wayikra- Er rief, Berlin 2015. Weitere Bände befinden sich in Vorbereitung.

4 Meist: Pentateuch und Haftarot mit deutscher Übers. von J. Wohlgemuth, Basel 1979. Oder die Übersetzung des ganzen TaNaCh von Leopold Zunz. Die vierundzwanzig Bücher der heiligen Schrift, nach dem masoretischen Text übersetzt von Leopold Zunz, Tel-Aviv/Stuttgart 1997.

5 Shelomoh ben Yitsḥak: Pentateuchkommentar ‚vollständig ins Dt. übertragen und mit einer Einl. versehen von Selig Bamberger, Basel 1975.

gung *PaRDeS (Pschat=Wortsinn, Remes=Hinweis, Drasch=Auslegung, Sod=Geheimnis)*. Aber auch moderne Kommentare werden im Unterricht eingesetzt.[6]

Aus der Thora lernen wir die Grundzüge des biblischen Menschenbildes, sowie die Tatsache der Willensfreiheit des Menschen, aus der Lohn und Strafe für die Einhaltung oder Übertretung der Gebote resultiert. Wir vermitteln im Unterricht die *Mitzwot* für uns Juden und die *Noachidischen* Gebote, durch die der Rest der Menschheit Anteil am Paradies hat, ohne selbst jüdisch zu sein. Gebote schweben aber nicht im luftleeren Raum, sondern vermitteln auch die Ethik des Judentums. Das Studium der Thora vermittelt auch Einblicke in die Eigenschaften G'ttes (2.B.M. 3,14; 2.B.M. 6,1; 2.B.M. 34,6–7).

Aus den Prophetenbüchern *(Newiim)* und der Thora lernen wir von den Bundesschlüssen G'ttes mit uns und den sich immer wieder ereignenden Bundesbrüchen, die schließlich zur Zerstörung des ersten Tempels und zum babylonischen Exil führen. Hiervor haben die Propheten im Rahmen der innerjüdischen Religions – und Herrschaftskritik immer gewarnt, gleichzeitig trösteten Sie das Volk in jeder Notlage. Auch schwierige Fragen, wie die Anfechtung des G'ttesglaubens, kommen im *TaNaCh* im Buch Hiob zum Ausdruck. Der *TaNaCh* endet mit der Rückkehr des Volkes aus dem Exil und der Errichtung des zweiten Tempels. Hiermit liefert er – zumindest mit dem Akt der Rückkehr ins Land Israel – eine Blaupause für den modernen, säkularen Zionismus.

Die Schüler/innen lernen im Unterricht außerdem auch den Aufbau der *Mikraot Gedolot* (bzw. auch einer Talmudseite) kennen. Er zeigt, dass wir den Text der Thora nie alleine ohne Kommentar lesen und dass unsere Tradition wächst und dynamisch ist. Die Schülerinnen und Schüler lernen in der Kursstufe überdies die Regeln der Schriftauslegung von Rabbi Jischmael (sie sind Teil des täglichen Morgengebets), mit denen die Rabbinen aus der schriftlichen *Thora* die Gesetze der mündlichen *Thora* ableiten. Die Hauptbestandteile der mündlichen Thora sowie deren Kodifikationen müssen sie auch erklären können. Alle jüdischen Gebote und Bräuche beruhen darauf.

---

6   Z.B. Die Tora in jüdischer Auslegung, hg. von W. Gunther Plaut, übers. u. bearb. von Annette Böckler, 5 Bde., Gütersloh 1999. Wobei dieser eher für ältere Lerngruppen geeignet ist, weil er manchmal etwas zu wissenschaftlich bzw. literaturwissenschaftlich argumentiert.

4   Interreligiöses Lernen

Interreligiöses Lernen ist aus jüdischer Sicht nur bedingt durch Einsatz der hebräischen Bibel möglich, da Christentum und Islam als Tochterreligionen des Judentums später entstanden. Allerdings sieht das Judentum Abrahams Sohn Jischmael als Stammvater der Muslime. Dieser ist Awrahams erster Sohn mit Sarahs Magd Hagar, weil Sarah zunächst keine Kinder bekommen konnte. (1.B.M. 16). Die beiden Frauen streiten sich aber sobald Hagar schwanger wird und Sarah behandelt Hagar so schlecht, dass die zu fliehen versucht und nur von einem Engel zur Rückkehr überredet werden kann. In G'ttes Bund mit Awraham wird zwar versprochen, dass von Jischmael viele Völker abstammen werden, da er aber ein temperamentvoller und streitsüchtiger Mensch ist, soll sein später geborener Sohn Jitzchak Awrahams Erbe antreten und das Land Kanaan besitzen. Als Jitzchak geboren wird (1.B.M. 21) und nach seiner Entwöhnung ein Fest gefeiert wird, trieb Jischmael „Spott" mit Jitzchak (1.B.M. 21,9). Aus dem Text der Thora geht nicht genau hervor, was hier exakt passierte, der *Midrasch* behauptet aber, dass Jischmael mit Pfeil und Bogen versuchte, Jitzchak zu töten.[7] Hierauf drängte Sarah den widerstrebenden Awraham, Jischmael und Hagar wegzuschicken. Bei der Flucht in der Wüste starben beide fast und wurden wieder von einem Engel gerettet.

Im folgendem Kapitel (1.B.M. 22) wird Awraham geprüft, weil G'tt von ihm verlangt, Jitzchak zu binden und auf dem Berg Moria, dem heutigen Tempelberg in Jeruschalajim zu opfern. Erst in letzter Minute sendet G'tt einen Widder als Opferersatz und verbietet Awraham Jitzchak zu opfern. Diese Erzählung findet sich auch im Koran (Sure 37).[8] Aus dessen Text geht nicht genau hervor, wer geopfert werden soll, viele islamische Gelehrte gehen aber – im Gegensatz zur jüdischen Thora – davon aus, es habe sich hierbei um Jischmael gehandelt. Aus dieser anderen Rezeption der Erzählung entstand das islamische Opferfest *Id al-Adha*, das im Wallfahrtsmonat *Dhu l-Haddscha* gefeiert wird. Trotz gewissen gemeinschaftlichen Erzählungen zeigt sich hier eher Trennendes zwischen beiden Religionen. Dennoch gibt es auch verbindende Parallelen. So deuten manche jüdische und muslimische Gelehrte das Verbot G'ttes an Awraham, seinen Sohn zu opfern, als Aufbegehren gegen die

---

[7] Micha Josef Bin Gorion: Die Sagen der Juden, Köln 1997, S. 378.
[8] Vgl. Stefan Jakob Wimmer / Stephan Leimgruber: Von Adam bis Muhammad: Bibel und Koran im Vergleich, Stuttgart 2007, S. 114f.

damals bei den kanaanitischen Völkern übliche Praxis des Menschenopfers und als Ansatz für das Verbot von sich heute leider noch oft abspielenden Selbstmordattentaten.[9]

Eine weitere Parallele beschreibt Rabbiner David Bollag:

Diese Parallelen der Thora lassen uns verstehen, was es heissen will, dass wir auserwählt sind. Auserwähltheit bedeutet nicht Exklusivität. Die jüdischen Wertvorstellungen und Eigenschaften finden sich auch bei anderen Völkern und Kulturen. Auch andere Religionsgemeinschaften haben ein Verhältnis zu Gott und er zu ihnen. Theologie findet sich auch bei anderen. Wir sind nicht die einzigen.

Aber wir sind dennoch anders. Denn die «Akedat Itzchak» hat zwar viele Gemeinsamkeiten mit der «Akedat Ischmael», doch auch viele entscheidende Unterschiede. Die göttliche Stimme, die versichert, dass Ischmael überleben wird, sagt voraus, dass dieser Junge sich zu einem grossen Volk entwickeln wird (1. B. M 21:18). Bei Itzchak hingegen versichert sie nicht nur, dass er sich wie Sand am Meer vermehren wird, sondern auch, dass alle Völker der Welt durch ihn gesegnet werden (1. B. M 22:17–18). Das bedeutet, dass das jüdische Volk einen besonderen Beitrag für die ganze Menschheit leisten wird. Die Thora – mit ihren Werten und Zielen – ist dieser Beitrag, dieser Segen, den das Judentum allen Völkern der Welt vermitteln wird. Das heisst Auserwähltheit. Wir sind nicht die einzigen. Aber wir sind anders. Wir geben der Welt die Thora."[10]

Doch auch mit dem Wegschicken von Jischmael endet dessen Beziehung mit seinem Vater Awraham, der ihn vermisst, nicht. So besucht nach dem *Midrasch* dieser das Haus seines Sohnes, als Jischmael nicht zuhause ist und testet von seinem Kamel herab – von dem Sarah ihm verboten hatte, herabzusteigen – die Gastfreundschaft von Jischmaels Frau, indem er um Wasser bat. Diese erwiderte: „Wir haben kein Wasser und auch kein Brot. Und sie blieb im Zelte sitzen und sah nicht nach Abraham hinaus und fragte ihn nicht, wer er sei; sondern schlug ihre Kinder und fluchte auf sie und schalt auch Ismael,

---

9 Vgl. Religionsgemeinschaft des Islam, Landesverband Baden-Württemberg e.V.: Abraham und das Ende der Menschenopfer. Wider den Selbstmordattentätern bis hin zu Impulsen für eine Theologie der Integration, http://www.rg-islam.de/abraham.htm, Stand: Oktober 2015; Rabbiner Shlomo Riskin: „… und tue ihm nicht das Geringste!", in Jüdische Allgemeine 43/2004 vom 28.10.2004, S. 14.

10 Israelitische Gemeinde Basel (Hg.): Zum Schabbat, 5770 – 3 Wajera, 7.11.2009, http://www.igb.ch/fileadmin/pdf/Zum_Schabbat/5769/395%20wajera%20-%205769.pdf, Stand: Oktober 2015.

ihren Mann und lästerte ihn. ... Da sprach Abraham zum Weibe Ismaels: Wenn ... dein Mann heimkommt, so sprich zu ihm folgendes: ‚Es kam hierher ein greiser Mann aus der Philister Lande, um nach dir zu fragen und so und so war er von Gesicht, so und so war er von Gestalt, ich fragte ihn nicht, wer er sei, und da er sah, daß du nicht da warst, redete er mit mir und sprach: Wenn dann Ismael wiederkommt, so sage folgendes zu ihm: Also sprach der alte Mann; so du heimgekehrt bist, so schaffe beiseite den Pfeiler deiner Hütte und setze einen anderen an seine Stelle."[11] Als Jischmael dies hört, erkennt er, dass ihn sein Vater besucht hat und er heiratet eine andere, gütige Frau, die drei Jahre später denselben Test Awrahams erfolgreich besteht. Mit dieser neuen Frau kehrte er zurück und lebte lange Zeit bei Awraham. Auch die Beziehung zwischen Jischmael und Jitzchak entspannt sich wieder. Als Awraham verstirbt, begraben sie ihn gemeinsam in Hebron (1.B.M. 25,9). Aus dieser Geschichte können Schüler/innen vielleicht lernen, das das gemeinsame Zusammenleben von Menschen mit unterschiedlichen Kulturen und Werten nicht immer konfliktfrei ist, aber es nach Streit immer auch Möglichkeiten gibt, sich miteinander zu versöhnen.

Ähnlich ist dies mit den Geschwistergeschichten zwischen Jakow und Esaw. Letzterer wurde von der rabbinischen Tradition aufgrund seiner Wildheit und Grausamkeit mit den Römern gleichgesetzt[12] und sogar später von Juden während der Verfolgungszeit der Kreuzzüge mit der römisch-katholischen Kirche assoziiert.[13] Solche Vergleiche sind allerdings ahistorisch und für das heutige interreligiöse Lernen nicht relevant, da sie aus einer konfliktreichen Zeit mit ungerechter interreligiöser Polemik stammen, von der wir uns heute deutlich abgrenzen sollten.

5 Annäherung an *Laschon Kodesch* (die heilige Sprache)

Doch nun zu einem anderen Aspekt, der für das Thoralernen wichtig ist: Der Sprache. Die Muttersprache der jüdischen Schüler/innen ist deutsch bzw. oft russisch. Mit der Sprache beginnen bereits gewisse religiöse Probleme. Die

---

11 Micha Josef Bin Gorion: Die Sagen der Juden, Köln 1997, S. 381–384.
12 Vgl. Baruch Graubart: Gelesen in den Büchern Mose, München 1965, S. 46 f.
13 Vgl. Daniel Krochmalnik: Schriftauslegung. Das Buch Genesis im Judentum. Neuer Stuttgarter Kommentar, Altes Testament 33/1, Stuttgart 2001, S. 117 f.

Mehrzahl der Mitglieder der jüdischen Gemeinden haben Schwierigkeiten, flüssig hebräisch zu lesen und in den Synagogen finden sich viele Siddurim (Gebetbücher) mit Lautschrift. Damit die Gläubigen in der Gemeinde die Gebete nicht nur wie ein Papagei wiedergeben, haben diese auch Übersetzungen, damit die Inhalte der Schriften verstanden werden können. Dies ist nicht ganz unkritisch zu sehen. Die Mischna verbietet in der Massechet Soferim (I,6) die Übersetzung heiliger Texte. Welche Probleme Übersetzungen machen, beschreibt Rabbiner Elijahu Kitow:

„Die Tora ist so geschrieben, dass eine Vielfalt von Interpretationen möglich ist. … Die heilige Sprache ermöglicht es, Verse, Worte und Buchstaben so zu interpretieren, dass ein weiter Ideenkreis erschlossen wird, der Bedeutung und Auslegung in ihrer Fülle erscheinen lässt. In keiner anderen Sprache ist eine solche Möglichkeit vorhanden. Was kann nun ein Übersetzer tun, um die Thora möglichst genau zu übertragen? Er muss alle ‚Perlen‘ von Interpretation, Andeutung und verborgenem Sinn beiseite lassen, und sich nur an den wörtlichen Sinn halten. So gleicht dann die Übersetzung der Tora in eine andere Sprache einem leeren Gefäss; leer – weil alle Auslegungen, Andeutungen und Geheimnisse, die zur Essenz der Tora gehören, nicht in der Übersetzung enthalten sind. Es bleibt nur die wörtliche Übertragung, der *Peschat*."[14]

Aus diesem Zitat wird deutlich, dass jüdische Schriftauslegung nicht eindimensional am reinen Buchstaben des Textes ‚klebt‘, sondern mehrere Ebenen hat. Dies spiegelt sich in der bereits kurz erwähnten Vorstellung des Pardes, der Lehre vom vierfachen Schriftsinn wieder. Wie eine Nuss, die man erst knacken muss, um ihren Kern zu genießen, hat die Thora verschiedene Dimensionen. Da ist zunächst der Pschat, der wörtliche Sinn des Textes. Beginnt man zwischen dessen Zeilen zu lesen, um weitere Hinweise zu dessen Deutung zu finden, dann begibt man sich auf die Ebene des Remes, des Hinweises. Tieferes Verständnis bietet der Drasch, die rabbinische Auslegung, die oft allegorisch ist. Den Gipfel des Textverständnisses hat der erreicht, der dessen tiefste Geheimisse (Sod) entschlüsseln kann. Dieses Ziel ist allerdings sehr schwer erreichbar. Man sollte sich davon aber nicht abschrecken lassen. Der Weg ist das Ziel und das wichtigste ist, diesen immer weiter zu gehen.

---

14 Elijahu Kitow: Das Jüdische Jahr, Bd. 1, Basel / Zürich 1995, S. 75 f.

6 Segen und Fluch von Übersetzungen

Bei der Frage der Übersetzung der Thora stellen sich aber auch Fragen nach der Rezeption der heiligen Schrift durch Nichtjuden. Positiv ist mittlerweile, dass christliche Theologen heute an den Universitäten – zumindest in Grundzügen – Bibelhebräisch lernen. Dennoch wird für den Alltag meist eine Übersetzung gebraucht. Aber die Entstehung der ersten griechischen Übersetzung, der Septuaginta war nicht unproblematisch:

„Israel [war] den Griechen unterworfen. ... Ptolemäus, forderte die jüdischen Weisen auf, die Tora ins Griechische zu übersetzen. Ganz so rein waren seine Absichten nicht, denn sonst hätte er die Weisen gebeten, sich gemeinsam an diese Arbeit zu setzen. Dass sein Vorhaben eine List verbarg, illustriert der folgende Auszug aus dem Talmud (Megilla 9a): König Ptolemäus versammelte einst 72 Älteste. Er führte sie in 72 Kammern, einen jeden in eine Kammer. Er hatte ihnen aber vorher nicht mitgeteilt, zu welchem Zwecke er sie einberufen hatte. Er trat zu jedem einzelnen hin und sagte: Schreibet mir die Tora eures Lehrers Mosche! G'tt aber fügte es, dass sie alle die gleiche Übersetzung schrieben. ..."

Hätte es bei den 72 Weisen widersprüchliche Interpretationen gegeben, so hätte das unserer Tora keinen Schaden zugefügt, denn wir sagen: „*Elu Weelu Diwrej Elokim Chajim* – sowohl dieses als auch dieses sind Worte des lebendigen G'ttes." Bei Nichtjuden jedoch, würde eine unterschiedliche Auslegung der Tora ein Makel bedeuten, sowohl die Tora, als auch die Weisen betreffend. Sie würden sagen: „Wo Uneinstimmigkeit herrscht, kann es keine Wahrheit geben."

Es ist ersichtlich, dass Ptolemäus mit seiner Forderung beabsichtigt hatte, die jüdischen Weisen irrezuführen, sie gegeneinander auszuspielen und sie dann zu verstossen. Die 72 Weisen hatten jedoch g'ttliche Hilfe und Beistand erhalten. ... So bewahrheitet sich der Vers: „*Schinej Reschaim Schibarta* – Du brachest die Zähne der Bösen." (Tehillim 2) ...

Der Tag, an dem die 72 Weisen die Übersetzung der Tora ins Griechische vollendet hatten ... war ein ... tragischer Tag für Israel. ... In Megillat Taanit beschreiben die Weisen das Ereignis folgendermassen: „Am 8. Tewet wurde die Tora ins Griechische übertragen. Finsternis kam über die Welt während drei Tagen."

Mit einem Gleichnis könnte man dies so erläutern: Ein Löwe wird gefangen und in den Käfig gesteckt. Vorher hatten alle Angst vor ihm und flohen. Doch wenn er schon im Käfig sitzt, kommen alle, betrachten ihn und sagen: Wo ist denn seine Stärke? So ist es auch mit der Tora. Solange die Tora nur in Israels Händen war und von seinen Weisen in der eigenen Sprache – der heiligen Sprache – erklärt wurde, erwies man ihr Ehre und fürchtete sich Fehlerhaftes in ihr zu finden. Sogar ein Nichtjude, der den Wunsch hatte, sich mit der Tora zu beschäftigen, suchte zuvor die g'ttliche Anwesenheit und Seinen Schutz. Er musste erst die heilige Sprache erlernen, um die Tora in der ihr eigenen Weise verstehen zu können. Nun wurde die Tora aber durch die griechische Übersetzung ‚eingefangen'. Dies war, als ob sie ihre ehrfurchteinflössende Wirkung verloren hätte. Jedermann konnte sie von nun an anstarren. Jedermann konnte nun Kritik üben und sie verwerfen. Aus diesem Grunde verglichen die Weisen diesen Tag mit dem Tag, an dem das goldene Kalb angefertigt wurde. Auch das goldene Kalb war Lüge. Doch betrachteten es seine Anbeter als wahre Gottheit. In gleicher Weise fehlte es der griechischen Übersetzung der Tora an wahrer Substanz. Doch wenn uneingeweihte Menschen die Übersetzung sehen, bilden sie sich ein, sie hätten schon echtes Torawissen.[15]

Dennoch muss man auch diese Aussagen stark relativieren. Viele Juden selbst waren zur Zeit des Ptolemäus stark hellenisiert und man muss auch die positiven Aspekte dieser Übersetzung sehen. Ohne sie hätte es nie die jüdisch-christliche abendländische Kultur gegeben, die – trotz aller religiösen Konflikte der Vergangenheit – unser heutiges Europa prägt. Auch nicht die moralischen Werte, die sich in abgewandelter Form heute im Islam wiederspiegeln. Zusätzlich bestände ohne die Möglichkeit des akademisch-textkritischen Hinterfragens heiliger Texte sicher – in jeder heutigen Religion – eine Gefahr der fundamentalistischen Auslegung heiliger Texte durch religiöse Eiferer.

Allerdings werfen Übersetzungen noch ein weiteres Problem auf: „Hinzu kommt noch, dass viele Stellen in der Tora, wörtlich übersetzt, zu Missverständnissen bei Nichtjuden führen könnten. Es könnte dies ein Anlass zur Geringschätzung unserer heiligen Tora werden."[16]

Mit negativen Vorurteilen in diesem Zusammenhang sind jüdische Schüler/innen als Vertreter/innen einer religiösen Minderheit leider oft in ihrem Alltag konfrontiert. Beispiele sind Stereotypen wie „alttestamentarisch-jüdische Rachsucht" oder „Vergeltung", die insbesondere in der Medienberichterstattung über den Nahostkonflikt immer wieder aufflackern. Das be-

---

15   Elijahu Kitov (s.o. Anm. 14), S. 75–78.
16   Elijahu Kitov (s.o. Anm. 14), S. 76.

kannteste Beispiel für eine Fehlinterpretation heiliger Texte ist das Zitat „Augersatz für Auge, Zahnersatz für Zahn."[17] (2.B.M. 21,24) das immer wieder fälschlicherweise als „Auge um Auge, Zahn um Zahn"[18] wiedergegeben wird. Hier handelt es sich nicht um eine Aufforderung zu Rache, sondern um das moderne Rechtsprinzip des Schadensersatzes. Rabbiner David Bollag fasst dies so zusammen:

Ajin tachat ajin bedeutet „Auge für Auge" und beinhaltet ein grundlegendes halachisches Prinzip, also des jüdischen Religionsgesetzes. Ein Mensch, der einem anderen Menschen eine Verletzung zugefügt hat, wird von der Thora verpflichtet, die Verletzung finanziell zu entschädigen. Unsere mündliche Thora (der Talmud) erklärt und diskutiert ausführlich (Bawa Kama, Kap. 8), dass diese finanzielle Entschädigung auf fünf Gebieten zu leisten ist: Schadenersatz, Schmerzensgeld, Heilungskosten, Arbeitsausfallersatz und Schamgeld (wenn sich jemand geniert, mit einer körperlichen Verletzung sich öffentlich zu zeigen).

„In keiner jüdischen Quelle ist die Rede davon, dass einem Menschen, der einem anderen – mit oder ohne Absicht – ein Auge ausgeschlagen hat, als Strafe dafür sein eigenes Auge ausgeschlagen werden soll."[19]

Das dargestellte Übersetzungsproblem betrifft aber nicht nur Nichtjuden. In den zwei Wochenstunden jüdischen Religionsunterrichts schafft es der Lehrer gerade so, dass die Klassen nach Abschluss der Schulzeit punktierte hebräische Texte vorlesen und abschreiben können. Für tiefergehenden Spracherwerb bleibt leider keine Zeit. Sogar Muttersprachler aus Israel müssen sich erst in das Bibelhebräisch einarbeiten. Ist dieses Sprachproblem neu und Folge der zunehmenden Säkularisation unserer Gesellschaft bzw. der Assimilation unserer jüdischen Gemeindemitglieder? Man könnte dies zwar vermuten, beim Blick in eine Ausgabe der Mikraot Gedolot (der Rabbinerbibel) sieht man aber, dass dort neben dem Text der Thora und dem mittelalterlichem Raschikommentar eine Übersetzung der Thora ins Aramäische (Targum) steht. Auch unsere Vorfahren hatten das Aramäische als Verkehrssprache aus Babylonien mitgebracht und wohl manchmal mit der heiligen Sprache gewisse Verständnisprobleme.

---

17 Übersetzung: Buber-Rosenzweig.
18 Übersetzung: Luther. Generell hatte Luther zum Judentum ein ambivalentes Verhältnis.
19 R. David Bollag, in: taz vom 02.03.2002.

Deshalb wurde in früheren Zeiten während der Tora-Lesung ein sogenannter *Meturgeman* (Übersetzer) eingesetzt, der jeden in Hebräisch vorgelesenen Satz laut in die gängige Umgangssprache übersetzte, da die Gemeinde nicht genügend Hebräischkenntnisse hatte. Gleichzeitig konnten so – ähnlich wie in einer Kinderbibel – manchmal einige pikante Details des Textes „entschärft" werden. Heute erfolgt die gesamte Tora-Lesung in der Synagoge ohne Übersetzung, da jeder Chumasch (Pentateuch) traditionelle Übersetzungen anbietet. Wie wurde aber das Übertreten des Übersetzungsverbotes begründet? Rabbiner Dr. Selig Bamberger rechtfertigt sich im Vorwort zur Übersetzung seines Raschikommentars folgendermaßen:

„Das Ziel der jüdischen Erziehung ... muss also sein, dass wir unsere heiligen Schriften, zu denen seit ihrer Aufzeichnung auch Mischna und Talmud gehören, im Urtext verstehen, um ihren Geist unversehrt in uns aufzunehmen und im Leben zu betätigen. Daran ändert nichts, dass durch die Einflüsse der Tempelzerstörung und des Exils Übersetzungen notwendig geworden sind, um, wie Tossafot Sabbat (115a אליבא) schreiben, die Thora zu erhalten: Heutzutage dürfen wir unsere (übersetzten) Bücher retten; denn es ist erlaubt, in ihnen zu lesen, weil man in einer Zeit, in der es gilt, für den Ewigen zu wirken, das Verbot nicht erfüllen kann. Ein Mittel für einen höheren Zweck sollen die Übersetzungen sein."[20]

So gesehen sind Übersetzungen – trotz aller ihrer Probleme – ein Segen, der uns den Zugang zu unseren heiligen Schriften ermöglicht.

7 Schriftliche und mündliche Thora

Im letzten Textabschnitt wurden auch Werke der mündlichen Thora genannt. G'tt gab Mosche am Sinai nicht nur die geschriebene Thora, sondern auch die „mündliche Lehre". Diese Lehre wurde mündlich von den Eltern an die Kinder und von den Rabbinen an ihre Schüler weitergegeben.[21] Sie bestand aus Religionsgesetzen für alle Bereiche (Halacha) und aus ergänzendem Material bestehend aus Geschichten, Gleichnissen und Begebenheiten ethischen Charakters (Agadah). Ursprünglich kannten die Rabbinen die heiligen Texte aus-

---

20 R. Dr. Selig Bamberger (Übers.): Raschis Pentateuch-Kommentar, Basel 2002.
21 Vgl. m Pirkei Awot 1,1.

wendig. Jeder war ein lebendiges Buch.[22] Sie gingen deshalb auch bei ihrer Auslegung viel kreativer und assoziativer mit der Thora um, als wir heute. Verschriftlicht wurden die rabbinischen Diskussionen aus Angst vor Verlust erst seit der Zeit der Verfolgung durch die Römer.

Jehuda ha Nasi ordnete die mündliche Lehre im 2. Jahrhundert und redigierte sie, was eigentlich für halachisch bedenklich gehalten wurde, und schuf so die Mischna (hebräisch Wiederholung) – die Sammlung der mündlichen Lehre.

Der Talmud besteht aus dieser Mischna, die vor allem Gesetze beinhaltet, und der bis ins 7. Jahrhundert andauernden Diskussion über diese Regeln, der Gemara (Vollendung). Beide gemeinsam sind der Talmud. Im Laufe der Geschichte wurden aber auch diese Texte ununterbrochen kommentiert und besprochen.

8   Lebendigkeit der heiligen Texte

Weshalb mussten die heiligen Texte immer wieder kommentiert und diskutiert werden? Die Frage ist überhaupt, ob man die Mitzwot (Gebote) überhaupt ohne eine Erklärung verstehen kann. Ein amüsantes – in Auszügen auch im Religionsunterricht lesbares Buch zu dieser Frage hat der amerikanische Autor A. J. Jacobs geschrieben. Er versuchte, ein Jahr seines Lebens, sich streng nach sämtlichen Regeln der Bibel (ohne erklärenden Kommentar) zu richten und schrieb hierüber ein Buch. Trotz geistlicher Berater wie Rabbiner oder Priester schaffte er es nicht, alle Regeln der Thora umzusetzen. Jacobs versuchte nicht, das bibeltreue Leben lächerlich zu machen, sondern demonstriert, dass viele Fundamentalisten, die sich auf den Wortlaut der Bibel berufen, sich letztlich auch nur die Regeln herausziehen, die ihnen passen. Denn wirklich alle Regeln der Bibel gleichzeitig und wortwörtlich einzuhalten ist – ohne eine erklärende

---

22 Vgl. Ray Bradbury`s Roman „Fahrenheit 451" von 1953, in dem ein Unterdrückerregime alle Bücher verbrennen lässt und die Menschen aus Widerstand diese auswendig lernen. Leider schreckten die Römer nicht vor der Ermordung von Gelehrten zurück – eine Ausnahme ist hierbei die Geschichte von Jochanan ben Sakai und Jawne. Auch die spätere katholische Kirche verbrannte später periodisch Talmudausgaben. Heute sind nicht alle Ordnungen der Mischna mit Gemara kommentiert und es stellt sich die Frage, ob das nicht daran liegt, dass doch einzelne Teile im Laufe der Zeit verloren gingen.

mündliche Tradition – kaum praktizierbar.[23] Weshalb ist dies so? Rabbiner Jitshak Ehrenberg beschreibt dies so:

„Die schriftliche Tora ist eine Kurzfassung. Alle Einzelheiten der Gebote aber, und wie sie zu erfüllen sind, lehrte der Ewige Mosche mündlich. So müssen Tefillin (Gebetsriemen) aus schwarzem Leder eines koscheren Tieres gefertigt sein und vier in Quadratschrift geschriebene Schriftabschnitte enthalten. In der Tora heißt es nur: ‚Und du sollst sie zum Zeichen auf deine Hand binden, und sie sollen zu Totafot zwischen deinen Augen sein' (5.B.M. 6,8). Die Details erhielt Mosche mündlich und gab sie ... weiter."[24]

Andere Diskussionen ergeben sich durch den technischen Fortschritt oder gesellschaftliche Veränderungen. An diese muss das Religionsgesetz angepasst werden, wenn es praktizierbar bleiben will. Hierzu wird in der Traditionsliteratur aufgrund bestimmter Kriterien nach jeweils vergleichbaren Präzedenzfällen gesucht.

So hat z.B. die Mehrheit aller Juden den aktiven Gebrauch von Elektrizität am Schabbat verboten, weil diese dem Feuermachen ähnlich ist. Vor dem Schabbat eingestellte Zeitschaltuhren sind hingegen in Ordnung. Dennoch gab – und gibt es – immer noch viele Diskussionen zu diesem Thema. Diskussionen sind wichtig, aufgrund des Pluralismus im Judentum werden andere Meinungen immer erwähnt, auch wenn sie in der Minderheit sind. Trotzdem muss man vorsichtig sein, dass man die Tradition nicht spaltet, wenn sich eine Partei zu weit von ihr entfernt. Sonst entstehen neue Religionen wie z.B. das Christentum.

Um dies zu verdeutlichen möchte ich nochmal auf das Beispiel der Tefillin (Gebetsriemen) zurückkommen. Hierzu sei Rabbiner Israel Lau zitiert:

„Philosophen haben eine Symbolik in der Tatsache gesehen, daß die Kopftefillin aus getrennten Zellen bestehen und die Handtefillin aus einem einzigen Gehäuse: Sie betrachten das als typisch für den Charakter des jüdischen Glaubens. Duldet und erkennt das Judentum doch andere Meinungen im Denken an als Abwandlungen und Nuancen im Denken und in der konstruktiven Diskussion (ein Beispiel dafür ist die Schule des Schammai und die des Hillel), die durchaus legitim sind. Aus diesem Grund ist das Gehäuse der Kopftefillin in mehrere Zellen unterteilt – als Symbol des Denkens. Kommen wir jedoch

---

23 Arnold Stephen Jacobs Jr.: Die Bibel und ich. Von einem, der auszog, das Buch der Bücher wörtlich zu nehmen, Berlin 2008.
24 R. Jitshak Ehrenberg: Wer ist Jude?, in: http://www.jg-berlin.org/beitraege/details/wer-ist-jude-i559d-2012-06-01.html, Stand: Oktober 2015.

zur praktischen Verwirklichung von halachischen Sprüchen, sind solche Spekulationen fehl am Platz: Die Halacha gibt es nur einmal, und sie ist einzigartig; sie verpflichtet alle, gemeinsam dafür zu sorgen, daß sie befolgt wird und sie und ihre praktischen Gebote beachtet werden."[25]

Nur durch die Diskussionen bleiben die heiligen Texte lebendig und werden immer wieder an das Leben angepasst. Jede Generation legt den Text der Thora aus und fügt ihre Kommentare zum Verständnis des Textes hinzu. Sichtbar wird das auch an den Druckausgaben unserer heiligen Texte (auch wenn diese jeweils nur Momentaufnahmen der Diskussionen darstellen). So ist z.B. eine Seite der Mikraot Gedolot (Rabbinerbibel) wie ein Baumstamm aufgebaut. Den Kern bildet die Thora, sie ist umgeben von Kommentaren und mit Verweisen auf andere Stellen in der rabbinischen Literatur (quasi gedruckten „Hyperlinks"). Wie bei einem Baum entstehen jedes Jahr neue Jahresringe. Die Thora ist ein Baum des Lebens – sie wächst mit jeder Generation, die sie lernt und kommentiert. Dennoch ist dies alles Teil der Offenbarung am Sinai. Rabbi Joschua ben Levi sagte: „Sogar was ein sachkundiger Schüler in der Zukunft vor seinem Lehrer entdecken wird, wurde bereits Moses am Sinai gesagt."(j Peah Kap.2)

---

25 R. Israel Lau: Wie Juden leben, Gütersloh 1988, S. 26 f.

CORNELIA WEBER

„Verstehst du auch, was du da liest?" – die Bibel im Evangelischen Religionsunterricht

1 Eindrücke: Zum Umgang mit der Bibel im evangelischen Religionsunterricht

„Kannst Du weitererzählen?" – so drängen mich meine Schülerinnen und Schüler in der ersten Klasse, wenn ich ihnen wieder einen Abschnitt aus der Josefsgeschichte (Gen 37–50) erzähle. Die Schüler begeben sich ganz in die Geschichte hinein, sie solidarisieren sich mit den Brüdern, wenn Josef als einziger ein wunderschönes Kleid vom Vater bekommt, aber sie fiebern genauso mit Josef mit, wenn er nach Ägypten verkauft wird. Sie ahnen, dass Gott ihn auf seinen Wegen begleitet. Grundschüler – sie erleben die Bibel als ein Buch mit spannenden Geschichten, die vom Leben und von Gott erzählen. Sie freuen sich, wenn ich die Kinderbibel[1] aufschlage und ihnen daraus vorlese – und sie wollen weiterhören.

Ein zweiter Eindruck: In meiner 6. Klasse im Gymnasium erarbeite ich mit den Schülerinnen und Schülern das Thema „Biblische Gleichnisse". Die Texte sind den Jugendlichen fremd. Die Sprache und die Bildwelt erschließt sich ihnen nicht. Sie lesen den Text, aber ihren Gesichtern ist deutlich anzusehen, dass es ihnen sehr schwer fällt zu verstehen, worum es eigentlich geht und dass es eigentlich auch nicht das ist, was sie wirklich brennend interessiert.

Gedanklich steigen sie aber dann ein, wenn wir die biblischen Gleichniserzählungen in die heutige Zeit übersetzen. Wer kann heute auf dem Schulhof so handeln wie der barmherzige Samariter (Lk 10,25–37)? Und wie sähe biblische Gerechtigkeit heute aus, wenn sich das Gleichnis von den Arbeitern im Weinberg (Mt 20,1–16) durchsetzten könnte?

---

1 Zur religionspädagogischen Bedeutung von Kinderbibeln s.: Christiane Reents/Christoph Melchior: Die Geschichte der Kinder- und Schulbibel. Evangelische – katholisch – jüdisch, Göttingen 2011, und der Ausstellungskatalog: Christiane Reents: Kinderbibeln: Bilder vom Holzschnitt bis zum Comic, evangelisch – katholisch – jüdisch, Oldenburg 2012.

Und ein dritter Eindruck: Unsere Tochter, frischgebackene Abiturientin, findet sich nach zwölf Jahren schulischem Religionsunterricht einigermaßen in der Bibel zurecht. Sie weiß zumindest von einigen Geschichten und Texten, ob sie eher ins Erste oder doch eher ins Neue Testament gehören. Sie weiß etwas über den Aufbau und über die Entstehungsgeschichte der Bibel, sie kennt verschiedene Gattungen wie prophetische Texte, Psalmen, Wundererzählungen. Sie hat sich ihren Konfirmationsspruch selbst ausgesucht und sich dazu auch wirklich Gedanken gemacht. – Aber die Bibel in die Hand nehmen, um von sich aus und freiwillig darin zu lesen – ob sie bzw. ihre Altersgenossen das jemals tun werden, bin ich mir nicht sicher (oder zumindest muss sich das erst noch zeigen).

Was bedeuten diese Beobachtungen aus dem Religionsunterricht und wie gehen wir damit um? Freuen wir uns an den neugierigen, offenen Grundschulkindern, die die biblischen Geschichten absolut spannend finden – und finden wir uns andererseits mit dem „galoppierenden Desinteresse"[2] gegenüber der Bibel und biblischen Themen spätestens ab der Pubertät ab? Kommen wir dagegen an, dass viele Jugendliche die Bibel als langweilig und in ihrer Sprache völlig fremd empfinden, sie als echtes „Niemandsland"[3] einordnen – und dieses Urteil bereits fällen, bevor sie sich intensiv mit der Bibel auseinandergesetzt haben? Oder können wir im Religionsunterricht das Bild aufbrechen, die Bibel sei hauptsächlich etwas für traurige, schwache oder ältere Menschen? Können wir Schülerinnen und Schülern vermitteln, dass die Bibel sehr wohl etwas mit dem Leben, mit ihren eigenen Fragen und Herausforderungen zu tun hat? Dass sie in ihrem Gottesbezug und in ihren Hoffnungsbildern sogar ein „Mehr" bereithält, welches hilft, das Leben zu gestalten und zugleich Trost zu finden, wo Lebensträume zerbrechen?

---

2 Iris Bosold: Zugänge zur Bibel für Schülerinnen und Schüler der Sekundarstufe I, in: Mirjam und Ruben Zimmermann (Hg.): Handbuch Bibeldidaktik, Tübingen 2013, S. 629–633, hier S. 632.
3 Peter Müller: Schlüssel, Impulse, Themenkreise. Aspekte einer zeitgemäßen Bibeldidaktik, in: Loccumer Pelikan 1/2011, S. 3–8, hier S. 3. Ders. auch: Schlüssel zur Bibel, Einführung in die Bibeldidaktik, Stuttgart 2009, und: Was bringt mir die Bibel? Die Bibel als lebensdienliches Buch „aufschließen", in: Religion, 5–10 ⁹2013, S. 4–6.

2 (Realistische) Ziele im evangelischen Religionsunterricht

Welche Aufgaben kann der Religionsunterricht dabei übernehmen und welche Ziele kann er verfolgen? Wie kann die Bibel im Unterricht so erschlossen werden, dass sie für Schülerinnen und Schüler den Status des „Niemandslandes" verliert und stattdessen immer wieder neu Ankerplätze bietet?

Hartmut Rupp spricht von einer „Bibel-" bzw. „Auslegungskompetenz", die im Religionsunterricht vermittelt werden soll. Diese übergreifende Kompetenz unterscheidet er in die Bereiche: Bibelbuchwissen / Bibelbuchkönnen / Bibelinhaltswissen und Bibellesenkönnen[4] und sieht in diesen vier Aspekten realistische und sinnvolle Ziele des schulischen Religionsunterrichts.

2.1 Bibelbuchwissen

Zur Bibelkompetenz gehört immer die Kenntnis der Entstehung, des Aufbaus, der Überlieferung und der unterschiedlichen Sprachformen der Bibel.

In der Grundschule wird dieses Wissen angebahnt[5], in Kl. 5 und 6 vertieft und geübt[6]. Die Schülerinnen und Schüler erleben hier die Bibel als historisches Dokument mit einer ihm eigenen Entstehungsgeschichte. Die Erkenntnisse der historisch-kritischen Methode werden spätestens in der Kursstufe in Minimalform angewandt, von den Schülerinnen und Schülern für die nächste Klausur auswendig gelernt. Es bleibt zu fragen, ob diese wissenschaftliche Herangehensweise den Schülerinnen und Schülern den Zugang zur Bibel erschließen kann. Jedoch gehört zu einem mündigen Verstehen auch, die Entstehungsgeschichte und die damit verbundene Vielfalt der biblischen Texte und Traditionen einordnen zu können.

---

4   Hartmut Rupp: Die Bibel im kompetenzorientierten Religionsunterricht, 2005 – abzurufen unter: www.ekiba.de/html/media/dl.html?i=15430, und ders.: Die Bibel im kompetenzorientierten Religionsunterricht, 2014, download unter: http://www.bistum-augsburg.de/index.php/bistum/Hauptabteilung-V/Schule-und-Religionsunterricht/Fachbereich-II/Realschulen.
5   Vgl. z.B. „Die Entstehung der Bibel" im Religionsbuch für die Grundschule: Die Reli-Reise 3/4, Stuttgart 2013, S. 92 f.
6   Vgl. z.B. „Der lange Weg der Bibel" im Religionsbuch für Kl. 5/6: Das Kursbuch Religion 1, Stuttgart/Braunschweig 2015, S. 110 f.

2.2 Bibelbuchkönnen

Als Unterrichtende stehen wir vor der Herausforderung, bei Schülerinnen und Schülern die Hürde zu überwinden, ein Buch – und dann auch noch die Bibel – aufzuschlagen. Durch das beliebte Spiel „Bibelfußball"[7] und andere methodische Anreize werden Schülerinnen und Schüler befähigt, eine Bibelstelle selbst zu finden, Altes und Neues Testament zu unterscheiden und Texte grob einordnen zu können.

Ziel des Bibelbuchkönnens ist aber auch die Entdeckung, dass fast jede Bibelausgabe gute Hilfestellungen bereithält, die das Zurechtfinden im „Buch der Bücher" erleichtern – vom Inhaltsverzeichnis und den Überschriften über den Kapiteln angefangen bis hin zu Wort- und Sacherklärungen, Karten, Zeittafeln usw. am Ende der Bibelausgaben. Wer diese Erschließungshilfen kennt und zu nutzen weiß, kommt schon ein ganzes Stück weiter.

2.3 Bibelinhaltswissen

Hier beginnt nun die Beschäftigung mit den Inhalten. Schon im Religionsunterricht in der Grundschule wird ein breites Feld eröffnet: Biblische Geschichten von der Schöpfung, von Abraham und Sara, Jakob und Esau, Josef und seinem Brüdern, von Mose, Aaron und Miriam werden erzählt, vertieft und kreativ erarbeitet. Auch ganz unterschiedliche Jesusgeschichten nehmen in allen Grundschulklassen einen breiten Raum ein.

Oft ist es sogar so, dass die biblischen Geschichten, die in den weiterführenden Schulen dann behandelt werden, in der Grundschule schon vorkamen und dort von den Kindern begeistert gehört und umgesetzt werden. Und trotzdem – so zumindest eine immer wiederkehrende Erfahrung – kommt die Erarbeitung in den weiterführenden Klassen oft einer Erstbegegnung mit dem Text gleich.

Aus vielen Gründen ist gerade das Bibelinhaltswissen unverzichtbar: Es ist nicht nur Schlüssel für das Verstehen der christlichen Feste, für viele Darstellungen in Kunst, Literatur und Film. Das Kennenlernen der biblischen Geschichten bindet uns vor allem ein in die Erzählgemeinschaft des Christentums, die über die Texte und Traditionen der Hebräischen Bibel mit dem Judentum verbunden ist.

---

7 Anleitung für Bibelfußball abzurufen unter: http://community.blogs.rpi-virtuell.net/2014/07/29/bibelfussball-nachschlage-quiz-zur-bibel/.

Der Bildungsplan für die Sekundarstufe I in Baden-Württemberg benennt das Bibelinhaltswissen als Kompetenz deshalb folgendermaßen: „Schülerinnen und Schüler können biblische Erzählungen wiedergeben"[8].

Peter Müller prägt den Begriff der „Schlüsseltexte" und nennt als Beispiele den Schöpfungsbericht (Gen 1,1–2,4a); die Seligpreisungen (Mt 5,3–12) und das paulinische Hohelied der Liebe (1 Kor 13). Diese Texte seien geeignet, „den Schülerinnen und Schülern die Bibel erstmal aufzuschließen"[9].

2.4 Bibellesenkönnen

Martin Luther setzte sich dafür ein, dass nicht nur die Knaben reicher Eltern in Klosterschulen das Lesen und Schreiben lernen, sondern alle Jungen und Mädchen in einer allgemeinen Schule, die allen offen steht. Denn für Luther war das selbständige Lesenkönnen der Bibel eine Grundvoraussetzung des mündigen Christseins.

Beim Bibellesenkönnen geht es jedoch nicht nur um die reine Lesekompetenz, sondern es geht letztlich um die Frage, die Philippus in der Apostelgeschichte dem Kämmerer aus Äthiopien stellt: „Verstehst du auch, was du da liest?" (Apg 8,30).

Ziel dieser vierten Bibelkompetenz wäre deshalb ein selbständiger und verstehender Umgang mit biblischen Texten. Der Bildungsplan für die Grundschule in Baden-Württemberg formuliert es so: „Schülerinnen und Schüler können eine für sie bedeutsame Aussage eines biblischen Textes gestaltend zum Ausdruck bringen und sich darüber austauschen."[10]. Und im Bildungsplan für die Sekundarstufe I heißt es: „Schülerinnen und Schüler können die Bedeutung biblischer Texte für die Gegenwart untersuchen".[11]

Hartmut Rupp selbst formuliert als Ziel der Bibelkompetenz, die sich in die vier aufgeführten Aspekte des Bibelbuchwissens, des Bibelbuchkönnens, des Bibelinhaltswissens und des Bibellesenkönnens auffächert, folgendermaßen:

---

8   Bildungsplan Baden-Württemberg 2016: Sekundarstufe I, Evangelische Religionslehre Kl. 5/6, 3.1.3 (3), abzurufen unter: www.bildungsplaene-bw.de
9   Peter Müller, 2011 (s. Anm. 2) S. 6; dort S. 5. auch zur Diskussion um die Festlegung „Biblischer Basics" (bezogen auf Kirche der Freiheit. Perspektiven für die evangelische Kirche im 21. Jahrhundert. Ein Impulspapier des Rates der EKD, 2006, S. 79).
10 Bildungsplan Baden-Württemberg 2016: Grundschule, Evangelische Religionslehre Kl. 3/4, 3.2.3 (5), abzurufen unter: www. bildungsplaene-bw.de
11 Bildungsplan Baden-Württemberg 2016: Sekundarstufe I, Evangelische Religionslehre, Kl. 7–9, 3.2.3 (4), abzurufen unter: www. bildungsplaene-bw.de.

„Nimmt man die hier bezeichnete Kompetenzorientierung ernst, so geht es insgesamt um die Fähigkeit, eigenständig und sachgemäß einen Bibeltext auslegen zu können. Es geht um den Aufbau einer hermeneutisch-methodischen Kompetenz"[12]. Zum Aufbau dieser Kompetenz schlägt Rupp ein aufbauendes Curriculum vor, das in der Grundschule beginnt und schließlich Schülerinnen und Schüler der Kursstufe befähigt, „einen Bibeltext selbständig mithilfe eines Schemas auslegen zu können"[13].

Die Evangelische Kirche in Deutschland (EKD) hat 2010 einen Orientierungsrahmen für Kompetenzen und Standards für den Evangelischen Religionsunterricht in der Sekundarstufe I formuliert. Darin heißt es auf die Bibelkompetenz bezogen: „Schülerinnen und Schüler sollen am Ende der Sek I, also nach 10 Jahren Religionsunterricht, Grundformen biblischer Überlieferung und religiöser Sprache verstehen."

Das bedeutet: „1. Die Schülerinnen und Schüler können mit der Bibel umgehen und zentrale biblische Überlieferungen vor dem Hintergrund historischer Zusammenhänge deuten.

2. Die Schülerinnen und Schüler können biblische und religiöse Sprachformen im Unterschied zu anderen Formen des sprachlichen Ausdrucks erkennen, deuten und gebrauchen."[14]

Die EKD hat damit den historischen Zugang und das Wissen um unterschiedliche Textgattungen innerhalb der Bibel als Minimalkonsens bestimmt. Nur in dem letzten Wort: Die Schülerinnen und Schüler können biblische Sprachformen „gebrauchen", scheint etwas von dem Mehr-Anspruch auf, den der Religionsunterricht m.E. behalten muss – trotz und gerade angesichts aller säkularen Herausforderungen.

Zwischenfazit:
Ziel des Religionsunterrichts wäre es also, Schülerinnen und Schüler dazu zu befähigen, die Bibel als „Lebensbuch" eigenständig und reflektiert gebrauchen und auf das eigene Leben beziehen zu können.

Aber: Ist das realistisch? Kann ich / will ich / darf ich in einer öffentlichen Schule, in einer Lerngruppe, in der ein sehr großer Teil der Schülerinnen und

---

12 Hartmut Rupp 2005 (s. Anm. 4), S. 3.
13 Hartmut Rupp 2005 (s. Anm. 4), S. 7. Siehe hierzu auch: Michael Landgraf: Mit der Bibel arbeiten lernen. Kompetenzaufbau für den Umgang mit der Bibel, in: Religion 5–10, 9/2013, S. 7.
14 EKD-Texte 111: Kompetenzen und Standards für den Evangelischen Religionsunterricht in der Sekundarstufe I. Ein Orientierungsrahmen, Hannover 2010, S. 20.

Schüler, die am evangelischen Religionsunterricht teilnehmen, nicht getauft sind, kann ich in einer solch heterogenen Lerngruppe den Schülern über Bibelbuchkönnen und -wissen hinaus vermitteln, dass die Bibel ein Lebensgrundlagenbuch ist, dass sie von Gott spricht und Anspruch auf die Gestaltung unseres Lebens und letztlich auch der Welt erhebt?

3 Unterscheidungen: Bibel – Gute Nachricht – Heilige Schrift

Die Bibel als Buch (τὰ βιβλία – *tà biblía*):
Natürlich müssen die Schülerinnen und Schüler im Religionsunterricht einen Zugang zur Bibel als Buch eröffnet bekommen. Dazu gehört das Aufschlagenkönnen ebenso wie ein Verständnis für den Aufbau und dafür, dass die Bibel letztlich eine ganze Bibliothek beinhaltet. Bleibt der Religionsunterricht aber bei dieser Kompetenz stehen, dann sehen Schülerbibeln oft furchtbar aus, verkritzelt, mit eingerissenen Seiten, wenig wertgeschätzt. Denn die Schüler erleben die Bibel als Buch, das sie zwar aufschlagen können, dessen Inhalt ihnen aber weiterhin sehr fremd bleibt. Eine innere Bindung fehlt.

Die Bibel als Gute Nachricht (εὐαγγέλιον – *euangélion*):
Sehr beeindruckt sind meine Fünftklässler, wenn ich ihnen die Bibel (eine Psalmenausgabe von 1867[15]) meiner Urgroßmutter zeige. Sie selbst hat mit ihrer gestochenen Sütterlin-Schrift „Trostbüchlein" hineingeschrieben – und auf der nächsten Seite von ihrer Hochzeit und von der Geburt, der Nottaufe und dem Tod ihres ersten Sohnes geschrieben.

Gemeinsam mit den Schülern überlege ich, warum meine Urgroßmutter das alles in diese Bibelausgabe geschrieben hat und warum sie es Trostbüchlein nennt. Und bald verstehen sie, dass gerade die biblischen Texte meiner Urgroßmutter in schweren Zeiten Halt und Trost gegeben haben – aber auch, dass sie ihren eigenen Kummer bei Gott ablegen konnte, indem sie ihre Trauer in die Bibel hineinschrieb.

Evangelium – die gute Nachricht – biblische Worte, die trösten können[16]; biblische Geschichten, die zu Mutmachgeschichten für das eigene Leben wer-

---

15 Die Psalmen Davids nach Dr. Martin Luthers Übersetzung, Cöln 1867.
16 Vgl. dazu z.B. den Unterrichtsvorschlag von Uwe Martin: Biblische Worte fürs Leben. Einen Bibelspruch als Lebensbegleiter finden, in: Religion 5–10, 9/2013, S. 14–17.

den; prophetische Texte, die über die Welt hinaus schauen – immer wieder leuchtet im Religionsunterricht dieses Mehr der Bibel auf – und zugegebenermaßen sind das für mich oft auch die Sternstunden.

Aber Bibel als Heilige Schrift?

Ich erlebe, wie fasziniert meine Schülerinnen und Schüler darauf hören, wie im Judentum eine Thorarolle von Hand geschrieben wird und wie interessiert sie beim Synagogenbesuch sich den Thoraschrein und die Schriftrollen zeigen lassen. Auch ihre muslimischen Mitschüler, die ihnen zeigen, wie wertvoll und heilig ein Koran für sie ist, beeindrucken sie nachhaltig[17].

Ein solch inszenierter Umgang mit der Bibel als besonderem Buch, als Heiliger Schrift, lässt sich im Protestantismus selten entdecken. Selbst Schüler, die regelmäßig zum evangelischen Gottesdienst gehen, erleben eher, wie die biblische Lesung aus Computerausdrucken vorgetragen wird, in Schulgottesdiensten fehlt die Bibel oft ganz.[18]

Und doch ist die Bibel auch im evangelischen Verständnis „Heilige Schrift" insofern, „als die christliche Glaubensgemeinschaft die biblischen Schriften als kanonisch ansieht, das heißt als gültigen Maßstab für ihre eigene Identität, ihre Sicht der Welt und ihren Auftrag in der Welt. (…) Als heilig gilt jedoch nicht das Buch als solches, sondern die Bibel als eine Schrift, in der die Offenbarung Gottes in der Geschichte mit seinem Volk und in Jesus Christus zur Sprache kommt"[19].

Kann diese Form der Heiligkeit auch im evangelischen Religionsunterricht an öffentlichen Schulen aufleuchten oder ist dieses Ziel zu hoch gegriffen? Können Schülerinnen und Schüler angeleitet werden, die Bibel nicht als „Buch mit sieben Siegeln" (Apk 5,1), sondern als Buch verstehen zu lernen, das zentral mit Gott in seiner Beziehung zu uns Menschen und damit auch mit ihrem eigenen Leben zu tun hat? Muss es also nicht Ziel des evangelischen Religionsunterrichts sein, Schülerinnen und Schüler nach 10–12 Jahren schulischem

---

17 Zum Verständnis der heiligen Schriften in Judentum, Christentum und Islam s. z.B. Clauß Peter Sajak (Hg.): Heilige Schriften: Texte – Themen – Traditionen, Braunschweig 2015; Sanya Özmen: Kann man Bibel und Koran vergleichen? Zu Gemeinsamkeiten und Unterschieden in beiden Religionen, in: Religion 5–10, 9/2013, S. 28 f.

18 Ein wichtiger Ansatz ist hier sicherlich die Kirchenraumpädagogik, die z.B. der Bedeutung der aufgeschlagenen Bibel auf dem Altar nachgeht.

19 Peter Müller: Bibel, in: Britta Hübener / Gottfried Orth (Hgg.): Wörter des Lebens. Das ABC evangelischen Denkens, Stuttgart 2007, S. 32–36, hier S. 34.

Religionsunterricht nicht nur Bibelbuchwissen, Bibelinhaltswissen vermittelt zu haben, sondern die Bibel auch als Lebensbuch zu verstehen?

4 Die Bibel als Lebewort, nicht nur als Lesewort – Herausforderungen und Chancen der Beschäftigung mit der Bibel im evangelischen Religionsunterricht

Das reformatorische *sola scriptura* als einer der vier Pfeiler des evangelischen Glaubens setzt voraus, dass die Bibel im Protestantismus das ganze Leben umfasst. Martin Luther hat schon seinerzeit so schön formuliert: „Denn die Bibel enthält ‚doch ja nicht Lesewort, wie sie meinen, Sondern eitel Lebewort […], die nicht zum speculiren und hoch zu tichten sondern zum leben und thun dargesetzt sind'"[20]. Diesen Anspruch der Bibel als lebendiges Wort, das sich im Leben und im Tun widerspiegelt, kann der Religionsunterricht nach evangelischem Verständnis nicht aufgeben.

Doch genau hier beginnen auch die Herausforderungen. Denn für viele Kinder geschieht inzwischen im Religionsunterricht der Grundschule eine Erstbegegnung mit Christentum und Religion – auch mit der Bibel. Gerade im Evangelischen Religionsunterricht können wir nicht davon ausgehen, dass sich die Lerngruppe über ihren Glauben definiert[21]. An öffentlichen Schulen wissen wir uns auch im Religionsunterricht den Zielen der allgemeinen Bildung verpflichtet: Die Inhalte des Religionsunterrichts müssen sich auch an Schülern orientieren, die sich nicht mit dem christlichen Glauben identifizieren können. Birgit Maisch-Zimmermann formuliert deshalb im Handbuch für Bibeldidaktik: „Dass die Schüler/innen von Bibeltexten existentiell berührt werden, dass sie die Bibel gar als ‚Lebensbuch' entdecken und wertschätzen, wird – so wünschenswert es ist – nicht Hauptziel des Unterrichts sein. Weder kann unterrichtliche Kommunikation einfach ersetzen, was in Familien, kirchlicher Kinder- und Jugendarbeit und Gesellschaft kaum mehr vermittelt wird, noch sind Gefühle und Einstellungen dieser Art didaktisch operationalisierbar."[22]

---

20 Martin Luther, WA 31,1; S. 67, Z. 24–27.
21 Dies ist aber nicht nur als Defizit zu beschreiben, sondern auch als große Chance: viele Kinder und Jugendliche nehmen am Religionsunterricht teil, obwohl sie nicht getauft sind bzw. keiner Kirche angehören. Dies fordert aber einen sensiblen Umgang mit Formen und Inhalten des Glaubens im Unterricht.
22 Birgit Maisch-Zimmermann: Zugänge zur Bibel für Schülerinnen und Schüler der Sekundarstufe II, in: Mirjam und Ruben Zimmermann 2013 (s.o. Anm. 2), S. 633–638, hier S. 634.

Glücklicherweise erfüllen viele Schulbücher und Unterrichtshilfen diesen Anspruch, wagen sich aber auch an das „Mehr" der Bibel, an die Bibel als „Lebewort" heran. Sie leiten die Schülerinnen und Schüler an, zu verstehen, warum für viele Menschen die Bibel „Worte für das Leben" bereithält[23] und warum sie für Christinnen und Christen die Heilige Schrift ist[24].

Gerade der kompetenzorientierte Religionsunterricht bietet viele Möglichkeiten, den Kindern und Jugendlichen die Bibel als Buch zu eröffnen, das mitten ins Leben hineinsprechen will und kann. Dabei gilt es im Religionsunterricht Brücken zu schlagen zwischen der Welt des Bibeltextes und der Welt der Schülerinnen und Schüler[25]. Wo das gelingt, kann der Lernprozess mit der Bibel zu einer veränderten Welt- und Selbstsicht führen und zu neuen Handlungsmöglichkeiten (bezogen auf die Gemeinschaft)[26].

Nicht umsonst ist die Bibel bis heute das am weitesten verbreitetste Buch, weil Menschen seit Jahrtausenden in ihr immer wieder neu
- ihr Leben und ihre Lebensfragen entdecken,
- tröstliche Bilder in schwierigen Zeiten,
- mutmachende Aufbrüche unter Gottes Segen,
- prophetische Aufforderungen, das Leben immer wieder neu in Gemeinschaft und in Gerechtigkeit zu gestalten,
- Gottes Zusage und Verheißung.

Denn die Bibel hat bleibend etwas mit Gott zu tun – und so unterscheidet sich der Lebensgewinn biblischen Lernens auch von jedem anderen Lernen mit Literatur[27].

---

23 Vgl. z.B. „Bibelworte für das Leben", in: Kursbuch Religion 1 (s.o. Anm. 6), hier S. 119 oder für die Grundschule: „Mein Weg durch die Bibel", in: Spurenlesen. Religionsbuch für das 3./4. Schuljahr, Stuttgart/Braunschweig 2011, S. 110 f.

24 „Wenn jemand sagt, dass die Bibel für ihn Heilige Schrift ist, dann meint er damit, dass durch sie ein Zugang zu Gott ermöglicht wird. An ihr kann man sich orientieren und man erhält Mut, denn es wird darin Gottes Wille und Trost vermittelt." Kursbuch Religion 1 (s.o. Anm. 6), hier S. 127.

25 Als ein Beispiel benennt Gabriele Obst hierfür die Anforderungssituationen: Wo der Religionsunterricht biblische Texte als Texte erschließt, die auf historische Situationen Antworten des Glaubens suchen, können solche Anforderungssituationen Brücken bilden, die biblische Texte mit Herausvorderungen für SchülerInnen heute verbindet (Problemlösungspotential biblischer Texte). Hartmut Lenhard / Gabriele Obst: Bibeldidaktik im kompetenzorientierten RU, in: Mirjam und Ruben Zimmermann 2013 (s.o. Anm. 2), S. 447–454, hier S. 451.

26 Mirjam und Ruben Zimmermann: Bibeldidaktik – eine Hinführung und Leseanleitung, in: Mirjam und Ruben Zimmermann 2013 (s.o. Anm. 2), S. 1–21, hier S. 5.

27 Mirjam und Ruben Zimmermann 2013 (s.o. Anm. 2), S. 5.

Um diese Dimension der Bibel als Lebenswort aber auch mit unseren Schülerinnen und Schülern entdecken zu können, brauchen wir – neben Bibelwissen, Inhaltswissen und Bibelkönnen – geeignete Erschließungsformen, die die Kinder und Jugendlichen und ihre Lebensfragen mit einbeziehen[28]. Denn sonst bleibt gerade für die Jugendlichen die Bibel ein fremdes, viel zu großes Buch, an das sie sich nicht herantrauen. Und gleichzeitig stehen alle unterrichtlichen Bemühungen unter der Einsicht, dass Gottes Wort unverfügbar bleibt, es also immer nur um ein „anfängliches Lernen" gehen kann. Dieses Lernen braucht die hermeneutische Bibelkompetenz, die Einübung in einen selbständigen, reflektierten Umgang mit der Bibel. Zum „Lebewort" wird die Bibel aber u.U. erst dort, „wenn es darum geht, gegenwartsbezogene Themen im Lichte des Wortes Gottes im Unterricht zu bearbeiten"[29]. Oder etwas vorsichtiger ausgedrückt: „Dabei liegt die besondere Herausforderung darin, die biblischen Texte und Themen so zu erschließen, dass sie über die Sachkunde und Theologie hinaus für die Schülerinnen und Schüler der 9. und 10. Klassenstufe bedeutsam werden – sowohl persönlich als auch gesellschaftlich. Ihr Verständnis vom eigenen Selbst, der Welt und einem guten Leben sowie von dem, was heilig ist, soll bereichert und weiterentwickelt werden."[30]

Deshalb: „Verstehst du auch, was du da liest?" fragt der Apostel Philippus den Kämmerer aus Äthiopien, der sich alleine mit einer Stelle aus dem Buch des Propheten Jesaja abmüht. Und der Kämmerer antwortet ihm: „Wie kann ich, wenn mich nicht jemand anleitet?"[31]. Machen wir uns mit unseren Schülerinnen und Schülern gemeinsam auf den Weg – die Bibel im Religionsunterricht bietet hierfür viele gute Chancen!

---

28 Vgl. z.B. die vielfältigen methodischen Vorschläge in: Mirjam und Ruben Zimmermann 2013 (s.o. Anm. 2) oder: Michael Landgraf und Martina Steinkühler: Methodenkartei: Bibelgeschichten begegnen, Bibelgeschichten erzählen, in: Religion 5–10, 9/2013.
29 Ingrid Schoberth: Bibel, Heilige Schrift oder nur Heiliges?, in: Religionsunterricht 2020: Diagnosen, Prognosen, Empfehlungen, Stuttgart 2013, S. 153–166, hier S. 161. Auf S. 163 schreibt Schoberth weiter: „Damit ist eine wichtige religionsdidaktische Aufgabe gegeben, dass eben für die Lernenden an der Bibel auch deutlich werden muss, was es mit der Bibel als Wort Gottes auf sich hat."
30 Friederun Rupp-Holmes / Heide Reinhard: Grundkurs Bibel. Biblische Grundmotive entdecken – verstehen – darstellen. 15 Lernstationen ab Klasse 10, Stuttgart 2012, S. 6.
31 Apg 8, 30 f.

JÖRG IMRAN SCHRÖTER

Über den Umgang mit dem Koran und andere Heilige Schriften im Islamischen Religionsunterricht

1 Falsche Erwartungen und falsche Befürchtungen

„Dass mein Kind Arabisch Lesen und Schreiben lernen soll und Koran lesen.", war eine typische und in dieser Art häufige Rückmeldung auf den Antwortbögen der Eltern im Rahmen der Evaluation des Modellprojekts „Islamischer Religionsunterricht" (IRU) in Baden-Württemberg.[1]

Solche Rückmeldung zeigen deutlich, wie sehr die Erwartungen muslimischer Eltern an einen schulischen Religionsunterricht vom Unterricht in der Moscheegemeinde, der sogenannten „Koran-Schule" geprägt waren. Gleichzeitig spiegelt sich darin der hohe Stellenwert des Koran in der islamischen Religion als »Wort Gottes«, *(kalām Allāh)*, der vergleichbar im Christentum nicht etwa der Bibel, sondern Jesus Christus zukommt.[2] Allein schon die Glaubenspflicht des rituellen Gebets lässt sich nicht ohne ein Mindestmaß memorierter Koransuren erfüllen. Darüber hinaus noch mehr Koransuren auswendig und möglichst buchstabengetreu rezitieren zu können, ist für viele Muslime von grundlegender Wichtigkeit. Daraus erklärt sich auch die Bedeutung der sogenannten »Koranschule«, arabisch *maktab* (wörtlich eigentlich „Ort, wo geschrieben wird") oder öfter auch *kuttāb*. Sie ist eine klassische Einrichtung islamischer Bildung, die bereits unter dem zweiten Kalifen ʿUmar b. al-Khattāb (um 592 – 644) gegründet wurde.[3]

Die inhaltliche und exegetische Auseinandersetzung folgt erst sekundär in der »Koranhochschule«, arabisch *madrasa*, wörtlich „Ort, wo studiert wird". Dort wurde klassischerweise neben den islamischen theologischen Wissenschaften (*tafsīr* = Koranexegese, *ḥadīth* = Überlieferungen des Propheten, *uṣūl*

---

1 Jörg Imran Schröter: Die Einführung eines islamischen Religionsunterrichts an öffentlichen Schulen in Baden-Württemberg, Freiburg 2015, S. 183.
2 vgl. Reinhard Leuze: Christentum und Islam. Tübingen 1994, S. 56 f.
3 vgl. »Maktab« (Brunot) in: Handwörterbuch des Islam (HBWI), S. 403–405.

ul-fiqh = Quellen der Rechtsfindung, u.a.) auch Philosophie, Arithmetik, Geometrie, Astronomie, Musik und Medizin unterrichtet.[4] Während die klassischen „Koranhochschulen" spätestens nach dem Zweiten Weltkrieg überall im Orient fast völlig an Bedeutung verloren haben, wird für Muslime auch im Westen die „Koranschule" wohl nie ganz ihre Bedeutung verlieren. Denn gerade für nicht arabischsprachige Muslime ist die „Koranschule" der Ort einer ersten Auseinandersetzung mit der arabischen Schrift, die für die religiöse Praxis gelesen und exakt ausgesprochen werden will. Da die Rezitation des Korans zur Glaubenspraxis gehört, gehört auch das Erlernen derselben zur Glaubenspraxis. Beides sind nach islamischem Verständnis ʿibadāt, gottesdienstliche Handlungen. Das hat in der Frömmigkeit sicher seinen Wert und ist im Rahmen der freien Religionsausübung auch nicht zu kritisieren.

Für einen islamischen Religionsunterricht an der öffentlichen Schule ist aber klar, dass das Auswendiglernen der Suren des Korans kaum das maßgebliche Unterrichtsziel sein kann. Buchstabengetreues Rezitieren und Memorieren größtenteils nicht verstandener arabischer Wörter helfen kaum einem muslimischen Kind oder Jugendlichen bei der schwierigen Findung und Entwicklung seiner religiösen Identität. „Den Koran zu lesen genügt nicht" ist deshalb auch der bewusst provokante Titel einer wichtigen Publikation in der Reihe „Auf dem Weg zum Islamischen Religionsunterricht".[5] Dieses Diktum wendet sich aber nicht gegen die Hochachtung für den Koran oder die Bedeutung der Koranrezitation als gottesdienstliche Handlung. Vielmehr wird hier die Aufmerksamkeit auf die Grenzlinie gelenkt, die zwischen den Bereichen einer Religionsausübung und einem Religionsunterricht verläuft. Deshalb wird auch ein islamischer Religionsunterricht die »Koranschule« nicht ersetzen, genauso wenig, wie die »Koranschule« ihrerseits diesen ersetzen könnte. Im idealen Fall kommt es zu einer wechselseitigen Ergänzung und gegenseitigen Bereicherung und nicht zu einer Konkurrenzsituation, in der das eine gegen das andere ausgespielt wird. Falsche Erwartungen und falsche Befürchtungen aber entstehen aus der häufig gemachten Verwechslung von Islamunterricht in der sogenannten „Koranschule" und islamischem Religionsunterricht an der öffentlichen Schule.

---

4 vgl. »Madrasa« (Pedersen) in: HWBI, S. 389.
5 Harry Harun Behr / Mathias Rohe / Hansjörg Schmid (Hg.): „Den Koran zu lesen genügt nicht!": fachliches Profil und realer Kontext für ein neues Berufsfeld. Auf dem Weg zum islamischen Religionsunterricht. (Islam und Schule, 1), Berlin u. Münster 2008.

2 Sprachliche Herausforderungen eines deutschsprachigen islamischen Religionsunterrichts

Findet der islamische Religionsunterricht und folglich auch die Auseinandersetzung mit dem Koran auf Deutsch statt, müssen auch alle islamisch-theologischen Inhalte auf Deutsch vermittelt werden, was bei den islamischen Religionslehrern „eine erhebliche Reflexion über die theologischen Fachbegriffe des Korans und ihre Umsetzung, Erläuterung und Anwendung in der deutschen Sprache" voraussetzt.[6] Selbst wenn genügend Koranübersetzungen existieren und es erstmal keine Schwierigkeit darstellt, dass Koranverse im Unterricht immer auch in deutscher Übersetzung vorgelegt und behandelt werden, so ergibt sich doch die Schwierigkeit einer adäquaten Übertragung in eine einfache altersgemäße Sprache der Schülerinnen und Schüler. Wenn es beispielsweise im einen Schulbuch für die Grundschule heißt: „Er ist der Absolute."[7], dann ist diese Übersetzung des zweiten Verses in der Sure 112 *(Allahu s-samad)* ziemlich unbrauchbar, da der sprachliche Ausdruck für die Kinder wahrscheinlich unverständlich bleibt.

In diesem Zusammenhang verdienen die Übersetzungen der Koranstellen, die in dem islamischen Schulbuch „Mein Islambuch" angegeben werden, ein genaueres Augenmerk: Hier lautet die Umschreibung von *as-samad*: „Er braucht niemanden, aber alle brauchen Ihn."[8]

Im Sinne eines viel diskutierten „Kinderkorans", der ausgewählte koranische Inhalte in sprachlich leicht verständlicher Weise Kindern zugänglich machen soll, ist in „Mein Islambuch" auch die Übersetzung „Er hat keine Kinder und keine Eltern" für den Vers *lam yalid wa lam yulad*[9] für Grundschüler sinnvoll; abgesehen davon, dass diese Aussage von Kindern meist als Mangel empfunden wird, was hier aber gerade nicht ausgedrückt werden soll. Noch weiter vom arabischen Wortlaut entfernt ist es, wenn in der Eröffnungssure *maliki yaumi d-din* mit „Er entscheidet über Gut und Böse"[10] übersetzt wird, während der Schluss der Sure *al-Fatiha* mit „Bitte zeige uns, was richtig ist. So wie Du denen, die Du magst, das Richtige zeigst. Und hilf uns keine Fehler zu

---

6 Christine Schirrmacher: Offene Fragen zum islamischen Religionsunterricht. Institut für Islamfragen. Sonderdruck Nr.3, Bonn 2005, S. 4.
7 IRPA (Hg.): Islamstunde 1. Religionsbuch für die Volksschule, Linz 2015.
8 Bülent Ucar u.a. (Hg.): Mein Islambuch. Grundschule 1/2, München 2009, S. 50–51.
9 Ebd.
10 Ebd., S. 82.

machen und nicht das Falsche zu tun"[11] schon keinen wörtlichen Bezug mehr zum Originaltext hat.

Für den textlichen Umgang mit dem Koran im Unterricht liegen bis dato auch noch kaum didaktische Konzeptionen vor. In den immer noch wenigen Schulbüchern für den islamischen Religionsunterricht werden meistens Koranzitate bewusst deutlich durch verzierte Rahmen gekennzeichnet. Sicher wird dadurch die Bedeutsamkeit des Textes hervorgehoben, doch könnte auch der Eindruck eines erhobenen Zeigefingers entstehen und einer gewissen Unantastbarkeit dieser so markierten Worte.

Eine sehr raffinierte Methode bietet die Darstellung von Koranzitaten im Schulbuch „Saphir", in dem jeweils auf einer ganzen Seite der arabische Originaltext in einer kalligrafischen Handschrift im Mittelpunkt steht und zur deutschen Übersetzung immer auch eine vereinfachte Paraphrase angegeben wird, so dass einerseits der Korantext als besonderer Text herausgestellt ist und andererseits die Auslegung diskutabel wird, weil ein Verstehenshorizont durch die Paraphrase aufgemacht wird.[12]

Ein weiteres Problem bilden die arabisch-islamischen Fachbegriffe. Auch in einem dezidiert deutschsprachigen islamischen Religionsunterricht kommt man nicht um eine ganze Reihe von Fachbegriffen herum, die dem Koran als der arabischen Offenbarungsschrift entstammen oder im Rahmen der islamischen Theologie auf Arabisch geprägt wurden. Islamische nicht-arabische Kulturen haben in der Vergangenheit einen großen Teil dieses religiösen Vokabulars als Fremdwörter aufgenommen. Oft sind sie dabei durch die Anpassung in Lautgestalt und Flexion zu Lehnwörtern geworden, deren fremdsprachlicher Ursprung in der Alltagssprache kaum noch bewusst ist. In manchen Fällen haben sich einzelne religiöse Fachbegriffe arabischen Ursprungs in einer islamischen Kultursprache nicht beheimaten können und es wurden eigene Begriffe geprägt, wobei deren semantische Herkunft auch in „heidnischen", im Sinne von nicht-islamischen, Kulten oder Riten liegen konnte. So hat sich etwa in den beiden islamischen Kultursprachen Urdu und Farsi bis heute in manchen Redewendungen anstelle von *Allāh* der Ausdruck *xodā* auch im religiösen islamischen Kontext erhalten. Im Unterrichtswerk „Mein Islam-

---

11 Ebd.
12 Lamya Kaddor u.a. (Hg.): Saphir. Religionsbuch für Musliminnen und Muslime. Bd. 5/6, München 2008.

buch" wechseln sich die Bezeichnungen *Allah* und „Gott" munter als gleichbedeutend ab.

3 Der Umgang mit dem Koran in ritueller Hinsicht und im Klassenzimmer

Mehrere Stimmen aus der muslimischen Community haben sich verwundert geäußert, wie in einer Schule überhaupt Islam unterrichtet werden könne, da es doch dazu zwingend der Moschee als Räumlichkeit bedürfe. Auch Schirrmacher stellt in ihrem kritischen Katalog zum islamischen Religionsunterricht die Frage: „Wie werden sämtliche Schulen dann die für Mädchen und Jungen vorgeschriebenen getrennten Waschmöglichkeiten für die rituelle Reinigung einrichten, da diese stets vor dem Berühren eines Korans durchgeführt werden muss?"[13]

Derartige kritische Anfragen verkennen wiederum den fundamentalen Unterschied zwischen einem islamischen Religionsunterricht an der öffentlichen Schule und einer religionspraktischen Unterweisung in der Koranschule. Deswegen werden für einen islamischen Religionsunterricht an der öffentlichen Schule auch nicht Koranexemplare in arabischer Schrift für jede Schülerin und jeden Schüler angeschafft und damit im Klassenzimmer vorhanden sein, wie das in der Koranschule selbstverständlich ist.

Im Gegensatz zur rituellen Lesung wird beim Koranlesen im Klassenzimmer auf eine deutsche Übersetzung oder wenigstens eine Ausgabe mit parallelem Text und Anmerkungen zurückgegriffen, wodurch es sich dann nicht um „den Koran", sondern „eine Koranausgabe", eine Übersetzung und damit auch Auslegung desselben handelt. Dabei ist nach allgemeiner Ansicht der islamischen Gelehrten nicht die rituelle Reinheit erforderlich.[14]

Doch auch für die deutsche Übersetzung des Korans ist fraglich, ob eine solche überall dort, wo an einer Schule islamischer Religionsunterricht angeboten wird, nun im Klassensatz angeschafft werden soll. Der aufklärerische Ruf *ad libros!* ist nicht unkritisch auf den Koran übertragbar. Die Stände in deutschen Innenstädten der Aktion „Lies!", an denen kostenlose Koranexemp-

---

13 Christine Schirrmacher, Offene Fragen (s. o. Anm. 6), S. 6.
14 Vgl. al-Misri, Ahmad b. Naqib: The Reliance of the Traveller. A Classic Manual of Islamic Sacred Law. In Arabic with facing English text, commentary and appendices edited and translated by Noah Ha Mim Keller, Dubai 1991, S. 74.

lare in deutscher Sprache verteilt werden, sind unter äußerst kritischer Beobachtung von Polizei und Staatsschutz. Bisher konnte zwar den Akteuren an diesen Ständen nichts direkt vorgeworfen werden, aber es lässt sich bei fast allen Auswanderungen von Deutschland nach Syrien, in der Absicht sich dort dem sogenannten „IS" anzuschließen, ein „Erstkontakt" an einem dieser Stände der Aktion „Lies!" nachweisen.[15]

So kann man auch in einem Klassenzimmer nicht einfach den Koran verteilen und die Schülerinnen und Schüler unbegleitet darin lesen lassen. An vielen Stellen ist es unerlässlich den Hintergrund der Verse im Zusammenhang mit der Offenbarungsgeschichte zu kennen und für die Deutung miteinzubeziehen. Diese historische Kontextualisierung ist nicht etwa eine ketzerische Erfindung von neuzeitlichen Reformtheologen, sondern gehört als Kenntnis der *azbab an-nuzul* („Offenbarungsanlässe") zum notwendigen Grundwissen traditioneller Koranexegese (*tafsir*).

Wenn allerdings Textpassagen im Unterricht behandelt werden, die aus dem Kontext gelöst isoliert vorgestellt werden, entsteht das Problem einer „Steinbruch-Exegese", bei der zur Bestätigung einer Aussage angeführt werden, wozu sich mit anderen Versen auch das Gegenteil bestätigen ließe. Durch manche Diskussionen zum Islam ist ein solches Vorgehen als „Suren-Ping-Pong" bekannt geworden.

Im Prinzip dürfte also im Unterricht und auch in Diskussionen kein Koranvers zitiert werden, ohne den Offenbarungsanlass, die Offenbarungszeit und den Offenbarungsort, die gängigen Kommentare zu der Stelle und auch Übersetzungsvarianten zu benennen.

4   Andere Heilige Schriften im islamischen Religionsunterricht

Wie im christlichen Religionsunterricht an der öffentlichen Schule auch, ist genauso im islamischen Religionsunterricht vorgesehen, dass man über den eigenen Tellerrand hinaus auch auf andere Religionen schaut und diese im Blick auf Gemeinsamkeiten und Unterschiede zur eigenen Religion betrachtet und auch in den Differenzen tolerant behandelt.

---

15 Auskunft der Kriminalpolizei Karlsruhe auf einer Veranstaltung zur Prävention religiöser Radikalisierung von Jugendlichen. Pädagogische Hochschule Karlsruhe am 18.11.2015.

Im Bildungsplan für den islamischen Religionsunterricht im Rahmen des Baden-Württembergischen Modellprojekts heißt es unter den Dimensionen für Klasse 2: „Die Schülerinnen und Schüler kennen die Ansprache des Korans (Sure 29,46): ‚Oh Leute der Schrift: ...Unser Gott und euer Gott ist einer.'"[16] und den Dimensionen für Klasse 4: „Sie wissen um die koranische Aussage zum Dialog und zum guten Umgang miteinander: ‚Auf ein Wort, das gleich ist...' (Sure 3,64) und zur Betonung der Gemeinsamkeiten."[17]

In den neuen Bildungsplänen für Baden-Württemberg, die aktuell noch nur in den Anhörungsfassungen vorliegen, ist bei allen Religionsfächern, die angeboten werden, altkatholisch, katholisch, evangelisch, syrisch-orthodox, jüdisch, alevitisch und islamisch (sunnitischer Prägung) bei den Standards für die inhaltsbezogenen Kompetenzen das Thema „Religionen" bzw. „Religionen und Weltanschauungen" vorgesehen.[18]

Eine interreligiöse Kompetenz wird folglich als personale Kompetenz im Bildungsplan festgeschrieben und gehört nicht zuletzt auch in den islamischen Religionsunterricht. Als inhaltliche Definition dafür mag dienen, was Katja Baur als Arbeitsthese in ihrem Buch „Zu Gast bei Abraham" zugrunde legt: „Interreligiöse Kompetenzbildung ist ein dialogischer Prozess im Ausloten von religiöser Nähe und Differenz zwischen verschieden religiösen Menschen oder Institutionen. Ihre Absicht liegt im Schaffen von Konvivenz. Interreligiöse Kompetenzbildung ist somit ein Lernweg des Denkens, Fühlens und Handelns aus einer monoreligiösen Welt heraus in eine global-religiöse Welt hinein, die es ermöglicht, jeden Mitmenschen auch in seiner religiösen Eigenheit wertzuschätzen, ohne deshalb dessen religiöse Überzeugungen teilen zu müssen."[19]

Dieser Ansatz entspricht nicht einzig und allein einer möglichen christlichen Perspektive, sondern lässt sich durchaus auch als eine islamische Kompetenz fassen, da im Koran der Plural der Gemeinschaften und Bekenntnisse als gottgewollt vorgestellt wird, und sich der Ansporn dazu findet, dass in dieser Gott gewollten Konkurrenzsituation der Religionen ein jeder schlicht sein Bestes gebe (Sure 5, Vers 48). Auf der Grundlage dieses Koranverses lässt sich die Wahrheitsfrage für Muslime auf Gott und die Zeit seines Gerichts ver-

---

16 Bildungsstandards – Grundschule, S. 7.
17 Ebd., S. 5.
18 Siehe www.bildungsplaene-bw.de
19 Katja Baur (Hg.): Zu Gast bei Abraham. Ein Kompendium zur interreligiösen Kompetenzbildung; mit Praxisbeispielen aus dem schulischen Religionsunterricht und benachbarten religionspädagogischen Arbeitsfeldern, Stuttgart 2007, S. 29.

schieben. Nicht die Durchsetzung einer einzigen Gemeinschaft ist den Muslimen vorgeschrieben, sondern die Differenz der verschiedenen Gemeinschaften bis zum Jüngsten Tag auszuhalten und sich bis dahin im Diesseits zu bewähren. Der Islam ist damit an sich pluralismusfähig und ein islamischer Religionsunterricht muss diese Pluralismusfähigkeit nicht etwa erst neu entwickeln, sondern sie nur als genuin islamisch bestärken.

Für die konkrete Umsetzung solcher bildungspolitischen Vorgaben eignen sich insbesondere interreligiöse Feiern im Rahnen der Schule. Hierbei bieten sich auch Möglichkeiten die heiligen Texte etwa aus Islam und Christentum parallel einzusetzen.

An der Adolf-Reichwein-Schule in Freiburg, wo bereits seit 2006 der islamische Religionsunterricht angeboten wurde, hat es jeweils zum Beginn des Fachunterrichts nach der Einschulung für die Erstklässler eine gemeinsame interreligiöse Feier gegeben. Die Lehrkräfte der an der Schule vertretenen Religionsgruppen, evangelisch, katholisch und islamisch, planten gemeinsam eine Art Gottesdienst, der so gehalten war, dass auch muslimische Kinder daran teilnehmen konnten. Auch deren Eltern waren übrigens eingeladen und fanden sich im Kirchenraum der evangelischen Dietrich-Bonhoeffer-Gemeinde unmittelbar gegenüber der Schule ein.

Nachdem eine Kindergeschichte erzählt worden war, die in das Thema „Engel" eingeleitet hatte, wurden aus der Bibel und aus dem Koran Stellen verlesen, die dazu passten. Für den Umgang mit dem Koran war bedeutsam, dass die Verse zuerst im arabischen Original verlesen wurden, was atmosphärisch für die Kinder und auch für die Erwachsenen einen großen Eindruck hinterließ. Die nicht-muslimischen Anwesenden spürten deutlich den heiligen Ernst und die tiefe religiöse Hingabe in der Rezitation. Für die muslimischen anwesenden Eltern und Kinder lag eben darin eine große Vertrautheit und die beruhigende Erfahrung von Authentizität und nicht von Entfremdung. Im direkten Anschluss an die Rezitation wurde selbstverständlich auch eine deutsche Übersetzung verlesen.

Für die Lesung aus der Bibel war entscheidend, dass von der christlichen Religionslehrerin eingangs deutlich betont wurde, dass sie jetzt etwas aus der Heiligen Schrift der Christen verliest. Durch diese deutliche Markierung sollte klar gemacht werden, dass niemandem an einer Vermischung der beiden Religionen gelegen ist, dass also Differenz deutlich wird, aber doch inhaltlich bei dem gewählten Psalm kaum ein Unterschied zur koranischen Aussage ausgemacht und somit die Gemeinsamkeit im Glauben betont werden konnte.

5 Das Konzept der Kooperierenden Fächergruppe

Die Wichtigkeit der interreligiösen Kompetenzbildung soll nun aber nicht der Bedeutung des bekenntnisorientierten (konfessionell-getrennten) Religionsunterricht zuwider laufen. Im Gegenteil, es zeigt die konkrete Erfahrung, dass gerade die Beschäftigung mit einer anderen Religion umso besser gelingen kann, je fester Schülerinnen und Schüler in ihrer jeweils eigenen Religion begründet stehen. Dazu eignet insbesondere das Konzept der Kooperierenden Fächergruppe, bei dem die verschiedenen Konfessionen und Weltanschauungen, die nebeneinander in den Schulklassen durch die Schüler/innen vertreten sind, zwar separat unterrichtet, aber auch in die gemeinsame Diskussion miteinander gebracht werden. Somit ist das Ziel des Unterrichts nicht allein die Vermittlung einer „religiösen Kompetenz" innerhalb der je eigenen Weltsicht, sondern genauso auch die einer „interreligiösen und interkulturellen Kompetenz" in der Verständigung über die je eigenen religiösen, weltanschaulichen und kulturellen Grenzen hinweg.[20]

Nach diesem Konzept stehen die Fächer verschiedener konfessioneller, religiöser, philosophisch-ethischer und weltanschaulicher Ausrichtung gleichberechtigt nebeneinander. Der Inhalt des Unterrichts wird dabei von der jeweiligen Gemeinschaft verantwortet, was bewirkt, dass die jeweils eigenen Grundsätze im Unterricht voll zur Geltung kommen. Gleichzeitig müssen diese aber auch vor den anderen Fächern deutlich gemacht und in die Diskussion gebracht werden. Eigenständigkeit und Kooperation sind somit verknüpft, indem einerseits Fragestellungen, Themen und Stoffe in spezifischem Bezug auf eine religiöse oder weltanschauliche Position und mit fachspezifischen Zugängen und Methoden bearbeitet werden, andererseits jedes Fach auch Inhalte der anderen Fächer berücksichtigen soll. Damit wird eine dialogische Zusammenarbeit angestrebt, die den Schüler/innen eine möglichst umfassende Orientierung und dazu ein eigenes Urteil in der Auseinandersetzung ermöglichen soll. Die Schüler/innen sind dabei zur Teilnahme verpflichtet. Sie entscheiden sich für ein Fach ihrer Wahl (bzw. ihrer Glaubensüberzeugung), an dem sie dann auch für einen festen Zeitraum verbindlich teilnehmen müssen. Diese bewusste Verpflichtung, Stellung zu beziehen und sich in der Frage nach Glauben und

---

20 Vgl. Katja Boehme: Religionsunterricht im neuen Jahrtausend. Die Kooperierende Fächergruppe – ein Beitrag des Religionsunterrichts zum fächerübergreifenden Unterricht, in: PH-FR – Zeitschrift der Pädagogischen Hochschule Freiburg, Freiburg 2/2002, S. 39.

Konfession zu entscheiden, wird als zentraler Bildungsgehalt dieses Religionsunterrichts angesehen. Gleichzeitig aber soll die religiöse Identität sich nicht der realen Pluralität entziehen, sondern sich dieser in Kooperation stellen.[21]

Die Besonderheit der Fächergruppe besteht in dem Bemühen, verschiedene Grundüberzeugungen und Weltsichten, Religionen und Bekenntnisse, Glaube und Atheismus reflektiert und systematisch miteinander ins Gespräch zu bringen. Dieses vorgegebene Ziel der Kooperation ist dann erreicht, wenn die Schüler/innen der verschiedenen Unterrichtsfächer sich über das Gelernte untereinander austauschen und ihre verschiedenen Wahrnehmungen und Einstellungen wechselseitig kennen lernen. Dabei können sie die Tragfähigkeit ihrer Einsichten und Überzeugungen im Dialog auf die Probe stellen und so Konfliktbereitschaft, Toleranz und Dialogbereitschaft lernen.[22]

In der Umsetzung sieht das Konzept idealtypisch vier verschiedene Phasen der Kooperation vor: Zuerst wird ein allen Fächern gemeinsames Thema fachspezifisch, also in jedem Fach für sich nach den je eigenen Grundsätzen erarbeitet. Die Schüler/innen der einzelnen Gruppen werden damit in den Stand gesetzt, als „Spezialisten" ihrer Gruppe auftreten zu können. Gleichzeitig muss von ihnen eine Präsentation ihrer Behandlung und Auslegung des gemeinsamen Themas vorbereitet werden. Diese erste Phase wird je nach Thema mehrere Unterrichtsstunden in Anspruch nehmen. Erst danach kommen die einzelnen Fächergruppen im Forum zusammen. So verfügt jedes Fach über einen eigenen Raum, in dem getrennt unterrichtet wird, doch ist darüber hinaus ein zusätzlicher größerer Raum für das Zusammenkommen im Forum als dem Ort der gemeinsamen Kommunikation notwendig. Die verschiedenen Ergebnisse werden vorgestellt und diskutiert. Fragen oder Unstimmigkeiten werden dabei festgehalten, um sie in einer weiteren Kooperationsphase in gemischten Gruppen zur Diskussion zu stellen. Dabei befinden sich in jeder Gruppe Schüler/innen als „Spezialisten" aller beteiligten Fächer. In einer letzten Phase kehren die ursprünglichen Gruppen wieder zurück in ihr jeweiliges Fach, um zu einer abschließenden Reflexion des Verlaufs zu kommen. Das Modell der Kooperierenden Fächergruppe ist konzeptionell darauf angelegt, für verschiedene Konfessionen, Religionen und Weltanschauungen offen zu sein. Nicht

---

21 Vgl. Rupert von Stülpnagel: Keine Bildung ohne Religionsunterricht. Ein Beitrag zur aktuellen Frage des Religionsunterrichs an Berliner Schulen aus katholischer Sicht, in: Rolf Busch (Hg.): Integration und Religion. Islamischer Religionsunterricht an Berliner Schulen, Berlin 2000, S. 207.
22 Konsistorium der Evangelischen Kirche in Berlin-Brandenburg/Erzbischöfliches Ordinariat, Berlin 2000.

nur das Fach Ethik tritt in dem Modell gleichberechtigt neben den Religionsunterricht der beiden großen christlichen Konfessionen, sondern auch ein islamischer Religionsunterricht kann in der Kooperierenden Fächergruppe seinen Platz finden.[23]

Der große Vorteil der Kooperierenden Fächergruppe liegt unter anderem in diesem Zusammenhang in der Möglichkeit, nicht nur über Texte – auch heilige Texte – anderer Religionen und Weltanschauungen einen Zugang zu diesen zu bekommen, sondern auch mit ihren „Repräsentanten" direkt ins Gespräch zu kommen und mit diesen über ihren je eigenen Zugang zu ihren eigenen heiligen Texten zu diskutieren.

---

23 Ebd.

Zu den Autorinnen und Autoren

Dr. Harry Harun Behr ist Professor für Erziehungswissenschaft mit Schwerpunt Islam im Institut für Pädagogik der Sekundarstufe, Fachbereich Erziehungswissenschaften, der Johann-Wolfgang von Goethe-Universität Frankfurt.

Dr. Katja Boehme ist Professorin für Katholische Theologie / Religionspädagogik am Institut für Philosophie und Theologie der Pädagogischen Hochschule Heidelberg.

Dr. Dr. h.c. Daniel Krochmalnik ist Professor für Jüdische Religionslehre, -pädagogik und -didaktik an der Hochschule für Jüdische Studien in Heidelberg.

Dr. Serdar Kurnaz ist Juniorprofessor für „Islamische Theologie" an der Fakultät für Erziehungswissenschaft der Universität Hamburg.

Dr. Peter Müller ist Professor für Biblische Theologie und ihre Didaktik an der Pädagogischen Hochschule Karlsruhe.

Dr. Manfred Oeming ist Professor für alttestamentliche Theologie an der Theologischen Fakultät der Ruprecht-Karls-Universität Heidelberg.

*Dr. Bernd Schröde*r ist Professor für Praktische Theologie mit Schwerpunkt Religionspädagogik an der (Evangelisch-)Theologischen Fakultät der Georg-August-Universität Göttingen.

Dr. Jörg Imran Schröter ist Juniorprofessor für islamische Theologie / Religionspädagogik am Institut für Islamische Theologie der Pädagogischen Hochschule Karlsruhe.

Markus Sternecker ist Absolvent der Hochschule für Jüdische Studien Heidelberg und der Ruprecht-Karls-Universität Heidelberg. Er arbeitet als Studienrat an einem Gymnasium in Baden-Baden und unterrichtet Jüdische Religionslehre, Geschichte und Gemeinschaftskunde.

Dr. Herbert Stettberger ist seit 2009 Professor für Katholische Theologie / Religionspädagogik am Institut für Philosophie und Theologie der Pädagogischen Hochschule Heidelberg.

Dr. Cornelia Weber ist nach langjähriger Tätigkeit als Pfarrerin, Religionslehrende und evangelische Schuldekanin im Kirchenbezirk Ladenburg-Weinheim Oberkirchenrätin und Leiterin des Personalreferates der Evangelischen Landeskirche in Baden.

RELIGIONSPÄDAGOGISCHE GESPRÄCHE ZWISCHEN JUDEN, CHRISTEN UND MUSLIMEN

Band 1 Bernd Schröder/Harry Harun Behr/Daniel Krochmalnik (Hg.): Was ist ein guter Religionslehrer? Antworten von Juden, Christen und Muslimen. 248 Seiten. ISBN 978-3-86596-231-7

Band 2 Harry Harun Behr/Daniel Krochmalnik/Bernd Schröder (Hg.): Der andere Abraham. Theologische und didaktische Reflektionen eines Klassikers. 246 Seiten. ISBN 978-3-86596-357-4

Band 3 Bernd Schröder/Harry Harun Behr/Daniel Krochmalnik (Hg.): „Du sollst Dir kein Bildnis machen …". 280 Seiten. ISBN 978-3-86596-478-6

Band 4 Katja Boehme (Hg.): „Wer ist der Mensch?" Anthropologie im interreligiösen Lernen und Lehren. 286 Seiten. ISBN 978-3-86596-463-2

Band 5 Daniel Krochmalnik/Katja Boehme/Harry Harun Behr/Bernd Schröder (Hg.): Gebet im Religionsunterricht in interreligiöser Perspektive. 300 Seiten. ISBN 978-3-7329-0056-5

Band 6 Bernd Schröder/Harry Harun Behr/Katja Boehme/Daniel Krochmalnik: Buchstabe und Geist. Vom Umgang mit Tora, Bibel und Koran im Religionsunterricht. 270 Seiten. ISBN 978-3-7329-0338-2

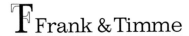

Verlag für wissenschaftliche Literatur